Trois
tasses de thé

GREG MORTENSON
ET **DAVID OLIVER RELIN**

Trois tasses de thé

La mission de paix d'un Américain au Pakistan et en Afghanistan

Traduit de l'américain
par Laurence Nerry

Glénat
QUÉBEC

Catalogage avant publication de Bibliothèque et Archives nationales du Québec et Bibliothèque et Archives Canada

Mortenson, Greg
        Trois tasses de thé : la mission de paix d'un Américain au Pakistan et en Afghanistan
        Traduction de: Three cups of tea.
        ISBN 978-2-923621-20-3
        1. Mortenson, Greg. 2. Écoles de filles - Pakistan. 3. Écoles de filles - Afghanistan. 4. Aide humanitaire américaine - Pakistan. 5. Aide humanitaire américaine - Afghanistan. I. Relin, David Oliver. II. Titre.
LC2330.M6714 2009   371.822095491   C2009-942112-7

Photo de couverture : © Greg Mortenson

Les Éditions Glénat Québec Inc.
9001, boul. de l'Acadie, bureau 1002, Montréal, Qc, H4N 3H5

Dépôt légal : 2009 – Bibliothèque nationale du Québec
           2009 – Bibliothèque et archives du Canada

ISBN : 978-2-923621-20-3

À Irvin "Dempsey" Mortenson,
Barry "Barrel" Bishop et Lloyd Henry Relin.
Pour nous avoir montré la voie
tant que vous étiez parmi nous.

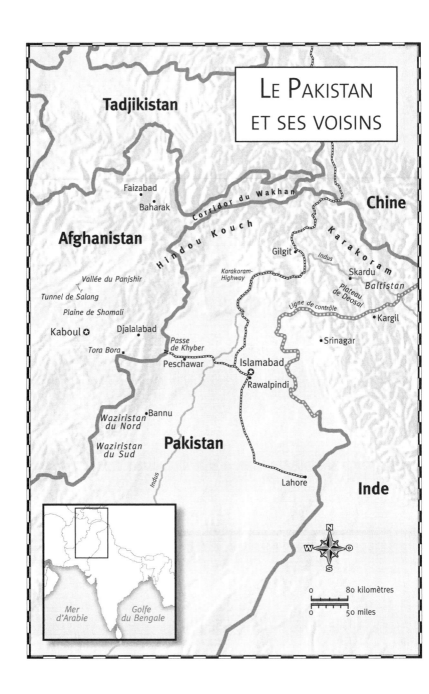

LE PAKISTAN ET SES VOISINS

Tadjikistan

Faizabad
Baharak

Corridor du Wakhan

Chine

Afghanistan

Hindou Kouch

Karakoram

Gilgit

Indus

Skardu

Baltistan

Plateau de Deosai

Karakoram-Highway

Vallée du Panjshir

Tunnel de Salang

Plaine de Shomali

Kaboul ✪

Djalalabad

Tora Bora

Ligne de contrôle

Kargil

Srinagar

Passe de Khyber

Peschawar

Islamabad ✪

Rawalpindi

Waziristan du Nord

•Bannu

Pakistan

Waziristan du Sud

Indus

Lahore

Inde

Mer d'Arabie

Golfe du Bengale

0   80 kilomètres

0   50 miles

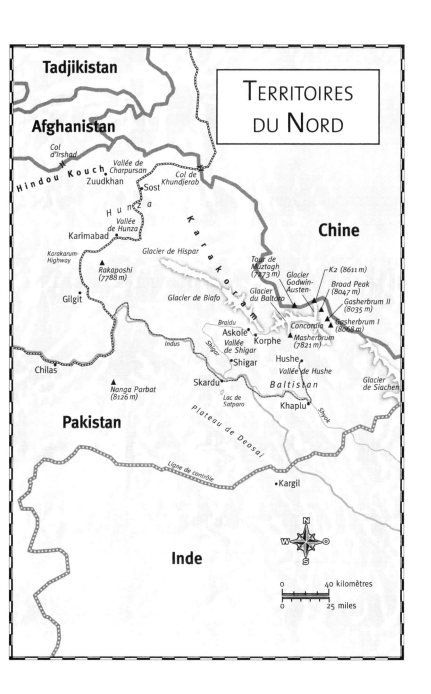

Tadjikistan

Afghanistan

Col d'Irshad

H i n d o u   K o u c h

Vallée de Charpursan

Zuudkhan

Col de Khundjerab

Sost

H u n z a

Vallée de Hunza

Karimabad

TERRITOIRES DU NORD

Chine

Karakarum-Highway

Glacier de Hispar

K a r a k o r a m

▲ *Rakaposhi (7788 m)*

Tour de Muztagh (7273 m)

Glacier Godwin-Austen

K2 (8611 m)

Broad Peak (8047 m)

Gilgit

Glacier de Biafo

Glacier du Baltoro

Gasherbrum II (8035 m)

Gasherbrum I (8068 m)

Braldu

Askole

Korphe

Concordia

Masherbrum (7821 m)

Chilas

Indus

Vallée de Shigar

Shigar

Shigar

Hushe

Vallée de Hushe

Glacier de Siachen

▲ *Nanga Parbat (8126 m)*

Skardu

B a l t i s t a n

Lac de Satpara

Khaplu

Shyok

Pakistan

P l a t e a u   d e   D e o s a i

Ligne de contrôle

• Kargil

Inde

N
W   O
S

0   40 kilomètres

0   25 miles

DANS L'ORBITE
DE GREG MORTENSON

Le petit voyant rouge clignota pendant cinq bonnes minutes avant que Bhangoo daigne lui accorder la moindre attention.

– Tout le monde sait qu'il ne faut pas se fier aux jauges de ces vieux appareils, déclara le général de brigade aérienne en tapotant le cadran.

Bhangoo était l'un des meilleurs pilotes d'hélicoptère de haute montagne du Pakistan. Je n'aurais su dire si sa remarque était destinée à me rassurer ou non.

J'étais assis à ses côtés, le regard plongeant à travers le pare-brise bombé d'une Alouette datant de l'époque du Vietnam. Six cents mètres plus bas, au fond de la vallée de la Hunza étranglée entre deux à-pics saillants, serpentait une rivière. Au niveau de l'appareil, des glaciers suspendus tirant sur le vert se désagrégeaient sous un soleil de plomb. Bhangoo pilotait, imperturbable, jetant la cendre de sa cigarette par l'orifice d'aération, juste à côté d'un autocollant « No Smoking ». Assis à l'arrière de l'engin, Greg Mortenson allongea le bras et tapota l'épaule du pilote, vêtu de sa combinaison de vol.

– Mon général, *Sir*! cria Mortenson. Je crois que nous allons dans la mauvaise direction.

Le général de brigade Bhangoo, ancien pilote attitré du président Musharraf, était désormais employé par une compagnie d'aviation civile. Ce retraité de soixante-dix ans aux cheveux poivre et sel avait une moustache aussi impeccable que sa diction, héritage de l'école coloniale britannique qu'il avait fréquentée aux côtés de Musharraf et d'autres jeunes Pakistanais promis aux plus hautes fonctions.

Le général balança son mégot par l'orifice d'aération et soupira. Puis il se pencha pour comparer le GPS de série en équilibre sur l'un de ses genoux avec la carte d'état-major que Mortenson avait repliée pour indiquer notre position présumée.

– Cela fait quarante ans que je pilote dans le nord du Pakistan, dit Bhangoo avec ce léger balancement de tête typique de la région. Comment se fait-il que vous connaissiez le terrain mieux que moi?

Il imprima un virage sec à l'Alouette, et nous repartîmes en sens inverse.

Le voyant rouge qui m'avait inquiété se mit à clignoter de plus belle. L'aiguille de la jauge, agitée de soubresauts, indiquait une réserve de carburant inférieure à cent litres. Cette région était si reculée que nous avions fait placer des bidons de carburant en divers points stratégiques. Si nous ne pouvions atteindre notre zone d'atterrissage, nous serions coincés, au sens littéral, le canyon escarpé que nous traversions étant dépourvu de terrains plats où se poser.

L'Alouette prit de l'altitude. Bhangoo se réservait ainsi la possibilité, en cas de panne, de rallier une zone d'atterrissage en autorotation. Il poussa le manche à fond, augmentant la vitesse à quatre-vingt-dix nœuds. Au moment précis où l'aiguille du cadran touchait le « E »[1] et où le signal d'alerte retentissait, Bhangoo plaçait les patins de l'Alouette au centre du grand H de cailloux blancs faisant office d'héliport, à côté des bidons de carburant.

– Charmante balade, commenta-t-il en allumant une autre cigarette. Mais elle aurait été moins plaisante sans Monsieur Mortenson.

Après avoir fait le plein à l'aide d'une pompe à main fichée dans un bidon de carburant rouillé, nous remontâmes la vallée de la Braldu jusqu'au village de Korphe, ultime lieu habité avant le glacier du Baltoro, par lequel on accède au K2 et à la plus forte densité au monde de sommets de plus de six mille mètres. En 1993, après une tentative ratée d'ascension du K2, Mortenson était arrivé à Korphe, très amaigri et épuisé. Dans ce misérable hameau aux habitations de pierre et de terre crue, le cours de sa vie, et par la même occasion celui de la vie des enfants du nord du Pakistan, avait changé. Ce soir-là, l'alpiniste égaré s'était endormi devant un feu de bouses de yak, et le lendemain matin, le temps de nouer ses lacets et de partager un thé au beurre avec ses hôtes, il s'était mué en travailleur humanitaire et avait trouvé la voie qu'il allait suivre pour le reste de son existence.

Lorsque nous arrivâmes à Korphe en compagnie du « Docteur Greg », Bhangoo et moi fûmes accueillis à bras ouverts, avec une tête d'ibex fraîchement égorgé et des tasses de thé à n'en plus finir. Et tandis que les enfants chiites de ce hameau, l'un des plus pauvres au monde, nous contaient comment leurs espoirs et leurs rêves d'avenir n'avaient cessé de croître depuis que, dix ans plus tôt, un grand Américain était venu construire la toute première école du village, nous sentions, le général et moi, qu'il était inutile de résister.

---

1. « Empty » (vide en anglais).

« Vous savez, me confia Bhangoo, alors qu'une cohue de cent vingt écoliers nous entraînait dans la visite de leur école, comme pilote du président Musharraf, j'ai rencontré des dirigeants du monde entier, des hommes et des femmes exceptionnels. Mais je crois que Greg Mortenson est le plus remarquable de tous. »

Ceux qui ont eu le privilège de voir Greg Mortenson œuvrer au Pakistan ont été frappés par son extrême connaissance de cette région, parmi les plus isolées du monde. Beaucoup d'entre eux se sont retrouvés, presque à leur insu, aspirés dans son orbite. Au cours de ces dix dernières années, depuis qu'une série d'échecs et d'accidents ont transformé l'alpiniste en travailleur humanitaire, Mortenson s'est entouré d'une équipe qui figure à la fois parmi les plus sous-qualifiées et les plus efficaces de toutes les ONG de la planète.

Des porteurs illettrés du Karakoram ont posé leur charge en échange d'un salaire dérisoire afin que leurs enfants puissent recevoir l'éducation dont ils avaient été privés. Un chauffeur de taxi d'Islamabad a vendu son véhicule pour devenir son « homme de confiance » dévoué corps et âme. Après avoir croisé son chemin, d'anciens combattants talibans ont renoncé à la violence et à l'oppression des femmes pour aller construire pacifiquement des écoles de filles. Mortenson a séduit bénévoles et admirateurs de toutes les strates de la société pakistanaise – et de toutes les sectes ennemies de l'islam.

Les journalistes, pour tenus à l'objectivité qu'ils sont, courent eux aussi le risque d'être entraînés dans son orbite. J'ai accompagné Mortenson dans le nord du Pakistan à trois reprises, me rendant dans les vallées himalayennes les plus inaccessibles du Karakoram et de l'Hindou Kouch, à bord d'hélicoptères que j'aurais préféré admirer dans des musées. Plus je le regardais travailler, plus j'étais convaincu d'être en présence d'une personnalité extraordinaire.

Avant mon départ, les récits d'aventures que j'avais entendus sur ce bâtisseur d'écoles pour filles dans de lointaines contrées pakistanaises m'avaient paru trop extravagants pour être crédibles. La réalité, avec ses chasseurs d'ibex parcourant les hautes vallées du Karakoram, ses tribus nomades le long de la dangereuse frontière afghane, ses tours de table réunissant l'élite militaire du Pakistan, et ses innombrables tasses de *paiyu tchaï* dans des salons de thé tellement enfumés que je parvenais tout juste à voir mes carnets, dépassait de loin ce que j'avais imaginé.

Depuis vingt ans que j'exerce l'étrange métier de journaliste, occupé à explorer la vie des gens, j'ai croisé bien des personnages publics qui ne valaient pas le quart de ce que racontait la presse à leur sujet. Mais à Korphe, et dans chaque village pakistanais où j'ai été accueilli tel un lointain cousin parce que cet autre Américain avait pris le temps d'y tisser des liens, j'ai vu défiler l'histoire vécue par Greg Mortenson durant ces dix dernières années, ponctuée de ramifications et de bifurcations d'une richesse et d'une complexité dépassant largement ce qui, pour la plupart d'entre nous, forme la trame de toute une existence.

C'est une manière alambiquée de dire que je ne pouvais pas me cantonner à mon rôle d'observateur. Quiconque visite l'une des cinquante-trois[2] écoles du Central Asia Institute en compagnie de Mortenson est invité à mettre la main à la pâte et, ce faisant, soutient son action. Aussi, après avoir passé des nuits entières en *djirga* avec les anciens des villages à discuter de futures écoles, après avoir montré à une classe de fillettes de huit ans comment utiliser le premier taille-crayon qu'on ait jamais daigné leur donner, ou avoir improvisé un cours d'anglais argotique devant les élèves les plus attentifs qui soient, il m'est devenu impossible de rester simple reporter. Tout comme

---

2. Il en existe soixante-dix-huit en avril 2009.

Thomas Fowler, le correspondant mélancolique de Graham Greene dans *Un Américain bien tranquille*, le découvre à la fin du roman : parfois, pour être humain, il faut choisir son camp.

J'ai choisi le camp de Greg Mortenson. Ce n'est pas qu'il soit parfait. Sa perception élastique du temps a failli m'empêcher d'établir la chronologie exacte de nombreux événements – tout comme les interviews de ses collaborateurs baltis, dont la langue ne comporte pas de temps grammaticaux, et qui sont tout aussi hermétiques au temps linéaire que celui qu'ils appellent « Docteur Greg ».

Durant nos deux années de collaboration pour ce livre, Mortenson arrivait parfois à nos rendez-vous avec un tel retard que j'étais à deux doigts d'abandonner le projet. Après avoir vécu la même expérience, bien des personnes, surtout aux États-Unis, ont critiqué Mortenson, le traitant d'« instable », voire pire. Mais j'ai fini par comprendre que, comme le dit souvent sa femme Tara Bishop, « Greg n'est pas comme nous. » Il est réglé à l'heure Mortenson, résultat probable d'une enfance africaine et de ses innombrables séjours au Pakistan. Quant à sa méthode de travail – qui consiste à recruter des collaborateurs peu expérimentés « au feeling », à nouer des liens avec des personnages forcément douteux et, par-dessus tout, à improviser –, quoique déconcertante et peu conventionnelle, elle a néanmoins déplacé des montagnes.

Pour quelqu'un qui a autant de réalisations à son actif, Mortenson est étonnamment dépourvu d'ego. Après avoir obtenu mon accord pour la rédaction de ce livre, il m'a remis une feuille de carnet sur laquelle il avait griffonné, d'une minuscule écriture, des dizaines de noms et de numéros. C'était la liste de ses ennemis. « Parle-leur, m'a-t-il dit. Qu'ils aient leur mot à dire. Nous, on a les résultats. Pour moi c'est tout ce qui compte. »

J'ai écouté les innombrables amis et ennemis de Mortenson et, dans de rares cas, pour des questions de sécurité ou de vie privée, j'ai modifié certains noms et lieux.

Ce livre est le fruit d'une véritable collaboration. J'ai rédigé l'histoire. Mais Greg Mortenson l'a vécue. Ensemble, nous avons passé en revue des milliers de diapos, visionné dix ans de documents et de films vidéo, enregistré des centaines d'heures d'interviews et rendu visite à ceux qui sont au centre de cet incroyable récit. Et, comme j'ai pu le constater au Pakistan, le Central Asia Institute dirigé par Mortenson obtient des résultats incontestables. Contre toute attente, dans une région du monde où les Américains sont au mieux incompris, et le plus souvent craints ou détestés, cet ancien alpiniste originaire du Montana, avec son mètre quatre-vingt-treize et sa voix douce, a enchaîné les réussites. Même s'il ne l'admettra jamais, il a, sans aide extérieure, changé la vie de dizaines de milliers d'enfants, et conquis spontanément plus de cœurs et d'esprits que toute la propagande américaine déversée dans la région.

Alors, je dois faire un aveu : au-delà de ce livre qui retrace son parcours, je veux voir Greg Mortenson réussir. Je lui souhaite de réussir parce qu'il livre la guerre au terrorisme de la façon dont, à mon avis, elle devrait être menée. Brinquebalant sur la Karakoram Highway à bord de son vieux Land Cruiser, s'exposant personnellement pour que se multiplient des écoles dans une région qui a vu naître les talibans, Mortenson s'attaque aux causes profondes du terrorisme chaque fois qu'il donne à un élève la chance de recevoir un enseignement équilibré au lieu de fréquenter une madrasa extrémiste.

Pour tirer les enseignements des erreurs que nous, Américains, avons commises, de notre manière brutale et inefficace, en tant que nation, de combattre le terrorisme suite aux attentats du 11 septembre, de notre échec à nous faire comprendre de la multitude d'individus pacifiques et modérés qui sont au cœur du monde musulman, nous avons besoin d'écouter Greg Mortenson. C'est ce que j'ai fait, et cela a été l'une des expériences les plus enrichissantes de mon existence.

David Oliver Relin
Portland, Oregon, 2006

CHAPITRE 1
ÉCHEC

Quand il fait assez noir, on peut voir les étoiles.
Proverbe persan

Dans le Karakoram pakistanais, hérissés sur une bande d'à peine cent soixante kilomètres de large, une soixantaine des plus hauts sommets de la planète déploient leur austère majesté à l'abri des regards. Hormis le léopard des neiges et l'ibex, rares sont les créatures à fouler cette stérile étendue de glace, de sorte que la présence du second plus haut sommet du monde, le K2, ne fut guère plus qu'une rumeur aux oreilles du monde jusqu'à l'aube du XXe siècle.

Du K2 aux confins habités de la vallée de l'Indus, sinuant entre les quatre flèches de granit dentelées des Gasherbrum et les sinistres Tours de Trango, c'est tout juste si le glacier du Baltoro, long de soixante-deux kilomètres, trouble cette silencieuse cathédrale de pierre et de glace. Le mouvement même de cette rivière gelée, qui progresse au rythme de dix centimètres par jour, est presque imperceptible.

L'après-midi de ce 2 septembre 1993, Greg Mortenson avait l'impression d'avancer à peine plus vite que cette rivière. Revêtu, comme ses porteurs pakistanais, d'un *shalvar kamiz* couleur terre abondamment rapiécé, il lui semblait que ses lourdes chaussures de cuir noir le guidaient, avec une lenteur extrême, à travers les blocs de glace du Baltoro, alignés telle une armada de voiliers sur le départ.

À tout instant, Mortenson s'attendait à découvrir Scott Darsney, compagnon d'expédition avec qui il regagnait le monde civilisé, trônant sur un rocher, prêt à le taquiner sur sa lenteur. Mais le haut du Baltoro s'enchevêtre plus qu'il ne chemine. Mortenson n'avait pas encore réalisé qu'il était perdu, et seul. Il s'était écarté de la partie principale du glacier pour suivre un éperon latéral qui, au lieu de rejoindre le village d'Askole situé environ quatre-vingts kilomètres à l'ouest, l'entraînait au sud, au cœur d'un impénétrable dédale de glace déchiquetée. Plus loin encore, se trouvait la zone meurtrière où soldats pakistanais et indiens s'affrontaient à coups de missiles dans l'air raréfié.

En temps normal, Mortenson aurait été plus vigilant. Il se serait concentré sur les données essentielles, vitales, comme le fait que Mouzafer – le porteur surgi, comme par miracle, pour lui proposer de descendre son lourd sac de matériel – avait sur son dos sa tente et presque toute sa nourriture. Jamais il ne l'aurait quitté des yeux. Il aurait également tenu compte de l'impressionnante difficulté technique du terrain.

En 1909, le duc des Abruzzes, l'un des meilleurs alpinistes de son époque, et probablement le meilleur critique en matière de paysages montagneux, avait conduit une expédition italienne sur le Baltoro avant de lancer un assaut, infructueux, sur le K2. Il avait été médusé par la beauté brute des pics environnants. «C'était un monde de glaciers et d'à-pics, un paysage incroyable, qui parvenait à combler l'artiste tout autant que l'alpiniste.»

Mais, tandis que le soleil disparaissait derrière les superbes dents de granit de la tour Muztagh à l'ouest, et que les ombres grignotaient le flanc est de la vallée en direction des monolithes acérés du Gasherbrum, Mortenson était insensible au paysage. Son regard, cet après-midi-là, était tourné vers l'intérieur, surpris et absorbé par une situation dont il était peu familier à ce stade de sa vie : l'échec.

Plongeant sa main dans la poche de son *shalvar*, il sentit le collier d'ambre que sa sœur Christa avait si souvent porté. À l'âge de trois ans, alors qu'ils vivaient en Tanzanie où leurs parents, originaires du Minnesota, enseignaient dans une mission luthérienne, Christa avait contracté une méningite aiguë dont elle ne s'était jamais complètement remise. Mortenson, de douze ans son aîné, avait alors endossé le rôle du protecteur. Bien que Christa eût du mal à accomplir des gestes simples (il lui fallait plus d'une heure, le matin, pour mettre ses vêtements) et subît de graves crises d'épilepsie, il avait insisté auprès de leur mère Jerene pour qu'on lui accordât une certaine indépendance. Il avait encouragé Christa à trouver un emploi, lui avait fait mémoriser ses déplacements en bus dans les Twin Cities[1] et, au grand dam de leur mère, avait discuté avec elle des subtilités de la contraception lorsqu'elle avait commencé à sortir avec un petit ami.

Chaque année, qu'il fût médecin chef de section dans l'U.S. Army en Allemagne, élève infirmier dans le Dakota du Sud, étudiant en neurophysiologie de l'épilepsie dans l'Indiana, ou qu'il menât une vie d'alpiniste vagabond à Berkeley en Californie, Mortenson veillait à ce que sa petite sœur passât un mois chez lui. Ensemble, ils couraient les manifestations qu'elle aimait. Ils s'étaient rendus aux 500 miles d'Indianapolis, au Kentucky Derby, avaient traversé le pays pour aller à Disneyland, et pour finir, Mortenson lui avait fait visiter sa cathédrale personnelle de l'époque : les parois de granit du Yosemite.

Pour ses vingt-trois ans, Christa avait prévu de se rendre avec sa mère sur le lieu de tournage de son film fétiche, *Jusqu'au bout du rêve*, un champ de maïs à Deyersville dans l'Iowa. Mais le jour de son anniversaire, au petit matin, avant qu'elles ne se mettent en route, une terrible crise avait emporté la jeune femme.

---

1. Minneapolis et Saint-Paul dans le Minnesota.

Après la mort de sa sœur, Mortenson avait conservé ce collier d'ambre qu'il avait trouvé dans ses affaires, encore imprégné de l'odeur du dernier feu de camp qu'ils avaient fait ensemble en Californie. Il l'avait emporté au Pakistan, enveloppé dans un drapeau de prière tibétain, avec l'intention d'honorer sa mémoire. Mortenson était un grimpeur : il avait choisi de lui rendre l'hommage qui avait le plus de sens à ses yeux. Il ferait l'ascension du K2, que la plupart des grimpeurs estimaient être la plus difficile au monde, et déposerait le collier de Christa au sommet de ses 8 611 mètres.

Il avait grandi dans une famille qui aimait les défis – comme celui de construire une école et un hôpital en Tanzanie, sur les pentes du Kilimandjaro. Mais, contrairement à ses parents, Mortenson n'était guidé par aucune foi particulière. Il laisserait simplement son offrande à la divinité qui régnait à cette altitude.

Trois mois plus tôt, Mortenson avait gravi ce même glacier d'un pas allègre, pieds nus dans ses sandales Teva, quarante kilos sur le dos, loin d'imaginer l'aventure qui l'attendait au sommet du Baltoro. Il avait entamé les cent treize kilomètres de trek au départ d'Askole avec un groupe d'alpinistes anglais, irlandais, français et américains, qui participaient à une expédition aux finances modestes mais d'une audace à toute épreuve.

Tous savaient que, comparé à l'Everest qui domine l'épine dorsale himalayenne à mille six cents kilomètres au sud-est, le K2 est un redoutable adversaire. Pour les grimpeurs, qui l'ont surnommé « la Montagne sauvage », c'est l'ultime test, une pyramide de granit effilé, si raide que la neige ne peut adhérer à ses arêtes en lame de couteau. Mortenson avait trente-cinq ans et un physique tout en muscle, bien entraîné. En ce mois de mai, lui qui avait gravi le Kilimandjaro à onze ans, fait ses classes sur les parois du

Yosemite, puis complété sa formation par six ascensions réussies dans l'Himalaya, ne doutait pas un seul instant qu'il se tiendrait bientôt au sommet.

Il s'en était cruellement approché, parvenant à six cents mètres du but. Mais le K2 s'était évanoui dans la brume, derrière lui, et le collier était toujours dans sa poche. Comment avait-il pu en arriver là ? Il s'essuya les yeux d'un revers de manche, désorienté par ces larmes inhabituelles qu'il attribua à l'altitude. Décidément, il n'était pas dans son état normal. Après soixante-dix-huit jours de lutte acharnée sur les pentes du K2, il avait l'impression d'être une caricature pitoyable de lui-même. Il ne savait même pas s'il avait la force de parcourir les quatre-vingts kilomètres de terrain difficile qui le séparaient d'Askole.

La détonation sèche, saccadée, d'une chute de pierres le ramena à la réalité. Il vit un rocher haut comme une maison de trois étages prendre de la vitesse, rebondir et dévaler la pente d'un pierrier avant de pulvériser un bloc de glace un peu plus bas sur le sentier.

Il s'exhorta à la vigilance. S'arrachant à sa contemplation intérieure, il remarqua combien les ombres avaient progressé sur les pics bordant l'est, et tenta de se remémorer le dernier signe de présence humaine qu'il avait croisé. Cela faisait des heures que Scott Darsney avait disparu sur le sentier, devant lui. Une heure plus tôt, ou peut-être davantage, il avait entendu un tintement de cloches – sans doute des mulets chargés de munitions que des soldats conduisaient au glacier Siachen. Perché à six mille mètres d'altitude, environ vingt kilomètres au sud-est, le glacier était le terrain d'affrontement des armées pakistanaise et indienne, figées dans une impasse meurtrière.

Il fouilla le sentier du regard, à la recherche d'indices. En allant vers Askole, le sol aurait dû être semé de déchets. Mais il n'y avait pas un crottin de mulet en vue. Pas un mégot de cigarette. Pas une boîte de conserve. Pas un seul brin de cette paille que les muletiers emportaient pour nourrir les bêtes. Il réalisa que ça ne ressemblait pas beaucoup à un sentier – plutôt à une simple ligne à travers un instable dédale de pierre et de glace – et il se demanda comment il était arrivé là. Il se concentra, cherchant à y voir plus clair. Mais son séjour prolongé en altitude avait réduit ses capacités d'action et de décision.

Pendant une heure, il gravit péniblement la pente d'un pierrier, espérant apercevoir à son sommet le grand promontoire rocheux d'Urdukas, gigantesque poing dressé en direction du Baltoro. Ses efforts ne firent qu'augmenter sa fatigue. Il s'était fourvoyé dans une vallée déserte à treize kilomètres du sentier et, vus sous cet angle, dans la lumière déclinante, les contours de ces pics si familiers devenaient méconnaissables.

Sentant la panique percer sous l'hébétude liée à l'altitude, Mortenson s'assit pour dresser un état des lieux. Dans son petit sac violet décoloré, il y avait une légère couverture de l'armée pakistanaise, une bouteille d'eau vide et une barre protéinée. Son sac de couchage en duvet, tous ses vêtements chauds, sa tente, son réchaud, sa nourriture, et même sa torche et ses allumettes, se trouvaient sur le dos du porteur.

Il devrait attendre que la nuit s'achève pour reprendre son chemin à la lumière du jour. En dépit de la température, déjà bien en deçà de zéro, il se dit qu'il ne mourrait pas de froid. Il était en outre suffisamment lucide pour réaliser que trébucher, de nuit, sur un glacier mouvant strié de profondes crevasses, était bien plus périlleux. Il redescendit prudemment le pierrier tout en cherchant un emplacement à l'écart des parois et des éboulements, et assez solide pour ne pas céder sous son poids et le précipiter dans les entrailles du glacier.

Il dénicha une plaque rocheuse qui lui parut stable, remplit sa bouteille de glace, et s'enveloppa dans la couverture en s'efforçant de ne pas penser à son isolement et à son exposition. Son avant-bras avait été brûlé en de multiples endroits par la corde durant le sauvetage. Il aurait dû ôter la bande de gaze qui le protégeait pour en extraire le pus (l'altitude empêchait la cicatrisation), mais il ne parvint pas à trouver la volonté nécessaire. Étendu sur les pierres inégales, parcouru de frissons, il regarda les dernières lueurs du soleil éclabousser de rouge sang les pics culminant à l'est, suivies du souvenir bleu-noir de leur présence.

Près d'un siècle auparavant, Filippo De Filippi, médecin et chroniqueur de l'expédition du duc des Abruzzes dans le Karakoram, avait décrit l'abattement dans lequel le plongeaient ces montagnes. Malgré les vingt-quatre Européens et les deux cent soixante porteurs locaux dont il était entouré, les chaises pliantes, le service en argenterie, les journaux qui leur étaient régulièrement livrés par une armée de coursiers, il s'était senti écrasé par la nature des lieux. «Un épais silence planait sur la vallée, écrivait-il, allant jusqu'à peser sur notre moral d'un poids indéfinissable. Il ne peut y avoir un autre endroit au monde où l'homme se sente si seul, si isolé, si complètement ignoré de la Nature, si impuissant à entrer en communion avec elle.»

Peut-être était-ce dû à son expérience de la singularité, lui qui avait été à l'école en Tanzanie, ou encore à ses bivouacs sur le Half Dome au Yosemite, mais en tout cas, Mortenson se sentait bien. Si on le questionne davantage à ce sujet, il invoque la perte de raison provoquée par l'altitude ; mais pour qui l'a côtoyé, pour qui a vu son obstination faire céder un député, un philanthrope récalcitrant ou un chef de guerre afghan, pour obtenir les fonds d'urgence, la donation ou la permission de traverser les territoires d'une tribu, c'est encore un exemple de sa force de caractère.

Le vent se leva, plongeant la nuit dans un froid cristallin. Il essaya de distinguer les pics dont il devinait la présence malveillante, sans y parvenir tant le noir était complet. Au bout d'une heure, emmitouflé dans sa couverture, il avait dégagé assez de chaleur pour dégeler sa barre énergétique et obtenir un peu d'eau limoneuse, qu'il but avec un violent frisson. Dormir, dans ce froid, semblait hors de question. Alors il s'allongea sous les étoiles parsemant le ciel et décida d'examiner les causes de son échec.

Les chefs d'expédition, Dan Mazur, Jonathan Pratt, et le Français Étienne Fine, étaient de purs montagnards. Ils étaient vifs, élégants, avaient toutes les qualités requises pour enchaîner rapidement les longueurs techniques à haute altitude. Mortenson était lent, d'une force pataude. D'un mètre quatre-vingt-treize pour quatre-vingt-quinze kilos, il avait pu financer ses études universitaires à Concordia grâce à la bourse que l'on accorde aux États-Unis aux meilleurs joueurs de football américain.

Sans que personne ne les y ait obligés, les tâches lourdes de l'ascension avaient tout naturellement incombé à Mortenson et Darsney. À huit reprises, Mortenson avait joué les mulets, transportant nourriture, bidons de combustible et bouteilles d'oxygène jusqu'à plusieurs dépôts en direction du couloir des Japonais, fragile perchoir ménagé à six cents mètres du sommet, de manière à ce que les camps d'altitude soient prêts pour l'assaut.

Toutes les autres expéditions engagées sur le K2 cette saison-là avaient décidé d'attaquer le sommet par l'itinéraire traditionnel, empruntant la voie ouverte près d'un siècle auparavant, l'arête Sud-Est, celle des Abruzzes. Ils étaient les seuls à avoir opté pour l'arête Ouest, itinéraire riche en détours, d'une difficulté brutale, truffé de passages raides, techniques, qui n'avait été dompté qu'une seule fois, douze ans plus tôt, par l'alpiniste japonais Eiho Otani et son équipier pakistanais Nazir Sabir.

Mortenson avait savouré ce défi, il avait été fier de l'itinéraire difficile qu'ils avaient choisi. Chaque fois qu'il avait atteint l'une des plateformes creusées dans l'arête pour y déposer son chargement de combustible et de cordes, il avait eu l'impression d'être plus fort. Il était peut-être lent, mais le sommet commençait à lui paraître à portée de mains.

Et puis, un soir, après plus de soixante-dix jours d'ascension, Mortenson et Darsney avaient rejoint le camp de base pour prendre un repos bien mérité. Ils rentraient d'une mission de ravitaillement qui avait duré quatre-vingt-seize heures. Mais, alors qu'ils balayaient le pic au télescope une dernière fois avant d'aller se coucher, ils avaient aperçu un clignotement au sommet de l'arête Ouest et compris qu'un de leurs coéquipiers émettait des signaux de détresse à la frontale. «Étienne était un *alpiniste*, explique Mortenson en accentuant la prononciation française d'un mot à la fois synonyme de respect et d'arrogance chez les grimpeurs. Il se déplaçait vite, avec agilité, et équipé du strict minimum. Nous l'avions déjà secouru une fois alors qu'il était monté trop vite, sans s'être acclimaté. »

Mortenson et Darsney, doutant d'avoir les forces nécessaires pour rejoindre Fine avant d'avoir récupéré, étaient partis recruter des volontaires parmi les cinq autres expéditions installées au camp de base. Personne ne s'était proposé. Ils avaient pris deux heures pour se reposer et se réhydrater dans leurs tentes, puis avaient rassemblé leur matériel et étaient remontés.

Descendant du Camp IV, situé à 7 600 mètres, Pratt et Mazur avaient dû livrer un combat désespéré. «Étienne était monté nous rejoindre pour lancer une tentative de sommet, raconte Mazur. Mais lorsqu'il est arrivé, il s'est effondré. Alors qu'il essayait de reprendre son souffle, il nous a dit qu'il entendait du bruit dans ses poumons. »

Fine souffrait d'un œdème pulmonaire, une accumulation de liquide dans les poumons causée par l'altitude, qui peut être fatale si l'on n'évacue pas la victime immédiatement à une altitude inférieure. « C'était terrifiant, ajoute

Mazur. De la mousse rose lui coulait par la bouche. On a essayé d'appeler les secours, mais notre radio était tombée dans la neige et ne fonctionnait plus. Alors on a commencé à descendre.»

Pratt et Mazur s'étaient relayés pour se mousquetonner à Fine et franchir en rappel les passages les plus escarpés. «C'était comme d'être suspendu à une corde avec un gros sac de patates, se rappelle Mazur. Et il fallait y aller doucement, sinon on y aurait laissé notre peau.»

Avec sa sobriété habituelle, Mortenson n'est pas très éloquent sur les vingt-quatre heures d'ascension qu'il leur fallut pour rejoindre Fine. «C'était assez dur, dit-il simplement. Les vrais héros, ce sont Dan et Jon, ajoute-t-il. Ils ont abandonné leur tentative de sommet pour redescendre Étienne.»

Avant que Mortenson et Darsney ne les rejoignent sur une paroi proche du Camp I, Fine, qui souffrait aussi d'un œdème cérébral – un gonflement du cerveau dû à l'altitude – avait oscillé entre conscience et inconscience. «Il était incapable de déglutir et essayait de dénouer ses chaussures», raconte Mortenson.

Ce dernier, ancien infirmier dans un service d'urgence, lui avait administré des piqûres de Decadron pour réduire l'œdème. Puis les quatre alpinistes, déjà épuisés, avaient entamé une odyssée de quarante-huit heures, traînant et descendant le blessé au pied de parois escarpées.

«Par moments, raconte Mortenson, Fine émergeait, juste le temps de balbutier quelques paroles en français, lui qui d'ordinaire parle couramment anglais.» Pour les passages les plus techniques, mû par l'indéfectible instinct de survie des alpinistes, il sortait de sa torpeur pour s'assurer à la corde, avant de se retransformer en poids mort.

Quand le groupe avait enfin atteint le camp de base avancé, soit soixante-douze heures après le départ de Mortenson et Darsney, ce dernier avait contacté par radio l'expédition canadienne installée plus bas, qui avait transmis à l'armée pakistanaise une demande d'hélicoptère pour un sauvetage en haute montagne – ce qui aurait constitué l'un des sauvetages les plus hauts jamais réalisés. Mais le QG de l'armée lui avait répondu que le mauvais temps et le vent, trop fort, ne le permettaient pas et avait ordonné l'évacuation de Fine à une altitude inférieure.

C'était une chose de donner l'ordre. C'en était une autre, pour quatre hommes exténués, à bout de forces, de l'exécuter. Ils avaient sanglé Fine dans un sac de couchage puis, six heures durant, ne communiquant plus que par grognements et gémissements, avaient halé leur ami sur un périlleux itinéraire à travers l'Icefall du glacier Savoia.

«Nous avions atteint un tel degré d'épuisement, nous avions à ce point dépassé nos limites que, par moments, nous étions nous-mêmes obligés de ramper», se souvient Darsney.

Le groupe avait enfin approché le camp de base, avec Fine en remorque. «Toutes les expéditions ont gravi quatre cents mètres de glacier pour venir à notre rencontre. Ils nous ont accueillis en héros, relate Darsney. L'hélicoptère pakistanais est arrivé pour évacuer Fine, puis l'expédition canadienne a préparé un grand repas et tout le monde a fait la fête. Mais Greg et moi, on n'a même pas pris le temps de manger, de boire, ou même de faire pipi, on s'est juste effondrés dans nos sacs de couchage comme des masses.»

Pendant deux jours, Mortenson et Darsney avaient sombré dans ce mauvais sommeil que la haute montagne inflige même aux plus fatigués. Le vent malmenait leur toile de tente et les assiettes en métal du mémorial Art Gilkey (du nom d'un alpiniste mort au cours d'une expédition américaine en 1953), gravées aux noms de quarante-huit grimpeurs emportés par la Montagne sauvage.

À leur réveil, ils avaient découvert un mot de Pratt et Mazur, repartis pour leur camp d'altitude, qui les invitaient à les rejoindre pour une tentative de sommet, une fois qu'ils auraient récupéré. Mais récupérer était au-dessus de leurs forces. Le sauvetage, survenu dans la foulée d'une mission de ravitaillement, avait épuisé le peu de réserves qu'il leur restait.

Lorsqu'ils avaient fini par émerger de leur tente, ils parvenaient tout juste à mettre un pied devant l'autre. Le prix à payer pour le sauvetage de Fine avait été élevé : le calvaire enduré par l'alpiniste français lui coûterait tous ses orteils ; quant à Mortenson et Darsney, ils avaient perdu tout espoir de vaincre ce sommet auquel ils avaient consacré tant d'efforts. Une semaine plus tard, Mazur et Pratt annonceraient leur victoire au monde entier, avant de rentrer chez eux savourer leur exploit. Mais le nombre d'assiettes en métal tintant au vent augmenterait encore, quatre des seize alpinistes vainqueurs du sommet cette saison-là ayant perdu la vie au cours de la descente.

Mortenson tenait à ce que son nom ne fût pas ajouté à la liste, tout comme Darsney, si bien qu'ils avaient décidé de reprendre ensemble le chemin du monde civilisé.

Perdu, revivant le sauvetage, seul dans sa fine couverture de laine, au seuil de l'aube, Mortenson cherchait vainement une position confortable. Avec sa stature, il ne pouvait s'étendre de tout son long sans exposer sa tête à l'impitoyable morsure du vent. Il avait perdu treize kilos sur le K2, et il avait beau tourner et virer, ses os semblaient s'enfoncer dans un lit de pierres froides. Ballotté entre conscience et sommeil, alors que les insondables rouages du glacier égrenaient leur sinistre bande-son, il abdiqua : il avait manqué à la mission qu'il s'était assignée en mémoire de Christa. Après tout, c'était son corps qui avait échoué, et non son âme, et tout corps a ses limites. Pour la toute première fois de son existence, il avait trouvé les limites absolues du sien.

Chapitre 2

DU MAUVAIS CÔTÉ DE LA RIVIÈRE

Pourquoi s'évertuer à connaître l'avenir
et épuiser son esprit en vaines perplexités ?
Abandonne ta prudence, et laisse Allah à ses plans.
Il les a conçus sans te consulter[1].
Omar Khayyâm, *Robâiyât*

Mortenson ouvrit les yeux.

L'aube était si paisible qu'il n'arrivait pas à comprendre ce qui l'oppressait à ce point. Avec une maladresse exaspérante, il parvint à extirper ses mains de l'étroite chrysalide formée par la couverture et les porta vite à sa tête qui reposait à même la pierre, exposée aux éléments. Sa bouche et son nez étaient emprisonnés dans un masque uniforme. Mortenson arracha la glace et aspira enfin une goulée d'air. Puis il s'assit en riant. Bien qu'ayant peu dormi, il avait perdu tous ses repères. Tout en s'étirant et frictionnant ses muscles ankylosés, il balaya le paysage du regard. Les cimes étincelaient, nimbées de tons pastel – camaïeux de rose, violet et bleu pâle – et le ciel, juste avant le lever du soleil, était immobile et clair.

---

1. Notre traduction.

Les détails de sa situation lui revinrent un à un, tandis que la circulation se rétablissait dans ses membres. Toujours perdu, toujours seul. Mais il n'était pas inquiet. C'était le matin, et cela faisait toute la différence.

Haut dans le ciel, un *gorak* tournait avec avidité, effleurant de ses larges ailes noires le décor de cimes en sucre glace. De ses mains paralysées par le froid, Mortenson fourra la couverture dans son petit sac violet et essaya, en vain, de déboucher sa bouteille d'eau à moitié pleine. Il la rangea avec soin en se disant qu'il boirait dès que ses doigts se seraient réchauffés. Le voyant bouger, le *gorak* s'envola vers le bas du glacier, à l'affût d'un autre petit déjeuner.

Peut-être était-ce grâce à ces quelques malheureuses heures de sommeil, en tout cas, Mortenson avait l'impression d'avoir les idées plus claires. Il étudia le chemin par lequel il était arrivé, au fond de la vallée, et réalisa qu'en revenant sur ses pas, au bout de quelques heures, il finirait fatalement par croiser la piste.

Il partit vers le nord, trébuchant çà et là sur de grosses pierres, peinant à franchir même les plus infimes crevasses de ses jambes encore engourdies, mais il estima sa progression acceptable. Une mélopée s'éleva, surgie de son enfance, comme cela arrivait si souvent, au rythme de ses pas. « *Yesu ni refiki Yangu, Ah kayee Mbinguni* » (« Quel ami nous avons en Jésus, Il vit au paradis »), chantonna-t-il en swahili, comme au temps de la messe dominicale, dans la petite église d'où l'on apercevait le Kilimandjaro. La mélodie était trop enracinée en lui pour qu'il relevât l'étrangeté de la situation : un Américain, perdu au Pakistan, qui chantait un hymne allemand en swahili. Au lieu de cela, dans ce paysage lunaire de roc et de glace bleutée, où un caillou chutait pendant de longues secondes avant d'atteindre la surface d'une rivière au fond d'une crevasse, elle brûlait en l'emplissant d'une chaleur nostalgique, souvenir d'un pays qu'il avait autrefois fait sien.

Une heure passa ainsi. Puis une autre. S'aidant des pieds et des mains, Mortenson gravit une piste raide, escalada une corniche, puis en franchit le sommet à l'instant précis où le soleil s'arrachait aux flancs de la vallée.

Il en prit plein les yeux.

Une armée de colosses lui barrait l'horizon. Le Gasherbrum, le Broad Peak, le Mitre Peak, la Tour de Muztagh – géants sertis de glace, nus dans la lumière intacte du soleil –, s'embrasaient comme des feux de joie.

Mortenson s'assit sur une grosse pierre et but jusqu'à sa dernière goutte d'eau, sans parvenir à se rassasier du paysage. Le photographe Galen Rowell – mort dans un accident d'avion en 2002 – consacra plusieurs années de sa vie à tenter de saisir la beauté évanescente de ce cortège de montagnes. Il en a rapporté d'éblouissantes images. Pourtant, Rowell disait que ses photos ne parvenaient pas à communiquer ce qu'il ressentait sur place, en un lieu qu'il estimait être le plus beau de la planète et qu'il surnommait « la salle du trône des dieux de la montagne ».

Bien qu'il ait déjà passé plusieurs mois dans ce cadre, Mortenson s'absorba dans la contemplation des cimes comme s'il ne les avait jamais vues auparavant. « D'une certaine manière, c'était le cas, explique-t-il. Tout l'été, j'avais considéré ces pics en termes d'objectifs, j'étais entièrement focalisé sur le plus gros d'entre eux, le K2. J'avais réfléchi, en alpiniste, à leur altitude et aux défis techniques qu'ils me posaient. Mais ce matin-là, pour la première fois, je les voyais, tout simplement. C'était bouleversant. »

Il poursuivit son chemin. Était-il porté par la perfection architecturale des montagnes, de ces majestueux renfoncements et contreforts de granit bordeaux et ocre qui montaient *crescendo* jusqu'à la note finale, vertigineuse, des cimes ? En tout cas, malgré sa faiblesse, le manque de nourriture et de vêtements chauds, et malgré ses maigres chances de survie s'il ne trouvait ni l'un ni l'autre rapidement,

Mortenson se sentait étrangement serein. Il remplit sa bouteille à un filet d'eau de fonte et but en grimaçant, saisi par le froid. La nourriture ne poserait pas de problème avant plusieurs jours, mais il fallait penser à boire.

Vers la fin de la matinée, il perçut un infime tintement de cloches et mit le cap à l'ouest, d'où provenait le son. Un convoi de mules. Il chercha des yeux les cairns qui jalonnaient l'itinéraire principal vers le Baltoro, mais ne rencontra qu'un fatras de pierres enchevêtrées. Il franchit la lèvre d'une moraine latérale, cette bande de débris qui se forme en bordure de glacier, et se retrouva nez à nez avec une paroi de mille cinq cents mètres de haut qui le privait de tout espoir de progression. Il réalisa qu'il avait dû traverser la piste sans s'en rendre compte et rebroussa chemin, s'obligeant à fouiller le sol du regard au lieu de céder à la fascination des sommets. Au bout de trente minutes, il repéra un mégot de cigarette, puis un cairn. Il poursuivit sur le chemin, toujours difficile à distinguer, en direction des cloches qu'il entendait désormais plus distinctement.

Il ne pouvait toujours pas voir le convoi. Mais, finalement, à environ mille cinq cents mètres de là, il discerna une silhouette d'homme, perché sur un rocher en surplomb du glacier, qui se découpait sur le ciel. Mortenson cria, mais sa voix ne portait pas assez loin. L'homme disparut l'espace de quelques instants, avant de réapparaître sur un rocher, une centaine de mètres plus près. Mortenson hurla de toutes ses forces, et, cette fois, l'homme se retourna brusquement vers lui, avant d'abandonner prestement son perchoir et disparaître de sa vue. En plein glacier, au beau milieu de ce cimetière minéral, dans ses vêtements poussiéreux couleur pierre, Mortenson n'était pas visible, mais l'écho de sa voix pouvait rebondir sur les rochers.

Incapable de courir, il se mit à trottiner, pantelant, en direction du dernier endroit où l'homme lui était apparu, poussant à intervalles réguliers un rugissement qui ne cessait de le surprendre lui-même. Et tout à coup l'homme fut là, de l'autre côté d'une large crevasse, le visage fendu d'un sourire plus large encore. Minuscule sous l'énorme sac à dos North Face de Mortenson, Mouzafer, le porteur dont il avait loué les services pour les ramener, lui et son matériel, en terres habitées, chercha un passage étroit qu'il franchit d'un bond léger, malgré son chargement de quarante kilos.

– Mister Guireg, Mister Guireg, cria-t-il, abandonnant le sac à terre pour étreindre Mortenson de toutes ses forces. *Allahou Akbar*! Allah soit loué, vous êtes vivant!

L'Américain s'accroupit maladroitement, le souffle coupé par la force et la vigueur de ce petit homme, qui affichait trente centimètres de moins que lui, et deux décennies de plus.

Puis Mouzafer desserra son étreinte et se mit à lui assener de vigoureuses tapes dans le dos. Sous l'effet de la poussière soulevée par son *shalvar*, à moins que ce ne soit la vigueur des tapes, Mortenson se retrouva plié en deux par une quinte de toux, incapable de s'arrêter.

– *Tchaï*, Mister Guireg, prescrivit Mouzafer en jaugeant d'un œil inquiet son état de faiblesse. Il vous faut du *tchaï* pour reprendre des forces!

Mouzafer conduisit Mortenson dans une petite grotte, à l'abri du vent. Il arracha deux poignées d'armoise au bouquet qui pendait à son sac, farfouilla les poches de son ample veste violette en Gore-Tex, relique de l'une de ses innombrables expéditions sur le Baltoro, dénicha une pierre, une gamelle en acier, et s'assit pour préparer le thé.

Mortenson avait croisé la route de Mouzafer Ali quatre heures après son départ du K2. Les cinq kilomètres jusqu'au camp de base du Broad Peak, qu'ils avaient parcourus au début de l'été en trois quarts d'heure (Darsney courtisait alors assidûment une alpiniste de l'expédition mexicaine) s'étaient transformés en quatre heures de calvaire, sur des jambes épaisses comme des allumettes, et sous une charge qu'ils devaient porter encore pendant quatre-vingt-quinze kilomètres – perspective qui défiait l'imagination.

Mouzafer et son ami Yakub avaient achevé leur mission pour l'équipe mexicaine et redescendaient à vide. Ils avaient proposé à Mortenson et Darsney de porter leurs sacs jusqu'à Askole pour quatre dollars par jour. Les Américains avaient accepté de bon cœur et, n'ayant plus qu'une poignée de roupies en poche, avaient promis de compléter la rétribution des porteurs dès que possible.

Mouzafer était balti, de ce peuple de montagnards habitant les hautes vallées reculées du nord du Pakistan. Les Baltis sont originaires du Tibet, d'où ils ont émigré via le Ladakh il y a plus de six cents ans. Au passage des cols pierreux, ils ont délaissé leur religion, le bouddhisme, pour en embrasser une autre, plus adaptée à la rigueur de leur nouvel environnement : l'islam chiite. Mais ils ont conservé leur langue, une forme archaïque de tibétain. De petite taille, robustes, ils sont d'une aisance suprême à une altitude où peu d'êtres humains choisissent de s'aventurer. Bien des alpinistes les ont comparés à leurs lointains cousins d'Orient, les Sherpas népalais. Mais d'autres traits des Baltis, comme leur méfiance taciturne à l'égard des étrangers et leur foi inébranlable, ont découragé les Occidentaux de leur porter une admiration comparable à celle qu'ils vouent aux Sherpas bouddhistes.

Fosco Maraini, qui participa en 1958 à l'expédition italienne victorieuse du Gasherbrum IV, voisin du K2, fut tout autant consterné que fasciné par les Baltis, au point que le récit qu'il consacra à cette expédition s'apparente plus à un traité d'ethnologie qu'à la chronique d'une ascension. « Ils complotent, se plaignent et vous frustrent au plus haut point ; il émane d'eux une odeur nauséabonde et un indéniable air de brigand[2], écrivait-il. Cela dit, les Baltis ont de grandes qualités : honnêtes, gais, fidèles, et par-dessus tout très résistants à la fatigue. On voit des hommes d'une maigreur effrayante, avec deux bâtons pour tibias, porter des charges journalières de trente et quarante kilos par des pistes qui feraient peur à des gens libres de leurs mouvements[3]. »

Mouzafer s'accroupit et souffla sans répit sur les branches, jusqu'à ce qu'elles s'embrasent. Il avait de beaux traits, taillés à la serpe, même si ses dents manquantes et son teint buriné lui faisaient paraître davantage que ses cinquante-cinq ans. Il prépara du *paiyu tchaï*, ce thé au beurre qui constitue la base de l'alimentation balti. Après avoir laissé infuser le thé vert dans la gamelle noirâtre, il ajouta du sel, du bicarbonate de soude et du lait de chèvre, puis découpa avec tendresse une lamelle de *mar*, beurre ranci au lait de yak que les Baltis préfèrent à tout autre mets. Puis, il remua la mixture d'un doigt qui n'était pas spécialement propre.

Mortenson observait la scène d'un œil inquiet. Depuis son arrivée au Baltistan, le *paiyu tchaï* lui avait chatouillé les narines bien des fois, et son odeur – « plus forte que celle du plus redoutable fromage jamais fabriqué en France », ce sont ses mots – l'avait poussé à inventer d'innombrables excuses pour éviter d'en boire.

Mouzafer lui tendit une tasse fumante.

L'alpiniste sentit tout d'abord son cœur se soulever, mais son corps était en mal de sel et de chaleur, et il but le breuvage d'une seule traite. Mouzafer remplit de nouveau sa tasse. Il la vida encore une fois.

– *Zindabad* ! Bien, Mister Guireg ! déclara Mouzafer au bout de la troisième tasse, tambourinant l'épaule de Mortenson d'un air ravi, ce qui eut pour effet de plonger la grotte dans un nouveau nuage de poussière.

---

2. Notre traduction.
3. Maraini, Fosco, *Karakorum*, Les Presses de la Cité, Paris, 1963, traduit de l'italien par Carmen Saba et Ghislaine Lavagne.

Darsney avait poursuivi sa route vers Askole avec Yakub et, pendant les trois jours qui suivirent, le temps de descendre le Baltoro, Mouzafer ne quitta pas Mortenson des yeux un seul instant. Sur la piste que Mortenson distinguait à peine alors que Mouzafer la voyait aussi clairement qu'une autoroute, le porteur lui tenait la main, insistant pour que son client reste sur les talons de ses pauvres baskets en plastique *made in China*, qu'il portait sans chaussettes. Durant ses cinq prières quotidiennes, Mouzafer, pourtant dévot pointilleux, détournait son regard de La Mecque pour s'assurer de sa présence.

Mortenson en profita pour demander à Mouzafer les termes baltis de tout ce qu'ils voyaient. Glacier se disait *gangs-zhing*, avalanche *rdo-rut*. Et le vocabulaire balti possédait autant de termes pour les pierres que les Inuits en ont pour la neige. *Brak-lep* signifiait rocher plat, pour dormir ou faire la cuisine. *Khrok* désignait un rocher en forme de cale, idéal pour boucher les interstices des constructions. Les petites pierres rondes, les *khodo*, étaient d'abord chauffées dans le feu avant d'être enveloppées de pâte pour la fabrication des *kurba*, pains sans levain en forme de crâne, qu'ils cuisaient chaque matin avant de se mettre en route. Doué pour les langues, Mortenson acquit vite le vocabulaire de base.

Alors qu'il avançait prudemment au fond d'une gorge étroite, pour la première fois en trois mois, il passa de la glace à la terre ferme. Le Baltoro mourait dans un canyon jonché de débris noirs, le museau fuselé comme celui d'un 747. Les eaux souterraines qui avaient circulé sous soixante-deux kilomètres de glace jaillissaient à l'air libre avec la puissance d'un moteur à réaction. Cette colonne d'eau bouillonnante, tumultueuse, donnait naissance à la rivière Braldu. Cinq ans plus tard, un kayakiste suédois se rendit sur ces mêmes lieux avec une équipe de tournage, comptant descendre la Braldu, puis l'Indus, jusqu'à la mer d'Arabie, soit deux mille neuf cents kilomètres. Il périt fracassé contre les rochers quelques minutes après s'être mis à l'eau.

Mortenson vit sa première fleur depuis des mois, une fleur d'églantine rose à cinq pétales. Il s'agenouilla pour l'admirer, preuve qu'il avait quitté l'hiver éternel. Roseaux et armoises clairsemaient les berges de la rivière, et la vie, aussi maigre fût-elle dans cette gorge tout en roc, lui paraissait exubérante. L'air automnal, à trois mille deux cents mètres d'altitude, avait une texture et une richesse qu'il avait oubliées.

Maintenant que les dangers du Baltoro étaient derrière eux, Mouzafer marchait en tête et, chaque soir, dressait le camp et préparait le repas pour l'arrivée de Mortenson. Celui-ci s'écartait parfois de la piste, dérouté par une sente filant vers les pacages d'un berger, mais retrouvait vite son chemin et n'avait aucun mal à suivre la rivière jusqu'au moment où il voyait la fumée de leur feu s'élever dans le soir. Il n'était pas facile de marcher sur des jambes affaiblies et douloureuses, mais il n'avait pas le choix. Il persévérait bon gré mal gré, en se ménageant des pauses de plus en plus fréquentes pour récupérer.

Sept jours après avoir quitté le K2, d'une saillie dominant la rive gauche des gorges de la Braldu, Mortenson aperçut ses premiers arbres. Cinq peupliers qui ployaient sous un vent fort et semblaient l'accueillir d'un signe de la main. Ils avaient été plantés en ligne, témoignage d'une intervention humaine et non de la force brute du Karakoram – cette force capable de projeter plaques de glace et blocs de pierre dans les versants et de broyer sans discrimination une créature aussi insignifiante qu'un promeneur solitaire. Ces arbres disaient à Mortenson qu'il s'en était sorti, et qu'il était vivant.

Absorbé par la contemplation de la végétation, il ne vit pas la piste bifurquer vers la Braldu, en direction d'un *zamba*, un «pont» de corde en poil de yak tendu en travers de la rivière, arrimé à deux gros rochers. Pour la seconde fois, Mortenson s'égara. Le pont menait à sa destination, Askole, situé treize kilomètres en aval sur la rive droite de la rivière. À la place, il était resté sur le sentier en surplomb de la rive gauche, qui allait vers les arbres.

Les peupliers laissèrent place aux abricotiers. À trois mille mètres d'altitude, en cette mi-septembre, la récolte était déjà terminée. Les fruits mûrs s'amoncelaient en piles sur des centaines de paniers plats, baignant de leur éclat les feuilles basses des arbres. Des femmes étaient agenouillées près des paniers, ouvrant les fruits pour en retirer les noyaux, dont on extrairait par la suite l'amande au goût de noisette. Mais lorsqu'elles l'aperçurent, elles se couvrirent le visage de leur châle et s'enfuirent, mettant quelques arbres entre elles et cet *angrezi*, cet étrange homme blanc.

Les enfants ne manifestèrent pas ces réserves. Tandis qu'il traversait les champs dorés sous l'œil de femmes occupées à faucher le sarrasin et l'orge, toute une traîne se forma dans son sillage. Les enfants touchaient son *shalvar kamiz* du doigt, cherchaient à son poignet la montre qu'il ne possédait pas et lui prenaient la main à tour de rôle.

Pour la première fois en plusieurs mois, Mortenson prit conscience de son aspect. Ses cheveux étaient longs et hirsutes. Il se sentait immense, et sale. «Cela faisait plus de trois mois que je n'avais pas pris de douche», avoue-t-il. Il courba le dos, soucieux de ne pas dominer les bambins de toute sa hauteur. Mais ceux-ci ne semblaient pas le trouver intimidant. Leurs *shalvar kamiz* étaient aussi maculés et déchirés que le sien, et la plupart d'entre eux, malgré le froid, allaient pieds nus.

Mortenson sentit le village de Korphe un kilomètre et demi avant de le voir. Après l'atmosphère stérile des sommets, l'odeur conjuguée des feux de genévrier et de crasse humaine était saisissante. Croyant toujours être sur la bonne piste, il pensait arriver à Askole, qu'il avait traversé trois mois plus tôt, sans pour autant reconnaître le moindre signe familier. Le temps d'arriver à l'entrée officielle du village, simple porche en peuplier planté devant un champ de pommes de terre, et il était à la tête d'un cortège de cinquante gamins.

Il regarda au loin, espérant apercevoir Mouzafer l'attendant aux abords du village. Au lieu de cela, de l'autre côté de la porte, se tenait un vieil homme parcheminé, coiffé d'une *topi* – toque en laine d'agneau – d'un gris élégant, assorti à celui de sa barbe, aux traits si marqués qu'on les aurait dits taillés dans les parois du canyon. Il attendait. Il s'appelait Haji Ali et était le *nurmadhar*, le chef, de Korphe.

– *Salam Alaykoum*, dit Haji Ali en serrant la main de Mortenson.

Il franchit la porte à ses côtés, lui témoignant l'hospitalité à laquelle il serait impardonnable, pour un Balti, de déroger, le conduisit au ruisseau cérémoniel, l'invitant à s'y laver les mains et le visage, puis poursuivit en direction de sa maison.

Korphe était perché sur une saillie, à deux cent cinquante mètres au-dessus de la Braldu, bizarrement accrochée à la paroi du canyon telle une plateforme de bivouac vissée à flanc de falaise. Les maisons de pierre à deux étages, sans aucun ornement, se blottissaient les unes contre les autres tous azimuts et auraient presque pu se fondre aux parois sans la profusion d'abricots, d'oignons et de sarrasin qui recouvraient les toits en terrasse.

Haji Ali conduisit Mortenson dans une maison que rien ne distinguait des autres. Il battit une pile de matelas, dont la poussière se répandit à travers le *balti* – la grande pièce centrale –, disposa des coussins à la place d'honneur près du foyer ouvert, et y installa Mortenson.

Aucune parole ne fut échangée durant la préparation du thé, que seuls vinrent troubler raclements de pieds et déplacements de coussins, tandis que vingt hommes appartenant à la famille élargie de Haji Ali entraient un à un dans la pièce et prenaient place autour de l'âtre. Fort heureusement, la fumée âcre produite par le feu de bouses de yak s'échappait en grande partie par une large ouverture carrée ménagée dans le plafond. Cinquante paires d'yeux en ourlaient le pourtour, les enfants qui avaient escorté le nouveau venu ayant élu domicile sur le toit. Aucun étranger n'était jamais venu à Korphe auparavant.

La main de Haji Ali s'activait vigoureusement dans la poche de son gilet brodé, frottant des morceaux de viande d'ibex contre les feuilles d'un puissant tabac à chiquer vert, le *naswar*. Une fois l'opération terminée, il en offrit un morceau à Mortenson, qui releva le plus grand défi gustatif de toute sa vie sous les rires appréciateurs de l'assemblée.

Lorsque Haji Ali lui tendit une tasse de thé au beurre, il la but avec un sentiment avoisinant le plaisir.

Le seuil d'hospitalité requis ayant été franchi, le chef se pencha en avant et planta brusquement son visage barbu devant celui de Mortenson.

– *Tchizaley*? aboya-t-il, usant de l'incontournable terme balti signifiant, en gros, «Qu'est-ce que tu fiches ici?»

Avec ses rudiments de balti, et à grand renfort de gesticulations, Mortenson raconta à l'assemblée attentive qu'il était américain, qu'il était venu gravir le K2 (ce qui fut accueilli par un murmure approbateur), qu'il s'était affaibli, qu'il était tombé malade et était venu ici, à Askole, dans l'espoir de trouver une jeep pour le conduire à Skardu, la capitale du Baltistan située à huit heures de route.

Mortenson s'effondra sur les coussins, ayant épuisé ses dernières forces, entre les interminables journées de marche et l'effort qu'il avait dû fournir pour communiquer autant d'informations. Réchauffé par le feu et la douceur des coussins, réconforté par cette foule humaine, il sentait l'épuisement qu'il avait maintenu à distance l'engloutir.

– *Met Askole* («Pas Askole»), dit Haji Ali en riant. Il montra le sol du pied : *Korphe*, dit-il.

Mortenson se redressa vivement. Il n'avait jamais entendu parler de Korphe. Il était certain de ne l'avoir vu sur aucune carte du Karakoram, et pourtant il en avait étudié un certain nombre. Il se leva et expliqua qu'il devait se rendre à Askole pour retrouver un dénommé Mouzafer qui portait tout son matériel.

Haji Ali agrippa son hôte par les épaules d'une poigne vigoureuse et le força à se rasseoir. Il envoya chercher son fils Twaha, qui avait glané quelques bribes d'anglais au hasard de ses visites à Skardu, et lui ordonna de traduire.

– Aujourd'hui marcher Askole pas aller. Grand problème. Demi un jour de marche, dit l'homme, qui était l'incontestable incarnation de son père, la barbe en moins. *Inch Allah*, demain Haji envoyer chercher homme Mouzafer. Maintenant poser tête.

Haji Ali se leva et, d'un geste de la main, chassa les enfants du carré de ciel que la nuit envahissait. Les hommes s'éclipsèrent pour rentrer chez eux. Malgré l'anxiété qui le taraudait, sa colère à l'idée de s'être fourvoyé une seconde fois et le sentiment de ne pas être à sa place, Mortenson posa tête. Et sombra dans un sommeil de plomb.

Chapitre 3

« PROGRÈS ET PERFECTION »

*– Dites-moi, s'il y avait une chose que nous puissions
faire pour votre village, quelle serait-elle?
– Avec tout le respect que je vous dois, Sahib, vous n'avez pas
grand-chose à nous apprendre en matière de force
et d'endurance. D'autre part, nous n'envions pas votre
agitation. Peut-être sommes-nous plus heureux que vous?
Nous aimerions cependant que nos enfants aillent à l'école.
De tout ce que vous possédez, l'école, c'est ce que nous
souhaiterions le plus pour nos enfants.*

Conversation entre Sir Edmund Hillary et Urkien Sherpa,
extraite de *Schoolhouse in the Clouds*

Quelqu'un avait posé sur lui un épais édredon qui l'enveloppait d'une agréable chaleur. C'était la première nuit qu'il passait sous un toit depuis la fin du printemps. À la faible lueur des braises, il entrevit plusieurs silhouettes endormies. Des ronflements aux tonalités variées montaient du moindre recoin de la pièce. Mortenson se retourna et y ajouta le sien.

Lorsqu'il émergea de son sommeil pour la seconde fois, la pièce était vide et un carré de ciel bleu se découpait nettement dans le plafond. Sakina, la femme de Haji Ali, le voyant bouger, lui apporta un *lassi*, un chapati tout frais et du thé sucré. C'était la première femme balti qui l'approchait. Elle avait les traits les plus doux qu'il ait jamais vus.

Ses sourires avaient tracé des sillons conquérants qui se rejoignaient à mi-chemin des yeux et de la bouche. Ses cheveux, dont les élégantes tresses rappelaient celles des Tibétaines, étaient coiffés d'un *urdwa* – un bonnet de laine orné de perles, de coquillages et de pièces anciennes. Elle attendait, debout, que Mortenson goûte sa nourriture.

Il trempa son chapati encore chaud dans le *lassi*, en avala une bouchée, puis engloutit le reste, arrosé de thé sucré. Sakina émit un rire approbateur et le resservit. Si Mortenson avait su combien le sucre était rare et précieux pour les Baltis, avec quelle parcimonie ils en usaient, il aurait refusé la seconde tasse de thé.

Sakina s'éclipsa, et il en profita pour étudier la pièce. Elle était d'un dénuement qui confinait à la pauvreté. Un poster touristique décoloré, représentant un chalet suisse au beau milieu d'un champ de fleurs, était punaisé au mur. Tous les autres objets, des ustensiles de cuisine noircis aux lampes à huile rafistolées, semblaient purement fonctionnels. Le lourd édredon sous lequel il avait dormi était confectionné dans une somptueuse étoffe de soie bordeaux rehaussée de petits miroirs. Les autres dormeurs s'étaient contentés de fines couvertures de laine raccommodées au petit bonheur la chance. De toute évidence, ils lui avaient réservé leur bien le plus précieux.

Plus tard dans l'après-midi, Mortenson entendit des éclats de voix et se dirigea, comme l'ensemble des villageois, en direction de la falaise surplombant la Braldu. Un homme se tractait à la force des bras dans une caisse suspendue à un câble d'acier, soixante mètres au-dessus de la rivière. Franchir les flots de cette manière permettait d'économiser la demi-journée de marche nécessaire pour rallier le pont situé en amont du village – au risque de faire une chute qui ne laissait aucune chance de survie. Lorsque l'homme eut parcouru la moitié du trajet dans son minuscule téléphérique fait de bouts de bois, Mortenson reconnut Mouzafer, juché sur un sac de quarante kilos qu'il connaissait bien.

Cette fois-ci, la tape que le porteur lui assena dans le dos ne le prit pas au dépourvu, et Mortenson parvint à ne pas tousser. Mouzafer recula, le dévisagea de pied en cap, le regard embué, puis leva les bras au ciel en criant *Allahou Akbar !*, avant d'agiter les mains comme si la manne s'amoncelait à ses pieds.

De retour chez Haji Ali, ils dînèrent d'une *biango*, poule grillée aussi maigre et coriace que les Baltis qui l'avaient élevée. Au cours du repas, Mortenson découvrit que Mouzafer était connu dans tout le Karakoram. En trente ans, il s'était imposé comme l'un des porteurs de haute montagne les plus chevronnés de tout l'Himalaya. Au nombre de ses exploits, multiples et variés, figurait une mission aux côtés du célèbre Nick Clinch, chef de l'expédition américaine qui avait conquis le Masherbrum en 1960. Mais ce que Mortenson trouvait plus impressionnant encore, c'était le fait que, durant tout le temps qu'ils avaient passé à marcher et parler ensemble, Mouzafer n'avait jamais mentionné ses exploits.

Discrètement, Mortenson lui remit trois mille roupies, bien plus que la somme convenue, et promit de lui rendre visite dans son village dès qu'il serait totalement rétabli. Rien ne pouvait alors laisser présager que Mouzafer jouerait un rôle capital dans son existence durant les dix ans qui suivraient, qu'il l'aiderait à contourner les innombrables écueils de la vie nord-pakistanaise avec la même adresse qu'il déployait pour déjouer avalanches et crevasses.

Mouzafer accompagna Mortenson jusqu'à Askole, d'où il partit en jeep avec Darsney. À Skardu, après avoir goûté aux charmes ordinaires de petits plats mijotés et d'un lit confortable au célèbre K2 Motel, Mortenson sentit que quelque chose le poussait à retourner dans le Karakoram et sauta sur la première occasion de regagner Korphe.

Il prit ses quartiers chez Haji Ali et une routine s'installa bientôt. Deux fois par jour, il faisait le tour du village à pied, invariablement escorté d'enfants qui le tiraient par la main. Admirant la myriade de canaux d'irrigation, entretenus manuellement, qui alimentaient les champs et les vergers en eau de fonte des glaciers, il mesura alors combien cette minuscule oasis de verdure, nichée dans un désert de pierre et de poussière, devait son existence à de formidables efforts.

Maintenant qu'il avait échappé au Baltoro et à ses dangers, il réalisait à quel point sa survie avait tenu à peu de chose, et à quel point il était affaibli. Il parvenait tout juste à descendre le lacet jusqu'à la rivière. Quand il enlevait sa chemise pour s'y laver, il n'en revenait pas : « Mes bras ressemblaient à des cure-dents, j'avais l'impression que ce n'étaient pas les miens », dit-il.

Au retour, il gravissait la pente, la respiration sifflante, aussi frêle que les vieillards qui passaient de longues heures sous les abricotiers à fumer le houka et grignoter des amandes d'abricots. Après une à deux heures de pérégrination quotidienne, il succombait à la fatigue et retournait contempler le ciel depuis son nid de coussins près de l'âtre de Haji Ali.

Le *nurmadhar* suivait attentivement l'évolution de son état de santé et ordonna qu'on abatte l'un des précieux *chogo rabak*, des grands béliers, du village. Quarante convives se réunirent pour l'occasion, nettoyant les os du maigre animal de ses plus infimes lambeaux de chair, avant de les briser à coups de pierre pour en extraire la moelle du bout des dents. Devant l'avidité avec laquelle la viande était dévorée, Mortenson mesura la valeur exceptionnelle de ce repas pour les villageois, et combien ceux-ci devaient composer avec la faim.

Son jugement s'affinait au fur et à mesure qu'il reprenait des forces. De prime abord, en arrivant à Korphe, il avait cru découvrir une sorte de Shangri-La[1]. De nombreux Occidentaux, en traversant le Karakoram, avaient eux aussi eu le sentiment que les Baltis menaient une vie plus simple et meilleure que celle des pays développés. Certains visiteurs de la première heure, cherchant à coller une étiquette romantique à la région, l'avaient même baptisée le « Tibet aux abricots ».

Les Baltis « paraissent heureux de vivre », nota Maraini en 1958 après avoir traversé Askole, admirant « les vieux assis au soleil [qui] fument une pipe spéciale très contournée et pittoresque, et les moins vieux [qui] travaillent sur un métier primitif à l'ombre d'un mûrier, ou filent la laine avec des gestes mesurés, adroits, comme s'ils n'avaient fait que cela depuis leur tendre enfance ; un peu plus loin, deux jeunes gens assis sur un banc s'épouillent avec une méticuleuse tendresse ».

« Atmosphère satisfaite et paisible, poursuit-il, […] nous retrouvons ici ce problème toujours un peu angoissant : vaut-il mieux tout ignorer de notre vie moderne et vivre heureux sans le savoir […] ? »[2]

Trente-cinq ans plus tard, les Baltis ignoraient toujours le confort moderne, mais leur vie était loin d'être l'éden idyllique façonné par l'imaginaire occidental. Dans chaque foyer, au moins un membre de la famille était atteint de goitre ou de cataracte. Les enfants, dont Mortenson avait admiré la chevelure rousse, souffraient en fait d'une forme de malnutrition appelée *kwashiorkor*. En discutant avec Twaha, le soir, sur le chemin de la mosquée, il apprit que le médecin le plus proche se trouvait à une semaine de marche, à Skardu, et qu'un tiers des nourrissons mouraient avant leur premier anniversaire.

---

1. Lieu imaginaire et paradisiaque, tiré du livre *Lost Horizon* de James Hilton, que Franck Capra adapta au cinéma (*Horizons perdus*).
2. Maraini Fosco, *Karakorum*, Les Presses de la Cité, Paris, 1963, traduit de l'italien par Carmen Saba et Ghislaine Lavagne.

Twaha lui confia que sa propre femme, Rhokia, était morte sept ans auparavant en donnant naissance à leur unique enfant, une petite fille du nom de Jahan. L'édredon bordeaux sous lequel Mortenson avait l'honneur de dormir avait été la pièce maîtresse de sa dot.

L'Américain doutait de jamais parvenir à payer sa dette envers ses hôtes. Mais il comptait bien essayer. Il se mit à distribuer tout ce qu'il possédait. De petits accessoires pratiques, comme les gourdes et les torches, étaient précieux pour les Baltis qui parcouraient de longues distances avec leurs troupeaux en été. Mortenson les répartit entre les membres de la vaste famille de Haji Ali. À Sakina, il offrit son réchaud, capable de fonctionner avec le kérosène que l'on trouvait dans tous les villages. Il drapa les épaules de Twaha de sa veste polaire bordeaux, le pressant de l'accepter malgré ses quelques tailles en trop. Haji Ali hérita quant à lui de sa doudoune Helly Hansen, qui avait su le garder au chaud sur le K2. Mais ce furent le contenu de sa trousse de secours, ainsi que ses connaissances médicales, qui s'avérèrent les plus précieux. Tous les jours, au fur et à mesure qu'il reprenait des forces, il passait de plus en plus de temps à arpenter les ruelles escarpées de Korphe, à dispenser des soins pour tenter d'endiguer l'inépuisable flot des besoins. Il soignait les plaies ouvertes à l'aide de crèmes antibiotiques, perçait et drainait les blessures infectées. Où qu'il se tourne, des regards l'imploraient du fond des maisons, où certains anciens souffraient en silence depuis de longues années. Il réduisait les fractures et faisait bon usage de ses calmants et antibiotiques. La nouvelle de son action se répandit, et l'on se mit à envoyer quérir le « Docteur Greg », comme on l'appela ensuite dans le nord du Pakistan malgré ses protestations pour expliquer qu'il n'était que simple infirmier.

Souvent, au cours de son séjour à Korphe, Mortenson sentait la présence de sa petite sœur Christa, surtout lorsqu'il était entouré d'enfants. «Tout, dans leur vie, était un combat, déclara Mortenson. Ils me rappelaient la façon dont Christa devait se battre pour les choses les plus anodines. Et aussi sa façon de persévérer, quelles que soient les épreuves.» Il voulait faire quelque chose pour eux: peut-être pourrait-il dépenser ses derniers dollars à Islamabad en livres ou en fournitures scolaires?

Un soir, étendu devant le feu, peu avant de se coucher, Mortenson fit part à Haji Ali de son désir de visiter l'école de Korphe. Un nuage passa sur le visage raviné du vieil homme, mais Mortenson insista. Finalement, le chef accepta de l'emmener dès le lendemain, à la première heure.

Une fois avalés les traditionnels chapatis et le *tchaï* du petit déjeuner, Haji Ali conduisit Mortenson au sommet d'un chemin escarpé débouchant sur un balcon à ciel ouvert, deux cent cinquante mètres au-dessus de la Braldu. La vue était magnifique, les géants de glace du haut Baltoro se détachaient sur l'azur bleu, au-dessus des falaises grises de Korphe. Mais Mortenson n'admirait pas le paysage. Atterré, il contemplait quatre-vingt-deux enfants, soixante-dix-huit garçons et les quatre filles qui avaient eu le cran de se joindre à eux, agenouillés à même le sol gelé. Haji Ali, le regard fuyant, lui expliqua que le village ne possédait pas d'école et que le gouvernement pakistanais ne leur attribuait aucun poste d'enseignant. Un instituteur coûtait l'équivalent d'un dollar par jour, ce que le village ne pouvait s'offrir. C'est pourquoi Korphe partageait un instituteur avec le village voisin de Munjung. L'enseignant passait trois jours par semaine ici. Le reste du temps, les enfants se débrouillaient tout seuls pour apprendre les leçons laissées par leur maître.

La gorge nouée, Mortenson regarda les élèves se mettre au garde-à-vous et entonner l'hymne national pakistanais en préambule à leur journée de classe. «Bénie soit la terre sacrée. Heureux soit le royaume abondant, symbole de fervente résolution, terre du Pakistan », chantaient les enfants avec plus ou moins d'assurance en formant des nuages de buée dans l'air glacial. Mortenson reconnut Jahan, la fille de Twaha, fière et droite sous son foulard, du haut de ses sept ans. « Que la nation, le pays et l'État brillent d'une gloire éternelle. Que son drapeau, frappé du croissant de lune et de l'étoile, montre la voie du progrès et de la perfection. »

Durant sa convalescence à Korphe, Mortenson avait fréquemment entendu les villageois se plaindre du gouvernement pakistanais à majorité pendjabi, qu'ils considéraient comme une puissance étrangère venue des plaines. Leur leitmotiv était que le peu d'argent destiné aux Baltis s'évanouissait, victime de négligence et de corruption, sur le long trajet allant d'Islamabad, la capitale, aux vallées montagneuses. Ils remarquaient avec ironie l'incroyable énergie que le gouvernement d'Islamabad mettait à arracher à l'Inde ce morceau de terre qu'est le Cachemire pour finalement en négliger les habitants.

De toute évidence, le peu d'argent qui parvenait à cette altitude était destiné à l'armée, pour financer le coûteux face-à-face qui l'opposait aux forces militaires indiennes sur le glacier Siachen. Mais un dollar par jour pour un instituteur, enrageait Mortenson, comment un gouvernement, aussi pauvre fût-il, pouvait-il ne pas les fournir ? Pourquoi le drapeau au croissant de lune et à l'étoile ne pouvait-il aider ces enfants à parcourir la courte distance qui les séparait du « progrès et [de] la perfection » ?

Après qu'eut retenti la note finale, les enfants s'assirent sagement en cercle et commencèrent à copier leurs tables de multiplication. La plupart d'entre eux grattaient la terre avec un bâton. Les plus chanceux, comme Jahan, écrivaient sur une ardoise à l'aide d'un bâtonnet trempé dans une mixture de terre et d'eau. « Pouvez-vous imaginer les élèves d'une classe de primaire, seuls, sans maître, rester

tranquillement assis à apprendre leurs leçons ? interroge
Mortenson. Ça me déchirait le cœur. Ils avaient une telle
soif d'apprendre, et les circonstances leur étaient si défa-
vorables, que cela m'a fait penser à Christa. J'ai su que je
devais faire quelque chose. »

Mais quoi ? Il avait juste assez d'argent, en limitant ses
dépenses de logement et de nourriture, pour se payer le
trajet en jeep et en bus jusqu'à Islamabad, puis son vol
retour.

En Californie, seuls l'attendaient des emplois précaires
et tout ce qu'il possédait tenait dans le coffre de « la Bamba »
– la Buick bordeaux, véritable gouffre à essence, qui lui servait de maison. Pourtant, il devait bien y avoir quelque
chose à faire !

Debout aux côtés de Haji Ali sur la corniche qui dominait la vallée, face à ces pics pour lesquels il avait traversé
la moitié du globe, il lui sembla soudain absurde d'avoir
voulu gravir le K2 pour y déposer un collier. Il pouvait honorer la mémoire de sa petite sœur par un geste beaucoup
plus significatif. Il posa les mains sur les épaules de Haji
Ali, comme le vieil homme l'avait lui-même fait tant de fois
depuis leur premier thé.

– Je vous construirai une école, dit-il, sans imaginer
qu'avec ces paroles, il imprimait une nouvelle direction à
sa vie et entamait un itinéraire beaucoup plus tortueux que
celui qu'il avait suivi depuis le K2. Je *vais construire* une
école. Promis.

Chapitre 4

BOX 114

La grandeur se construit toujours sur ces fondations :
être capable de paraître, parler et agir
comme le plus commun des hommes.
Chams ad-Din Mohammed Hafez

Le box sentait l'Afrique. Immobile sur le seuil de la pièce
– un mètre quatre-vingts sur deux mètres cinquante, autant
dire un placard –, avec en fond sonore le bourdonnement
de l'avenue San Paolo à l'heure de pointe, Mortenson souffrait de ce dépaysement que seules sont capables d'infliger
quarante-huit heures d'avion. À bord du Boeing qui l'avait
emporté loin d'Islamabad, il avait échafaudé toutes sortes
de plans pour financer l'école. Mais de retour à Berkeley
en Californie, il ne savait vers où se tourner. Il se sentait
invisible sous le ciel éternellement ensoleillé, au milieu de
ces étudiants aisés qui déambulaient, insouciants, entre
deux tasses d'expresso. La promesse faite à Haji Ali semblait appartenir à l'un de ces films qui l'avaient bercé au
cours de ses trois interminables vols.

Décalage horaire. Choc culturel. Quelle que soit la façon
de nommer les affres du dépaysement, c'était une sensation dont il était coutumier. Ce qui expliquait pourquoi il
était venu ici, comme à chaque fois qu'il rentrait d'une
ascension – au garde-meuble de Berkeley, box 114. Cet
espace qui sentait le renfermé était son point d'ancrage.

Il tâtonna dans l'obscurité pour atteindre la tirette de l'ampoule. Le box s'éclaira bientôt, révélant des piles poussiéreuses de livres de montagne alignées le long des murs, une délicate caravane d'éléphants en ébène ayant appartenu à son père et, trônant sur un album photo écorné, Gigi, un singe en peluche couleur café qui avait été son fidèle compagnon d'enfance.

Il attrapa le jouet et remarqua un peu de kapok qui s'échappait de la poitrine du petit animal. Il le pressa contre son visage, inspira, et se retrouva transporté au pied du faux-poivrier qui l'enveloppait de ses branches protectrices, devant leur vaste maison en parpaings. En Tanzanie.

Tout comme son père, Mortenson était né dans le Minnesota. Mais en 1958, alors qu'il n'avait que trois mois, ses parents l'avaient embarqué dans la grande aventure de leur vie : dans une mission tanzanienne à deux pas du plus haut sommet d'Afrique, le Kilimandjaro.

***

Irvin Mortenson, le père de Greg, avait vu le jour dans une de ces familles luthériennes qui ont tant inspiré Garrison Keillor[1]. Semblable aux personnages peu loquaces de Lake Wobegon, il rechignait à parler pour ne rien dire. Il affichait un bon mètre quatre-vingts et une solide carrure. Dès son plus jeune âge, on l'avait surnommé « Dempsey », du nom d'un champion de boxe, surnom qui ne le quitta plus de toute son existence. Septième et dernier rejeton d'une famille que la Grande Dépression avait ruinée, Dempsey usa de ses qualités physiques (lycéen, il se distingua parmi les meilleurs footballeurs et basketteurs du Minnesota, respectivement aux postes de quarterback et

---

1. Écrivain et humoriste qui créa et anima de 1974 à 1987 la très populaire émission de radio *A Prairie Home Companion*, dans laquelle il croquait avec tendresse la population rurale du Minnesota.

Box 114

d'arrière) pour échapper à la petite communauté de pêcheurs de Pequot Lakes et partir voir du pays. Bénéficiaire de la bourse que les universités américaines accordent aux footballeurs, il étudia à l'université du Minnesota et décrocha une licence en éducation physique – tout en collectionnant les bleus au contact de la ligne de défense adverse.

Sa femme Jerene succomba à son charme alors qu'elle venait tout juste de s'installer dans la région avec sa famille, fraîchement débarquée de l'Iowa. Ancienne capitaine de l'équipe de basket de son lycée, elle possédait elle aussi des qualités sportives indéniables. Ils se marièrent sur un coup de tête à la faveur d'une permission de Dempsey, alors soldat à Fort Riley dans le Kansas. « Dempsey avait la bougeotte, se rappelle Jerene. Il avait servi au Japon et avait adoré ce sentiment de dépaysement. Un jour, alors que j'étais enceinte de Greg, il rentra à la maison en disant. "Ils cherchent des enseignants dans le Tanganyika. Partons en Afrique." Je n'ai pas pu dire non. Quand on est jeune, on ne se pose pas de questions. On y est allés, c'est tout. »

Ils découvrirent un pays dont ils ne connaissaient pas grand-chose en dehors de l'espace qu'il occupe sur la carte, entre le Kenya et le Rwanda. Ils restèrent quatre années en poste dans les monts Usambara, puis la mission luthérienne qui les employait les envoya à Moshi (« fumée » en swahili), où ils s'installèrent dans l'ancienne propriété d'un trafiquant d'armes grec. Par cet heureux hasard qui récompense souvent l'impétuosité, toute la famille eut le coup de foudre pour ce pays, qui prit le nom de Tanzanie lors de son accession à l'indépendance en 1961. « Plus je vieillis, plus j'apprécie mon enfance. C'était le paradis », déclare Mortenson.

Plus encore que la maison, qui s'étirait autour d'un somptueux jardin, Greg avait adopté l'énorme faux-poivrier. « Cet arbre incarnait la stabilité, raconte-t-il. Au crépuscule, une nuée de chauves-souris s'en échappaient pour aller chasser. Et après une averse, un parfum de poivre embaumait la cour. C'était un merveilleux parfum. »

Faisant preuve de souplesse, Dempsey et Jerene parvinrent à conférer une dimension sociale à la mission de Moshi. Dempsey enseignait certes le catéchisme, mais à côté de cela, il aménagea un terrain de softball[2] dans la cour et créa la première ligue lycéenne de basket de Tanzanie.

Ce furent toutefois deux autres projets qui accaparèrent bientôt le jeune couple.

Dempsey se lança corps et âme dans la grande entreprise de sa vie : le financement et la création du premier hôpital universitaire tanzanien, le *Kilimanjaro Christian Medical Center*. Jerene déploya la même énergie à fonder la *Moshi International School* pour les enfants d'expatriés. Ce fut l'école que fréquenta et apprécia Greg, heureux de la diversité culturelle et linguistique qu'elle offrait. La notion de rivalités nationales lui paraissait si ridicule qu'il ne supportait pas les bagarres qu'elles déclenchaient. Ainsi, à une époque de conflit exacerbé entre l'Inde et le Pakistan, il était bouleversé quand il voyait ses camarades indiens et pakistanais faire semblant de se tirer dessus ou de se trancher la gorge.

« C'était quand même une école merveilleuse, dit-il. Un peu comme les Nations unies, en plus petit. Il y avait vingt-huit nationalités différentes et nous célébrions toutes les fêtes : Hanoukka, Diwali, l'Aïd. »

« Greg n'aimait pas nous accompagner à l'église, se souvient Jerene, parce que toutes les mamies africaines s'amusaient à ébouriffer ses mèches blondes. » Ce détail mis à part, il connut une enfance heureuse à l'abri des questions raciales. Il parla bientôt le swahili sans le moindre accent, au point de passer pour un enfant du pays

---

2. Sorte de base-ball.

Box 114

lorsqu'il répondait au téléphone. Il apprenait les cantiques traditionnels européens à la chorale de l'église et les danses tribales dans la troupe locale – celle-ci participa même à un concours national diffusé à la télévision le jour du Saba Saba, la fête nationale.

À onze ans, Greg Mortenson conquit son premier grand sommet. «Dès l'âge de six ans, je couvais la montagne du regard et suppliais mon père de m'y emmener.» Le jour vint enfin où Dempsey jugea son fils en âge de la gravir. Greg se rappelle «avoir eu la nausée et vomi durant toute la montée. J'ai détesté cette ascension. Mais quand je me suis retrouvé au sommet du Kilimandjaro, à l'aube, avec la savane qui s'étendait à perte de vue, c'était trop tard. J'étais devenu accro.»

Jerene mit au monde trois filles: Kari, Sonja Joy et, enfin, Christa. Dempsey s'absentait souvent pour plusieurs mois d'affilée, parcourant l'Europe et l'Amérique en quête de fonds et de personnel qualifié. Greg, qui dépassait déjà le mètre quatre-vingts à treize ans, endossait alors tout naturellement le rôle d'homme de la maison. Lorsque Christa fut baptisée, il se proposa comme parrain.

Contrairement à ses trois aînés qui avaient vite rattrapé leurs parents, Christa resta petite et frêle. Quand elle fut en âge d'aller à l'école, il devint évident qu'elle était très différente de ses frères et sœurs. Bébé, Christa avait très mal réagi au vaccin antivariolique. «Son bras était devenu tout noir», se rappelle Jerene, qui attribue les troubles cérébraux de sa fille à une inoculation toxique. À trois ans, la fillette contracta une méningite aiguë. À partir de huit ans, elle fut sujette à de fréquentes crises d'épilepsie et sa santé, même entre deux attaques, se détériora. «Elle a appris à lire sans difficulté, se remémore Jerene. Mais pour elle, ce n'étaient que des sons. Les phrases ne voulaient rien dire.»

Greg, qui n'en finissait pas de grandir, s'interposait entre sa petite sœur et quiconque faisait mine de se moquer d'elle. «Christa était adorable, dit-il. Elle acceptait ses limites avec élégance. Comme elle mettait beaucoup de temps à s'habiller, le matin, elle préparait tous ses vêtements la veille au soir pour ne pas nous mettre en retard pour l'école. Elle était très attentionnée. Par certains aspects, elle ressemblait à mon père. Tous deux savaient écouter.»

Dempsey écoutait d'une oreille particulièrement attentive les aspirations des jeunes Africains, à qui la Tanzanie postcoloniale – jadis comme aujourd'hui l'un des pays les plus pauvres au monde – n'avait pas grand-chose à offrir en dehors d'emplois agricoles subalternes. Quand l'hôpital universitaire ouvrit ses portes, il insista, contre l'avis de bien des étrangers siégeant au conseil d'administration, pour que les bourses d'étude médicale aillent en priorité aux étudiants les plus prometteurs de la région, et non aux enfants d'expatriés ni aux rejetons de l'élite locale.

Peu après le quatorzième anniversaire de Greg, l'hôpital (d'une capacité de six cent quarante lits) fut enfin terminé, et le président tanzanien Julius Nyerere fut invité à son inauguration. Dempsey stocka des litres et des litres de *pombe*, la bière de banane locale, et rasa tous les buissons de la cour afin d'accueillir les quelque cinq cents personnes, toutes origines confondues, qui vinrent célébrer l'événement autour d'un grand barbecue. Debout sur l'estrade qu'il avait dressée sous le faux-poivrier pour les musiciens, Dempsey, revêtu de la traditionnelle tenue noire tanzanienne, s'adressa à tous ces gens auxquels il s'était tant attaché.

En quatorze ans, son tour de taille s'était certes quelque peu épaissi, mais à le voir ainsi, debout sur cette estrade, son fils lui trouva un indéniable charisme. Dempsey commença par remercier son associé tanzanien, John Moshi, à qui le succès de l'hôpital revenait tout autant qu'à lui-même. «Je vais formuler une prédiction, déclara-t-il en swahili, l'air si détendu que Greg avait pour une fois

Box 114

l'impression qu'il n'éprouvait aucune gêne à s'exprimer en public. Dans dix ans, tous les services de notre établissement auront à leur tête un Tanzanien. Ce pays est le vôtre. Cet hôpital est le vôtre.»

«La fierté qu'éprouvaient les Tanzaniens était palpable, se rappelle Mortenson. Les expatriés voulaient l'entendre dire : "Regardez ce que nous avons fait pour vous." Mais lui, il disait : "Regardez ce que vous avez fait pour vous, et tout ce que vous pouvez encore faire."

«Les expatriés lui en ont voulu, ajoute-t-il. Mais le plus beau, c'est qu'il avait raison. L'hôpital est toujours là aujourd'hui, c'est le premier hôpital universitaire de Tanzanie, et, dix ans après sa construction, tous les chefs de service étaient tanzaniens. En le regardant perché sur l'estrade, j'étais tellement fier que ce grand costaud soit mon père. Il m'a appris, il nous a appris à tous, que si vous croyez en vous, vous pouvez accomplir tout ce que vous voulez.»

L'école et l'hôpital fonctionnant désormais sans problème, le travail des Mortenson en Tanzanie était achevé. Dempsey reçut une proposition d'emploi alléchante – fonder un hôpital pour réfugiés palestiniens sur le mont des Oliviers à Jérusalem –, mais les Mortenson avaient décidé qu'il était temps pour leurs enfants de connaître l'Amérique.

Greg et ses sœurs étaient partagés entre excitation et crainte à l'idée de s'installer dans ce pays qu'ils considéraient toujours comme le leur, bien qu'ils n'y aient effectué que de rares et brefs séjours. En guise de préparation, Greg avait ingurgité chacun des cinquante articles de l'encyclopédie familiale sur les États américains. Pendant quatorze ans, les Mortenson avaient reçu des invitations à des réunions de famille auxquelles ils n'avaient pu assister. On leur avait envoyé des coupures de journaux sur les Twin Cities que Greg conservait dans sa chambre et relisait le soir, preuves d'une culture exotique qu'il cherchait à cerner.

Les Mortenson emballèrent livres, tissus et sculptures en bois, s'installèrent à Saint-Paul dans la vieille maison à trois étages des parents de Jerene, puis achetèrent un modeste pavillon vert pâle dans une banlieue des classes moyennes : Roseville.

Lors de son premier jour de lycée à Saint-Paul Central, Greg fut soulagé de croiser autant d'élèves noirs dans les couloirs. Il ne se sentait pas si loin de Moshi que ça. La nouvelle se répandit comme une traînée de poudre qu'il venait d'Afrique. Entre deux cours, un basketteur baraqué, chaîne en or et emblème Cadillac autour du cou, le coinça contre une fontaine à eau tandis que sa bande se refermait sur eux.

– T'es pas africain ! lança-t-il.

Une pluie de coups s'abattit sur lui avant qu'il ait pu comprendre ce qu'il avait fait de mal. Lorsque enfin ils arrêtèrent, il baissa sa garde, lèvres tremblantes. Le chef de bande lui décocha alors son poing dans l'œil, puis un des garçons empoigna une poubelle et la lui vida sur la tête. Dos à la fontaine, la poubelle renversée sur le crâne, il attendit que les rires disparaissent au bout du couloir.

À bien des égards, Mortenson parvint à s'adapter à la culture américaine. Ses résultats scolaires étaient brillants, surtout en maths, musique et sciences, et bien sûr, il confirma ses prédispositions génétiques en matière sportive.

Au Ramsey High School, le lycée de son nouveau quartier, il s'imposa comme défenseur de l'équipe de foot, ce qui lui permit de nouer, à défaut d'amitiés, des liens de camaraderie. Mais il est un aspect de la vie américaine auquel il ne s'habitua jamais : « Greg n'a jamais été à l'heure une seule fois dans sa vie, explique sa mère. Depuis qu'il est tout petit, il a toujours fonctionné à l'heure africaine. »

L'expérience tanzanienne de la famille Mortenson avait été enrichissante sur tous les plans, hormis financier. Les

Box 114

frais de scolarité des écoles privées étant trop élevés, Mortenson demanda conseil à son père. « J'ai pu suivre mes études grâce à une bourse des G.I.[3], répondit Dempsey. Il y a pire. » En avril de sa dernière année de lycée, Greg poussa la porte d'un centre de recrutement de l'armée et s'engagea pour deux ans. « C'était très bizarre de faire un truc pareil juste après le Vietnam, explique-t-il. Dans mon lycée, mes potes étaient sidérés que cette idée m'ait seulement effleuré. Mais on était fauchés. »

Quatre jours après la remise des diplômes, il débarqua à Fort Leonard Wood, dans le Missouri, pour y faire ses classes. Pendant que la plupart de ses camarades de lycée faisaient le plein de grasses matinées avant la rentrée universitaire, il fut brutalement réveillé à cinq heures du matin, dès le premier jour, par le cri de « Fini la branlette ! Enfilez vos chaussettes ! » du sergent instructeur.

« Je me suis dit que je n'allais pas me laisser terroriser par ce type », dit Mortenson. Alors le lendemain, à cinq heures du matin, assis sur son lit impeccablement fait au carré et revêtu de son uniforme, il attendait le sergent. « Il m'a passé un savon parce que j'avais gaspillé mes huit heures de sommeil réglementaires, m'a fait faire quarante pompes, puis m'a conduit au QG. Là, il m'a remis un galon et on est retourné au dortoir. "Voici Mortenson. C'est votre nouveau chef de section, annonça le sergent. Vous ne lui arrivez pas à la cheville, bande de trouduc, alors faites ce qu'il vous dit de faire". »

Mortenson était d'un tempérament trop doux pour mener les autres recrues à la baguette. Mais il excella dans l'armée. Ses entraînements de foot et d'athlétisme l'avaient doté d'une excellente condition physique et les rigueurs de l'instruction pesèrent moins sur son moral que sur celui de

---

3. Dans le cadre du « G.I. Bill » de 1944 qui permettait aux anciens combattants de la Seconde Guerre mondiale de financer leurs études.

ses compagnons, déjà abattus par le Vietnam. Il suivit une formation pratique et théorique en artillerie, ainsi qu'en médecine, sa passion de toujours. Il fut ensuite affecté en Allemagne à la 33ᵉ division blindée. «J'étais vraiment naïf quand je me suis enrôlé, mais quand on est dans l'armée, on prend une claque, confie Mortenson. Après le Vietnam, il y avait plein de types accros à l'héroïne. Parfois, certains faisaient une overdose et il fallait aller chercher leurs corps. » Il se rappelle aussi, un matin d'hiver, avoir eu à retirer le cadavre d'un sergent d'un fossé enneigé, battu à mort par des soldats de la division qui avait eu vent de son homosexualité.

Affecté à Bamberg, à la frontière est-allemande, où on leur imposait des horaires particulièrement irréguliers, Mortenson développa ce talent qu'il conserverait toute sa vie : celui de s'endormir n'importe où, à n'importe quel moment. Son service fut exemplaire. «Je n'ai jamais tiré sur personne, dit-il. Mais c'était avant la chute du Mur, et on passait des heures à lorgner les soldats est-allemands dans nos viseurs de M-16. » Pendant leurs gardes, ils étaient autorisés à tirer sur les snipers qui prenaient pour cibles les civils est-allemands cherchant à franchir le Mur. «C'est arrivé de temps en temps, mais jamais lorsque j'étais en faction. Dieu merci. »

Pour la majorité des Blancs, le week-end se résumait à «choper des MST, prendre une cuite ou se shooter», raconte Mortenson. Au lieu de cela, avec les soldats noirs, il profitait des vols militaires – à destination de Rome, Londres ou Amsterdam. C'était la première fois qu'il était aussi libre de voyager. Il trouva l'expérience, ainsi que la compagnie, exaltante. «Mes meilleurs amis étaient noirs. Dans le Minnesota, ça m'avait toujours paru bizarre, mais dans l'armée, la couleur de peau n'avait aucune importance. En Allemagne, je me sentais accepté et, pour la première fois depuis la Tanzanie, je n'étais pas seul. »

Box 114

Mortenson se vit décerner la *Commendation Medal* pour avoir évacué des soldats blessés au cours de manœuvres à tirs réels. Il s'acquitta honorablement de ses deux années de service, satisfait de l'expérience et désormais affligé d'une seconde tare après ses problèmes d'horaire : son incapacité à se garer en marche avant. Des années après son service, qu'il soit au volant d'une jeep au Baltistan ou de la Toyota familiale dans le parking d'un supermarché, il continue à se garer en marche arrière comme on le lui a enseigné à l'armée, de manière à pouvoir démarrer le plus vite possible en cas d'attaque.

Bénéficiant de la bourse réservée aux footballeurs, Mortenson étudia ensuite à Moorhead dans le Minnesota, où il remporta avec l'équipe de Concordia University le championnat NAIA[4] de football américain de division II en 1978. Mais il se lassa vite de ce petit campus homogène et peu ouvert sur l'extérieur, si bien qu'il s'inscrivit ensuite à Vermillion, dans le Dakota du Sud, grâce à une bourse de l'armée.

Jerene préparait un doctorat en sciences de l'éducation. Dempsey, lui, passait de longues heures dans son bureau au sous-sol du parlement du Minnesota, à plancher sur la législation du crédit. Les ressources des Mortenson étaient plus justes qu'elles ne l'avaient jamais été. Greg avançait dans ses études tout en cumulant un emploi de plongeur à la cafétéria de l'université et des gardes de nuit comme aide-soignant à l'hôpital du Dakota. Tous les mois, il envoyait en secret une part de ses revenus à son père.

En avril 1981, au cours de sa deuxième année à Vermillion, on diagnostiqua un cancer à Dempsey. Il avait quarante-huit ans. Greg poursuivait alors des études d'infirmier et de chimie. Aussi, lorsqu'on lui apprit que des

---

4. *National Association of Intercollegiate Athletics*, la fédération nationale du sport universitaire.

métastases s'étaient développées au niveau des nœuds lymphatiques et du foie, il comprit qu'il pouvait très vite perdre son père. Tout en menant de front ses examens et ses jobs d'étudiant, il effectuait, un week-end sur deux, les six heures de route qui le séparaient de Dempsey et, à chaque visite, était choqué par la rapidité avec laquelle son état se détériorait.

Mortenson persuada les médecins de suspendre la radiothérapie. Son père était en phase terminale et méritait de profiter du peu de temps qui lui restait. Il lui proposa d'interrompre ses études pour lui consacrer tout son temps, proposition que Dempsey accueillit d'un « Manquerait plus que ça ! » laconique. Les visites bimensuelles se poursuivirent donc. Lorsque le temps le permettait, il portait son père à l'extérieur et, bouleversé de le sentir aussi léger, l'installait dans une chaise longue au soleil. Dempsey, sans doute encore empli du souvenir de leur magnifique jardin de Moshi, entretenait un carré de plantes aromatiques avec un soin méticuleux et veillait à ce que son fils n'y laisse pas la moindre mauvaise herbe.

Tard dans la nuit, tandis que Mortenson cherchait tant bien que mal à s'endormir, il entendait son père taper à la machine le programme détaillé de ses propres funérailles. Pendant ce temps, Jerene attendait son époux en somnolant sur le canapé.

En septembre, Mortenson rendit visite à son père pour la dernière fois. Dempsey était alors confiné à l'hôpital Midway de Saint-Paul. « J'avais un examen le lendemain matin et je ne voulais pas rentrer chez moi au beau milieu de la nuit, mais je n'arrivais pas à le quitter, se rappelle-t-il. Ce n'était pas quelqu'un de très démonstratif, mais il a gardé la main sur mon épaule durant toute ma visite. Finalement, je me suis levé pour m'en aller et il m'a dit : "Tout est réglé. Tout est en ordre. On s'occupe de tout." Il n'avait pas peur de la mort, c'était extraordinaire. »

Box 114

Tout comme à Moshi où il avait organisé une fête mémorable pour marquer la fin de leur séjour en Afrique, Dempsey avait minutieusement préparé, jusqu'au moindre cantique, la cérémonie qui allait marquer la fin de son passage sur terre. Il mourut l'esprit en paix le lendemain matin.

L'assemblée qui se pressait dans l'église luthérienne de Roseville se vit distribuer le programme conçu par Dempsey intitulé «Le bonheur de rentrer chez soi». Mortenson fit ses adieux en swahili à son *Baba, kaka, ndugu* – son père, son frère, son ami. Dempsey, qui avait été fier de son passage dans l'armée, fut enterré au cimetière militaire de Fort Snelling.

Après la mort de son père, une fois son diplôme d'infirmier et de chimie en poche, Mortenson se sentit libre de toute attache. Son dossier d'inscription fut accepté à la faculté de médecine de Case Western, mais il ne put se résoudre à patienter encore cinq ans avant de gagner sa vie. Il devint obnubilé par l'idée de perdre Christa, dont les crises devenaient de plus en plus fréquentes. Aussi décida-t-il de rentrer à la maison pour passer une année auprès d'elle. Il l'aida à trouver un travail en usine (elle assemblait des poches de solution pour perfusion) et l'accompagna dans le bus de Saint-Paul une bonne dizaine de fois avant qu'elle soit capable de faire le trajet toute seule. Christa s'intéressait beaucoup aux petites amies de son frère et l'interrogeait sur les questions de sexualité, qu'elle n'osait aborder avec sa mère. Aussi, lorsque Mortenson apprit qu'elle avait un amoureux, évoqua-t-il sérieusement le sujet de la contraception avec elle.

En 1986, Mortenson entama des études de troisième cycle en neurophysiologie à l'université d'Indiana, rêvant de découvrir un remède pour sa sœur. Mais les rouages de la recherche médicale étaient trop lents pour cet impétueux étudiant de vingt-huit ans, et plus il travaillait sur l'épilepsie, plus tout espoir de découverte semblait lui échapper.

Qu'il soit plongé dans d'épais ouvrages ou occupé dans un laboratoire, il se surprenait à suivre en pensée les veines de quartz incrustées dans le granit des Needles, aiguilles rocheuses des Black Hills du Dakota du Sud, où il avait suivi une initiation à l'escalade avec deux amis étudiants l'année précédente.

L'appel se faisait de plus en plus pressant. Il possédait alors la vieille Buick bordeaux de sa grand-mère, baptisée « la Bamba ». Il avait mis de côté quelques milliers de dollars et rêvait d'un autre style de vie, une vie orientée vers le plein air, plus proche de celle qu'il avait vécue en Tanzanie. La Californie s'imposait. Mortenson chargea la Bamba et mit le cap sur l'Ouest.

Comme pour tout ce qui lui tient vraiment à cœur, son apprentissage de l'escalade suivit une courbe ascendante aussi vertigineuse que les parois qu'il ajoutait à son palmarès. À l'entendre évoquer ses premières années californiennes, on devine qu'à peine bouclé son stage d'une semaine sur les Suicide Rocks dans le sud de la Californie, il enchaînait les six mille au Népal. Après une enfance bien réglée, soigneusement cadrée par sa mère, puis l'armée, l'université et la recherche, grimper – et travailler juste ce qu'il faut pour pouvoir grimper – lui procurait un sentiment neuf, grisant. Mortenson se mit à travailler comme infirmier traumatologue dans les services d'urgence de la baie de San Francisco. Il se chargeait des gardes dont personne ne voulait, celles de nuit et des vacances, et en contrepartie, prenait la poudre d'escampette dès que les montagnes l'appelaient.

Le monde de l'escalade, dans la baie de San Francisco, peut être très prenant, et Mortenson se laissa happer. Il devint membre de la City Rock, salle d'escalade occupant un vieil entrepôt d'Emeryville, où il passa de longues heures à perfectionner ses enchaînements. Il se mit à courir

Box 114

des marathons et, s'entraînait entre deux ascensions – face Nord du mont Baker, Annapurna IV, Baruntse et plusieurs autres pics himalayens. « De 1989 à 1992, ma vie tournait entièrement autour de l'escalade », déclare-t-il. L'histoire de l'alpinisme le passionnait tout autant que les parois auxquelles il se mesurait. Il amassa un savoir prodigieux à force d'écumer les bouquinistes de la Baie pour y dénicher les récits des hauts faits alpinistes du XIXe siècle. « Mon livre de chevet de l'époque, c'était *Freedom of the Hills*[5], véritable bible des montagnards », confie Mortenson.

Ce dernier s'efforçait de communiquer son amour de la montagne à sa petite sœur. Au cours des visites annuelles de Christa, ils se rendaient dans le parc du Yosemite où il lui montrait du doigt la demi-douzaine de voies par lesquelles il avait gravi le monolithe granitique du Half-Dome.

Un été, Mortenson s'en alla escalader le mont Sill dans la Sierra Nevada avec sa petite amie de l'époque, Anna Lopez, une garde forestière habituée à passer des mois seule en pleine nature. Une fois le sommet en poche, ils avaient bivouaqué sur le glacier avant d'entamer la descente, à l'aube. C'était exactement le 23 juillet 1992 à quatre heures et demie du matin. Soudain, Mortenson trébucha, bascula cul par-dessus tête et se mit à dégringoler la pente. Prenant de plus en plus de vitesse, il rebondissait, décollant jusqu'à un mètre cinquante du sol avant de retomber de tout son poids sur la neige tassée et la glace. Son volumineux sac s'entortilla et lui déboîta l'épaule gauche, fracturant l'humérus. Il dévala sur deux cent cinquante mètres de dénivelé avant de parvenir à planter son piolet dans la neige et d'enrayer sa chute à la force de son seul bras valide.

---

5. Cox, Steven et Fulsaas, Kris, *Le guide de la montagne*, Guérin, Paris, 2007 (Mathieu Jacquet, Natacha Sarret et Sarah Masson pour la traduction française).

Au bout d'une descente hallucinante, après vingt-quatre heures à tituber et lutter contre la douleur, ils atteignirent le départ du sentier et Anna le conduisit aux urgences les plus proches, à Bishop. De là, Mortenson appela sa mère pour lui dire qu'il était en vie. Mais elle avait elle-même une nouvelle autrement douloureuse à lui annoncer. Au moment même où il dégringolait le mont Sill, Jerene pénétrait dans la chambre de Christa. Toutes deux devaient se rendre à Dyersville dans l'Iowa, sur les lieux de tournage du film préféré de la jeune femme qui fêtait ses vingt-trois ans. « J'allais la réveiller et je l'ai découverte à quatre pattes, comme si elle essayait de se remettre au lit, raconte Jerene. Elle était bleue. La seule chose réconfortante, c'est que l'attaque a été si fulgurante qu'elle est morte sur le coup, comme foudroyée. »

Mortenson assista à l'enterrement, le bras en écharpe. Ce fut le frère de Jerene, le pasteur Lane Doerring, qui rédigea l'oraison funèbre de Christa. Devant l'assemblée réunie dans la même église que pour les funérailles de Dempsey, il lut ces mots, inspirés du film préféré de sa nièce : « Notre petite Christa va se réveiller et demander : "Hé, est-ce que c'est l'Iowa, ici ?" et on lui répondra : "Non, c'est le paradis." »

De retour en Californie, Mortenson se retrouva plus désorienté qu'il ne l'avait jamais été. Aussi accueillit-il comme une lueur d'espoir l'appel qu'il reçut un jour de Dan Mazur, alpiniste chevronné connu pour sa ténacité. Dan organisait une expédition sur le K2, ultime défi en matière d'alpinisme, et cherchait un médecin d'expédition. Qu'en pensait-il ? C'était une nouvelle voie qui s'ouvrait devant lui, un moyen de se remettre sur les rails et, par la même occasion, de rendre dignement hommage à sa sœur. Il allait gravir le sommet qui comptait le plus aux yeux de ses pairs et dédierait son ascension à la mémoire de Christa. Il trouverait le moyen d'extraire un peu de sens de cette perte insensée.

Box 114

***

Lentement, Mortenson éloigna Gigi de son visage et le reposa sur l'album photo. Un semi-remorque gronda sur la San Pablo et fit vibrer la petite pièce. Mortenson quitta le box pour aller chercher son matériel dans le coffre de la Bamba.

Il suspendit harnais, cordes, crampons, mousquetons, coinceurs et jumars aux crochets qu'ils n'avaient jamais occupés bien longtemps au cours des cinq dernières années. Ces outils, qui l'avaient entraîné à travers les continents et à l'assaut de pics tenus pour inviolables, lui semblèrent insignifiants. Quels outils fallait-il pour récolter de l'argent ? Comment convaincre les Américains de se préoccuper d'enfants assis par terre, dans le froid, de l'autre côté de la planète, d'enfants qui griffonnaient leurs leçons avec un bâton dans le sol ? Il actionna la cordelette de l'ampoule, plongeant à nouveau ses affaires dans le noir. Les pupilles en plastique de Gigi étincelèrent dans un rayon de soleil californien, puis il ferma la porte à clé.

CINQ CENT QUATRE-VINGTS LETTRES. UN CHÈQUE.

Qu'un désir chagrin demeure en ton cœur.
N'abandonne jamais, ne perds jamais espoir.
Allah dit : « Ceux qui sont brisés, je les aime. »
Broie ton cœur. Sois brisé.

Cheik Abu Saïd Abil Kheir, dit Personne, Fils de Personne

La machine à écrire était trop petite pour les doigts de Mortenson. Il n'arrêtait pas d'enfoncer deux touches à la fois, déchirait lettre sur lettre et recommençait. Et le compteur tournait. À un dollar de l'heure, la location de cette vieille IBM Selectric au Krishna Copy Center lui avait tout d'abord semblé être une bonne affaire. Mais cela faisait cinq heures qu'il était à l'ouvrage et sa production se montait à quatre lettres. Le problème, en dehors de l'étroitesse des touches conçues par IBM, c'était que Mortenson ne savait pas vraiment ce qu'il devait dire. « Chère Madame Winfrey » tapa-t-il avec deux doigts, pour la cinquième fois. « Je suis un grand fan de votre émission. J'ai de vous l'image d'une personne qui se soucie réellement du sort des gens. Je vous écris au sujet d'un petit village pakistanais du nom de Korphe et de l'école que j'aimerais y bâtir. Savez-vous que dans cette superbe région de l'Himalaya, bien des enfants n'ont pas d'école ? »

C'était là qu'il bloquait à chaque fois. Il ignorait s'il devait aller droit au but et parler argent, ou simplement demander une aide. Et s'il demandait de l'argent, fallait-il exiger une somme précise ? « J'ai l'intention, poursuivit-il, de construire une école accueillant cinq classes, du cours préparatoire au cours moyen, pour un effectif de cent élèves. Il y a peu de temps, j'étais au Pakistan pour y gravir le K2, deuxième sommet de la planète – que je n'ai pas tout à fait atteint. À cette occasion, je me suis renseigné auprès de spécialistes locaux. En employant des matériaux et des artisans du pays, je suis certain de pouvoir construire cette école pour douze mille dollars. »

Là, les choses se compliquaient vraiment. Devait-il demander la totalité de cette somme ? « Toute contribution à mon projet, quel qu'en soit le montant, serait un témoignage de votre… », se décida-t-il finalement à écrire, tandis que ses doigts le trahissaient une nouvelle fois… et tapaient « nienveillance ». Il déchira la feuille et recommença.

Lorsque l'heure de sa garde aux urgences approcha, il avait dactylographié, mis sous enveloppe et affranchi six lettres. Une pour l'animatrice Oprah Winfrey, les autres adressées aux présentateurs des JT toutes chaînes confondues, sans omettre la petite CNN qui rattrapait ses grandes sœurs. Sur sa lancée, il avait aussi écrit à l'actrice Susan Sarandon qui avait l'air si gentille et toujours prête à soutenir les bonnes causes.

D'un doigt sur le volant, il glissa adroitement la Buick dans la circulation. Voilà une machine qui était taillée à sa mesure. Il se gara devant la poste de Berkeley et, sans descendre, enfourna les enveloppes dans la gueule béante d'une boîte à lettres.

Pour une dure journée de labeur, le résultat était plutôt maigre, mais au moins, c'était un début. Il progresserait, se rassura-t-il. Il le fallait, s'il voulait atteindre son objectif de cinq cents lettres. Lorsqu'il se coula dans le flot de voitures en direction de Bay Bridge, il fut saisi d'un léger vertige. Un peu comme s'il avait allumé une mèche et qu'une explosion de bonnes nouvelles était sur le point d'éclater.

Aux urgences, sa garde pouvait aussi bien filer dans un tourbillon d'estafilades et de blessures sanglantes que s'étirer interminablement. Mortenson en profitait alors pour glaner un peu de sommeil ou bavarder avec des collègues. Tom Vaughan était l'un d'eux. Grand, mince, l'air sérieux derrière ses lunettes, ce pneumologue était aussi alpiniste. Il avait gravi l'Aconcagua dans les Andes, le plus haut sommet en dehors d'Asie. Il avait également été médecin d'une expédition américaine au Gasherbrum II en 1982. Cette expérience au Pakistan avait rapproché les deux hommes.

« On pouvait voir le K2 depuis le Gasherbrum II, se rappelle Vaughan. Il était d'une beauté inimaginable, intimidante. J'avais des tas de questions à poser à Greg sur son ascension. » Le Gasherbrum II est généralement considéré comme le plus facile des huit mille. Pourtant, aucun membre de l'expédition de Vaughan n'avait atteint son sommet ; l'un de ses coéquipiers, Glen Brendeiro, avait été fauché par une avalanche et son corps n'avait jamais été retrouvé.

Vaughan mesurait la prouesse qu'avait accomplie Mortenson en frôlant un sommet aussi redoutable que le K2. Dans les moments d'accalmie, ils évoquaient ensemble la grandeur et la désolation du Baltoro, qu'ils considéraient tous deux comme l'endroit le plus extraordinaire de la planète. Mortenson, lui, bombardait le médecin de questions sur l'avancée de ses recherches concernant les œdèmes pulmonaires, qui font tant de victimes en montagne.

« Greg était extrêmement rapide, calme et compétent quand survenait une urgence, évoque le médecin. Mais lorsqu'on abordait les sujets médicaux, le cœur n'y était pas. À l'époque, j'avais l'impression qu'il rongeait son frein en attendant de pouvoir retourner au Pakistan. »

Les pensées de Mortenson s'échappaient souvent à quelque vingt mille kilomètres de là, mais les couloirs de l'hôpital n'étaient pas totalement dénués d'intérêt, surtout quand il y croisait le Dr Marina Villard, une jeune résidente anesthésiste qui avait le don de lui faire perdre ses moyens. « Marina était belle, sans artifice. Elle faisait de l'escalade, elle ne se maquillait pas. La vue d'une simple mèche de ses cheveux me mettait au supplice. Je ne savais pas si je devais l'inviter ou l'éviter. »

Tout acquis au financement de l'école, Mortenson avait décidé d'économiser sur son loyer. Il avait le box, et la banquette arrière de la Bamba valait bien un canapé. Comparée à sa tente battue par les vents sur le Baltoro, elle était même plutôt confortable. Il conserva sa carte de membre à City Rock, autant pour la douche à laquelle elle donnait accès que pour le mur d'escalade qu'il gravissait quasiment tous les jours pour entretenir sa forme. Tous les soirs, il hantait la zone d'entrepôts des Berkeley Flats située en bordure de baie, à la recherche d'un emplacement sombre et tranquille où dormir en paix. Emmitouflé dans son sac de couchage, allongé – ou presque – sur la banquette de la Bamba, ses ultimes pensées de la journée vagabondant du côté de Marina, il basculait dans le sommeil.

Ses jours de repos étaient consacrés au défrichage de la jungle épistolaire. Il écrivit à tous les sénateurs du pays. Il écuma les bibliothèques municipales, compulsant des magazines people qu'il n'aurait jamais lus autrement, afin d'y piocher des noms de stars du show-biz dont il conservait la liste dans un sac congélation zippé. Un ouvrage sur les cent Américains les plus riches lui fournit de la matière première. « Je faisais un peu n'importe quoi, se souvient Mortenson. Je gardais simplement la liste des gens qui me semblaient influents, célèbres ou importants, et je leur envoyais une lettre. J'avais trente-six ans, je ne savais même pas utiliser un ordinateur. C'est tout dire. »

Un jour, trouvant porte close au Krishna Copy Center, il se rendit au magasin de photocopies le plus proche – Lazer Image, sur la Shattuck Avenue – et demanda s'il était possible de louer une machine à écrire.

« Je lui ai expliqué que nous n'en avions pas, relate le gérant Kishwar Syed. On était en 1993, et on n'en faisait plus. Je lui ai proposé un ordinateur et il m'a répondu qu'il n'en avait jamais utilisé. »

Au cours de la discussion qui s'engagea, Mortenson découvrit que Syed était originaire d'un petit village du Pendjab central nommé Bahawal. Quand, de son côté, Syed apprit pourquoi Mortenson cherchait une machine à écrire, il l'installa aussitôt devant un Macintosh et lui dispensa une formation gratuite.

« Mon propre village n'avait pas d'école et sa démarche m'a immédiatement touché. Ce qu'il envisageait était tellement formidable qu'il était de mon devoir de l'aider. »

Mortenson tomba sous le charme du copier-coller, ébahi de découvrir qu'il aurait pu produire en une seule journée les trois cents lettres qui lui avaient demandé plusieurs mois. Un week-end, en une seule et unique séance, avec l'aide de Syed et d'innombrables cafés, il copia-colla comme un forcené jusqu'à atteindre l'objectif des cinq cents lettres. Sur leur lancée, les deux amis dénichèrent même de nouvelles célébrités et atteignirent la barre des cinq cent quatre-vingts demandes de fonds.

« C'était marrant comme situation, se souvient Mortenson. Un Pakistanais me donnait des cours pour que j'aide les enfants de son pays à en recevoir. »

Une fois les lettres envoyées, les visites à Syed se poursuivirent. Fort de ses compétences toutes neuves en informatique, Mortenson rédigea seize demandes de subvention pour l'école de Korphe.

Quand ils n'étaient pas tous deux penchés sur un clavier d'ordinateur, Syed et Mortenson parlaient des femmes.

« C'était une période de nos vies à la fois très triste et très belle, commente Syed. On parlait souvent de solitude et d'amour. » Syed était fiancé à une jeune femme de Karachi que sa mère avait choisie pour lui, et économisait en vue de leur mariage et de sa venue aux États-Unis.

Mortenson lui confia son béguin pour Marina et Syed se mit à broder d'interminables stratagèmes pour le compte de son ami. « Écoute ton ami Kish, disait-il. Tu vieillis et tu dois fonder une famille. Alors qu'est-ce que tu attends ? »

Mais à chaque fois que Mortenson était sur le point de franchir le pas, il se retrouvait incapable de formuler la moindre invitation intelligible à Marina. En revanche, lors des moments d'accalmie qui ponctuaient leurs gardes, il se mit à lui parler du Karakoram et de ses projets concernant l'école. Au moins, pendant qu'il évoquait ses souvenirs, parvenait-il à ne pas regarder la jeune femme d'un air trop béat. Et puis, quand il terminait l'un de ses récits, qu'il s'agisse du sauvetage d'Étienne, de son calvaire sur le Baltoro ou bien de son séjour chez Haji Ali, il avait l'impression de voir poindre une lueur dans son regard. Enfin, au bout de deux longs mois de ce régime, elle mit elle-même un terme à ses tourments en suggérant un rendez-vous.

Depuis son retour du Pakistan, Mortenson avait vécu dans une frugalité monacale. La plupart du temps, il déjeunait le matin d'un simple café-beignet pris au petit doughnut-shop cambodgien de l'avenue MacArthur. Souvent il ne mangeait plus rien jusqu'au dîner, où il se calait l'estomac d'un *burrito* à trois dollars acheté dans une taqueria du centre-ville.

Pour leur premier rendez-vous, Mortenson emmena Marina dans un restaurant de fruits de mer à Sausalito, où il commanda une bouteille de vin blanc dont le prix lui donna des sueurs froides.

Puis il plongea tête la première dans la vie de Marina. Celle-ci avait deux filles d'un premier mariage – Blaise, cinq ans, et Dana, trois ans – auxquelles il s'attacha bientôt presque autant qu'à leur mère.

Parfois, lorsque les fillettes passaient le week-end chez leur père, il se rendait dans le Yosemite avec Marina. Ils dormaient alors dans la Bamba et réalisaient des ascensions, comme celle de Cathedral Spire. Lorsque Blaise et Dana restaient à la maison, Mortenson les emmenait à Indian Rock, un magnifique affleurement rocheux des Berkeley Hills, sur lequel il leur apprenait les bases de la varappe.

«C'était comme si, tout d'un coup, j'avais eu ma propre famille, se rappelle Mortenson. En fait, je me suis rendu compte que c'était ce que je voulais. Si ma collecte de fonds pour l'école avait mieux marché, je crois que mon bonheur aurait été complet.»

De sa nouvelle maison dans le Wisconsin, Jerene Mortenson avait suivi, non sans anxiété, les aventures de son fils. Fraîchement diplômée, elle avait décroché un poste de directrice à l'école élémentaire de Westside. Elle persuada bientôt Mortenson de venir y présenter des diapositives. «J'avais eu beaucoup de mal à faire comprendre aux adultes mes raisons de vouloir aider les écoliers pakistanais. Mais pour ces six cents gamins, le déclic a été immédiat. En voyant les diapos, ils étaient atterrés de voir qu'il existait des endroits où les enfants avaient classe dehors, dans le froid, sans instituteur. Ils ont décidé de faire quelque chose.»

Un mois plus tard, Mortenson recevait une lettre de sa mère. Les écoliers de Westside avaient spontanément lancé une opération de collecte intitulée *Pennies for Pakistan* (des petites pièces pour le Pakistan), grâce à laquelle ils avaient rempli deux énormes poubelles et amassé un total de soixante-deux mille trois cent quarante-cinq pennies. Aussi, lorsque Mortenson déposa à la banque son chèque de six cent vingt-trois dollars quarante-cinq, eut-il le sentiment, qu'enfin, sa chance était en train de tourner. « Ce sont les enfants qui ont fait le premier pas, dit-il. Et ils l'ont fait avec quelque chose qui ne vaut quasiment rien – des petites pièces. Mais qui peut déplacer des montagnes à l'autre bout du monde. »

Toutefois le projet stagnait. Six mois s'étaient écoulés depuis qu'il avait envoyé ses cinq cent quatre-vingts lettres, et il n'avait reçu en tout et pour tout qu'une seule réponse. Celle du journaliste Tom Brokaw, ancien de l'université du Dakota du Sud qui avait eu le même entraîneur de football (Lars Overskey) que lui, détail qu'il n'avait pas omis de mentionner dans son courrier. Brokaw lui avait envoyé un chèque de cent dollars accompagné d'un message d'encouragement. Quant à ses seize demandes de subvention, elles reçurent toutes, l'une après l'autre, une réponse négative.

Dépité, Mortenson montra à Tom Vaughan son unique message d'encouragement. Le pneumologue était membre de l'American Himalayan Foundation (AHF) et décida de chercher de l'aide par ce biais. Il rédigea un court article relatant l'ascension de Mortenson et son projet, qui parut au bulletin national de l'AHF. Il invoqua également à l'attention de ses lecteurs, dont beaucoup appartenaient à l'élite de l'alpinisme américain, l'œuvre accomplie par Sir Edmund Hillary au Népal.

Après avoir conquis l'Everest avec Tenzing Norgay en 1953, Hillary avait construit de nombreuses écoles dans la vallée du Khumbu, dont étaient originaires bon nombre des Sherpas grâce auxquels sa victoire avait été possible. De son propre aveu, cette aventure humanitaire avait été plus difficile à mener que la conquête du plus haut sommet du monde.

Dans le récit qu'il consacra en 1964 à son action, *Schoolhouse in the clouds*, Hillary évoque avec une remarquable lucidité les besoins humanitaires des endroits les plus pauvres et les plus isolés de la planète. Des endroits comme la vallée du Khumbu, ou comme Korphe. « Lentement, avec bien des efforts, écrivit-il, nous voyons peu à peu se répandre l'idée que les pays les plus riches et les plus avancés sur le plan technologique ont une responsabilité envers les pays moins avancés. Non seulement par esprit de charité, mais également parce que c'est notre unique espoir de voir s'instaurer durablement la paix et la sécurité. »

Mais d'une certaine manière, la voie de Hillary avait été bien moins ardue que la quête chimérique de Mortenson. Ayant conquis le sommet le plus haut de la planète, Hillary était devenu l'un des hommes les plus célèbres du monde. Lorsqu'il contactait une entreprise pour demander une contribution, celle-ci se mettait en quatre pour soutenir son « Himalayan Schoolhouse Expedition » (Expédition pour les Écoles en Himalaya). En 1963, les encyclopédies World Book Encyclopedia étaient devenues son principal sponsor et lui avaient remis un chèque de cinquante-deux mille dollars. L'entreprise Sears Roebuck, qui commercialisait depuis peu les tentes et sacs de couchage « Hillary », avait équipé son expédition et dépêché sur place une équipe de tournage pour réaliser un documentaire. Les fonds affluaient grâce aux droits cinématographiques et de presse vendus en Europe, ou aux avances sur droits d'auteur.

Mortenson, lui, était non seulement rentré bredouille, mais également sans le sou. Veillant à ne pas trop envahir la vie de Marina, il passait la majeure partie de ses nuits dans la Bamba. La police l'avait repéré. Ils le débusquaient au beau milieu de la nuit avec leurs torches et l'obligeaient à naviguer dans le quartier, à moitié endormi au volant de la Bamba, en quête d'un coin où on le laisserait tranquille jusqu'au lendemain matin.

Depuis peu, les questions d'argent se dressaient de plus en plus souvent entre lui et Marina. De toute évidence, les nuits passées dans la Bamba lors de leurs virées en montagne avaient perdu de leur charme aux yeux de la jeune femme. Par un après-midi de printemps frisquet, alors qu'ils se rendaient dans le Yosemite, Marina avait proposé de dormir au très select Ahwahnee Hotel – petit bijou architectural datant de la fin des années vingt. Un seul week-end au Ahwahnee coûtant l'équivalent des fonds que Mortenson avait récoltés pour l'école, il refusa tout net, et le week-end se termina dans une Bamba froide et humide – et dans une atmosphère tendue.

Plus tard, en été (c'était un de ces jours froids et brouillardeux dont San Francisco a le secret), alors qu'il prenait sa garde à l'hôpital, Mortenson tomba sur Tom Vaughan. Celui-ci arracha une feuille à son bloc d'ordonnances et la lui tendit. « Ce type a lu l'article dans le bulletin de l'AHF et m'a appelé, lui dit-il. C'est un alpiniste, je crois que c'est un scientifique. Je te préviens, il m'a l'air d'être un sacré cas. Il m'a demandé si tu n'étais pas drogué et si tu n'allais pas te tirer avec son argent. Mais j'ai l'impression qu'il est riche. Tu devrais l'appeler. » Mortenson baissa les yeux et lut « Dr Jean Hoerni », suivi d'un numéro de téléphone à Seattle. Il remercia Vaughan et fourra le morceau de papier dans sa poche.

Le lendemain, à la bibliothèque municipale de Berkeley, Mortenson mena sa petite enquête sur le Dr Jean Hoerni. À sa plus grande surprise, il découvrit des centaines de références, principalement des articles de presse relatifs à l'industrie des semi-conducteurs.

Hoerni était un physicien suisse diplômé de Cambridge. Avec un groupe de scientifiques californiens surnommés « les huit traîtres », il avait démissionné du laboratoire de William Shockley (prix Nobel aux sautes d'humeur notoires à qui l'on doit le transistor), et inventé le circuit intégré qui allait donner naissance à la puce en silicium. Un jour, en prenant sa douche, Hoerni avait résolu le problème du stockage d'informations sur circuit. En regardant des filets d'eau couler sur le dessus de sa main, il avait élaboré la théorie selon laquelle le silicium, disposé de cette manière sur plusieurs couches, pouvait accroître de manière exponentielle sa surface de contact et sa capacité. Il avait nommé ce procédé la «technologie planaire» et l'avait fait breveter.

Hoerni, dont le génie n'avait d'égal que son exécrable caractère, ne restait jamais longtemps dans une même société sans en claquer la porte. Il avait ainsi semé dans son sillage une demi-douzaine d'entreprises qui avaient fini par devenir des empires sous les noms de Fairchild Semiconductors, Teledyne et Intel. Quand Hoerni avait cherché à contacter Mortenson, il avait soixante-dix ans et sa fortune se chiffrait à plusieurs centaines de millions de dollars.

Il était également alpiniste. Plus jeune, il avait tenté l'ascension de l'Everest et conquis des sommets sur tous les continents. Aussi solide sur le plan physique que psychique, il avait survécu une nuit à haute altitude en bourrant son sac de couchage de papier journal. Il avait ensuite écrit à l'éditeur du *Wall Street Journal* pour le féliciter de la qualité de son quotidien, «de loin celui qui tient le plus chaud de toute la presse».

Hoerni vouait une tendresse particulière au Karakoram où il avait effectué un trek. À ses intimes, il avait confié son émotion devant le contraste qui existait entre les sublimes paysages montagneux et les conditions de vie misérables des porteurs baltis.

Mortenson alla changer un billet de dix dollars en menue monnaie et appela Hoerni depuis le téléphone public de la bibliothèque.

– Bonjour, dit-il au bout de plusieurs minutes d'une attente ruineuse. C'est Greg Mortenson. Tom Vaughan m'a donné votre numéro de téléphone. Je vous appelle pour…

– Je sais pourquoi vous appelez, l'interrompit sèchement une voix à l'accent français. Dites, si je vous donne du fric pour votre école, vous n'allez pas foutre le camp sur la côte mexicaine et tout claquer en herbe et en nanas, au moins ?

– Je… balbutia Mortenson.

– Quoi ?!

– Non, monsieur, bien sûr que non. Je veux juste que des enfants aient accès à l'éducation.

Il articula « éducation » avec ce détachement typique du Midwest dont il aimait à saupoudrer ses expressions favorites. É-du-ca-tion.

– Dans le Karakoram. Ils ont vraiment besoin qu'on les aide, là-bas. La vie y est dure.

– Je sais. J'étais là-bas en 74. Le Baltoro.

– Ah ! En trek ou pour…

– Bon, alors, elle coûte combien votre école, exactement ? jappa Hoerni tandis que Mortenson enfilait une série de pièces dans l'appareil.

– J'ai vu un architecte et un entrepreneur à Skardu, répondit Mortenson, et j'ai fait faire des devis pour tous les matériaux. Je veux construire cinq pièces : quatre classes et une salle commune pour…

– Combien ?! croassa Hoerni.

– Douze mille dollars, lâcha nerveusement Mortenson. Mais toute contribution sera…

– C'est tout ?! s'étonna-t-il. Pas de bobards ? Vous pouvez vraiment construire votre école pour douze briques ?

– Oui, monsieur (il entendait son cœur battre jusque dans ses oreilles). Absolument.

– C'est quoi, votre adresse ?

– Euh… C'est une bonne question.

Étourdi, Mortenson fendit la foule des étudiants qui encombrait la Shattuck Avenue jusqu'à sa voiture. S'il y avait une nuit où il pouvait se permettre de dormir ailleurs que dans la Bamba, c'était bien celle-ci.

Une semaine plus tard, il trouva dans sa boîte aux lettres une enveloppe renfermant un reçu de douze mille dollars à son nom. Il était accompagné d'une petite note manuscrite sur papier quadrillé : « Ne foirez pas. Salutations, J.H. »

Les éditions originales d'abord. Depuis le temps qu'il venait fouiner à la librairie de Black Oak Books, surtout les rayonnages du fond parmi lesquels il avait déniché maints récits d'alpinisme, Mortenson s'était constitué une jolie collection – les six cartons empilés dans la Bamba. En y ajoutant les livres rares que son père avait ramenés de Tanzanie, il en tira six cents dollars.

Il profita également du délai nécessaire au virement de Hoerni pour vendre tous ses biens. Ainsi, il aurait de quoi couvrir l'achat du billet d'avion et ses faux frais au Pakistan. Il annonça à Marina qu'il allait suivre jusqu'au bout la voie sur laquelle il était engagé, c'est-à-dire jusqu'à ce qu'il ait tenu sa promesse faite aux enfants de Korphe. À son retour, promit-il, les choses seraient différentes. Il travaillerait à plein-temps, trouverait un endroit où se poser et mènerait une vie moins bohème.

Il emporta son matériel d'escalade au Wilderness Exchange de la San Pablo Avenue où, d'ailleurs, avait disparu une bonne partie de sa paye depuis qu'il avait commencé à grimper. Du magasin au box, le trajet en voiture ne durait que quelques minutes, mais chacune d'elles s'imprima dans sa mémoire comme s'il s'était agi d'un parcours exceptionnel. « J'avais l'impression de clore le chapitre californien de ma vie », avoue-t-il. Mille cinq cents dollars vinrent encore gonfler ses poches.

La veille de son départ, après avoir déposé Marina à l'hôpital, Mortenson se chargea du plus difficile : il conduisit la Bamba à Oakland chez un vendeur de voitures d'occasion, qui lui en donna cinq cents dollars. Son fidèle gouffre à essence, après l'avoir mené à bon port en Californie et abrité durant toute une année, allait maintenant lui permettre de se rendre à l'autre bout du monde. Il tapota le robuste capot rouge foncé, empocha l'argent et prit son paquetage. Le moteur du taxi tournait déjà, prêt à l'emporter vers un nouveau chapitre de son existence.

Chapitre 6

LES TOITS DE RAWALPINDI
AU CRÉPUSCULE

Il vaut mieux prier que dormir.
Le *hazzan*, appel à la prière

Il se réveilla, recroquevillé sur l'argent, en nage. Douze mille huit cents dollars en coupures de cent écornées, serrées dans un petit sac Nylon vert usé. Douze mille pour l'école. Huit cents pour subvenir à ses besoins durant les mois à venir. La pièce était si vide que le seul endroit où il pouvait cacher l'argent, c'était sous ses vêtements. Il tapota la liasse d'un geste automatique, puis quitta les cordes de son *tcharpaï*[1] pour fouler du pied le ciment suintant.

Mortenson écarta un pan de rideau et fut récompensé par un coin de ciel, tranché net par le minaret vert de la Régie nationale des transports. Le ciel avait cette teinte violette qui pouvait aussi bien être le signe de l'aube que du crépuscule. Perplexe, il se passa la main sur le visage pour en effacer les dernières traces de sommeil. Le crépuscule, ça ne faisait aucun doute. Il était arrivé à Islamabad à l'aube et avait dû dormir toute la journée.

Il avait parcouru la moitié du globe en cinquante-six heures. Son itinéraire, soumis aux aléas d'un billet à bas prix,

---

1. Lit de corde à cadre de bois.

lui avait fait tour à tour traverser les fuseaux horaires et les terminaux conditionnés de San Francisco, Atlanta, Francfort, Abou Dabi et Doubaï avant d'émerger dans la chaleur et le brouhaha de l'aéroport d'Islamabad. C'était dans la ville voisine, à Rawalpindi, véritable fourmilière aux loyers plus abordables que ceux de la verdoyante capitale, que Mortenson avait pris ses appartements – cette chambre qui, aux dires du gérant de l'hôtel Khyaban, était « la meilleure bon marché ».

Désormais, chaque roupie comptait. Un dollar gaspillé, c'étaient des briques ou des livres en moins pour l'école. À quatre-vingts roupies la nuit (environ deux dollars), ce cagibi en verre de deux mètres cinquante sur deux mètres cinquante, qui semblait avoir été rajouté au toit à la dernière minute, tenait plus de l'abri de jardin que de la chambre d'hôtel. Mortenson enfila son pantalon, décolla sa tunique trempée de sueur, et ouvrit la porte. On ne peut pas dire que l'air était plus frais dehors, mais au moins avait-il le mérite de ne pas être immobile.

Assis sur les talons, vêtu d'un *shalvar kamiz* bleu maculé de taches, Abdoul Shah, le *tchokidar* (concierge), contemplait Mortenson de son unique œil valide. « *Salam alaykoum*, Sahib, Greg Sahib », lança-t-il comme s'il avait guetté tout l'après-midi le réveil de son hôte pour lui servir le thé.

Mortenson s'installa sur une chaise piquée de rouille, à côté d'une pile de briques qui trahissaient les futures ambitions de l'hôtel. Il accepta la théière ébréchée que lui tendait Abdoul, tout en cherchant à extraire un embryon de plan de son cerveau embrumé.

Lorsqu'il avait séjourné au Khyaban l'année passée, il avait fait partie d'une expédition au planning soigneusement minuté. Chaque moment de chaque journée avait été consacré à une tâche particulière, qu'il s'agisse de trier des sacs de farine ou d'aliments lyophilisés, d'aller retirer les permis d'ascension, de réserver des billets d'avion ou encore d'engager porteurs et mulets.

– Mister Greg Sahib, dit Abdoul comme s'il lisait ses pensées, puis-je savoir pourquoi vous êtes revenu ?

– Je suis venu construire une école, *Inch Allah,* répondit Mortenson.

– Ici à Pindi, Greg Sahib ?

Tout en buvant son thé, Mortenson fit à Abdoul le récit de son échec au K2, de ses mésaventures sur le Baltoro et enfin, de l'accueil que lui avaient réservé les gens de Korphe. Toujours accroupi, Abdoul faisait claquer sa langue contre ses dents tout en grattant sa généreuse panse d'un air perplexe.

– Vous êtes l'homme riche ? demanda-t-il en lançant un regard dubitatif à ses baskets râpées et à son *shalvar kamiz* tout usé et poussiéreux.

– Non, répondit-il en cherchant à résumer la situation en quelques phrases. Beaucoup de gens en Amérique ont participé et donné un peu d'argent pour l'école, même des enfants.

Il extirpa le sac de tissu vert de sous sa tunique et montra l'argent à Abdoul.

– En faisant bien attention, il y a là exactement de quoi bâtir une école.

– Qu'Allah nous éclaire de sa bienveillance ! commenta Abdoul en se levant d'un bond. Demain, nous irons marchander beaucoup. Nous devons marchander très bien.

Puis, emportant la vaisselle d'un geste décidé, il prit congé. De sa chaise pliante, Mortenson entendit le crachotement des fils électriques annonçant le *hazzan*, la longue plainte qui appelle les fidèles à la prière du soir. Une nuée d'hirondelles s'envola à tire d'ailes, reproduisant dans leur ordre de dispersion la forme du tamarinier qui leur avait servi de perchoir dans le jardin de l'hôtel, avant de s'égayer au-dessus des toits de Rawalpindi.

À travers la ville, les appels des muezzins imprégnaient le soir tombant. Un an plut tôt, sur ce même toit, le crépuscule de Rawalpindi avait eu une qualité bien différente – simple fond sonore exotique de l'expédition. Mais maintenant, seul sur ce toit, il avait l'impression que les muezzins s'adressaient directement à lui. Leurs voix immémoriales, encouragements séculaires à la foi et au devoir, étaient autant d'appels à l'action. Mortenson balaya les doutes qui le taraudaient depuis un an, avec la même détermination qu'avait affichée Abdoul. Demain, tout allait commencer.

Abdoul vint le réveiller à l'heure du muezzin, à quatre heures trente. Dans le grésillement de micro et le raclement de gorge amplifié précédant l'appel, Mortenson ouvrit la porte de son cagibi et découvrit le concierge sur le seuil, chargé d'un plateau, l'air décidé.

– Le taxi attend mais d'abord le thé, Greg Sahib.

– Le taxi ? répéta Mortenson en se frottant les yeux.

– Pour le ciment, rétorqua Abdoul comme s'il énonçait une évidence à un élève particulièrement lent. Même pour construire une seule école, il faut du ciment, non ?

– Du ciment ! Évidemment, approuva Mortenson en riant.

Et d'avaler sa tasse de thé en priant pour que la caféine agisse vite.

Ils prirent la Grand Trunk Road en direction de l'ouest, ancienne route transcontinentale reliant Kaboul à Calcutta sur deux mille six cents kilomètres, déchue au rang de RN 1 depuis la multiplication des fermetures aux frontières afghane et indienne. Leur minuscule Suzuki jaune semblait totalement dépourvue d'amortisseurs. Tandis qu'Abdoul fonçait malgré les nids-de-poule à cent kilomètres à l'heure, Mortenson, tassé sur la petite banquette arrière, cherchait tant bien que mal à empêcher ses genoux de lui pilonner le menton.

À six heures, ils arrivèrent à Taxila, déjà recluse de chaleur. En 326 avant J.-C., Alexandre le Grand avait fait de cette ville son poste oriental le plus avancé et y avait installé ses troupes. Située à la confluence de grands axes commerciaux reliant l'Orient à l'Occident – qui deviendraient plus tard la Grand Trunk Road –, et à l'intersection de la Route de la soie, Taxila avait revêtu une grande importance stratégique dont elle gardait encore quelques vestiges. Haut lieu du bouddhisme, elle avait accueilli l'un des plus grands monastères de son époque, qui diffusait les enseignements de Bouddha jusque dans les contrées montagneuses du Nord. Mais aujourd'hui, si les anciennes mosquées de la ville étaient restaurées et repeintes, le sanctuaire bouddhiste, lui, retournait à son état minéral originel. La ville tentaculaire cramponnée aux contreforts de l'Himalaya était devenue un centre industriel. L'armée pakistanaise y produisait des copies de chars soviétiques, et quatre plumeaux de fumée signalaient les cimenteries où se fournissaient la plupart des chantiers du pays.

Mortenson était enclin à entrer dans la première d'entre elles et à entamer le marchandage, mais une fois de plus, Abdoul le rabroua comme un mauvais élève.

– Greg Sahib, il faut d'abord boire le thé et parler de ciment.

En équilibre sur un minuscule tabouret, Mortenson, qui en était à sa cinquième tasse de thé vert, essayait de suivre la conversation entre Abdoul et les trois vieux habitués aux barbes blanches teintées de nicotine. Ils parlaient à bâtons rompus et l'Américain était certain qu'Abdoul était tombé sur une mine de renseignements.

– Alors ? s'enquit-il en abandonnant une poignée de billets sur la table. Quelle cimenterie recommandent-ils ? Fetco ? Fauji ? ou Askari ?

– En fait, ils ne peuvent pas dire, répondit Abdoul. Ils nous recommandent un autre salon de thé. Le cousin du patron a travaillé dans le ciment.

Deux salons et d'innombrables tasses de thé plus tard, en fin de matinée, ils avaient l'information. Fauji avait la réputation de pratiquer des tarifs raisonnables et de produire un ciment qui n'était pas dénaturé, capable de résister aux intempéries himalayennes. L'achat des cent sacs nécessaires au projet laissa Mortenson sur sa faim. Lui qui s'était préparé à d'âpres marchandages eut la surprise de voir Abdoul pénétrer dans le bureau des Ciments Fauji, passer docilement commande et lui demander cent dollars d'acompte.

– Et le marchandage ? demanda-t-il en pliant son reçu.

Allumant une Tander dont l'odeur envahit aussitôt le taxi surchauffé, Abdoul admonesta une nouvelle fois son élève avec patience.

– Marchandage ? répéta-t-il en chassant fumée et inquiétudes d'un même geste de la main. Pour le ciment, le marchandage est impossible. Le ciment, c'est comme…

Il s'interrompit, cherchant le mot qui résumerait clairement la situation à ce balourd d'Américain, et reprit :

– … la mafia. Demain au Rajah Bazaar, on fera beaucoup de *bes*, beaucoup de marchandage.

Mortenson cala ses genoux sous son menton, et le taxi reprit la route de Pindi.

Au Khyaban, Mortenson alla prendre sa douche. Au moment où il passait sa *kamiz* par-dessus la tête, il entendit un craquement : le tissu s'était déchiré au milieu du dos, des épaules à la taille. Il rinça l'étoffe poussiéreuse sous le mince filet d'eau, puis remit ses seuls et uniques habits pakistanais. Ce vêtement l'avait fidèlement servi durant toute son ascension du K2, mais le moment était venu d'en changer.

Au sortir de la douche, il croisa Abdoul qui émit un «tss tss» désapprobateur à la vue de la déchirure et lui proposa de l'accompagner chez un tailleur. Délaissant l'oasis de Khyaban, les deux hommes se dirigèrent vers Pindi. Une douzaine de taxis à chevaux bavant et trépignant dans la chaleur poudreuse attendaient le long de la rue, tandis qu'un vieil homme à la barbe teinte au henné débattait vivement du prix.

Au-dessus du carrefour entre Kashmir Road et Adamjee Road, une affiche tape-à-l'œil attira le regard de Mortenson. «Aux bons soins du Dr Azad» y lisait-on en anglais. L'illustration, sommaire quoique exécutée d'un trait énergique, représentait un squelette avec de petits crânes qui luisaient au fond de ses orbites. «Aucun effet secondaire!» promettait l'affiche.

Le tailleur, lui, n'était signalé par aucune publicité. Son atelier se trouvait au fond d'une ruche commerçante dont les alvéoles de béton donnaient sur Haider Road. Son état de décrépitude trahissait une décennie d'entretien négligé, à moins qu'il ne s'agisse de travaux de finition éternellement repoussés. Manzoor Khan était assis sur les talons, dans une devanture qui ne dépassait pas un mètre de large, coincé entre un ventilateur, des rouleaux de tissu et un mannequin. En dépit de cela, il exsudait une dignité impériale par chacun de ses pores. Son épaisse monture de lunettes noire et sa barbe blanche soigneusement taillée lui donnaient un air docte. Il passa un mètre de couturier autour du torse de Mortenson, sembla surpris du résultat, réitéra l'opération, puis jeta des chiffres sur un carnet.

– Sahib, Manzoor souhaite s'excuser, expliqua Abdoul, il faudra six mètres de tissu pour votre *shalvar kamiz*, alors qu'il n'en faut que quatre pour mes compatriotes. C'est pourquoi il doit compter un supplément de cinquante roupies. Je pense qu'il dit vrai.

Mortenson accepta l'offre et commanda deux ensembles. Abdoul se hissa sur une estrade et, d'un geste vif, sortit deux rouleaux d'étoffe éclatante – bleu clair et vert pistache. Pensant à la poussière du Baltistan, Mortenson demanda qu'on lui confectionne deux ensembles identiques de couleur marron.

– Comme ça, la saleté ne se verra pas, expliqua-t-il à un Abdoul dépité.

– Sahib, Greg Sahib, plaida Abdoul. Pour vous, il est préférable d'être un gentleman propre. Les hommes vous respecteront ainsi.

Mortenson se représenta le village de Korphe et ses interminables hivers, que les habitants passaient au rez-de-chaussée de leurs maisons, serrés contre leurs bêtes devant un feu de bouse de yak, revêtus de leur seul et unique habit.

– Marron, ce sera très bien, répondit-il.

Tandis que Manzoor prenait l'acompte de Mortenson, le chant plaintif du muezzin transperça la ruche de boutiques. Le tailleur rangea promptement l'argent et déroula un tapis de prière rose, décoloré, qu'il plaça sur le sol d'un geste précis.

– Pourriez-vous me montrer comment l'on prie ? demanda Mortenson sur une impulsion.

– Êtes-vous musulman ?

– Je respecte l'islam, répondit-il sous le regard approbateur d'Abdoul.

– Venez par ici !

Ravi, Manzoor lui fit signe de le rejoindre sur l'estrade encombrée, à côté d'un mannequin sans tête piqué d'aiguilles.

– Tout musulman doit se laver avant la prière, dit-il. Moi, j'ai déjà accompli le *vouzou*. Je vous montrerai la prochaine fois.

Du plat de la main, il lissa le rouleau d'étoffe brune sélectionné par Mortenson et indiqua à l'Américain comment s'agenouiller à ses côtés.

– Nous devons commencer par nous tourner vers La Mecque, le sanctuaire où repose le saint prophète, que la paix soit avec lui. Ensuite, nous devons nous agenouiller devant Allah-le-miséricordieux, béni soit son nom.

Mortenson s'agenouilla tant bien que mal dans le minuscule cagibi du tailleur, heurtant au passage le mannequin qui vacilla comme pour signifier le divin courroux.

– Non ! fit Manzoor en s'emparant des poignets de Mortenson pour l'obliger à croiser les bras. On ne se présente pas devant Allah comme si on attendait le bus. Nous nous soumettons respectueusement à sa volonté.

Les bras raides, en croix, Mortenson écouta Manzoor qui entamait la Shahada, témoignage de foi qui est l'essence même de toutes les prières de l'Islam.

– Il dit qu'Allah est très bon et grand, traduisit Abdoul qui cherchait à se rendre utile.

– J'avais compris.

– *Kha-mosh* ! Silence ! dit Manzoor Khan sur un ton ferme.

D'un mouvement raide qui partait de la taille, il se pencha pour poser le front sur le tapis. Mortenson s'efforça de l'imiter, mais s'arrêta à mi-chemin lorsque, sa chemise bâillant piteusement, il sentit le souffle du ventilateur sur son dos.

– Ça va, comme ça ? demanda-t-il en glissant un regard à son professeur.

De derrière ses épaisses lunettes, le tailleur posa sur Mortenson un regard pénétrant.

– Vous essaierez encore quand vous viendrez chercher vos *shalvar kamiz*, dit-il en rangeant son tapis en un cylindre impeccable. Vous ferez peut-être des progrès.

Sa boîte en verre, sur le toit du Khyaban, emmagasinait la chaleur du soleil pendant le jour, et la nuit, l'air y était irrespirable. Dans la journée, on entendait le fendoir du boucher du dessous, qui découpait à tour de bras les carcasses de moutons. Quand Mortenson cherchait le sommeil, de mystérieux gargouillis glougloutaient dans les tuyaux sous son lit alors qu'au plafond, le tube de néon refusait catégoriquement de s'éteindre. Il avait eu beau passer le moindre recoin de la pièce au peigne fin, à l'intérieur comme à l'extérieur, il n'avait trouvé aucun interrupteur. Et tandis qu'il se débattait dans ses draps humides, lumière allumée, aux premières heures du matin, il eut soudain une révélation. Il se hissa sur son lit de cordes et, conservant tant bien que mal l'équilibre, atteignit le luminaire, qu'il dévissa. Il dormit ensuite du sommeil du bienheureux, dans l'obscurité, jusqu'à ce qu'Abdoul frappe à la porte.

Le Rajah Bazaar au petit matin offrait une scène de chaos tout à fait au goût de Mortenson. Empoignant son bras, Abdoul l'entraîna d'un pas sûr à travers la foule des porteurs et des charrettes à ânes qui livraient au petit trot leur cargaison de glace, conservée à l'abri du soleil sous une toile.

Ils débouchèrent sur une grande place dont le pourtour était bordé de boutiques vendant à peu près tout ce dont un chantier de construction ou de démolition peut avoir besoin. Sur huit devantures d'affilée, on pouvait voir des assortiments de marteaux quasi-identiques. Une douzaine d'échoppes étaient visiblement spécialisées dans les clous, que l'on voyait briller, triés par calibre, dans des auges grandes comme des cercueils. Il était grisant, après avoir passé tant de temps à rechercher soutien et financement, de voir enfin l'école en pièces détachées. Ce clou serait peut-être celui qui recevrait l'ultime coup de marteau du chantier.

Mais avant de se laisser étourdir, il fallait marchander dur. Il avait, bien calée sous le bras dans une feuille de papier journal, une liasse de roupies de la taille d'une boîte à chaussures. L'équivalent de dix billets de cent dollars.

Ils commencèrent par aller chez un charpentier, que rien ne distinguait de ses deux voisins. Mais Abdoul était catégorique.

– Cet homme est bon musulman, dit-il en guise d'explication.

Mortenson lui emboîta le pas dans un long couloir étroit, le suivant à travers un dédale d'étais posés en équilibre contre le mur. On l'installa sur une épaisse pile de tapis décolorés à côté d'Ali, le patron, dont le *shalvar kamiz* bleu lavande immaculé tenait du miracle au milieu de la poussière et du brouhaha de sa profession. Plus que jamais, Mortenson eut honte de sa *kamiz* graisseuse qu'Abdoul avait eu la gentillesse de recoudre en attendant ses nouveaux habits. Ali s'excusa que le thé ne soit pas prêt et, pour les faire patienter, envoya chercher trois sodas à l'orange tièdes.

Pour deux billets de cent dollars tout neufs, Abdoul Rauf, architecte qui avait son cabinet (un simple réduit) dans le hall du Khyaban, avait dessiné les plans de l'école rêvée par Mortenson – cinq pièces disposées en L. Il avait indiqué en marge les matériaux nécessaires aux cent quatre-vingts mètres carrés de la construction. La charpente allait à coup sûr être leur plus gros poste de dépense. Mortenson déroula le plan et lut: «Quatre-vingt-douze poutres de deux mètres cinquante, section cinq sur dix; cinquante-quatre plaques de contreplaqué, un mètre vingt-cinq sur deux mètres cinquante.» L'architecte avait prévu deux mille cinq cents dollars pour le lot «Charpente». Mortenson tendit les plans à Abdoul.

Celui-ci entreprit de lire la liste à haute voix, tandis que les doigts entraînés d'Ali couraient sur la calculatrice posée sur un de ses genoux, sous le regard inquiet de Mortenson.

Enfin, Ali ajusta son impeccable calotte blanche au sommet de son crâne et caressa sa longue barbe avant d'annoncer un chiffre. Abdoul, qui était assis en tailleur, bondit aussitôt sur ses pieds en se massant le front, comme s'il avait reçu un coup. Il se mit à psalmodier une longue plainte émaillée d'insultes. Mortenson, en adepte des langues qu'il était, comprenait déjà l'ourdou de tous les jours, mais les jurons et les lamentations déclamés par Abdoul atteignaient un degré d'expertise qu'il était loin de posséder. Le concierge finit par se calmer et se pencha vers Ali, les doigts pointés comme des armes. Là, Mortenson l'entendit distinctement demander à Ali s'il était musulman ou infidèle. Ce gentleman qui l'honorait en voulant acheter son bois était un *hamdard*, un saint homme venu accomplir un *zakat*, un acte de charité. Un vrai musulman saisirait cette chance d'aider de pauvres enfants au lieu de chercher à le dépouiller de son argent.

Tout au long de la tirade d'Abdoul, Ali avait conservé une expression imperturbable et sereine. Il avait tranquillement siroté son soda en attendant qu'Abdoul en ait fini.

Le thé arriva avant même qu'il ait pu répondre aux accusations qui avaient été proférées. Les trois hommes sucrèrent leur breuvage, servi dans des tasses en porcelaine d'une rare finesse et, l'espace d'un instant, on n'entendit plus que le tintement des petites cuillères.

Ali goûta le thé, approuva d'un signe de tête puis cria des instructions en direction du couloir. Abdoul, l'air toujours renfrogné, reposa sa tasse devant lui sans même y avoir touché. Le fils d'Ali, un adolescent à la moustache duveteuse, apparut avec deux échantillons de poutre qu'il disposa de part et d'autre de la tasse de Mortenson, comme des serre-livres.

Après avoir gardé son thé en bouche comme s'il s'était agi d'un grand cru, Ali l'avala et entama sa démonstration sur un ton professoral. Il désigna de la main le morceau de bois qui se trouvait à droite de Mortenson. Sa surface était parsemée de nœuds foncés et de méandres graisseux. Ses extrémités, grossièrement fendues, étaient tout hérissées. Il saisit le bout de bois, le fit pivoter comme une lunette de télescope et fixa Mortenson à travers des trous de termite.

– Méthode locale, expliqua-t-il en anglais.

Ali désigna ensuite l'autre morceau de bois.

– Méthode anglaise, commenta-t-il.

Le bois était dépourvu de nœuds et tranché net. D'une main, Ali l'exhiba sous le nez de Mortenson, tandis que de l'autre il évoquait par gestes les superbes forêts de pins de la vallée Kaghan dont il provenait.

Le fils d'Ali revint avec deux plaques de contreplaqué, qu'il plaça sur des parpaings empilés. Il retira ses sandales et se jucha sur la première d'entre elles. Il ne devait guère peser plus de quarante-cinq kilos, mais la plaque ploya lourdement sous son poids en produisant un grincement sinistre. La seconde plaque ne fléchit que de quelques centimètres. À la demande de son père, pour conclure la démonstration, le garçon se mit à sautiller. La planche tint bon.

« Trois plis », commenta Ali avec une moue dégouttée, n'accordant pas même un regard à la première plaque. « Quatre plis », annonça-t-il, radieux, en indiquant l'estrade improvisée sur laquelle son fils bondissait toujours allègrement.

Ali bascula de nouveau en ourdou. Sans parvenir à saisir toutes les nuances de son discours, Mortenson en comprit la teneur. Certes, l'on pouvait acquérir du bois de construction à un prix dérisoire. Mais quel bois ? De ce bois douteux que vous fourguaient des marchands peu scrupuleux. Allez-y, achetez-le, construisez votre école avec ! Elle tiendra un an. Jusqu'au beau jour où le plancher cédera sous les pieds d'un bambin de sept ans qui s'appliquait à réciter le Coran devant ses camarades, bambin dont les veines seront aussitôt tranchées par ce bois de piètre qualité qui faisait injure à la profession. Seriez-vous prêt à condamner un enfant de sept ans à se vider de son sang devant ses camarades, simplement parce que vous vous serez montré pingre au moment de choisir le matériel ?

Mortenson vida sa seconde tasse de thé et remua sur sa pile de tapis poussiéreux. Par trois fois Abdoul fit mine de quitter la pièce et par trois fois Ali baissa son prix d'un cran. Mortenson renversa la théière. Elle était vide. La deuxième heure de marchandage était bien entamée, et il commençait à perdre patience. Il se leva et fit signe à Abdoul de partir. Ils devaient encore s'acquitter d'une trentaine de négociations de ce type pour remplir leur camion. Le départ était prévu pour le surlendemain, et Mortenson sentait qu'il n'y avait plus une minute à perdre.

– *Baith ! Baith !* Asseyez-vous ! Asseyez-vous ! ordonna Ali en agrippant la manche de Mortenson. Vous êtes le champion. J'ai déjà écrasé mes prix !

Mortenson regarda Abdoul.

– Oui, c'est vrai, Greg Sahib. Vous ne paierez que quatre-vingt-sept mille roupies.

Mortenson convertit la somme mentalement – deux mille trois cents dollars.

– Je vous l'avais dit : c'est un bon musulman. Maintenant, la rédaction du contrat, ajouta-t-il tandis qu'Ali envoyait chercher une nouvelle théière.

Au bout de sa seconde journée de marchandage, Mortenson, imbibé de thé, s'affala à l'arrière de la petite charrette à cheval qui les ramenait au Khyaban. Leur monture avait l'air encore plus fourbue qu'eux. La poche de son *shalvar kamiz* était gonflée de reçus – reçus pour des marteaux, reçus pour des scies, pour des clous, pour des plaques de tôle ondulée et pour du bois capable de supporter le poids des écoliers. Tous ces matériaux leur seraient livrés le lendemain matin, à l'aube, et seraient chargés dans le petit camion qui les transporterait à destination en trois jours.

Abdoul avait proposé de prendre un taxi, mais Mortenson, inquiet de la vitesse à laquelle fondait sa liasse de roupies, avait insisté pour faire des économies. Il leur fallut plus d'une heure pour parcourir les trois kilomètres qui les séparaient de l'hôtel, à travers les rues encombrées de vieux taxis Morris noirs pétaradants.

De retour à l'hôtel, sans même prendre la peine d'ôter son *shalvar kamiz*, Mortenson lava la poussière accumulée au fil de la journée à coup de seaux d'eau tiède qu'il se renversa directement sur la tête. Puis il s'empressa de se rendre chez le tailleur, soucieux de récupérer ses vêtements avant la fermeture de l'atelier pour la prière du vendredi soir.

Manzoor Khan passait un ultime coup de fer à charbon au *shalvar* de Mortenson, tout en chantonnant au son d'une mélodie pop ourdou crachotée par une voix féminine depuis la radio du petit cordonnier, à l'autre bout du couloir. On entendait également se propager à travers la ruche l'onde de choc mélancolique des rideaux de fer, signe que la journée touchait à sa fin.

Mortenson enfila la chemise propre et encore chaude de son *shalvar kamiz* couleur avoine. Puis, caché par les pans de sa tunique qui lui arrivait aux genoux, il enfila pudiquement son ample pantalon. Il serra fermement le cordon (*azarband*) qui en nouait la taille, puis se tourna vers Manzoor pour se soumettre à son inspection.

– *Bohot kharab*! (Horriblement affreux!) déclara Manzoor en se précipitant sur lui.

Il saisit *l'azarband* qui pendait à l'extérieur de son pantalon et le glissa à l'intérieur de la taille.

– Interdit de le porter comme ça.

Mortenson eut l'impression de recevoir une décharge électrique – la culture pakistanaise, avec ces codes de conduite rigides, n'avait pas fini de le surprendre. Il allait devoir faire son possible pour éviter de répéter une telle offense.

D'un pan de sa chemise, Manzoor nettoya ses verres de lunettes, dévoilant au passage une taille nouée dans les règles de l'art, puis se lança dans une revue détaillée de la tenue de Mortenson.

– Maintenant, déclara-t-il, vous avez l'air à moitié pakistanais. Voulez-vous réessayer de prier ?

Sur ce, il baissa le rideau de la boutique et montra à Mortenson le chemin de la sortie. Le crépuscule chassait vite la lumière du jour, et avec elle, une partie de la chaleur. Bras dessus bras dessous, les deux hommes prirent la direction de la mosquée de la Régie nationale des transports. De part et d'autre de la Kashmir Road, des hommes allaient ainsi, par groupes de deux ou trois, tandis que les boutiques fermaient. Comme il était mal vu de se rendre à la prière du soir en voiture, la circulation, pour une fois, était fluide.

L'imposant minaret vert se dressait devant eux, à quelques pâtés de maisons. Mais, contrairement à ce que Mortenson avait cru, ce n'était pas leur destination. Manzoor le conduisit en fait dans un vaste et poussiéreux parking de station-service. Là, une bonne centaine d'hommes s'étaient rassemblés et exécutaient le *vouzou*, la toilette rituelle précédant la prière. Manzoor remplit un *lota* (pichet d'eau) à un robinet et lui montra l'ordre précis dans lequel accomplir les ablutions. Prenant modèle sur le tailleur, Mortenson s'accroupit et remonta jambes de pantalon et manches de chemise, avant de commencer par nettoyer les zones du corps les plus sales – le pied gauche suivi du pied droit. Il se lava ensuite la main gauche et allait passer à la droite lorsque Manzoor, qui remplissait de nouveau le *lota,* émit un pet sonore. Avec un soupir, le tailleur s'agenouilla et recommença ses ablutions depuis le pied gauche. Lorsque Mortenson fit mine de l'imiter, Manzoor l'interrompit :

– Non. Juste moi. Je suis souillé, expliqua-t-il.

Une fois ses mains dûment lavées, le tailleur se pinça d'un doigt la narine gauche, puis la narine droite, et souffla, toujours copié par son élève. Les appels à la prière, lancés d'une demi-douzaine de directions différentes, retentissaient dans une cacophonie de raclements de gorge et de crachats. Imitant Manzoor, Mortenson se rinça les oreilles puis la bouche, considérée par les musulmans comme la partie du corps la plus sacrée, la prière s'en élevant directement jusqu'aux oreilles d'Allah.

Mortenson savait depuis longtemps, du moins en théorie, que le mot «musulman» signifie «se soumettre». Et comme bien des Américains entièrement acquis à la cause d'un individualisme forcené, il avait trouvé que cette notion manquait d'humanité. Mais pour la première fois, parmi cette foule d'inconnus, les regardant se laver – non seulement des impuretés mais également des souffrances et soucis du quotidien –, il entrevit le plaisir qu'il peut y avoir à se soumettre au rite de la prière partagée.

Le générateur de la station-service fut coupé et les pompes à essence aux couleurs criardes recouvertes de draps pudiques. Manzoor sortit une petite calotte blanche de sa poche et la modela à la taille de Mortenson. Se joignant à une ligne de fidèles, ils s'agenouillèrent sur les tapis fournis par le tailleur. Mortenson savait que, au-delà du mur auquel ils faisaient face, derrière les énormes publicités orange et violettes qui vantaient les mérites de l'essence CalTex, se trouvait La Mecque. Il ne put s'empêcher de penser qu'on l'invitait à s'incliner devant des affiches illustrant l'habileté commerciale et technique de pétroliers texans et saoudiens, mais il mit son cynisme de côté.

Comme Manzoor, il s'agenouilla et croisa les bras en signe de respect pour Allah. Les hommes qui l'entouraient ne regardaient pas ces affiches publicitaires, ils regardaient à l'intérieur d'eux-mêmes. Et surtout, ils ne le regardaient pas, lui. Le front pressé contre le sol encore chaud, Mortenson réalisa alors que, pour la première fois depuis qu'il avait foulé la terre pakistanaise, personne ne le regardait en étranger. En fait, personne ne le regardait du tout.

– *Allahou Akbar*, psalmodia-t-il tranquillement. « Dieu est grand », ajoutant sa voix au chœur qui sourdait du parking envahi par la nuit.

La foi qui vibrait autour de lui était forte. Elle était assez puissante pour changer une station-service en lieu saint. Qui sait quelles miraculeuses transformations l'attendaient encore ?

CHAPITRE 7

LE DIFFICILE RETOUR

Ce rude et splendide pays,
Avec ses montagnes couvertes de neige,
ses frais courants cristallins,
Ses épaisses forêts de cyprès, de genévriers et de frênes [...]
Est tout autant mon corps que ce que vous voyez ici
devant vous. Je ne peux être séparé de ceci ou de vous.
Nos innombrables cœurs battent au même rythme.
Extrait de *L'Épopée du roi Gésar*[1]

Quand Abdoul vint frapper à la porte, l'aube était encore loin. Cela faisait des heures que Mortenson était couché sans avoir pu fermer l'œil. Face aux craintes que lui inspirait la journée à venir, avec ses innombrables occasions de dérapage, le sommeil avait déclaré forfait. Il se leva pour aller ouvrir et se trouva nez à nez avec le concierge borgne qui, curieusement, lui tendait une paire de chaussures impeccable.

Ses chaussures. De toute évidence, Abdoul avait passé une bonne partie de la nuit à réparer et astiquer ses Nike trouées et décolorées pour tenter de leur rendre une forme honorable. Des chaussures qu'un homme sur le point d'entreprendre un long et difficile voyage puisse lacer avec

---

1. Penick, Douglas J., *Gesar de Ling, L'épopée du guerrier de Shambhala* (traduit de l'anglais par Annie Le Cam), Guy Trédaniel Éditeur, 2003.

fierté. Abdoul s'était lui aussi préparé pour l'occasion – sa barbe argentée, fraîchement colorée au henné, avait pris une teinte orange foncé.

Mortenson but son thé puis se lava à l'aide d'un seau d'eau glacée et un bout de savon Tibet Snow qu'il avait soigneusement économisé tout au long de la semaine. Ses affaires remplissaient à peine la moitié de son sac, qu'il abandonna sans discuter aux bons soins d'Abdoul, de crainte de s'exposer à un torrent de reproches s'il tentait de le porter lui-même. Puis, il adressa des adieux émus à son petit sauna des toits.

Désireux de protéger ses impeccables chaussures, mais aussi de faire plaisir à un Abdoul très à cheval sur les apparences, Mortenson consentit à effectuer le trajet jusqu'au Rajah Bazaar en taxi. La vieille Morris noire, vestige de l'ère coloniale, glissa sans bruit à travers les rues endormies.

Malgré la pénombre qui baignait la place, ils n'eurent aucun mal à trouver le camion. Comme la plupart des Bedford au Pakistan, il n'avait plus grand-chose à voir avec le véhicule de l'armée qui avait jadis sillonné les routes de ce coin des Indes britanniques. La plupart des pièces avaient dû en être remplacées une demi-douzaine de fois par d'autres fabriquées localement. Le vert olive d'origine, bien trop terne pour un véhicule destiné à régner sur la Karakoram Highway, avait été enfoui sous une profusion de miroirs et de losanges métalliques. Le moindre centimètre carré de carrosserie avait été repeint et bichonné dans l'un des nombreux *Bedford shops* de la capitale. Conformément à l'Islam qui interdit les représentations figurées, arabesques et volutes le décoraient dans un déferlement de vert, d'or et de rouge vif. L'arrière du camion n'en arborait pas moins le portrait grandeur nature d'Imran Khan, joueur de cricket élevé au rang de héros national, qui brandissait sa batte tel un sceptre. Source de fierté dans tout le pays, il ne risquait de froisser aucune susceptibilité, même parmi les plus dévots.

Mortenson régla la course puis, impatient de se mettre à l'ouvrage, contourna le géant endormi à la recherche des camionneurs. Guidé par un grondement sonore, il s'agenouilla et découvrit trois hamacs suspendus sous le Bedford, dont deux laissaient échapper de mélodieux ronflements.

Alors qu'il s'apprêtait à les interrompre, le *hazzan* retentit du fond de la place, sans aucune indulgence pour les dormeurs. Tandis que les hommes s'étiraient et s'extirpaient des hamacs, crachant allègrement et allumant la première d'une longue série de cigarettes, Mortenson s'agenouilla avec Abdoul pour prier. Comme la plupart des musulmans, ce dernier semblait doté d'une boussole interne capable d'indiquer La Mecque en permanence. Quoique confronté au spectacle peu engageant des grilles encore fermées du charpentier, Mortenson s'efforçât de faire abstraction de son environnement. N'ayant pas d'eau à portée de mains, Abdoul entreprit de relever son pantalon et ses manches de tunique comme si de rien n'était, nettoyant symboliquement sa peau des impuretés qu'il ne pouvait laver. Mortenson l'imita, puis croisa les bras et s'inclina. Abdoul lui glissa un regard scrutateur puis indiqua son approbation d'un signe de tête.

– Alors, demanda Mortenson en se redressant. J'ai l'air d'un Pakistanais ?

D'un geste de la main, Abdoul épousseta les grains de terre restés collés au front de l'Américain.

– Pakistanais… dit-il, songeur. Non. Mais si vous me dites bosniaque, je vous crois.

Ali, toujours aussi impeccable, vint ouvrir les grilles de son échoppe. Mortenson le salua puis ouvrit un petit carnet noir, sur lequel il nota quelques chiffres. Lorsque le Bedford serait chargé, les deux tiers de ses douze mille dollars auraient été dépensés. Cela lui laissait en tout et pour tout trois mille roupies pour payer la main-d'œuvre, la location des jeeps indispensables pour se rendre à Korphe et de quoi se nourrir jusqu'à la fin des travaux.

Une poignée d'hommes appartenant à la famille élargie d'Ali vint charger le bois sous la supervision des camionneurs. Au fur et à mesure que le contreplaqué s'empilait à l'avant du plateau, Mortenson comptait les plaques et s'assurait qu'il s'agissait bien du quatre plis commandé. Satisfait, il les regarda ensuite disparaître sous une forêt de poutres de section cinq sur dix.

Lorsque le soleil inonda le marché, il faisait déjà près de quarante degrés. Les patrons des échoppes roulaient ou repliaient leurs volets dans une symphonie métallique. L'école arrivait par petits morceaux à travers la foule, là sur la tête d'un porteur, ici sur un pousse-pousse à bras, un moto-pousse ou une charrette à ânes et, dans le cas du ciment, par Bedford.

Il faisait chaud sur le plateau, mais Abdoul ne relâchait pas la pression, criant le nom de chaque nouvelle pièce livrée afin que Mortenson puisse la cocher sur sa liste. Sa satisfaction augmentait au fur et à mesure que les quarante-deux lots âprement marchandés prenaient place sur le plateau, haches blotties contre truelles, le tout gardé par un contingent de pelles.

Dans l'après-midi, une foule compacte s'était formée autour du Bedford, intriguée par le spectacle de ce gigantesque infidèle en pyjama marron qui chargeait un camion de matériel destiné à des écoliers musulmans. Les porteurs devaient se frayer un chemin à travers cinq rangs de spectateurs. Le quarante-quatre fillette de Mortenson suscitait haussements de sourcils et commentaires grivois quant à sa pointure – il n'était pas question que de ses pieds ! –, et les spéculations sur sa nationalité allaient bon train. La

Bosnie et la Tchétchénie se plaçaient en tête des pronostics. Aussi, lorsqu'il finit par avouer qu'il était américain, bon nombre de badauds, lorgnant sur son *shalvar kamiz* tout aussi trempé et crasseux que son visage, lui rétorquèrent qu'ils ne le croyaient pas.

Deux de ses outils les plus précieux manquaient à l'appel : un niveau de menuisier et un niveau de maçon. Mortenson était sûr de les avoir vus passer, sans pouvoir les localiser dans le chargement qui s'étoffait à vue d'œil. Abdoul se lança activement à leur recherche, déplaçant les sacs de ciment jusqu'à découvrir la brèche par laquelle ils étaient tombés. Il les enveloppa aussitôt dans un bout de tissu et les confia solennellement au chauffeur avec l'instruction de les garder dans sa cabine jusqu'à Skardu.

Le soir venu, Mortenson avait pointé les quarante-deux articles de la liste. Les matériaux s'entassaient sur une hauteur de six mètres et les hommes s'empressaient de les attacher avant la nuit, les recouvrant de toile forte tendue à grand renfort de cordes.

Quand Mortenson sauta à terre pour faire ses adieux à Abdoul, il fut englouti par la foule qui le bombarda de cigarettes et de billets froissés pour l'école. Pressé de partir, le conducteur faisait rugir le moteur et jaillir des jets de fumée noire par les deux tuyaux d'échappement verticaux. En dépit du bruit et de l'agitation, Abdoul se tenait parfaitement immobile au milieu de la foule et formulait une *doua*, prière destinée à leur porter chance. Il ferma l'œil et s'éventa le visage pour invoquer l'esprit d'Allah, puis caressa sa barbe orange en psalmodiant avec ferveur, sa voix noyée par le klaxon à air comprimé du Bedford.

Abdoul rouvrit l'œil et saisit l'une des larges mains de Mortenson entre les siennes. Il examina son ami de pied en cap, remarquant que les chaussures cirées la veille étaient déjà noires de crasse, à l'instar de son *shalvar* tout neuf.

– Pas bosniaque, Greg Sahib, dit-il en lui assenant une tape dans le dos. Aujourd'hui, vous êtes comme Pakistanais.

Mortenson monta à bord du camion et adressa un signe de tête à Abdoul qui se tenait à l'écart de la cohue, l'air hagard. Le chauffeur embraya.

– *Allahou Akbar*! entonna la foule d'une seule voix. *Allahou Akbar*!

Mortenson leva victorieusement les bras avant de les agiter en signe d'adieu, jusqu'à ce que la petite flamme du henné de son ami eût disparu, soufflée par la foule.

Laissant Rawalpindi derrière eux, ils mirent cap à l'ouest. Mortenson avait élu domicile au sommet du camion. Mohammed, le conducteur, l'avait supplié de les rejoindre dans la cabine enfumée, mais Mortenson tenait à savourer pleinement l'instant. Les « artistes » du *Bedford shop* avaient muni le plateau d'une élégante avancée, sorte de couvre-chef qui donnait à la cabine un air canaille. Là-haut, parmi la toile d'emballage et les bottes de paille, Mortenson s'aménagea un nid douillet duquel il dominait la route dans un mouvement de roulis. Il avait pour compagnie les poules blanches immaculées que Mohammed comptait vendre dans les montagnes et la musique pendjabi qui s'échappait de la cabine par vagues rythmées et stridentes.

Les vastes marchés de Rawalpindi laissèrent place à une campagne sèche aux nuances brunes, puis vertes, et l'on devina bientôt les contreforts de l'Himalaya derrière un voile de brume. Dès qu'ils entendaient le puissant klaxon à air comprimé du camion, les véhicules plus légers s'écartaient sur le côté, et on entendait dans le sillage du Bedford les cris de joie déclenchés par le portrait d'Imran Khan.

L'humeur de Mortenson était aussi sereine et paisible que les champs de tabac qui ondulaient sous le vent. Après la semaine oppressante qu'il venait de passer, discutant et pinaillant pour la moindre roupie, il pouvait enfin se détendre. «En haut du camion, il y avait un courant d'air frais, se rappelle-t-il. C'était la première fois que je trouvais un peu de fraîcheur depuis mon arrivée à Rawalpindi. J'avais l'impression d'être un roi sur son trône, et d'avoir déjà réussi. J'étais posé sur mon école. J'avais acheté tout ce dont nous avions besoin, dans les limites du budget. Même Jean Hoerni n'aurait rien à me reprocher. Et d'ici à quelques semaines, pensais-je, l'école serait construite, je rentrerais chez moi et envisagerais l'avenir. Je ne me suis sans doute jamais senti aussi bien.»

Soudain, Mohammed donna un brusque coup de frein et se gara sur le bord de la route, obligeant Mortenson à se cramponner aux cages à poules pour ne pas atterrir sur le capot. Il se pencha et demanda, en ourdou, la raison de leur arrêt. Du doigt, Mohammed indiqua un petit minaret situé à la lisière d'un champ de tabac, et les hommes qui se dirigeaient vers lui. La musique pendjabi s'arrêta net, laissant clairement entendre le *hazzan* porté par le vent. Il n'aurait jamais cru que le conducteur, qui avait été si pressé de quitter Rawalpindi, soit assez pieux pour consacrer un arrêt à la prière du soir. Mais il y avait tant de choses, dans ce coin du monde, qui lui échappaient. Au moins, songea-t-il en posant un pied sur la portière, les occasions de pratiquer sa prière ne manqueraient pas.

Ils firent halte pour dîner sur le bord de la route. Requinqué par ses trois assiettes de *dal tchana* (curry de lentilles jaunes) arrosées de thé vert corsé, Mortenson s'installa à l'arrière du camion et contempla les étoiles qui perçaient le ciel une à une.

À Taxila, à trente kilomètres de la capitale, ils quittèrent l'axe principal du pays pour bifurquer vers le nord, en direction des sommets. Là, la plaine rencontrait la montagne, l'ancienne route de la Soie se mettait à grimper sec et l'état de la route devenait imprévisible. L'intrépide exploratrice Isabella Bird, pur produit de l'Angleterre victorienne, expérimenta ce même terrain en 1876, alors qu'elle quittait le sous-continent indien pour s'enfoncer dans le Baltistan – « le Petit Tibet », comme elle l'appelait. « Le voyageur, qui ambitionne d'atteindre les hauts plateaux du Tibet depuis le Cachemire, ne pourra le faire en voiture ou en chariot. Sur une grande partie du chemin, il est obligé d'aller au rythme de la marche et, s'il a quelque considération pour son cheval, il descend à pied les pentes escarpées et accidentées, qui sont nombreuses, et met pied à terre sur la plupart des ponts. Les "routes" [...] sont construites [ailleurs] avec beaucoup de sueur et de dépense, étant donné que la Nature oblige le constructeur à suivre son tracé, et à faire passer la piste le long de vallées étroites, de ravines, de gorges, et de précipices qu'elle lui a imposés. Sur des milles et des milles, cette "route" [...] n'est qu'un simple rebord surplombant un torrent impétueux. [...] Lorsque deux caravanes se croisent, les animaux de l'une doivent céder la place et grimper sur le versant de la montagne où il est toujours difficile et souvent périlleux de prendre pied. En croisant une caravane près de Kargil, le cheval de mon serviteur fut poussé dans le précipice par une mule chargée et se noya [...] »[2]

La Karakoram Highway (KKH), que le Bedford attaquait en renâclant de tous ses tuyaux, n'avait plus rien à voir avec les pistes pratiquées par Isabella Bird. La construction de la KKH avait débuté en 1958, à l'initiative d'un Pakistan encore jeune et avide de forger des liens de communication avec la Chine, son alliée contre l'Inde. Depuis lors en chantier permanent, la KKH figure parmi les plus ambitieux projets d'ingénierie jamais entrepris. Suivant les gorges escarpées de l'Indus sur une bonne partie de son tracé, elle

---

2. Bird, Isabella L., *Chez les Tibétains – une voyageuse anglaise au Petit Tibet* (1889), éditions Fédérop, Gardonne, 2008 pour la traduction française (Jean-Paul Blot).

a coûté la vie à un ouvrier par tranche de quatre cents kilomètres. Les ingénieurs pakistanais s'attaquaient à une forteresse telle, qu'ils furent obligés de démonter leurs bulldozers, d'en transporter les pièces à dos de mulets avant de les ré-assembler pour entamer les travaux. L'armée tenta même d'acheminer des engins par MI-17 russe mais, chahuté par des vents violents, l'hélicoptère heurta une paroi et s'écrasa au fond de l'étroite gorge, tuant ses neuf passagers.

En 1968, les Chinois, soucieux de trouver des débouchés à leurs produits, d'endiguer l'influence soviétique en Asie centrale et de renforcer une alliance stratégique contre l'Inde, proposèrent de superviser et financer les travaux nécessaires pour terminer les mille trois cents kilomètres de route séparant Kashgar, dans le sud-ouest de la Chine, d'Islamabad. Au bout de dix années d'efforts acharnés, la route baptisée *Friendship Highway* (Route de l'Amitié) fut terminée, insolent symbole de victoire brandi au nez et à la barbe de l'Inde.

Au fur et à mesure qu'ils prenaient de l'altitude, l'air devenait plus froid, et Mortenson s'emmitoufla la tête et les épaules dans une couverture en laine. Pour la première fois depuis le début de l'aventure, il se demanda s'il parviendrait à construire l'école avant la venue de l'hiver, mais chassa vite cette pensée. Puis, posant la tête sur une botte de paille, il s'endormit, bercé par le roulis du camion.

Aux premières lueurs de l'aube, un redoutable cocorico lui déchira les tympans. Mortenson était ankylosé, transi et avait désespérément besoin de faire une pause toilettes. Alors qu'il allait demander un arrêt, il aperçut le crâne rasé du camionneur le plus costaud de l'équipe, penché au-dessus de cinq cents mètres de vide. Tout en bas, serrés entre deux parois de trois mille mètres, on apercevait les flots tumultueux et boueux d'une rivière. Le Bedford progressait poussivement sur une forte pente. Arrivé près du sommet, il perdit un peu de terrain tandis que Mohammed, malmenant la boîte de vitesses, enclenchait la première. Mortenson se pencha côté passagers et vit les pneus, à trente centimètres du bord, qui crachaient des gravillons au fond de l'abîme. Dès que les roues flirtaient un peu trop avec le précipice, le camionneur baraqué poussait un sifflement strident et le camion virait à gauche.

Soucieux de ne pas déconcentrer Mohammed, Mortenson regagna son poulailler. Lorsqu'il était venu escalader le K2, il avait été trop obnubilé par son objectif pour s'intéresser aux paysages. Au retour, c'est l'école qui avait accaparé toutes ses pensées. Mais maintenant, au cœur de ces contrées sauvages, sur ce Bedford qui grignotait la « route nationale » à raison de vingt kilomètres à l'heure, il mesurait de nouveau à quel point le Baltistan était coupé du monde.

Lorsque la gorge fut enfin assez large pour qu'un village s'y accroche, ils firent étape et déjeunèrent de chapatis arrosés de *doudh-patti* (thé noir sucré au lait). Au moment de reprendre la route, Mohammed insista, davantage encore que la veille, pour que Mortenson les rejoigne à l'intérieur de la cabine. Ce qu'il fit à contrecœur.

Il prit place entre Mohammed et ses deux coéquipiers. Mohammed, aussi petit que le Bedford était énorme, atteignait à peine les pédales. Le camionneur baraqué fumait le haschisch au houka sans discontinuer, recrachant sa fumée au visage du troisième, un tout jeune homme dont la moustache avait encore du mal à s'affirmer.

Tout comme l'extérieur, l'intérieur du Bedford était richement décoré : loupiotes clignotantes rouges, sculptures sur bois du Cachemire, portraits en 3D de stars bollywoodiennes, clochettes argentées à tout va et un bouquet de fleurs en plastique, dans lequel Mortenson atterrissait tête la première à chaque fois que Mohammed taquinait le frein un peu trop rudement. « J'avais l'impression d'être dans un bordel ambulant, se rappelle Mortenson. Quoique ambulant soit un peu exagéré. »

Sur les portions de terrain les plus inclinées, les hommes sautaient à terre et calaient de grosses pierres derrière les roues arrière. Le Bedford parcourait quelques mètres, les hommes ramassaient les pierres, les replaçaient derrière les roues, répétant indéfiniment le processus tel Sisyphe et son rocher, jusqu'au replat suivant. De temps à autre, une jeep les doublait dans une côte, ou bien ils croisaient un bus. Mais en général, ils étaient seuls.

Le soleil plongea derrière les parois escarpées et, en fin d'après-midi, un noir complet avait envahi le fond du ravin. Alors qu'il débouchait d'un virage en épingle à cheveux, Mohammed écrasa le frein, évitant de justesse d'emboutir l'arrière d'un car. Une interminable file de véhicules (jeeps, cars, Bedford) était immobilisée devant un pont en béton. Mohammed et Mortenson descendirent voir ce qui se passait.

Plus ils approchaient du pont, plus il devenait clair que l'embouteillage n'était pas dû à l'un de ces éboulements ou avalanches qui façonnent la légende de la KKH. Une vingtaine d'hommes barbus, coiffés de turbans noirs, l'air sombre, gardaient l'entrée de la construction. Ils braquaient nonchalamment leurs lance-roquettes et kalachnikovs sur une compagnie de soldats pakistanais armés jusqu'aux dents.

– *No good*, commenta Mohammed à voix basse, épuisant d'un coup la quasi-totalité de son stock d'anglais.

L'un des hommes enturbannés baissa son lance-roquettes et fit signe à Mortenson d'approcher. Avec la crasse qu'il avait amassée en deux jours de route et la couverture de laine dont il était coiffé, il était convaincu de ne pas passer pour un étranger.

– Vous venez d'où ? interrogea l'homme en anglais. Amérique ?

Il dévisagea Mortenson à la lueur d'une lampe à propane. Le regard bleu perçant de l'homme était souligné d'un trait de *surma*, le pigment noir dont se servent les élèves les plus dévots, certains diront fanatiques, des madrasas ou écoles fondamentalistes. Élèves qui, en cette année 1994, franchissaient en masse la frontière ouest pour envahir l'Afghanistan. Les talibans.

– Oui, Amérique, admit Mortenson sur un ton prudent.

– Amérique, *number one!* approuva l'homme en posant son arme à terre pour allumer une Tander, qu'il tendit ensuite à Mortenson. Celui-ci n'était pas fumeur à proprement parler, mais décida, au vu des circonstances, qu'il valait mieux tirer quelques bouffées d'un air réjoui. S'excusant et évitant le regard de l'homme, Mohammed ramena docilement Mortenson par le coude jusqu'au Bedford.

Un petit feu de camp avait été allumé derrière le camion, sous la protection d'Imran Khan, pour le thé. Avant de s'installer pour la nuit, Mohammed partit recueillir des informations parmi la longue file des voyageurs en perdition. Ces hommes, apprit-il, avaient bloqué le pont toute la journée, et un bataillon de soldats avait été dépêché de la caserne de Pattan, située à trente-cinq kilomètres de là, pour le rouvrir.

Mortenson, après avoir laborieusement démêlé plusieurs récits contradictoires à l'aide de son ourdou rudimentaire, comprit qu'ils se trouvaient à Dasu dans le Kohistan (province de la Frontière du Nord-Ouest), célèbre pour son banditisme et sur lequel Islamabad n'avait jamais exercé la moindre emprise, si ce n'est théorique. Dans les années qui suivaient le 11 septembre, durant la guerre menée par les États-Unis contre les talibans, ces vallées isolées et accidentées abriteraient des groupes de combattants et leurs protecteurs d'al-Qaida, qui sauraient pleinement tirer parti de ces hostiles contrées d'altitude pour échapper à leurs poursuivants.

Ces hommes habitaient une vallée voisine et prétendaient qu'un entrepreneur, choisi par le gouvernement d'Islamabad, était arrivé avec des millions de roupies pour financer les travaux d'élargissement de leur piste, indispensables pour vendre leur bois. Mais, disaient-ils, l'entrepreneur s'était enfui avec l'argent sans rien avoir construit. Ils bloquaient la Karakoram Highway en attendant qu'on leur ramène l'homme, qu'ils voulaient pendre haut et court aux poutrelles du pont.

Après avoir bu le thé et partagé un paquet de crackers avec ses compagnons, Mortenson se coucha. Ignorant les avertissements de Mohammed qui lui déconseillait de passer la nuit dehors, il grimpa en haut de son perchoir. De là, au milieu des poulets endormis, il pouvait voir les combattants barbus du Kohistan échanger des bribes de conversation en pachto à la lueur de leurs lanternes. Les Pakistanais des plaines qui étaient venus négocier avec eux parlaient ourdou et semblaient tombés d'une autre planète : tirés à quatre épingles, impeccablement coiffés de bérets bleus et leur taille menue enserrée d'une ceinture de munitions. Une fois de plus, Mortenson se demanda si le Pakistan n'était pas davantage une idée qu'une réalité.

Il posa la tête sur une botte de paille, résigné à ne pas fermer l'œil de la nuit. Lorsqu'il se réveilla, le soleil était déjà haut et les poules blanches de Mohammed le lorgnaient de leurs yeux roses et vides. On tirait des coups de feu. Il vit alors les hommes du Kohistan, sur le pont, qui pointaient leurs kalachnikovs en direction du ciel.

Le Bedford s'ébroua et les tuyaux d'échappement crachèrent leur fumée noire. Mortenson se pencha par la fenêtre du conducteur.

– *Good* ! fit Mohammed, tout sourires, le pied sur l'accélérateur. Fusils contents ! *Inch Allah* ! lança-t-il en embrayant.

Déferlant de la moindre encoignure de porte et de la plus petite allée, des groupes de femmes voilées rejoignaient leurs véhicules en courant. La longue file poussiéreuse se mit en branle. En traversant le pont, Mortenson reconnut l'homme qui lui avait offert une cigarette et qui, avec ses compagnons, brandissait un poing victorieux tout en mitraillant le ciel. Jamais, pas même au champ de tir, Mortenson n'avait entendu pareille mitraillade. Aucun entrepreneur ne pendait aux poutrelles du pont, et il en déduisit que les hommes du Kohistan avaient arraché une promesse de réparation aux soldats.

Plus ils montaient, plus les parois de la gorge leur bloquaient la vue, au point que bientôt, ils n'aperçurent plus qu'une étroite bande de ciel, blanche de chaleur. Ils longeaient le flanc ouest du Nanga Parbat (8 125 mètres), neuvième sommet de la planète qui ancre l'extrémité occidentale de l'Himalaya. Bien que la Montagne nue restât invisible, cachée derrière les gorges escarpées de l'Indus, Mortenson la sentait qui narguait son instinct de montagnard. Il lui suffisait d'observer la surface brune de l'Indus pour y déceler la présence des torrents du Nanga Parbat, inscrite en pointillé bleu cristallin.

Juste avant Gilgit, plus grande agglomération des Territoires du Nord, ils délaissèrent les lacets de la Karakoram Highway qui relie la Chine par le col de Khundjerab (plus haute route asphaltée du monde, culminant à 4 740 mètres). Leur itinéraire suivait les rives de l'Indus, vers l'est, en direction de Skardu. Malgré l'air de plus en plus vif, la vue de ces paysages familiers lui faisait chaud au cœur. Le ravin se frayait un passage parmi des huit mille mètres si nombreux qu'il n'existait pas assez de noms pour tous les nommer. Il entrait dans son Baltistan. Dans ce paysage lunaire, l'un des plus impressionnants que l'on puisse rencontrer, Mortenson se sentait chez lui. Des profondeurs obscures de la gorge aux tours de granit noyées de soleil, tout, ici, lui procurait un sentiment d'appartenance bien plus fort que les bungalows pastel de Berkeley. Son intermède américain, l'inconfort croissant qui s'était installé entre lui et Marina, ses efforts pour récolter de l'argent et ses nuits de garde sans sommeil à l'hôpital, s'estompaient – comme un rêve qui s'éloigne. Seuls ces saillies et ces à-pics le retenaient.

Vingt ans plus tôt, une infirmière irlandaise du nom de Dervla Murphy avait ressenti cette même force d'attraction. Animée d'un esprit aussi intrépide qu'Isabella Bird, ignorant les sages mises en garde d'aventuriers aguerris au Baltistan par temps de neige, elle avait parcouru le Karakoram à cheval, en plein hiver, avec sa fille de cinq ans.

Dans le récit qu'elle en fit, *Where the Indus Is Young*, elle d'ordinaire si éloquente est à court de mots pour décrire ce que lui inspirent ces gorges. «Aucun des adjectifs employés en temps normal pour décrire les paysages de montagne ne s'applique ici – en fait, le terme même de "paysage" paraît absurdement inadapté. "Splendeur", "grandeur" sont de faibles mots pour traduire l'émotion que suscite ce fantastique ravin qui sinue, étroit et sombre, austère et profond sur des kilomètres et des kilomètres, sans que le plus infime brin d'herbe, ni la moindre verdure ou le plus minuscule buisson ne viennent vous rappeler l'existence du règne végétal. Seul le vert jade de l'Indus – ponctué de cascades blanches – atténue le gris brun des à-pics et des précipices vertigineux et des fortes pentes.»

Longeant au pas la rive sud de l'Indus, elle s'imaginait avec effroi ce que pouvait représenter un tel trajet en véhicule motorisé. Le conducteur, sur ce sentier de muletier, était condamné au fatalisme, écrivait-elle, «au risque de ne jamais rassembler le courage nécessaire pour conduire une jeep surchargée, mal équilibrée et à la mécanique douteuse, sur une piste où la plus petite erreur de jugement pouvait vous précipiter au fond de l'Indus, plusieurs centaines de mètres plus bas. Puisque la rivière a creusé l'unique chemin possible à travers cet écheveau de montagnes, la seule solution, c'est de la suivre. Celui qui n'a jamais parcouru les gorges de l'Indus ne peut imaginer leur force. L'unique manière sensée de s'y déplacer, c'est à pied. »

Juché sur le Bedford surchargé, mal équilibré mais doté d'une mécanique fiable, Mortenson tanguait au sommet de ses six mètres de matériaux, frôlant dangereusement le bord du précipice à chaque fois que le camion patinait dans un tas de cailloux. Plusieurs centaines de mètres en contrebas, un squelette de car rouillait en paix. Avec la régularité de bornes kilométriques, les monuments aux *shahid* (martyrs) se succédaient, commémorant les ouvriers de la Frontier Works Organization, victimes de ces remparts de pierre. Depuis l'époque de Murphy, grâce au travail de milliers de soldats pakistanais, la route de Skardu avait été suffisamment « améliorée » pour permettre le passage des camions participant à l'effort de guerre contre l'Inde. Mais les chutes de pierre et les avalanches, le goudron qui se désagrégeait sous les assauts des intempéries, l'étroitesse de la voie interdisant à deux engins de se croiser précipitaient chaque année des véhicules au fond de l'abîme.

Dix ans plus tard, dans la période qui succéda au 11 septembre, Mortenson serait souvent questionné, aux États-Unis, sur les risques liés au terrorisme dans cette région. « Si je meurs au Pakistan, répondait-il toujours, ce sera dans un accident de la route. Pas d'une balle ou d'une bombe. Le vrai danger, là-bas, c'est la route. »

Il sentit d'abord un changement dans la qualité de la lumière. Ils étaient dans une descente, en fin d'après midi, quand soudain il fit plus clair. Les parois oppressantes du ravin desserrèrent leur étau et l'on aperçut au loin la couronne de géants enneigés qui veillaient sur la vallée de Skardu. Lorsqu'ils arrivèrent en terrain plat, l'Indus avait lâché prise et promenait ses eaux boueuses sur un large ruban. Des dunes de sable blond doraient sous le soleil de fin d'après-midi. Exception faite des sommets enneigés, on aurait pu se croire quelque part dans la péninsule arabique.

Les abords de Skardu, plantés de *pharing* (abricotiers) et de *starga* (noyers) annonçaient la fin de leur odyssée. Mortenson, à cheval sur son école, adressait des signes de la main aux hommes coiffés de *topi*, le couvre-chef balti de laine blanche, qui récoltaient les fruits et lui répondaient en souriant. Les enfants coursaient le Bedford, criant leur enthousiasme au passage d'Imran Khan et de l'étranger. C'était là le retour triomphal dont il avait rêvé lorsqu'il avait entamé la première de ses cinq cent quatre-vingts lettres. Dès maintenant, au débouché du prochain virage, Mortenson était certain de voir poindre un dénouement heureux.

CHAPITRE 8

VAINCU PAR LA BRALDU

Fais confiance à Allah, mais attache ton chameau.
Vu sur un panneau, à l'entrée de la base aérienne
du Cinquième escadron de Skardu.

La première branche de peuplier lui fouetta le visage
avant qu'il puisse l'esquiver. La seconde lui arracha sa couverture de la tête. Mortenson se plaqua de tout son long
sur le sommet du camion et regarda Skardu se rapprocher
au bout d'un tunnel d'arbres, dont on avait entouré les
troncs de bandes de tissu pour les protéger de la voracité
des chèvres.

Un hélicoptère de l'armée passa lentement au-dessus du
Bedford. Il descendait du Baltoro et se dirigeait vers la base
aérienne du Cinquième escadron de Skardu. On devinait
une forme humaine sur la civière sanglée au patin d'atterrissage. Étienne aussi avait fait ce voyage après son sauvetage, mais en vie.

Dans le bazar, non loin du Rocher de Skardu qui culmine
deux cent cinquante mètres au-dessus de la ville et accueille
la forteresse de Karpochu, le Bedford ralentit pour laisser
passer un troupeau de moutons. La rue marchande, avec
ses petits étals qui disparaissaient sous des montagnes de
ballons de foot, sweat-shirts chinois bon marché et impor-
tations en tout genre, paraissait incroyablement cosmopolite après le vide insondable des gorges de l'Indus.

Là où elle n'était pas envahie par le sable, la plaine était fertile et offrait un répit salutaire à l'austérité des gorges. Les caravanes venant de Kargil, dans le Cachemire indien, en avaient fait leur escale. Mais depuis la Partition et la fermeture de la frontière, Skardu s'était retrouvé isolé et privé de ressources. Enfin… jusqu'à ce que le bourg trouve un second souffle en se spécialisant dans l'organisation d'expéditions.

Mohammed se gara sur le côté de la route sans s'embarrasser de la circulation. Il se pencha par la fenêtre pour demander les indications à son client, sur fond de concert de klaxons indignés. Mortenson quitta son trône ambulant et rejoignit les camionneurs dans la cabine.

Où aller ? Korphe se trouvait dans le Karakoram intérieur, à huit heures de route, et il n'avait aucun moyen de prévenir les villageois de son arrivée. Il pensa à Changazi, qui dirigeait une agence de trekking et de séjours touristiques. C'était lui qui avait organisé leur expédition sur le K2, et il lui paraissait tout désigné pour planifier l'acheminement des matériaux dans la vallée de la Braldu. Le Bedford se gara devant une résidence impeccable, blanchie à la chaux, et Mortenson alla frapper à une robuste porte verte à doubles vantaux.

Mohammed Ali Changazi en personne vint leur ouvrir. Il portait un *shalvar kamiz* amidonné, d'un blanc immaculé, indiquant clairement qu'il ne s'abaissait pas aux besognes salissantes de ce bas monde. Il était grand, pour un Balti. Avec sa barbe bien taillée, son nez aquilin et ses extraordinaires yeux marron cerclés de bleu, il avait un physique accrocheur. En balti, «Changazi» signifie «de la famille de Genghis Khan», et peut également être employé en argot pour indiquer une redoutable cruauté. «Son agence de trekking était prospère. Il fallait dire que, pour ce qui était de faire marcher les gens, Changazi en connaissait un rayon! Mais ça, je ne le savais pas encore.»

– Dr Greg! s'exclama Changazi en l'enveloppant maladroitement dans une étreinte insistante. Que faites-vous ici? La saison des treks est finie!

– J'ai apporté l'école! répondit Mortenson d'un air entendu, s'attendant à un déluge de compliments.

À son retour du K2, il avait discuté de son projet avec Changazi, qui l'avait aidé à établir le budget nécessaire pour les matériaux de construction. Pourtant, le patron de l'agence semblait ne pas avoir la moindre idée de ce dont il parlait.

– J'ai acheté tout ce qu'il faut pour construire l'école et je l'ai amené ici depuis Pindi.

Changazi semblait toujours déconcerté.

– Il est trop tard pour construire quoi que ce soit maintenant. Et pourquoi ne pas avoir acheté les matériaux ici, à Skardu?

Mortenson n'avait pas envisagé cette éventualité. Le klaxon à air comprimé du Bedford interrompit ses réflexions avant qu'il ait pu trouver quoi que ce soit à répondre. Mohammed voulait décharger sans tarder pour rentrer à Pindi, et ses hommes étaient déjà en train de retirer la toile. Changazi coula un regard admiratif vers la montagne de matériel.

– Vous pouvez stocker tout ça dans mon bureau, déclara-t-il. Ensuite, nous boirons le thé et nous parlerons de ce qu'il faut faire pour votre école.

Il détailla Mortenson du regard, grimaçant à la vue de son *shalvar* graisseux, de son visage noirci et de ses cheveux en bataille.

– Mais pourquoi ne feriez-vous pas d'abord un brin de toilette?

Le camionneur baraqué rendit à Mortenson les niveaux de menuisier et de maçon précieusement enroulés dans le morceau de tissu d'Abdoul. Plaque par plaque, le contre-plaqué quatre plis défila devant un Changazi qui affichait de minute en minute une mine de plus en plus réjouie. Mortenson, de son côté, s'attaquait à quatre jours de crasse accumulée sur les routes, inaugurant la barre de Tibet Snow fournie par son hôte. Yakub, le serviteur de Changazi, apporta l'eau qu'il venait de réchauffer sur un réchaud – butin probable de quelque expédition.

Soudain inquiet, Mortenson voulut dresser l'inventaire du matériel, mais Changazi le convainquit de remettre cette besogne à plus tard. Alors que le cri du muezzin retentissait au dehors, il conduisit son invité dans son bureau, où l'attendait un somptueux sac de couchage, quasiment neuf, sur un *tcharpaï* installé entre le bureau et un vieux planisphère.

– Reposez-vous, maintenant, lui ordonna Changazi sur un ton sans appel. Je vous verrai après la prière du soir.

Mortenson fut réveillé par des éclats de voix qui traversaient la cloison. Une lumière implacable filtrait de l'extérieur, preuve qu'une fois de plus, il avait sombré dans un sommeil profond et dormi d'une traite jusqu'au matin. Dans la pièce voisine, un homme était assis par terre, en tailleur, devant une tasse de thé, qu'il avait laissé refroidir sans y avoir touché. Petit, la mine renfrognée, bien charpenté. C'était Akhmalu, le cuisinier de son expédition sur le K2. Celui-ci se leva et fit mine de cracher aux pieds de Changazi, insulte suprême chez les Baltis. Mais au même moment, il aperçut l'Américain sur le seuil de la pièce.

– Docteur Guirek ! s'exclama-t-il, son expression changeant aussi vite qu'un pic passe de l'ombre à la lumière. Radieux, il s'élança vers Mortenson et le serra de toutes ses forces contre lui.

Tout en prenant son thé et en se restaurant (six toasts de pain de mie blanc et une mystérieuse confiture d'airelle que Changazi exhiba fièrement), Mortenson comprit qu'une lutte acharnée s'était engagée. La nouvelle de son arrivée avec le matériel s'était répandue dans Skardu, et

le cuisinier qui lui avait préparé d'innombrables *dal* et chapatis pendant l'expédition était venu revendiquer ses
droits.

– Dr Guirek, vous m'avez promis une fois que vous vien-
driez saluer mon village. (C'était vrai. Il l'avait promis.) Une
jeep nous attend pour nous amener à Khane. Allons-y
maintenant.

– Peut-être demain ou après-demain, répondit Mortenson, qui inspectait les lieux du regard.

Un Bedford entier de matériel, d'une valeur supérieure
à sept mille dollars, était arrivé ici la veille, et pas l'ombre
d'un marteau n'était visible. Ni dans cette pièce, ni dans
celle d'à-côté, ni dans la cour qu'il voyait très clairement
à travers la fenêtre.

– Mais tout mon village vous attend, rétorqua Akhmalu.
Nous avons déjà préparé le repas spécial.

La honte qui le submergea à l'idée de refuser un repas
qui avait dû coûter tant d'efforts aux villageois l'emporta.
Changazi leur emboîta le pas, et monta à bord de la jeep
louée par Akhamalu avant même que la question de sa présence ait pu être abordée.

– Où se trouve Khane ? s'enquit Mortenson.

La chaussée n'était plus asphaltée dès la sortie de la ville,
et le Land Cruiser rouillé se mit à cahoter sur des pierres
dont la taille concurrençait celle des roues, sur une étroite
saillie en surplomb de l'Indus.

– Très loin, répliqua Changazi, les sourcils froncés.

– Très près, rétorqua Akhmalu. Environ trois ou sept
heures.

Mortenson se renfonça dans la place d'honneur, aux côtés
du conducteur, en riant. Il aurait dû savoir que ce genre de
question était parfaitement superflu au Baltistan. À l'arrière,
la tension entre les deux hommes restait tout aussi inflexi-
ble que la suspension. Mais à travers l'enchevêtrement des
lignes fissurant le pare-brise, les contreforts du Karakoram

déployaient à quatre mille huit cents mètres leur frise de tours en une infinité de bruns sur l'azur impertinent du ciel, et une vague de bonheur le submergea.

Ils suivirent un bras de l'Indus pendant plusieurs heures avant de le laisser filer au sud, vers l'Inde. Puis ils remontèrent la vallée de Hushe le long de la Shyok, dont les eaux glaciales déferlaient sur d'énormes rochers récemment arrachés – du moins à l'échelle géologique – aux flancs de la vallée. Plus la route était mauvaise, plus l'image en 3D de la Kaaba[1] qui pendait au rétroviseur frappait le pare-brise avec toute la ferveur d'une prière.

Al-hajar al-aswad, la pierre noire scellée dans l'un des angles de la Kaaba, est – dit-on – une météorite. Pour de nombreux musulmans, il s'agit d'un don que fit Allah aux temps d'Adam. Son noir de jais absorberait les péchés des croyants qui ont la chance d'en toucher la surface, surface qui autrefois était blanche. Couvant du regard les pierres posées en équilibre au-dessus de la piste, Mortenson espérait que les rochers célestes remettraient leur prochaine visite à plus tard.

Au fur et à mesure qu'ils prenaient de l'altitude, de vertigineux remparts crénelés, sortes de châteaux démesurés, se resserraient sur les lopins de pommes de terre et de blé en terrasse. Alors que l'après-midi touchait à sa fin, la brume envahit la vallée de Hushe, réduite à un simple col. Mais Mortenson savait que juste derrière, se trouvait l'un des plus impressionnants pics de la planète : le Masherbrum (7 821 mètres).

Contrairement à la plupart des hauts sommets du Karakoram, le Masherbrum est parfaitement visible depuis le Cachemire, au sud. C'est pourquoi en 1856, T.G. Montgomerie, ingénieur et lieutenant britannique, baptisa ce

1. Construction cubique (*al kaaba* voulant dire « cube » en arabe) située à l'intérieur de la Grande mosquée à La Mecque, autour de laquelle les pèlerins circulent sept fois.

majestueux pic K1 (pour Karakoram 1), marquant ainsi son premier relevé précis de la région. «Découvert» plus tard vingt kilomètres au nord-est, son insaisissable voisin reçut par défaut le nom de K2. Les yeux perdus dans un voile de blancheur, à l'endroit même où les Américains George Bell, Willi Unsoeld et Nick Clinch, aidés du capitaine pakistanais Jawed Aktar, avaient vaincu le géant en 1960, Mortenson suppliait la pyramide sommitale de déchirer les nuages, mais la montagne resserrait frileusement son manteau contre elle. Seule la lueur des glaciers suspendus l'éclairait de l'intérieur.

La jeep s'arrêta près d'un *zamba* enjambant la Shyok et Mortenson descendit. Il n'avait jamais été très à l'aise sur ces ponts en poil de yak, conçus pour des hommes dont le poids était de moitié inférieur au sien. Aussi, lorsque Akhmalu et Changazi lui emboîtèrent le pas en imprimant de violentes oscillations à l'armature, il eut du mal à rester debout. S'agrippant aux filins, à la manière d'un funambule, il plaça prudemment un pied devant l'autre sur l'unique corde tressée qui le séparait des rapides, quinze mètres plus bas. Avec la bruine, le *zamba* était glissant et Mortenson était tellement concentré qu'il ne remarqua pas, avant d'en être tout proche, la foule massée sur l'autre rive.

Un petit homme barbu, en pantalon de Gore-Tex noir et T-shirt orange (barré du slogan «Les alpinistes planent plus haut»), l'aida à prendre pied sur la terre ferme de Khane. C'était Janjungpa, ancien chef porteur d'une riche expédition hollandaise, qu'il avait croisé sur le K2. Comme mû par un sixième sens, celui-ci leur avait systématiquement rendu visite au moment où son ami Akhmalu servait à manger. Mortenson avait apprécié la compagnie de ce porteur plein de bravade, qu'il avait bombardé de questions sur ses nombreuses expéditions au Baltoro. Occidentalisé au point de pouvoir tendre la main à un étranger sans invoquer Allah, Janjungpa guida Mortenson à travers le labyrinthe d'étroites allées qui couraient entre les maisons de terre et de pierre, le saisissant par le coude au moment de franchir les rigoles d'irrigation débordant d'immondices.

Janjungpa et Mortenson avançaient à la tête d'une procession d'une vingtaine d'hommes, fermée par deux chèvres marron au regard implorant. Les hommes entrèrent dans une maison blanchie à la chaux et gravirent une échelle de rondins, en direction d'une agréable odeur de poulet.

Mortenson prit place sur les coussins dont son hôte avait battu la poussière sans excès de zèle. Les hommes du village se pressèrent dans la petite pièce et s'assirent en cercle sur un tapis à motif floral décoloré. Par-dessus les toits des maisons, Mortenson pouvait voir le ravin escarpé qui alimentait en eau le village et les champs.

Les fils de Janjungpa déroulèrent une toile cirée rose à même le sol, au centre du cercle, et disposèrent devant Mortenson des plats de poulet frit, de navets crus et de ragoût de foie et cervelle de mouton. Janjungpa attendit que son hôte ait mordu dans un morceau de poulet pour commencer.

– Je souhaite remercier Mister Guirek Mortenson qui nous honore de sa présence et vient construire une école à Khane, déclara Janjungpa.

– Une école à Khane? coassa Mortenson, manquant de peu de s'étouffer.

– Oui, une école, comme vous l'avez promis, confirma Janjungpa en promenant les yeux sur les hommes assis en cercle, comme s'il s'adressait à un jury. Une école d'alpinisme.

Mortenson faisait marcher sa mémoire à plein régime, tout en dévisageant les hommes dans l'espoir de déceler sur leurs traits les signes d'une plaisanterie. Mais les visages ravinés des villageois de Khane étaient tout aussi impénétrables que les parois qui s'assombrissaient dans le soleil couchant. Il passa en revue le stock des souvenirs qu'il avait amassés sur le K2. Il avait certes discuté avec Janjungpa de la nécessité de transmettre des notions d'alpinisme aux porteurs baltis, pour la plupart dépourvus des bases en matière de sauvetage en montagne. Janjungpa s'était longuement attardé sur le taux d'accidents parmi les porteurs et sur la faiblesse de leurs salaires. Mortenson se rappelait que le porteur lui avait décrit son village et l'y avait invité. Mais il était tout à fait sûr de ne jamais avoir parlé d'école. Ni d'avoir fait aucune promesse.

– Guirek Sahib, n'écoutez pas Janjungpa, intervint Akhmalu, au plus grand soulagement de Mortenson. Il est fou. Il parle d'école d'alpinisme, mais Khane a besoin d'une école normale pour les enfants du village, pas pour enrichir Janjungpa. C'est cela que vous devez faire.

Son soulagement s'évapora aussi vite qu'il était venu. Sur sa gauche, Changazi, confortablement étendu sur un coussin moelleux, arrachait délicatement la chair d'une cuisse de poulet du bout des doigts, un vague sourire aux lèvres. Mortenson tâchait d'intercepter son regard dans l'espoir qu'il interviendrait et mettrait un terme à la folie ambiante, mais une dispute véhémente éclata soudain en balti, deux camps se formant rapidement derrière Akhmalu et Janjungpa. Des femmes surgirent sur les toits adjacents, protégées par leurs châles de l'air vif qui soufflait du Masherbrum, dans l'espoir de saisir des bribes de la dispute dont le volume s'amplifiait rapidement.

– Je n'ai jamais fait de promesse, déclara Mortenson, s'exprimant dans un premier temps en anglais puis, voyant que sa remarque passait inaperçue, en balti.

Mais c'était comme si, en dépit de sa taille, il était devenu invisible. Aussi tâcha-t-il de suivre la dispute. À plusieurs reprises Akhmalu traita Janjungpa de gourmand, mais ce dernier repoussait chacune de ses attaques en brandissant la promesse présumée de Mortenson.

Au bout d'une bonne heure, Akhmalu se leva brusquement et tira Mortenson par le bras. Comme si le fait de déplacer le débat chez lui pouvait en changer l'issue, Akhmalu parcourut le chemin en sens inverse, talonné par la bruyante procession. Ils descendirent l'échelle de rondins, traversèrent la rigole boueuse et gravirent une nouvelle échelle, cette fois pour aller chez lui. Le groupe prit place sur des coussins dans un salon plus petit, et le fils d'Akhmalu, qui avait été commis de cuisine dans l'expédition de Mortenson, étala un nouvel assortiment de plats aux pieds de ce dernier. Une couronne de fleurs des champs décorait la salade de crudités et des rognons flottaient à la surface du ragoût, sinon, le repas ressemblait en tout point à celui qui venait d'être servi chez Janjungpa.

Le fils d'Akhmalu pêcha un rognon, le morceau de choix, et le plaça au sommet d'une montagne de riz qu'il tendit à l'hôte de la maison avec un sourire timide, avant de servir les autres convives. Mortenson poussa le rognon sur le rebord de son assiette et se contenta de manger le riz qui nageait dans une épaisse sauce, mais personne ne sembla rien remarquer. De nouveau, c'était comme s'il avait été invisible. Les hommes de Khane mettaient autant d'ardeur à se nourrir qu'à se disputer. Tout se déroulait comme si rien ne s'était passé auparavant, et chaque argument était décortiqué avec le même soin que les os de poulet et d'agneau qui craquaient sous les dents.

Alors que la quatrième heure de dispute était déjà bien entamée, les yeux irrités par la fumée de cigarettes, Mortenson s'éclipsa sur le toit et s'adossa à une gerbe de sarrasin fraîchement moissonnée pour se protéger du vent. La lune montante se tapissait derrière la ligne de crête, à l'est. Le vent avait dissipé le brouillard autour du pic, et il contempla longuement les arêtes sommitales en lame de rasoir que la lune éclairait d'une lueur sinistre. À peine plus loin, il savait que se dressait la fière pyramide du K2 – il pouvait presque la sentir. Il avait été si simple de venir dans ce pays en alpiniste ! La voie avait été toute tracée. Un pic en ligne de mire, et il ne restait plus qu'à organiser hommes et matériel pour l'atteindre. Ou manquer de l'atteindre.

Le vaste carré percé dans le toit cracha sa fumée de cigarettes et de feu de bouses de yak, polluant l'air de son perchoir. Puis s'élevèrent les voix querelleuses des hommes, qui assombrirent son humeur. Il prit une veste légère dans son sac, s'allongea sur le sarrasin, et s'en fit une couverture. La lune, qui était presque pleine, se détachait de la ligne de crête dentelée. Elle tenait en équilibre au sommet de l'escarpement, comme un énorme rocher blanc sur le point de basculer et d'écraser le village de Khane.

« Allez. Tombe ! » pensa Mortenson avant de s'endormir.

Le lendemain matin, la face sud du Masherbrum disparaissait de nouveau dans les nuages. Mortenson descendit du toit, les jambes raides, et trouva Changazi qui dégustait un thé au lait. Il insista pour rentrer à Skardu avant qu'un nouveau cycle de repas-dispute ne s'engage. Janjungpa et Akhmalu les rejoignirent dans la jeep, refusant d'abandonner toute chance de remporter la bataille en le laissant filer.

Tout au long du chemin de retour à Skardu, Changazi ne se départit pas de son sourire pincé. Mortenson se maudissait d'avoir perdu autant de temps et, comme pour souligner la fin imminente du beau temps, il trouva Skardu aux prises avec un froid hivernal. Des nuages bas cachaient les pics environnants et une fine pluie imprégnait l'air sans trouver le courage de tomber franchement.

Malgré les rabats en plastique qui protégeaient les fenêtres de la jeep, lorsqu'ils arrivèrent devant chez Changazi, son *shalvar kamiz* était trempé.

– Si vous le souhaitez, proposa Changazi, en lorgnant son ensemble boueux, je vais demander à Yakub de mettre de l'eau à chauffer.

– Avant de faire quoi que ce soit, nous devons tirer plusieurs choses au clair, déclara Mortenson sans parvenir à contenir sa colère. D'abord : où sont mes matériaux ? Je ne les vois nulle part.

– J'ai demandé à ce qu'on les déplace à mon autre bureau, répondit-il benoîtement.

– *Déplace* ?

– Oui… déplace, vers un endroit plus sûr, ajouta-t-il de l'air peiné d'un homme obligé d'énoncer une évidence.

– Quel était le problème, ici ? demanda Mortenson.

– De nombreux *dacoits*[2] rôdent dans le coin.

– Je veux voir mon matériel maintenant, exigea Mortenson en se redressant de toute sa hauteur.

Il fit un pas en direction de Changazi, qui ferma les yeux et entrelaça ses doigts, plaçant un pouce par-dessus l'autre. Lorsqu'il rouvrit les yeux, il sembla déçu de trouver Mortenson encore devant lui.

– Il est tard et mon employé est parti chez lui avec la clé, expliqua-t-il. Et puis, je dois me laver et me préparer pour la prière du soir. Mais je vous promets que demain, vous aurez entière satisfaction. Nous pourrons écarter ces chercheurs d'histoires et nous mettre à travailler pour votre école.

Mortenson se réveilla aux premières lueurs de l'aube. S'enveloppant dans le sac de couchage de Changazi, il émergea dans la rue humide. La couronne des six mille mètres restait invisible, cachée par le plafond bas. Sans les montagnes, Skardu, avec son bazar endormi jonché de détritus, ses bâtisses trapues en briques de terre crue et de parpaings, était d'une laideur incroyable. De Californie, Mortenson en avait fait la capitale dorée d'un royaume mythique des montagnes. Il avait gardé le souvenir d'habitants aussi

---

2. Voleurs agissant en bande organisée.

purs que raffinés. Mais, immobile sous le crachin, il se demandait si ce Baltistan-là n'avait pas été le fruit de son imagination. Peut-être la joie de s'être retrouvé en vie après le K2 avait-elle paré ce lieu et ces gens de toutes les qualités, au mépris de la raison ?

Il secoua la tête, comme pour chasser ses doutes. En vain. Seulement cent douze kilomètres le séparaient de Korphe, mais il avait l'impression que c'était à l'autre bout du monde. Il trouverait ses matériaux de construction. Ensuite, par un moyen ou un autre, il se rendrait à Korphe. Il avait déjà parcouru tant de chemin qu'il lui fallait se raccrocher à quelque chose, fût-ce à ce pauvre village cramponné aux gorges de la Braldu. Il s'y rendrait avant de perdre espoir.

Au petit déjeuner, il lui sembla que Changazi faisait preuve d'un empressement inhabituel. Il servit lui-même le thé à Mortenson, veillant à ce que sa tasse ne soit jamais vide, et lui assura qu'ils se mettraient en route dès que la jeep serait là. Janjungpa et Akhmalu les rejoignirent bientôt du *rest house* bon marché où ils avaient passé la nuit, et dès que la voiture arriva, le groupe partit en silence.

Ils franchirent plusieurs dunes en direction de l'ouest. Par endroits, là où le sable cédait du terrain, des sacs de pommes de terre attendaient d'être collectés en bordure des champs. De loin, Mortenson les avait pris pour des gens debout dans la brume. Le vent s'intensifia et souleva des pans de la couverture nuageuse. Des champs de neige étincelèrent, petites lueurs d'espoir qui lui redonnèrent le moral.

À une heure et demie de route de Skardu, ils abandonnèrent la route principale pour une piste creusée d'ornières et arrivèrent bientôt à un hameau. Les maisons, spacieuses, à l'aspect confortable, étaient dissimulées par un rideau de saules pleureurs. C'était Kuardu, le village natal de Changazi. Celui-ci guida le groupe, dans une atmosphère tendue, à travers un enclos à moutons, écartant du pied les bêtes qui leur barraient le chemin. Puis il les conduisit au premier étage de la plus grande maison du village.

Dans le salon, au lieu des habituels coussins poussiéreux à motif floral, les attendaient des matelas autogonflants violets et verts. Les murs étaient recouverts de dizaines de photographies encadrées de Changazi, facilement reconnaissable dans ses tenues d'un blanc immaculé, posant aux côtés de montagnards mal fagotés – français, japonais, italiens et américains. Mortenson se reconnut, un bras joyeusement passé autour des épaules de Changazi, sur le chemin du K2. Il avait peine à croire que cette photo ne datait que d'un an. Le visage qui souriait à l'objectif lui paraissait avoir dix ans de moins. Par la porte entrebâillée de la cuisine, il aperçut des femmes occupées à cuisiner sur deux réchauds d'expédition. Changazi s'éclipsa et revint, vêtu d'un pull ras-du-cou en cachemire gris qu'il avait enfilé par-dessus son *shalvar kamiz*. Cinq hommes plus âgés, aux barbes foisonnantes, leurs *topi* marron, mouillées, posées de guingois sur le crâne, firent leur entrée et serrèrent chaleureusement la main de Mortenson avant de prendre place sur les matelas. Cinquante autres villageois entrèrent un à un dans la pièce et se blottirent autour de la toile cirée.

Sous la houlette de Changazi, un défilé de serviteurs posèrent de la nourriture dans le moindre espace libre entre les hôtes. Six poulets rôtis, des radis et navets ciselés en forme de rose, une montagne de *biryani* parsemé de noix et de raisins secs, des *pakhora* de choux-fleurs aux herbes et un ragoût de yak aux piments et pommes de terre. Mortenson n'avait jamais vu une telle abondance de nourriture au Baltistan, et la crainte qu'il avait essayé de refouler depuis Skardu revint en force, au point de lui laisser un goût âcre au fond de la gorge.

– Que faisons-nous ici, Changazi ? demanda Mortenson. Où est mon matériel ?

Avant de répondre, Changazi lui servit une copieuse assiette de *biryani* accompagné d'une généreuse portion de ragoût, qu'il plaça devant lui.

– Ce sont les anciens de mon village, expliqua-t-il en désignant les cinq hommes qui étaient entrés les premiers. Ici, à Kuardu, je vous garantis qu'il n'y aura pas de dispute. Ils sont déjà d'accord pour que vous construisiez l'école dans notre village, avant l'hiver.

Mortenson se leva sans un mot et enjamba la nourriture. Il savait à quel point il était impoli de refuser l'hospitalité. Il savait qu'il était impardonnable de tourner le dos aux anciens et d'enjamber leur nourriture les pieds sales, mais il fallait qu'il sorte.

Il s'enfuit du village en courant et prit un sentier escarpé. Il sentait l'altitude lui déchirer les poumons, mais il courut de plus belle, jusqu'à en avoir la tête qui tourne et voir tanguer le paysage autour de lui. Il s'effondra dans une clairière dominant Kuardu, à bout de souffle. Il n'avait pas pleuré depuis la mort de Christa, et pourtant, dans ce pacage à chèvres battu par les vents, il prit son visage entre les mains, cherchant à retenir les larmes qui n'en finissaient pas de rouler.

Quand enfin il leva les yeux, il vit une douzaine d'enfants qui l'observaient de derrière un mûrier. Ils étaient venus faire brouter leurs chèvres, mais la vue de cet *angrezi*, assis sur le sol boueux et secoué de sanglots, leur avait fait oublier leurs bêtes, qui s'éparpillaient à travers la colline. Mortenson se leva, s'épousseta et s'approcha des enfants.

Il s'agenouilla à côté du plus grand, qui devait avoir environ onze ans.

– Vous… êtes… quoi ? demanda timidement le garçon en lui tendant la main, qui disparut entièrement dans celle de Mortenson.

– Je m'appelle Greg, répondit-il. Je suis gentil.

– Je m'appelle Greg, répétèrent les enfants en chœur. Je suis gentil.

– Non, moi je m'appelle Greg. Et toi, comment tu t'appelles ?

– Non, moi je m'appelle Greg. Et toi, comment tu t'appelles ? répétèrent les enfants en pouffant de rire.

Mortenson bascula en balti.

– *Min takpo Greg. Nga America in.* (Mon nom est Greg. Je viens d'Amérique). *Kiri min takpo in ?* (Comment t'appelles-tu ?)

Les enfants tapèrent des mains, ravis de comprendre l'*angrezi*.

Mortenson leur serra tour à tour la main et les enfants se présentèrent, les filles préférant s'envelopper la main de leur écharpe avant de toucher l'infidèle. Puis, il se redressa et, dos au mûrier, commença la leçon.

– *Angrezi*, dit-il en se montrant du doigt. Étranger.

– Étranger ! crièrent les enfants à l'unisson.

Mortenson indiqua du doigt son nez, puis ses cheveux, ses oreilles, ses yeux et sa bouche. À chacun des nouveaux termes, les enfants explosaient en chœur, répétant le mot avant d'éclater de rire.

Une demi-heure plus tard, Changazi le retrouva à genoux parmi les enfants, occupé à gratter des tables de multiplication dans le sol à l'aide d'une branche de mûrier.

– Docteur Greg, venez, plaida Changazi. Venez à la maison prendre le thé. Nous avons beaucoup de choses à discuter.

– Nous ne discuterons rien tant que vous ne m'aurez pas conduit à Korphe, déclara-t-il sans quitter les enfants des yeux.

– Korphe est très loin et très sale. Vous aimez ces enfants. Pourquoi ne pas construire votre école ici même ?

– Non, répondit Mortenson, tout en corrigeant les erreurs d'une fillette. Six fois six trente-six.

– Greg Sahib, S'il vous plaît.
– Korphe, dit Mortenson. Je n'ai rien à vous dire avant.

La rivière était sur leur droite. Elle bouillonnait sur des rochers gros comme des maisons. Le Land Cruiser se cabrait et ruait, semblant davantage aux prises avec la rivière qu'avec la « route » qui longeait la Braldu.

Akhmalu et Janjungpa avaient fini par abandonner la partie. Ils lui avaient adressé des adieux brefs et déconfits, préférant sauter à bord de la première jeep partant pour Skardu plutôt que de poursuivre Mortenson au fin fond de la vallée de la Braldu. Durant les huit heures de trajet qui les séparaient de Korphe, Mortenson eut tout loisir de réfléchir. Étendu à l'arrière du véhicule contre un sac de basmati, topi blanche rabattue sur les yeux, Changazi dormait – ou du moins semblait dormir.

Mortenson éprouvait une pointe de remords à l'égard d'Akhmalu, qui s'était révélé être un cuisinier exemplaire durant les mois d'expédition au K2. Tout ce que le cuisinier désirait, c'était l'école que le gouvernement avait manqué de leur fournir. Mais Changazi et Janjungpa, comploteurs et fourbes, le plongeaient dans une colère sourde qui balayait sur son passage les regrets qu'il ressentait à l'endroit d'Akhmalu.

Peut-être s'était-il montré trop dur envers ces gens : la disparité économique était tout simplement trop grande. Se pouvait-il qu'un infirmier à temps partiel dont le patrimoine tenait dans un box de garde-meubles ne représente à leurs yeux qu'une enseigne clignotante en forme de dollar ? Il se jura de se montrer plus patient si les gens de Korphe en venaient à se battre pour son argent. Il les écouterait tous, avalerait docilement tous les repas qu'on lui servirait, puis insisterait sur le fait que l'école devait bénéficier à tous, et non au seul chef du village ou quiconque un peu trop cupide.

Il faisait nuit depuis longtemps quand ils atteignirent le pont de Korphe. Mortenson sauta à terre et scruta la rive opposée sans pouvoir dire s'il y avait quelqu'un. À la demande de Changazi, le chauffeur klaxonna et fit des appels de phares. Mortenson se posta dans leurs faisceaux et agita les bras jusqu'à ce qu'un cri s'élève de l'autre côté. Le chauffeur braqua ses phares sur le pont. Un homme, assis dans la fragile caisse faisant office de téléphérique, se rapprochait d'eux.

Mortenson ne reconnut Twaha, le fils de Haji Ali, qu'à la dernière seconde, alors qu'il se jetait sur lui. Twaha noua ses bras autour de la taille de Mortenson et l'étreignit, la joue contre son torse. Il sentait fort la cigarette et la transpiration. Lorsque, enfin, il desserra son étreinte, il regarda Mortenson et éclata de rire.

– Père à moi, Haji Ali, dit qu'Allah t'envoie un jour. Haji Ali sait tout, *Sir*.

Twaha aida Mortenson à se serrer dans l'étroite nacelle. « C'était juste une caisse, en fait, se rappelle-t-il. Une espèce de cageot à légumes qui tenait avec deux ou trois clous. Il fallait se tracter le long d'un câble graisseux, en essayant d'ignorer les grincements qui s'en échappaient. En essayant de ne pas penser à l'évidence : que si ça cédait, vous tombiez. Et que si vous tombiez, vous étiez mort. »

Mortenson parcourut lentement les cent mètres de câble qui oscillaient dans la brise cinglante. Un nuage de gouttelettes montait du torrent, trente mètres plus bas. Soudain, sur une falaise dominant la rive, à la lumière des phares, il aperçut un large attroupement. Tout le village devait se trouver là. Et puis, tout à droite, au sommet de la falaise, il avisa une silhouette qu'il ne pouvait pas ne pas reconnaître. Comme taillé dans le granit, fermement planté sur ses deux jambes, sa large tête broussailleuse posée comme un roc sur ses robustes épaules, Haji Ali observait la progression hésitante de Mortenson.

Jahan, la petite-fille de Haji Ali, se rappelle l'événement avec précision. « Beaucoup d'alpinistes font des promesses aux gens de la Braldu, puis les oublient dès qu'ils sont rentrés chez eux. Mon grand-père nous a souvent répété que Docteur Greg était différent. Qu'il reviendrait. Mais nous étions surpris de le voir revenir si vite. Et moi, j'étais de nouveau surprise par sa taille. Personne, chez nous, n'est aussi grand. Il était très… surprenant. »

Haji Ali adressa une prière de remerciement à Allah pour avoir veillé sur son hôte, puis serra Mortenson contre lui. Non sans une pointe de surprise, ce dernier s'aperçut que l'homme qui avait occupé tant de place dans ses pensées au cours de l'année ne lui arrivait en fait qu'à la poitrine.

De retour dans le *balti* de Haji Ali où crépitait une belle flambée, en ce lieu même où il avait échoué, maigre et perdu, un an plus tôt, il eut l'impression de se retrouver tout à fait chez lui. Il savourait la présence de ceux qui avaient nourri ses pensées durant ces interminables mois passés à solliciter, à écrire et à se démener dans le but d'honorer sa promesse. Il mourait d'envie de tout raconter à Haji Ali, mais devait d'abord respecter certains rites d'hospitalité.

De quelque niche secrète de la maison, Sakina sortit un paquet de cookies datant de Mathusalem. Elle disposa les biscuits sur un plat ébréché, qu'elle tendit à Mortenson avec un thé au beurre. Mortenson cassa les cookies en petits morceaux, en prit un, puis fit circuler le plat parmi les hommes.

Haji Ali attendit que son hôte ait bu quelques gorgées de *paiyu tchaï*, puis lui assena une tape sur le genou avec un large sourire.

– *Tchizaley* ! (Qu'est-ce que tu fiches ici ?), s'exclama-t-il, tout comme il l'avait fait l'année précédente.

Mais, cette fois, Mortenson n'était ni maigre ni perdu. Il se trouvait précisément là où il le voulait, avec la nouvelle qu'il brûlait d'annoncer.

– J'ai acheté tout ce qu'il faut pour construire une école, dit-il en balti, prononçant la phrase maintes fois répétée. Le bois, le ciment et les outils. Pour l'instant, tout est à Skardu.

Il regarda Changazi qui trempait un cookie dans son thé et, dans l'ivresse du moment, ressentit une vague d'affection à son égard. Malgré quelques détours, il l'avait tout de même amené à bon port.

– Je suis venu pour honorer ma promesse, dit Mortenson en regardant Haji Ali droit dans les yeux. Et j'espère que nous pourrons bientôt commencer à construire l'école. *Inch Allah*.

Haji Ali plongea la main dans la poche de son veston, triturant d'un air absent les morceaux d'ibex séché qui s'y trouvaient.

– Docteur Greg, dit-il en balti. Par la plus grande miséricorde d'Allah, vous êtes revenu à Korphe. C'est ce que j'ai pensé, et je l'ai dit aussi souvent que le vent s'engouffre dans la vallée de la Braldu. C'est pourquoi, tandis que vous étiez en Amérique, nous nous sommes tous réunis. Nous souhaitons tous que Korphe ait une école.

Puis, en le fixant du regard, il ajouta :

– Mais nous avons pris notre décision. Avant que l'ibex ne gravisse le K2, il doit apprendre à traverser la rivière. Avant de pouvoir construire une école, nous devons construire un pont. C'est ce dont Korphe a besoin maintenant.

– *Zamba* ? répéta Mortenson en espérant qu'il s'agissait d'un terrible malentendu.

Ce devait être un problème de compréhension lié à la langue.

– Un pont ? demanda-t-il en anglais, afin d'écarter toute ambiguïté.

– Oui, le grand pont. Le pont de pierre, précisa Twaha. Pour pouvoir porter l'école à Korphe.

Mortenson but lentement une gorgée de thé. Il réfléchissait, *réfléchissait*. Puis, il but une autre gorgée.

CHAPITRE 9

LE PEUPLE S'EST EXPRIMÉ

Mes amis, pourquoi les jolis yeux d'une jolie dame sont-ils
exemptés de permis de port d'arme?
Ils font tomber les hommes comme des balles.
Ils sont aussi tranchants que le fil de l'épée.
Graffiti bombé sur l'un des plus anciens rochers bouddhiques
sculptés au monde, dans la vallée de Satpara au Baltistan

Une déferlante de mères affolées cramponnant leurs bambins avait envahi l'aéroport international de San Francisco. Noël approchait à grands pas, et des milliers de voyageurs à bout de nerfs jouaient des coudes pour rallier à temps leur comptoir d'enregistrement. Les annonces de vols retardés se succédaient, à peine audibles, et semaient la panique dans tout le terminal.

Mortenson se dirigea vers le tapis roulant, qui recracha son sac tout avachi au milieu d'un amoncellement de valises pleines à craquer. Dès qu'il l'eut récupéré, il se mit en quête de Marina tout comme il l'avait fait à sa descente d'avion.

Armé de ce sourire flou qui caractérise les voyageurs fraîchement débarqués, il scruta la foule sans parvenir à distinguer la belle chevelure brune.

Il avait appelé Marina d'un *Public call office*[1] de Pindi, quatre jours plus tôt. La ligne avait certes été très mauvaise,

---

1. PCO – les téléphones publics, en Inde et au Pakistan.

mais il était certain de l'avoir entendue dire qu'elle viendrait le chercher à l'aéroport. Ils avaient été coupés au bout de six minutes, sans qu'il puisse répéter les détails de son vol, et comme il était préoccupé par l'état de ses finances, il s'était abstenu de la rappeler. Mortenson composa le numéro de Marina d'une cabine publique et tomba sur son répondeur.

– Salut ma belle, dit-il d'une voix faussement enjouée. C'est Greg. Joyeux Noël! Comment vas-tu? Tu me manques. Je suis bien arrivé à l'aéroport, je vais prendre le métro jusque chez…

– Greg! l'interrompit-elle. Salut.

– Salut. Ça va? Tu as l'air…

– Écoute, dit-elle. Il faut qu'on se parle. Les choses ont changé depuis ton départ. On peut se parler?

– Pas de problème, répondit-il, saisi d'un pressentiment. J'arrive.

Sur ce, il raccrocha.

Après les derniers revers subis par son projet de construction d'école, il avait appréhendé de rentrer et s'était raccroché à l'idée réconfortante de retrouver Marina, Blaise et Dana. Au moins, il allait retrouver des gens qu'il aimait et son retour ressemblerait moins à une fuite.

Il prit le bus jusqu'à la station de métro la plus proche, monta dans une rame et, une fois arrivé à San Francisco, sauta dans le tram pour Outer Sunset. Durant tout le trajet, il retourna les paroles de Marina dans sa tête, les étudiant sous toutes les coutures dans l'espoir de découvrir un détail contredisant l'évidence: elle le quittait. Hormis son récent appel de Pindi, il réalisa qu'il ne lui avait pas téléphoné une seule fois au cours des mois passés. Mais elle devait comprendre que, s'il voulait rester dans les limites du budget alloué à l'école, les appels internationaux étaient exclus, n'est-ce pas? Il se ferait pardonner. Il utiliserait le peu d'argent restant sur son compte pour emmener Marina et les filles en voyage.

Lorsqu'il arriva dans le quartier, le soleil avait déjà disparu derrière l'horizon et une bonne brise soufflait de l'océan. Mortenson parcourut plusieurs rues bordées de maisons décorées de guirlandes électriques et se trouva bientôt devant l'appartement de Marina. Cette dernière vint aussitôt lui ouvrir, lui donna une légère accolade, puis se planta dans l'entrée, indiquant clairement qu'elle ne l'invitait pas à l'intérieur. Il attendit, sac sur l'épaule.

– Ce que j'ai à te dire, dit-elle tout de go, c'est que j'ai recommencé à voir Mario.

– Mario ?

– Mario. Tu sais bien… l'anesthésiste de l'UCSF, précisa-t-elle, avant d'ajouter, devant son air ahuri : mon ancien petit ami. Rappelle-toi, je t'ai dit que…

Les lèvres de Marina remuaient. Elle devait lui citer la demi-douzaine de gardes durant lesquelles il avait rencontré ce Mario, dont le nom ne lui évoquait décidément rien. Il ne quittait pas ses lèvres des yeux. Des lèvres si belles, pensa-t-il, incapable de se concentrer sur ce qu'elle disait, avant d'entendre tomber la sentence :

– … alors je t'ai réservé une chambre au motel.

Mortenson tourna les talons sans attendre la suite et fila tête baissée dans la brise marine. Il faisait maintenant nuit noire et son sac, qu'il avait jusqu'ici porté sans même y penser, paraissait peser une tonne. Heureusement, au coin de rue suivant, il tomba sur l'enseigne rouge du Beach Motel qui clignotait dans la nuit.

Avec ses derniers dollars, il se paya une chambre lambrissée de faux bois qui sentait le tabac. Il se doucha, fourragea dans son sac à la recherche d'un T-shirt propre, s'accommoda du moins sale, et s'endormit en oubliant d'éteindre la lumière et la télévision.

Une heure plus tard, une série de coups frappés à la porte le tirèrent brutalement de son sommeil. Désorienté, il s'assit et balaya la pièce du regard, se croyant au Pakistan. Mais la télévision diffusait l'interview d'un dénommé Newt Gingrich, sur fond de graphique et de bannière étoilée. Le sens de ce qui s'affichait à l'écran lui échappait totalement : « Le Congrès bascule dans le camp républicain ».

Il alla ouvrir d'un pas chancelant, comme si la chambre tanguait. Marina se tenait sur le seuil, emmitouflée dans sa parka jaune préférée.

– Je suis désolée. Je n'avais pas imaginé que ça se passerait comme ça. Ça va ? demanda-t-elle en resserrant son manteau contre elle.

– C'est… Je suppose que… non, répondit-il.

– Tu dormais ?

– Oui.

– Écoute, je ne voulais pas que ça se passe comme ça. Je n'avais aucun moyen de te contacter au Pakistan.

Un courant d'air froid s'insinuait dans la chambre par la porte entrebâillée et Mortenson, qui était en caleçon et T-shirt, frissonna.

– Je t'ai envoyé des cartes postales, argua-t-il.

– Qui m'informaient du prix de la tôle ondulée. Ah ! Et aussi de combien coûtait la location d'un camion jusqu'à Skardu. Très romantique. Tu n'as jamais rien dit sur nous. Tout ce que tu as fait, c'est repousser ta date de retour.

– Depuis quand sors-tu avec Mario ?

Il évitait de regarder les lèvres de Marina, préférant reporter son attention sur ses yeux. Pour finalement se plonger dans la contemplation du sol. Autant ne prendre aucun risque.

– Là n'est pas la question, rétorqua-t-elle. J'ai compris, en lisant tes cartes, que je n'existais plus pour toi.

– Ce n'est pas vrai, se défendit Mortenson tout en se demandant s'il y avait une part de vérité dans ce qu'elle disait.

– J'espère que tu ne m'en veux pas. Tu ne m'en veux pas, hein ?

– Pas encore.

Marina décroisa les bras et soupira. Elle tendit à Mortenson la bouteille de Baileys Irish Cream qu'elle tenait dans sa main droite. Elle semblait à moitié pleine.

– Tu es un mec génial, Greg. Bye.

– Bye, répéta-t-il en fermant la porte, de peur de dire quelque chose qu'il finirait par regretter.

Il se retrouva dans la chambre vide, la bouteille à moitié pleine à la main. Ou bien était-elle à moitié vide ? De toute façon, ce n'était pas ce qu'il buvait, Marina aurait dû le savoir. Il buvait peu, encore moins seul, et les liqueurs sucrées, ce n'était vraiment pas son truc. Une voix haut perchée pérora dans le poste : « Nous sommes à l'aube de la seconde révolution américaine. Je vous donne ma parole solennelle que, avec la nouvelle majorité républicaine au Congrès, la vie des Américains va connaître de profonds changements. Le peuple s'est exprimé. »

Il marcha jusqu'à la corbeille métallique, déjà passablement abîmée par les milliers de malheureux qui avaient échoué dans cette chambre avant lui. Il tint la bouteille à bout de bras et desserra les doigts. Elle heurta le métal dans un bruit de porte qui claque. Puis il s'écroula sur son lit.

En matière de soucis, le manque d'argent et la douleur se disputaient la première place. Après la trêve de Noël, il se rendit à la banque pour retirer deux cents dollars mais se vit répondre que son solde était insuffisant et n'en comptait plus que quatre-vingt-trois. Il appela aussitôt son ancien chef de service, espérant décrocher une garde avant que ses ennuis d'argent n'atteignent un seuil critique.

– Tu devais être là pour Thanksgiving, lui répondit-il, et tu as aussi raté Noël. Tu as beau être l'un de nos meilleurs éléments, si tu n'es pas là quand j'ai besoin de toi, tu ne me sers à rien. Tu es viré.

Une phrase du reportage télévisé de la veille lui revint en mémoire et ne le quitta plus pendant les jours qui suivirent. « Le peuple s'est exprimé. »

Il appela tous ses contacts dans le milieu de la grimpe et finit par trouver un point de chute dans une maison victorienne verte et décrépie de Lorina Street, à Berkeley. Étudiants du coin et grimpeurs entre deux ascensions y organisaient des fêtes bien arrosées au rez-de-chaussée. Mortenson installa son sac de couchage sur un palier, qu'il occupa tout un mois malgré les soupirs lascifs qui traversaient les fines cloisons et les fêtards qui l'enjambaient pour aller aux toilettes.

Mais un infirmier qualifié reste rarement longtemps sans emploi. Tout est question de motivation. Et au bout de quelques jours maussades à écumer la ville en bus, quelques jours pluvieux où il regretta amèrement sa Bamba, il décrocha des gardes de nuit au Centre de traumatologie de San Francisco et au service des grands brûlés d'Alta Bates, à Berkeley.

Il parvint à mettre de côté de quoi louer une chambre dans un troisième sans ascenseur de Wheeler Street, rue peu reluisante de Berkeley, qu'il partageait avec un artisan polonais du nom de Witold Dudzinski. Mortenson passa quelques soirées agréables en compagnie de son colocataire, fumeur invétéré qui sifflait des bouteilles de vodka sans étiquette achetées par caisse entière. Mais, après quelques passionnants soliloques sur Jean-Paul II, Mortenson découvrit que, passé un certain nombre de vodkas, le discours de Dudzinski ne s'adressait à personne en particulier ; aussi, la plupart du temps, il se cloîtrait dans sa chambre en s'efforçant d'oublier Marina.

« Je m'étais déjà fait plaquer avant, avoue-t-il, mais là, c'était différent. Ça faisait vraiment mal. Mais il n'y avait pas grand-chose à faire en dehors d'affronter la réalité. Ce qui m'a pris du temps. »

Certains soirs, il parvenait à oublier ses soucis dans le tourbillon d'activités que lui imposait le travail. Lorsque l'on soigne une fillette de cinq ans brûlée au troisième degré, on n'a pas le temps de s'apitoyer sur son propre sort. Et puis, il était tout de même satisfaisant de travailler dans de bonnes conditions, dans un hôpital doté de tous les médicaments, matériels et pansements nécessaires.

Contrairement à Korphe, où il fallait d'abord parcourir huit heures de piste défoncée…

***

Dans le petit village balti, lorsqu'il avait appris la nouvelle du changement de plan radical infligé à son projet de construction, Mortenson s'était mis à réfléchir à toute vitesse, comme pris au piège. Et puis, passé la panique, il avait compris qu'il ne servait à rien de s'affoler. Il savait qu'il était arrivé au bout de la ligne – Korphe, terminus avant le pays des neiges éternelles. Quitter la pièce dans un accès de colère, comme il l'avait fait à Kuardu, ne résoudrait rien. Sans compter qu'il n'avait nulle part où aller. Changazi, lui, esquissait déjà un sourire triomphant, certain d'avoir enfin remporté la partie.

Malgré sa déception, Mortenson ne pouvait en vouloir aux villageois. Ils avaient besoin d'un pont, c'était évident. Comment avait-il cru que l'on bâtissait une école dans ces contrées ? En transportant une à une les planches et les plaques de tôle ondulée, dans la fragile nacelle qui ballottait au-dessus de la Braldu ? C'était lui le véritable fautif, lui qui n'avait pas bien planifié les choses. Il décida donc de rester à Korphe pour étudier le projet dans ses moindres détails. Il était arrivé ici après bien des détours. Quelle différence y aurait-il à en faire un de plus ou de moins ?

– Parlez-moi de ce pont, avait-il dit à Haji Ali, rompant le silence plein d'attente qui planait dans la pièce. De quoi avons-nous besoin ? Par quoi on commence ?

– Nous devons faire sauter beaucoup de bâtons de dynamite et tailler beaucoup, beaucoup de pierres, avait expliqué Twaha, le fils de Haji Ali, lui ôtant ses derniers espoirs quant à la possibilité d'un travail rapide.

Une dispute avait alors éclaté en balti au sujet de la provenance des pierres : devaient-elles être taillées sur place ou amenées en jeep depuis le fond de la vallée ? De vifs échanges avaient porté sur les versants susceptibles de fournir le meilleur granit. Pour d'autres questions, l'unanimité avait régné. Des câbles d'acier et des planches en bois devraient être achetés et acheminés depuis Skardu et Gilgit, pour un coût se montant à plusieurs milliers de dollars. Il faudrait également embaucher des ouvriers qualifiés, ce qui en coûterait encore quelques milliers de plus. Des milliers de dollars que Mortenson ne possédait plus.

Il leur avait donc expliqué qu'il avait déjà dépensé une bonne partie de son argent pour la construction de l'école et qu'il devrait rentrer en Amérique pour essayer de trouver les fonds supplémentaires. Il s'attendait à ce que les villageois sombrent dans le même abattement que lui. Mais l'attente, à l'instar de la respiration à haute altitude, était inscrite en eux. Ils passaient la moitié de l'année à attendre dans des pièces enfumées que le temps leur permette de mettre le nez dehors. Un chasseur balti pouvait suivre la piste d'un ibex pendant des jours, échafaudant chacune des manœuvres qui allaient le rapprocher de sa proie et lui permettre de tirer l'unique cartouche qu'il possédait. Un jeune homme pouvait patienter des années avant que la promise de douze ans choisie par ses parents puisse quitter les siens et fonder une famille. Cela faisait une éternité que le gouvernement promettait une école aux habitants de la vallée, et ils attendaient encore. La patience était leur point fort.

– Thanyouvermuch, avait déclaré Haji Ali, s'exprimant pour l'occasion dans la langue de son invité.

Ce remerciement, pour Mortenson qui se reprochait d'avoir lamentablement échoué, avait fait pencher la balance. Il avait serré le vieil homme contre son cœur, submergé par une odeur de bois et de laine humide. La mine radieuse, Haji Ali avait demandé à Sakina de servir une nouvelle tasse de thé au beurre à Mortenson – breuvage dont il était de plus en plus adepte.

Mortenson avait donné à Changazi l'ordre de regagner Skardu sans lui, et s'était réjoui de voir une expression dépitée assombrir les traits du patron de l'agence de trekking. Expression qui, il est vrai, avait vite disparu.

Avant de partir, il avait fallu estimer chacune des phases de la construction. Accompagné de Haji Ali, Mortenson était parti étudier les ponts qui jalonnaient la basse vallée de la Braldu. De retour à Korphe, il avait dessiné dans son carnet un ouvrage conforme aux attentes des villageois puis avait discuté avec les anciens du choix du terrain le mieux adapté à l'école.

Et puis le vent s'était mis à souffler des flocons de neige sur Korphe, signe que les longs mois de confinement approchaient, et Mortenson avait entamé sa tournée d'adieux. C'était la mi-décembre, soit deux mois après son arrivée en compagnie de Changazi, et il ne pouvait plus se permettre de repousser son départ. Après une longue série de thés d'adieu, il était reparti cahin-caha sur la rive droite de la Braldu. Onze villageois avaient insisté pour l'accompagner jusqu'à Skardu et s'étaient entassés avec lui à bord de la jeep. Il y avait si peu de place que, à chaque fois que le véhicule cahotait sur un obstacle, ils avaient tangué de conserve, se blottissant les uns contre les autres, autant pour garder l'équilibre que pour se tenir chaud.

***

La solitude lui pesait tout particulièrement quand il rentrait de sa garde, au petit matin. Il se sentait à des années-lumière de la chaleur qui unissait les villageois de Korphe. Il existait bien une personne qui aurait eu le pouvoir de financer son retour là-bas : Jean Hoerni. Mais il n'avait pas le courage de l'appeler.

Durant tout l'hiver, Mortenson reprit le chemin de la salle d'entraînement – City Rock, située entre Berkeley et Oakland. Il était plus difficile de s'y rendre, maintenant qu'il n'avait plus la Bamba, mais il s'astreignait néanmoins à ces déplacements, tant pour la compagnie que pour l'exercice. Avant son ascension sur le K2, il y avait fait figure de héros. Mais désormais, il n'avait plus que des récits d'échec à la bouche : le sommet qu'il n'avait pas atteint, la femme qu'il avait perdue, le pont et l'école qu'il n'avait pas construits.

Un soir, tard, alors qu'il rentrait du travail, Mortenson fut agressé à deux pas de chez lui par quatre garçons qui ne devaient guère avoir plus de quatorze ans. L'un d'entre eux tenait un pistolet braqué sur son torse d'une main tremblante tandis qu'un autre lui faisait les poches.

– Mer-deu ! Il a que deux dollars, c't'enculé ! dit le garçon en empochant les deux billets. Pourquoi faut qu'on tombe sur le type le plus fauché de Berkeley !

Fauché. En vrac. Fichu. Les semaines passaient, et Mortenson s'enfonçait dans la dépression. Il revoyait les visages confiants des villageois au moment où ils l'avaient mis dans le bus d'Islamabad, certains, *Inch Allah*, qu'il reviendrait vite avec l'argent. Comment pouvaient-ils lui manifester une telle confiance, à lui qui en était tellement dépourvu ?

Et puis, un après-midi de mai, alors qu'il était étendu sur son sac de couchage et cherchait l'énergie pour aller au lavomatique, le téléphone sonna. C'était le Dr Louis Reichardt.

En 1978, Louis Reichardt et son coéquipier Jim Wickwire avaient été la première cordée américaine victorieuse sur le K2. Avant son propre départ à l'assaut du géant, Mortenson l'avait appelé pour lui demander conseil et depuis, les deux hommes avaient gardé contact et s'appelaient de temps en temps.

– Jean m'a parlé de ton projet concernant l'école, dit-il. Où en es-tu?

Mortenson lui raconta tout, depuis ses cinq cent quatre-vingts lettres jusqu'à l'impasse dans laquelle il s'était retrouvé à Korphe. Il poursuivit en lui confiant qu'il avait perdu la femme qu'il aimait, son travail et craignait de se perdre lui-même.

– Ne te laisse pas aller, Greg, l'encouragea le Dr Reichardt sur un ton paternel, bien sûr, tu as rencontré quelques obstacles en cours de route. Mais ton objectif est beaucoup plus difficile à atteindre que le K2.

« Venant d'un homme comme Lou Reichardt, ces paroles revêtaient pour moi une immense valeur. C'était une de mes idoles. »

Dans le petit monde de la montagne, les difficultés endurées par Reichardt et Wickwire étaient légendaires. Ce dernier avait fait une première tentative de sommet en 1975. Le photographe Galen Rowell, qui avait été membre de l'expédition, avait consacré un ouvrage au récit de leurs mésaventures, témoignage de l'une des plus cruelles défaites en haute montagne.

Trois ans plus tard, Reichardt et Wickwire avaient retenté l'aventure et s'étaient hissés à mille mètres du sommet par la redoutable arête Ouest, avant d'être bloqués par une avalanche. Au lieu de battre en retraite, ils avaient traversé le K2 à sept mille six cents mètres d'altitude pour rejoindre la voie traditionnelle de l'arête des Abruzzes et, fait remarquable, avaient rallié le sommet. Reichardt, qui n'avait presque plus d'oxygène, avait pris la sage décision de rebrousser chemin. Mais Wickwire s'était attardé au sommet pour immortaliser l'accomplissement de toute une vie. Or, il devait attendre que l'objectif de son appareil photo se désembue. Ce mauvais calcul avait failli lui coûter la vie.

Sans frontale, dans le noir, la descente était impossible et il avait été forcé d'effectuer l'un des bivouacs les plus élevés jamais accomplis. À court d'oxygène, il avait écopé de graves engelures, d'une pneumonie et d'une pleurésie, et pour finir, de caillots dans les poumons. Reichardt et le reste de l'expédition avaient réussi à le maintenir en vie par tous les moyens possibles, jusqu'à son évacuation par hélicoptère. De retour à Seattle, il avait subi une intervention chirurgicale lourde pour résorber les caillots.

Lou Reichardt savait ce que c'était que souffrir pour réaliser un objectif difficile. En exprimant toute la difficulté de la voie que Mortenson essayait de suivre, il lui faisait comprendre qu'il n'avait pas échoué. Simplement, il n'avait pas terminé son ascension. Pas encore.

– Appelle Jean, lui conseilla-t-il, et répète-lui tout ce que tu viens de me raconter. Demande-lui de financer le pont. Crois-moi, il en a les moyens.

Pour la première fois depuis son retour, Mortenson eut l'impression de renouer avec lui-même. Il raccrocha, et alla chercher le sac congélation zippé qui lui servait de carnet d'adresses pour y prendre le morceau de papier quadrillé sur lequel Hoerni avait griffonné son nom et son numéro. « Ne foirez pas » y lisait-on. Peut-être bien qu'il avait foiré. Peut-être bien que non. Cela dépendait de la personne à qui l'on s'adressait. Peu importait. Déjà ses doigts composaient le numéro, et bientôt, une sonnerie retentissait à l'autre bout de la ligne.

CHAPITRE 10

JETER DES PONTS

Dans l'immensité de ces chaînes, aux confins de l'existence,
en des lieux que l'homme effleure sans pouvoir y demeurer,
la vie prend une nouvelle dimension… mais les Montagnes ne
sont pas chevaleresques; l'on oublie leur violence. Elles se
déchaînent indistinctement contre ceux qui s'y aventurent,
à coups de neige, de roc, de vent, de froid.[1]
George Schaller, *Stones of Silence*

La voix qui crachotait à l'autre bout de la ligne semblait provenir de l'autre côté de la planète, alors que deux cents kilomètres, tout au plus, les séparaient.

– Vous dites? s'enquit l'homme.

– *Salam alaykoum*! hurla Mortenson pour couvrir le grésillement de la ligne. Je voudrais acheter cinq rouleaux de cent vingt mètres de câbles d'acier, triple tresse. En avez-vous, monsieur?

– Certainement, répliqua l'homme, alors que les parasites disparaissaient comme par magie. Un *lakh*[2] et demi par câble. Est-ce que cela vous convient?

– Ai-je le choix?

– Non, répondit-il en riant. Je suis le seul à vendre ce type de câble dans tous les Territoires du Nord. Auriez-vous l'obligeance de me donner votre nom?

---

1. Notre traduction.
2. Cent mille roupies.

– Mortenson. Greg Mortenson.

– D'où appelez-vous Monsieur Greg ? Êtes-vous à Gilgit, vous aussi ?

– Non, à Skardu.

– Et puis-je vous demander ce qui me vaut l'honneur d'une telle commande ?

– Le village de mes amis, dans la haute vallée de la Braldu, a besoin d'un pont. Je vais les aider à le construire.

– Ah, vous êtes américain, c'est bien ça ?

– Oui, monsieur.

– J'ai entendu parler de votre pont. Les chemins d'accès sont-ils praticables en jeep ?

– Quand il ne pleut pas, oui. Pouvez-vous nous livrer ce câble ?

– *Inch Allah.*

Par la grâce d'Allah. Ce qui était différent d'un « non ». Après la douzaine d'appels infructueux qu'il venait de passer, c'était une merveilleuse réponse – et la seule façon réaliste d'envisager la question des transports dans les Territoires du Nord. Il avait son câble, l'ultime matériau qui lui faisait défaut pour débuter les travaux. On n'était seulement au mois de juin de cette année 1995 et, hormis la survenue d'un contretemps insurmontable, le pont serait terminé avant l'hiver, et les travaux de construction de l'école pourraient commencer au printemps suivant.

Après bien des atermoiements, lorsque Mortenson s'était enfin décidé à appeler Jean Hoerni pour lui demander les dix mille dollars supplémentaires, celui-ci s'était montré d'une étonnante gentillesse.

– Vous savez, avait-il plaisanté, l'une de mes ex-femmes était capable de dépenser davantage en un seul week-end ! Promettez-moi cependant de construire votre école le plus vite possible et de m'apporter une photo lorsqu'elle sera finie. Je ne suis plus tout jeune, vous savez.

– Cet homme a-t-il le câble ? s'enquit Changazi.

– Oui.

– Combien en demande-t-il ?

– Comme tu me l'as dit : huit cents dollars par rouleau.

– Il assure la livraison ?

– *Inch Allah*, répondit Mortenson en replaçant le combiné du téléphone sur son socle.

Renfloué par l'argent de Hoerni, de nouveau sur les rails, Mortenson était reparti sur de bonnes bases avec Changazi. Les roupies que le patron de l'agence de trekking prélevait sur chacune de ses transactions étaient largement compensées par le vaste réseau de contacts auquel elles lui donnaient accès. Changazi avait autrefois été policier et semblait connaître tout le monde à Skardu. Et puis, comme Mortenson le payait pour l'entreposage de ses matériaux de construction, rien ne s'opposait à ce qu'il tire avantage de ses compétences.

Durant la semaine que Mortenson passa dans son bureau, retrouvant avec plaisir son *tcharpaï* sous le vieux planisphère qui indiquait Tanganyika à la place de Tanzanie, il avait été diverti par le récit des frasques de son hôte. L'été avait joui d'un climat exceptionnel, propice aux affaires. Changazi avait assuré l'équipement de plusieurs expéditions allemandes et japonaises sur le K2, ainsi que d'une seconde tentative italienne sur le Gasherbrum IV. En conséquence, tel le nid d'un écureuil sur le point d'hiberner, les moindres recoins de la pièce débordaient de provisions : barres protéinées allemandes, caisses de boisson énergétique japonaises, paquets de biscottes italiennes.

Mais les denrées dont Changazi était le plus friand répondaient aux noms de Hildegund et Isabella. Bien que notre homme ait une femme et cinq enfants en lieu sûr à Pindi, ainsi qu'une seconde femme à Skardu, non loin du commissariat, Changazi avait passé la saison touristique à piocher dans l'inépuisable réserve de touristes et de trekkeuses qui débarquaient, toujours plus nombreuses, dans la petite ville.

Changazi avait expliqué à Mortenson de quelle façon il s'arrangeait avec sa foi. Se rendant à la mosquée dès qu'une Inge ou qu'une Aiko croisait son chemin, il déposait auprès de son mollah une demande de *muthaa*, de mariage temporaire. Cette coutume, toujours en vigueur dans certaines régions chiites pakistanaises, était destinée aux hommes temporairement privés de la présence réconfortante de leur femme (qu'ils soient partis combattre au loin ou en voyage de longue durée). Changazi avait déjà obtenu plusieurs *muthaa* depuis le début du mois de mai, préférant une union bénie aux yeux d'Allah, aussi éphémère soit-elle, qu'une aventure illicite.

Mortenson demanda à Changazi si les femmes dont les maris étaient absents pouvaient elles aussi se voir accorder un *muthaa*.

– Bien sûr que non! rétorqua-t-il en secouant la tête devant la naïveté de sa question. Puis de lui tendre une *biscotti* pour accompagner son thé.

Le câble étant commandé et en voie de livraison, Mortenson réserva une place dans une jeep pour Askole. La route qui remontait la vallée de Shigar était bordée de pommiers et d'abricotiers qui formaient une voûte au-dessus de leurs têtes. L'air était si pur que les arêtes ocre et rouille des contreforts du Karakoram, du haut de leurs cinq mille cinq cents mètres, paraissaient à portée de main. Quant à la route, elle inspirait autant confiance que possible, s'agissant d'une piste de terre caillouteuse accrochée à flanc de falaise.

Alors qu'ils s'engageaient dans la vallée de la Braldu, des nuages bas venant du sud les prirent en chasse avant de les dépasser. Ce ne pouvait être que la mousson venant d'Inde. Lorsque Mortenson descendit au dernier arrêt, avant le village d'Askole, une pluie battante creusait des sillons dans la route et tous les passagers, sans exception, étaient trempés jusqu'aux os et maculés de boue. Korphe était encore à plusieurs heures de marche, mais le chauffeur refusa de poursuivre dans l'obscurité. Aussi, Mortenson fut-il contraint de passer la nuit sur des sacs de riz, dans un magasin attenant à la maison de Haji Mehdi, le *nurmadhar*, à repousser les rats qui cherchaient refuge devant la montée des eaux.

Le lendemain matin, une pluie diluvienne s'abattait toujours sur Askole. Le chauffeur de la jeep ayant déjà loué ses services, Mortenson partit à pied. Décidément, les bons côtés de cette bourgade lui échappaient… Départ de toutes les expéditions pour le Baltoro, elle subissait les pratiques de vendeurs peu scrupuleux, prêts à tout pour profiter des hordes de trekkeurs qui passaient entre ses murs. Comme c'est souvent le cas avec les dernières étapes, les commerçants d'Askole avaient tendance à gonfler leurs prix et à se montrer intraitables.

Pataugeant dans une ruelle qui disparaissait sous cinquante centimètres d'eau, entre des huttes de terre et de pierres, Mortenson sentit que quelqu'un, derrière lui, le tirait par son *shalvar kamiz*. En se retournant, il découvrit un garçon, la tête grouillante de poux, la main tendue. Il n'avait certes pas les mots pour mendier de l'argent ou un stylo en anglais, mais son geste était assez éloquent. Mortenson prit une pomme de son sac à dos et la donna au petit. Qui la jeta dans le caniveau.

À la sortie de la bourgade, en direction du nord, Mortenson longea un champ qui dégageait une telle puanteur qu'il dut se couvrir le nez d'un pan de tunique. C'était le pré où campaient les expéditions avant de partir pour le Baltoro, transformé en immenses latrines à ciel ouvert. Cela lui remémora un livre qu'il avait lu récemment : *Quand le développement crée la pauvreté*[3] de Helena Norberg-Hodge. L'auteur avait vécu dix-sept ans au Ladakh, région très semblable au Baltistan dont elle s'est trouvée séparée suite au découpage arbitraire opéré par les puissances coloniales. Au bout de ce long séjour, Helena Norberg-Hodge avait acquis la conviction que la préservation d'un mode de vie traditionnel au Ladakh (avec des familles élargies vivant en harmonie avec la terre) générerait davantage de bonheur que l'« amélioration » du niveau de vie des Ladakhis via un développement à tout va.

« Avant de me rendre là-bas, je pensais simplement que le "progrès" était une chose inévitable, que l'on ne pouvait mettre en question, écrit-elle. J'acceptais donc passivement qu'une route traverse un parc, qu'une banque de verre et d'acier remplace une vieille église, ou un supermarché une petite épicerie. L'existence semblait chaque jour plus rapide et plus difficile. Je ne l'accepte plus. Le Ladhak m'a convaincue que plus d'un chemin mène à l'avenir […] et j'ai eu le privilège d'y découvrir un autre mode de vie, plus sain […] – un mode d'existence plus fondamental, reposant sur une corrélation entre les humains et la terre. »

Elle poursuit en avançant que non seulement les acteurs du développement ne doivent pas aveuglément imposer de « progrès » aux cultures anciennes, mais que les pays industrialisés ont des leçons à tirer de peuples comme les Ladakhis pour établir des sociétés durables.

« J'ai vu, écrit-elle, à quel point la communauté et une étroite relation à la terre peuvent enrichir la vie d'un être humain sans comparaison possible avec la richesse matérielle et le progrès technologique. J'ai appris qu'une autre voie était possible[4]. »

---

3. Norberg-Hodge, Helena, *Quand le développement crée la pauvreté*, Fayard, Paris, 2002. Traduit de l'anglais par Jean-Paul Mourlon.
4. Notre traduction.

Tandis qu'il parcourait la gorge devenue glissante, Mortenson s'inquiétait des effets que le pont produirait sur ce village isolé. «Les villageois de Korphe menaient une vie difficile, certes, mais ils jouissaient en même temps d'une certaine pureté, ce qui était plutôt rare. Je savais que le pont réduirait le trajet jusqu'à l'hôpital de quelques jours à quelques heures et leur permettrait de vendre leurs récoltes plus facilement. Mais je ne pouvais m'empêcher de craindre les effets que le monde extérieur, en arrivant par le pont, produirait sur Korphe.»

Les villageois accueillirent Mortenson sur la rive et l'aidèrent à traverser la rivière à bord de la nacelle suspendue. De part et d'autre de la Braldu, à l'emplacement des futurs pylônes, des piles de blocs grossièrement taillés attendaient le chantier. Préférant ne pas transborder les pierres au-dessus de la rivière et ne pas se lancer dans un transport sur chemins ravinés, Haji Ali avait finalement convaincu Mortenson qu'il valait mieux tailler les pierres à flanc de roche près du futur chantier. Korphe manquait de presque tout, mais disposait d'une inépuisable réserve de pierres.

Une procession d'hommes lui emboîta le pas en direction de chez Haji Ali. Au détour d'une ruelle, ils se retrouvèrent nez à nez avec un yak noir à poils longs que Tahira, une fillette de dix ans, tentait de déloger en tirant de toutes ses forces sur la longe nouée à l'anneau transperçant les naseaux de l'animal. Mais ce dernier avait une autre idée en tête. Il déposa nonchalamment dans son sillage un énorme monticule fumant avant de s'ébranler vers la maison de la fillette. Repoussant prestement son voile blanc, Tahira se mit aussitôt à façonner des galettes de bouse qu'elle plaqua contre le mur de la maison la plus proche, à l'abri de l'avant-toit, pour éviter que le précieux combustible ne soit emporté par les eaux de pluie.

Chez Haji Ali, Sakina accueillit Mortenson d'une poignée de mains. C'était la première fois qu'une femme balti le touchait! Elle le défiait d'un sourire effronté… Décidant que le moment était venu pour lui aussi de franchir un seuil, l'Américain se glissa dans la «cuisine» de Sakina – un cercle de pierres pour le feu, quelques étagères et une planche à découper posée à même le sol de terre battue. Mortenson se pencha par-dessus le tas de petit bois et salua Jahan, la petite-fille de Sakina. Celle-ci lui sourit timidement avant de se réfugier derrière son voile bordeaux, qu'elle saisit entre ses dents.

Rieuse, Sakina essaya de chasser Mortenson de sa cuisine, mais il plongea la main dans une urne en cuivre oxydé et en retira une poignée de *tamburok*, le thé vert parfumé des montagnes. Puis, il remplit la théière noircie à l'aide d'un gros bidon d'eau puisée à la rivière, jeta du petit bois sur les braises et mit le thé à frémir.

Il servit lui-même l'amer breuvage au conseil des anciens, avant d'en prendre une tasse et de se serrer entre Haji Ali et l'âtre, où un feu de bouse de yak crépitait, à grand renfort de fumée.

«Ma grand-mère a été très choquée que Docteur Greg entre dans sa cuisine, raconte Jahan. Mais elle le considérait déjà comme son propre fils, alors elle a accepté. Ses idées ont vite évolué, et elle s'est mise à taquiner mon grand-père en lui disant qu'il devrait apprendre à se rendre plus utile, comme son fils américain.»

Quand il s'agissait de veiller aux intérêts de Korphe, en revanche, Haji Ali relâchait rarement sa vigilance. «J'étais toujours ébahi de voir comment, sans téléphone, sans électricité ni radio, il était toujours informé de ce qui se passait dans la vallée de la Braldu et au-delà», remarque Mortenson. Le chef du village annonça à l'assemblée que les deux jeeps transportant le câble destiné au pont étaient parvenues à trente kilomètres de Korphe, mais qu'un éboulis leur avait barré la route. Comme il était peu probable que Skardu envoie du matériel de terrassement par mauvais temps, et que plusieurs semaines risquaient de s'écouler avant que la voie soit dégagée, Haji Ali proposait que tous les hommes valides du village donnent un coup de main pour aller chercher le câble, afin que les travaux puissent commencer le plus vite possible.

Avec un enthousiasme surprenant au regard de l'éreintante mission qui les attendait, trente-cinq villageois de tous âges, des adolescents aux vénérables compagnons à barbe argentée de Haji Ali, marchèrent sous la pluie toute la journée du lendemain, avant de repartir dans l'autre sens pour douze nouvelles heures de marche, avec les câbles. Chaque rouleau pesait trois cent soixante kilos, et il fallait dix hommes pour le porter, à l'aide d'une solide tige de bois.

Dépassant ses compagnons de marche d'une bonne tête, Mortenson déséquilibrait tellement le chargement qu'il dut renoncer à aider et se contenter de regarder travailler les autres. Nul ne lui en tint rigueur. La plupart de ces hommes, employés comme porteurs, avaient hissé des charges tout aussi lourdes en haut du Baltoro.

Ils marchaient avec entrain en chiquant du *naswar*, dont Haji Ali semblait avoir une réserve inépuisable au fond de ses poches. Souriant sous son fardeau, aux côtés de son père, Twaha confia à Mortenson combien il appréciait de mettre ainsi son travail au service de son village plutôt qu'à la poursuite des aspirations hermétiques des grimpeurs étrangers.

De retour à Korphe, les hommes creusèrent de profondes fondations dans les berges boueuses, mais avec la mousson qui s'attardait, le béton ne séchait pas. Twaha et un groupe de jeunes villageois décidèrent alors de partir chasser l'ibex en attendant que la pluie cesse, et invitèrent Mortenson à se joindre à eux.

Avec ses baskets, son blouson imperméable, son *shal-var kamiz* et son sweat-shirt chinois en acrylique acheté au bazar de Skardu, il était plutôt mal équipé pour un trek en haute altitude. Ce n'était pas mieux pour les six jeunes villageois. Twaha, le fils du *nurmadhar*, portait d'élégantes chaussures en cuir marron, legs d'un trekkeur de passage. Deux des hommes avaient les pieds enveloppés dans des peaux bien ajustées, et les autres portaient des sandales en plastique.

Ils partirent vers le nord sous une pluie battante, à travers les champs de sarrasin qui recouvraient la moindre surface de terre irriguée. Les épis des céréales faisaient penser à de minuscules maïs et, sous les gouttes d'eau, se balançaient comme des hochets au bout de leur tige. Twaha portait fièrement sur son épaule l'unique arme du groupe, un mousquet datant du début de la colonisation, sur l'efficacité duquel Mortenson nourrissait quelques doutes.

Ils arrivèrent bientôt non loin du pont que l'alpiniste avait raté en descendant du K2. Il s'agissait d'un *zamba* attaché à deux blocs de pierre, qui ballottait mollement au-dessus de la Braldu. Il le contempla, non sans éprouver une certaine satisfaction. Ce pont, c'était en quelque sorte le chemin, moins intéressant, que sa vie aurait suivi s'il n'avait pas fait ce détour par Korphe.

Au fur et à mesure qu'ils prenaient de l'altitude, les parois du canyon se resserraient. Entre la pluie et l'écume qui montait de la Braldu, ils étaient trempés jusqu'aux os. La piste longeait la pente vertigineuse du canyon et avait été consolidée par des générations de Baltis à l'aide de dalles imbriquées formant un fragile plateau. Les villageois, légèrement chargés, avançaient sur le rebord instable, large d'une soixantaine de centimètres, avec la même assurance que s'ils avaient été sur terrain plat, tandis que Mortenson mettait prudemment un pied devant l'autre tout en suivant la paroi du bout des doigts, trop conscient des soixante mètres de vide qui plongeaient dans la gorge.

La rivière était aussi laide que les pics de glace qui l'avaient engendrée étaient beaux. Sinuant à travers un cimetière de rocs sombres, fouillant des replis froids et humides oubliés du soleil, les eaux boueuses paraissaient ramper comme un énorme serpent. On avait du mal à croire que ce sinistre torrent soit la source de tous ces épis dorés, de toutes ces moissons.

La pluie cessa alors qu'ils atteignaient le front du glacier de Biafo. Un éclair transperça la couverture nuageuse et illumina le Bakhor Das (5 791 mètres), à l'est, d'un halo de lumière jaune citron. Les villageois avaient surnommé ce pic le «K2 de Korphe». Avec ses lignes épurées, il rappelait son grand frère du Baltoro et semblait veiller sur le village comme une sentinelle protectrice. Dans ces hautes vallées où l'Islam n'avait jamais totalement évincé les croyances animistes ancestrales, cette apparition était de bon augure. Emmenés par Twaha, les chasseurs psalmodièrent un chant destiné à amadouer les déités du Karakoram, à qui ils promettaient de n'enlever qu'un seul bouquetin.

Pour ce type de gibier, il fallait grimper haut. Le célèbre biologiste George Schaller a pisté l'ibex et ses cousins à travers tout l'Himalaya. En 1973, il accomplit un trek dans l'ouest du Népal pour étudier le *bharal* (ou *blue sheep*) en compagnie de Peter Matthiessen, qui en tira la matière première de son chef-d'œuvre, *Le Léopard des neiges*.

La haute montagne n'est pas qu'une simple question d'appréciation physique. Dans son livre *Stones of Silence*, George Schaller reconnaît que ses treks dans le Karakoram relevaient autant de l'odyssée spirituelle que de l'expédition scientifique. «Ces voyages étaient marqués par la difficulté et la déception, écrivait-il, mais les montagnes sont comme l'appétit, elles creusent. Ma faim du Karakoram devenait toujours plus grande.»

Schaller avait parcouru cette même gorge vingt ans plus tôt, collectant des données sur le bouquetin, le mouton de Marco Polo, et repérant des sites dans l'espoir que le gouvernement pakistanais les classe en parc national du Karakoram. Mais, durant toutes les journées qu'il passa l'œil collé à sa longue-vue, Schaller se surprit par-dessus tout à admirer la remarquable capacité d'adaptation de l'ibex à l'un des environnements les plus hostiles de la terre.

L'ibex est un bouquetin alpin de grande taille, robuste, aisément reconnaissable à ses longues cornes en forme de cimeterre qui constituent de précieux trophées de chasse pour les Baltis. Schaller découvrit que pour se nourrir, il s'aventure plus haut qu'aucun autre animal du Karakoram. D'un pied sûr, il est capable de se déplacer sur d'étroites vires, jusqu'à cinq mille mètres d'altitude, bien plus haut que ses prédateurs, le loup et le léopard des neiges. À l'extrême limite du monde végétal, il broute de petites pousses et mange les herbes jusqu'à la racine, passant dix à douze heures par jour à fourrager le sol pour maintenir sa masse corporelle.

Twaha marqua une pause devant une pointe de glace souillée, au départ du glacier de Biafo. Il tira un petit objet circulaire de la poche de la veste que Mortenson lui avait offerte lors de son premier séjour à Korphe. Il s'agissait d'un *tomar*, un « gage de courage » que les Baltis passent au cou des nouveau-nés pour chasser les mauvais esprits responsables, selon eux, du taux de mortalité infantile cruellement élevé. De même, il ne leur serait pas venu à l'idée de s'aventurer sur une rivière de glace instable sans la protection d'un *tomar*. Twaha noua un médaillon ouvragé en laine rouge et bordeaux à la fermeture Éclair de Mortenson. Les chasseurs en firent autant avant de s'engager sur le glacier.

Accompagné d'hommes qui chassaient pour leur subsistance et non d'alpinistes occidentaux aux motivations plus complexes, Mortenson posait un regard neuf sur ces étendues de glace. Il n'y avait rien d'étonnant à ce que les hauts sommets de l'Himalaya soient restés vierges jusqu'au milieu du XXᵉ siècle. Pendant des millénaires, les habitants du Toit du monde avaient mis toute leur énergie à se nourrir et à se chauffer. À cet égard, les Baltis n'étaient pas si différents de l'ibex qu'ils pourchassaient.

Ils progressèrent vers l'ouest, parmi des blocs de glace instables et de profondes flaques d'eau bleu turquoise. Des échos liquides montaient des profondeurs des crevasses et l'on entendait de temps à autre des éboulements, provoqués par les changements de températures. Non loin de là, plus au nord, prisonnier d'un carcan de nuages bas, se trouvait l'Ogre (7 285 mètres), conquis une seule fois en 1977 par les Britanniques Chris Bonington et Doug Scott ; l'Ogre s'était vengé dans la descente : Scott avait rejoint le camp de base en rampant, les deux jambes brisées.

Le Biafo rejoint le plateau de Snow Lake à 5 060 mètres d'altitude, avant de confluer avec le glacier de Hispar, qui descend dans la vallée de la Hunza. D'une longueur totale de cent vingt-deux kilomètres, il s'agit du plus long système glaciaire en dehors des régions polaires. Cette voie naturelle était empruntée autrefois par les hordes de Hunza qui allaient piller la vallée de la Braldu. Mais nul visiteur ne vint perturber leur traversée, si ce n'est quelques discrets léopards des neiges dont Twaha leur montra les traces d'un doigt enthousiaste, et deux lugubres gypaètes barbus qui les observaient attentivement à la faveur d'un courant d'air chaud.

À marcher ainsi en basket, sur de la glace friable, Mortenson eut bientôt les pieds gelés. Mais Hussein, le père de Tahira, sortit de la paille de son paquetage et en tapissa le fond de ses Nike. Ainsi, la température devenait supportable. Tout juste. Mortenson se demanda comment ils allaient passer la nuit par un froid pareil, sans tente ni sacs de couchage. Mais les Baltis avaient chassé sur le Biafo bien avant que les Occidentaux n'arrivent avec leur matériel dernier cri…

Des grottes jalonnaient la moraine latérale et leur servaient d'abri pour la nuit. Chacune d'entre elles contenait un stock de broussailles et de sarments de sauge et de genévrier pour le feu ainsi que des sacs de riz et de lentilles conservés à l'abri, sous de lourdes pierres. Ajoutés aux *kurba*, ces pains en forme de crânes cuits sur la pierre, qu'ils avaient apportés, ils avaient de quoi tenir jusqu'à la fin de la chasse.

Ils virent leur premier bouquetin au bout du quatrième jour. C'était une carcasse, sur une dalle, parfaitement nettoyée par les vautours et les léopards. Perché sur une vire, beaucoup plus haut, Twaha aperçut un troupeau de seize ibex occupés à brouter.

– *Skiin! Skiin!* cria-t-il en balti.

Leurs superbes cornes se découpaient sur le ciel changeant. Twaha expliqua qu'une *rdo-rut*, une avalanche, avait dû emporter l'animal dont ils voyaient la carcasse, et l'isoler du reste du troupeau. Sur ce, il alla lui arracher la tête et les cornes pour les fixer au sac de Mortenson en guise de cadeau.

Le Biafo creuse parmi les hauts sommets une tranchée plus profonde que le Grand Canyon. Le petit groupe progressa jusqu'à la longue arête Nord du Latok, sommet dont une douzaine d'assauts n'ont pu venir à bout. À deux reprises, ils contournèrent le troupeau sans faire de bruit, dans le vent, mais les animaux semblaient prendre un malin plaisir à déjouer leur présence à chaque fois qu'ils se rapprochaient suffisamment pour pouvoir tirer.

Le septième jour, juste avant la nuit, Twaha repéra un grand mâle sur un affleurement rocheux, à vingt mètres au-dessus d'eux. Il vida sa poudre dans le mousquet, y inséra une balle et tassa la charge. Mortenson et les autres, tapis derrière lui, cherchaient à se rendre invisibles contre un pan de falaise. Twaha déplia le bipied qui soutenait le canon de son fusil, le cala sur une grosse pierre et arma son chien sans faire le moindre bruit. Ou presque. L'ibex fit volte-face. Ils étaient si proches qu'ils pouvaient voir les poils de sa barbichette se hérisser. Twaha murmura une prière au moment où il pressait la gâchette.

La détonation fut assourdissante et une pluie de cailloux, dégringolant la pente, s'abattit sur eux. Twaha, le visage noir de poudre, ressemblait à un mineur. Mortenson était certain qu'il avait manqué son coup car l'animal se tenait toujours debout. Mais ses pattes antérieures cédèrent brutalement sous lui et de la fumée s'éleva d'une plaie au garrot. Par deux fois il essaya de se remettre debout, puis s'immobilisa et s'effondra sur le flanc.

– *Allahou Akbar* ! crièrent les villageois d'une seule voix.

Ils dépecèrent l'animal dans le noir, puis emportèrent les quartiers de viande dans une grotte où ils allumèrent un feu. D'une main experte, Hussein maniait un couteau incurvé de la taille de son avant-bras. Son long visage, empreint d'intelligence et de mélancolie, se plissait sous la concentration tandis qu'il découpait des filets dans le foie et les répartissait entre les hommes. Il était le seul villageois à avoir quitté la Braldu pour étudier à Lahore, jusqu'au bac. Penché sur cette carcasse, dans cette grotte, les avant-bras dégoulinant de sang, il paraissait à des lieues du jeune boursier qu'il avait jadis été, dans les lointaines plaines du Pendjab. Il ferait un instituteur idéal pour l'école, capable de jeter un pont entre ces deux mondes.

Quand le groupe regagna Korphe, la mousson avait battu en retraite et le temps était froid et sec. On les accueillit en héros. Twaha, en tête, brandissait la tête de l'ibex abattu. Mortenson fermait la marche, les cornes de la victime de l'avalanche dressées au-dessus de sa tête comme s'il s'était agi de ses propres bois.

167

Les hommes distribuaient par poignées des cubes de graisse aux enfants qui s'étaient agglutinés autour d'eux, attirés par ces friandises qu'ils léchaient avidement. Les quelques centaines de livres de viande qu'ils rapportaient furent partagées équitablement entre les familles des chasseurs. Et, une fois que la viande eut mijoté et que la cervelle eut été servie, accompagnée de pommes de terre et d'oignons, Haji Ali ajouta les cornes ramenées par son fils à la série de trophées cloués au-dessus de la porte d'entrée, fiers souvenirs de son passé de chasseur.

Mortenson se rendit à Gilgit, la capitale régionale, pour montrer ses esquisses de pont à un ingénieur de l'armée pakistanaise. Ce dernier les examina, suggéra des modifications en vue de consolider la structure, puis dessina un plan détaillé avec l'emplacement précis des câbles. Il prévoyait deux pylônes jumelés de dix-neuf mètres cinquante permettant le passage des charrettes à yak et une portée de quatre-vingt-sept mètres, au-dessus de la marque des hautes eaux.

À Skardu, Mortenson recruta une équipe de maçons pour superviser la construction des pylônes. Il fallait quatre villageois pour soulever les blocs de pierre et les déposer sur la couche de ciment disposée par les maçons. Les enfants venaient assister au spectacle et encourageaient un oncle ou un père, au visage rougi par l'effort. Bloc de pierre par bloc de pierre, les pylônes jumelés dressèrent peu à peu leurs trois étages fuselés de part et d'autre de la rivière.

La clémence de l'automne rendait agréables les longues heures de labeur, et Mortenson se réjouissait des progrès accomplis lorsque, le soir, il mesurait la hauteur gagnée dans la journée. Pendant une bonne partie du mois de juillet, tandis que les hommes étaient occupés à bâtir le pont, les femmes s'étaient chargées des récoltes et avaient regardé grandir les pylônes depuis les toits en terrasse du village.

Avant l'hiver et son confinement, les villageois passaient autant de temps que possible à l'extérieur. La plupart des familles prenaient leurs deux repas quotidiens sur le toit. Arrosant une assiette de *dal* et de riz d'un *tamburok* serré, après une bonne journée de travail, Mortenson adorait profiter des derniers rayons de soleil avec la famille de Haji Ali, et discuter avec les voisins par-dessus les toits.

Norberg-Hodge cite avec admiration le roi d'un autre pays himalayen, le Bhoutan, qui déclare que le véritable succès d'un pays ne se mesure pas à l'aune de son produit national brut, mais de son «bonheur national brut». Sur leurs toits chauds et secs, entourés des fruits de leurs récoltes, mangeant, fumant et échangeant des potins avec la même nonchalance que des Parisiens à la terrasse d'un café, Mortenson avait la certitude que, malgré tout ce dont ils manquaient, les Baltis détenaient la clé d'un bonheur simple qui disparaissait du monde développé à la même vitesse que la forêt primaire.

La nuit, les célibataires comme Twaha et Mortenson profitaient de la douceur de l'air pour dormir à la belle étoile. Mortenson parlait désormais couramment le balti et, avec Twaha, s'attardait longuement pour bavarder après que tout le village fut endormi. Leur grand sujet de conversation était les femmes. Mortenson approchait de la quarantaine à grands pas et Twaha allait sur ses trente-cinq ans.

Il confia à Mortenson combien sa femme, Rhokia, lui manquait. Neuf ans s'étaient écoulés depuis qu'elle était morte en couches.

– Rhokia était très belle. Elle avait les traits fins, comme Jahan. C'était une véritable petite marmotte, pleine de ressort, qui riait et chantait sans arrêt.

– Tu te remarieras, un jour ?

– Oh ! Pour moi c'est très facile. Un jour, je serai le *nurmadhar* et j'ai déjà beaucoup de terre. Jusque-là je ne suis

pas tombé amoureux d'une autre, même si, parfois, je...
j'aime.

– Tu peux, sans te marier ? demanda Mortenson, posant
une question qui avait attisé sa curiosité depuis son arrivée
à Korphe.

– Oui, bien sûr, répondit Twaha. Il y a les veuves. Elles
sont nombreuses à Korphe.

Mortenson pensa alors au logement exigu, à l'étage inférieur, dans lequel se serraient une dizaine de personnes,
endormies sur des coussins.

– Mais où pouvez-vous..., tu sais ?

– Dans la *handhok*, bien sûr, répliqua Twaha, qui faisait
allusion à la petite remise en chaume où l'on stockait le
grain, sur le toit de chaque maison. Veux-tu que je te trouve
une veuve ? Je crois que plusieurs sont déjà amoureuses du
Dr Greg.

– Merci, répondit Mortenson, mais je ne pense pas que
ce soit une bonne idée.

– Tu as une amoureuse dans ton village ?

Mortenson lui résuma ses grands échecs amoureux de
la dernière décennie en terminant par Marina, et s'aperçut
au passage que la blessure n'était plus aussi à vif qu'auparavant.

– Ah ! remarqua Twaha. Elle t'a abandonné parce que
tu n'avais pas de maison. Cela arrive souvent au Baltistan. Mais maintenant, tu peux lui dire que tu as une maison, et presque un pont, à Korphe.

– Je ne veux pas d'elle, répliqua Mortenson, tout en prenant conscience que ce n'était pas des paroles en l'air.

– Alors tu ferais bien de te dépêcher, conclut Twaha.
Avant que tu ne deviennes trop vieux et trop gros.

Le jour où ils tendaient leur premier câble en travers
de la rivière, la nouvelle leur parvint, annoncée par un
groupe de porteurs descendant du Baltoro, qu'un groupe

d'Américains approchait. Mortenson était assis sur un gros rocher, sur la rive droite de la Braldu, et étudiait les plans de l'ingénieur. Il supervisait les opérations de deux équipes qui, avec des attelages de yaks, cherchaient à tendre les câbles au maximum sans autres outils avant de les fixer aux pylônes. Puis le plus agile des hommes grimpait jouer les funambules pour passer et visser solidement les câbles de soutien aux points d'arrimage prévus par l'ingénieur.

Au même moment, un grand costaud, coiffé d'une casquette de base-ball blanche, descendait la rive droite de la Braldu en s'aidant d'une canne. Il était escorté d'un guide élégant, athlétique et attentionné.

« D'abord, se souvient George McCown, j'ai pensé : il est grand ce type, sur ce rocher. Je n'arrivais pas à voir ce qui clochait. Il avait les cheveux longs, portait les vêtements du coin. Mais de toute évidence, il n'était pas pakistanais. »

Mortenson se laissa glisser au bas de son rocher et lui tendit la main.

– George McCown ? demanda-t-il.

Éberlué, ce dernier approuva de la tête et lui serra la main.

– Dans ce cas, joyeux anniversaire ! fit Mortenson en lui remettant une enveloppe cachetée.

George McCown était membre du bureau de l'American Himalayan Foundation, au même titre que Lou Reichardt et Sir Edmund Hillary. Pour ses soixante ans, il avait effectué un trek dans le K2 en compagnie de ses enfants, Dan et Amy, et avait visité le camp de base d'une expédition dont il était sponsor. La carte d'anniversaire envoyée par la AHF était arrivée à Askole, puis avait été confiée à Mortenson par des autorités locales quelque peu déroutées, qui s'étaient dit qu'un Américain saurait bien comment en dénicher un autre !

McCown avait été P.-D.G. de Boise Cascade Home and Land Corporation, dont il avait fait passer le chiffre d'affaires de cent millions à six milliards de dollars en six ans, avant que l'entreprise ne se fragmente et se dissolve. Cela lui avait servi de leçon. En 1980, il avait créé sa propre entreprise de capital-risque à Menlo Park, en Californie, et s'était mis à racheter des parts de sociétés trop vite montées en graine.

Il subissait encore le contrecoup d'une opération du genou et, après des semaines passées à parcourir le glacier en se demandant si son articulation tiendrait le coup, la vue de Mortenson lui avait radicalement remonté le moral. « Après un mois à crapahuter dans un environnement parfois très hostile, je me retrouvais à parler avec quelqu'un de très compétent, se souvient-il. Rien ne m'aurait davantage fait plaisir que cette rencontre fortuite. »

Mortenson relata à McCown la façon dont les fonds avaient été réunis pour la construction du pont et de l'école grâce à l'article passé dans le bulletin de l'AHF par son ami Tom Vaughan. « On s'attache à Greg et on lui fait tout de suite confiance, déclare McCown. Il est dépourvu de mauvais esprit. C'est un gentil géant. Il suffisait de regarder tous ces gens qui travaillaient avec lui à la construction du pont pour voir qu'ils l'adoraient. Ils le traitaient comme un des leurs, et je me demandais comment diable un Américain avait pu y arriver. »

Mortenson s'adressa en balti au guide de McCown, mais celui-ci lui répondit en ourdou, lui expliquant qu'il appartenait à la tribu des Wakhis de la lointaine vallée de Charpursan, à la frontière afghane, et qu'il s'appelait Faisal Baig. Mortenson demanda ensuite à son compatriote de lui rendre un service. « Je me sentais isolé à Korphe, tout seul à la tête de ce projet, avoue Mortenson. Je voulais que les villageois sachent qu'il n'y avait pas que moi, qu'il y avait d'autres gens, aux États-Unis, qui se préoccupaient de leur sort. »

« Il m'a remis un gros rouleau de roupies, se rappelle McCown, et m'a demandé de faire comme si j'étais le big boss venu d'Amérique. Alors j'ai joué le jeu à fond. J'ai paradé sur le chantier, j'ai payé les salaires des ouvriers, j'ai félicité tout le monde pour l'excellence de son travail, je leur ai dit de ne pas ménager leurs efforts et de finir le plus vite possible. »

McCown reprit ensuite son chemin. Mais les câbles jetés à travers la Braldu ce jour-là relieraient bien plus que deux rives. Lorsque la sécurité des étrangers se dégraderait au Pakistan, Faisal Baig servirait de garde du corps à Mortenson. Quant à McCown, il deviendrait l'un de ses plus puissants soutiens.

À la fin du mois d'août, soit dix semaines après avoir commencé à creuser le sol boueux, Mortenson se tenait au centre d'une travée suspendue de quatre-vingt-sept mètres de long, admirant les élégantes voûtes en béton de part et d'autre de l'ouvrage, les solides fondations de pierre à trois niveaux et le réseau de câbles qui maintenait tout cela en place. Haji Ali lui tendit l'ultime planche mais Mortenson la refusa, insistant pour que le chef de Korphe terminât le pont de Korphe. Haji Ali brandit la planche au-dessus de sa tête et remercia Allah qui avait eu la bonté d'envoyer l'étranger dans son village, puis s'agenouilla et combla le dernier vide au-dessus de la tumultueuse Braldu. De leur point de mire surplombant la rive gauche, les femmes et les enfants de Korphe poussèrent des cris enthousiastes.

De nouveau sans un sou, et soucieux de ne pas entamer les fonds qui restaient acquis à l'école, Mortenson se préparait à rentrer passer l'hiver et le printemps à Berkeley. Le soir précédent son départ, assis sur le toit en compagnie de Twaha, Hussein et Haji Ali, il mit la dernière touche aux plans de construction de l'école, qui devrait débuter l'été suivant.

Hussein avait proposé de céder un champ plat appartenant à sa femme Hawa. Le terrain offrait une vue dégagée sur le K2 de Korphe, une vue qui, Mortenson l'espérait, inciterait les élèves à de hautes ambitions. Mortenson accepta, à condition qu'Hussein devienne le premier instituteur de l'école.

L'affaire fut conclue par un thé, généreusement sucré pour l'occasion, et une poignée de mains, et la conversation se poursuivit, très animée, jusque tard dans la nuit.

Deux cent cinquante mètres plus bas, des lueurs de lanterne tremblotaient au-dessus de la Braldu : les villageois, curieux, franchissaient dans un sens puis dans l'autre cet obstacle qui les avait jusque-là coupés du reste du monde, un monde que Mortenson s'apprêtait à regagner à contre-cœur.

CHAPITRE 11
SIX JOURS

Il y a une flamme dans ton cœur, qui attend d'être allumée,
Il y a un vide dans ton âme, qui attend d'être comblé.
Tu le sens, n'est-ce pas ?
Rumi

Au service des grands brûlés d'Alta Bates, une myriade de voyants rouges et verts clignotaient sur les rangées d'écrans du bureau des infirmières. Malgré l'heure (il était quatre heures du matin) et l'étroitesse du siège en plastique dans lequel il essayait tant bien que mal de trouver le sommeil, Mortenson éprouvait un sentiment qui s'était fait rare depuis ce jour où il avait jeté la bouteille de Baileys à la poubelle : le bonheur.

Il venait d'appliquer de la pommade antibiotique sur les paumes brûlées d'un garçon de douze ans, victime de son beau-père, et avait refait ses pansements. Sur le plan physique, tout du moins, l'enfant se remettait bien. La nuit avait été calme ; il n'avait pas besoin de traverser la moitié de la planète pour se rendre utile, et chacune de ses gardes, en gonflant son compte à la *Bank of America*, le rapprochait du jour où il démarrerait le chantier de l'école à Korphe.

Mortenson, qui avait récupéré sa chambre chez Witold Dudzinski, n'était pas mécontent de se retrouver dans un service à demi déserté, loin de la fumée de cigarettes et des vapeurs de vodka. D'ailleurs, sa tenue stérile rouge ressemblait un peu à un pyjama, et la lumière tamisée lui permettait de somnoler – il regrettait seulement que sa chaise ne soit pas plus grande.

Il termina sa garde et rentra chez lui, un peu groggy. Le regard errant du côté des Berkeley Hills, soulignées d'un liséré bleu nuit, il avala une gorgée de café et mordit dans son petit pain au sucre, acheté au *doughnut-shop* cambodgien. Une Saab noire était garée en double file devant la camionnette de Dudzinski. Dans le siège conducteur réglé en position inclinée, disparaissant sous une cascade de mèches noires, se trouvait le Dr Marina Villard. Mortenson lécha le sucre qui lui collait aux doigts, puis ouvrit la portière.

Marina se redressa, s'étira et se frictionna pour se réveiller.

– Tu ne répondais pas au téléphone, dit-elle.

– Je travaillais.

– J'ai laissé plein de messages. Efface-les.

– Que fais-tu ici ? demanda Mortenson.

– Tu n'es pas content de me voir ?

En effet, il ne l'était pas.

– Si, dit-il. Comment vas-tu ?

– Pour tout te dire, pas très bien.

Elle baissa le pare-soleil, s'examina dans le miroir et se remit du rouge à lèvres.

– Que s'est-il passé avec Mario ?

– Une erreur.

Mortenson ne savait pas quoi faire de ses mains. Il posa sa tasse de café sur le toit de la voiture, puis resta les bras ballants.

– Tu me manques, dit-elle en redressant le dossier de son siège, qui vint brutalement heurter sa nuque. Aïe ! Et moi, est-ce que je te manque ?

Le sang de Mortenson ne fit qu'un tour, et ce n'était pas l'effet de la caféine. Débarquer comme ça, après tout ce temps ! Toutes ces nuits à tourner dans son sac de couchage chez Dudzinski, à essayer de la chasser de son esprit, elle et la vie de famille qu'elle lui avait offerte puis reprise, avant de parvenir à trouver le sommeil.

– La porte est fermée, dit-il en repoussant la portière sur la jeune femme.

Sur ce, il s'engouffra dans l'appartement empestant la fumée et la vodka, et s'endormit comme une masse.

Maintenant qu'un pont enjambait la Braldu, que les matériaux de construction de l'école étaient dûment inventoriés et stockés chez Changazi, et qu'il n'avait plus l'impression de se terrer chez Dudzinski mais d'économiser en vue d'achever un travail en cours, Mortenson avait besoin de parler du projet. Il appela Jean Hoerni, qui lui envoya aussitôt un billet d'avion pour Seattle en lui demandant d'apporter des photos du pont. Le Suisse l'accueillit chez lui, dans un luxueux appartement donnant sur le lac Washington et la chaîne des Cascades. Petit, la moustache tombante, les yeux marron derrière des lunettes trop grandes, il avait encore, à soixante-dix ans, toute la fougue et la vigueur des montagnards. « Au début, j'avais peur de Jean, avoue Mortenson. Il avait la réputation d'être une peau de vache, mais avec moi, il n'y avait pas plus doux. »

Photographies, croquis et cartes envahirent bientôt la table basse, débordant jusque sur l'épaisse moquette ivoire. Hoerni, qui s'était rendu deux fois au camp de base du K2, s'amusa à énumérer avec Mortenson tous les villages qui, comme Korphe, ne figuraient sur aucune carte. Puis, d'un geste enthousiaste, il corrigea lui-même l'une d'elles au feutre noir, y ajoutant le pont qui enjambait la Braldu.

« Jean a tout de suite apprécié Greg, se rappelle sa veuve Jennifer Wilson, qui devint par la suite membre du conseil d'administration du CAI. Il aimait son côté fou, non conventionnel. Il aimait que Greg n'ait de compte à rendre à personne. Jean était chef d'entreprise et respectait les gens qui ne reculaient pas devant la difficulté. Quand il a lu l'article, dans le bulletin de l'AHF, il m'a dit : "Les Américains s'intéressent aux bouddhistes, pas aux musulmans. Ce type n'y arrivera pas. Il va falloir que je l'aide." Jean a accompli beaucoup de choses dans sa vie, mais l'école de Korphe lui tenait vraiment à cœur, au moins autant que la recherche scientifique. Cette région le touchait particulièrement. Quand Greg est parti, après cette première visite, il m'a dit : "Il a cinquante pour cent de chances d'y arriver. Et s'il y arrive, chapeau ! " »

De retour à San Francisco, Mortenson appela George McCown. Ils échangèrent quelques mots, s'émerveillant encore de l'heureux hasard qui avait conduit à leur rencontre, puis McCown l'invita à une soirée organisée par l'American Himalayan Foundation au début du mois de septembre, à laquelle Sir Edmund Hillary devait participer.

C'est ainsi que le mercredi 13 septembre 1995, vêtu d'une veste marron ayant appartenu à son père, d'un pantalon kaki et de mocassins bateau fatigués qu'il portait sans chaussettes, Mortenson se présenta au Fairmont Hotel. Juché sur la butte de Nob Hill, le luxueux établissement voit converger toutes les lignes de tram de la ville – cadre propice à une soirée durant laquelle Mortenson démêlerait bien des fils de son existence.

En 1945, des diplomates de quarante nations s'étaient réunis en ce même lieu pour rédiger la Charte des Nations unies. Cinquante ans plus tard, la foule qui se pressait dans la somptueuse salle de bal vénitienne pour le dîner de gala annuel de l'AHF présentait la même diversité culturelle. Au bar, spécialistes du capital-risque et gestionnaires de fonds tirés à quatre épingles côtoyaient des alpinistes mal à l'aise en costume cravate. Ces dames de la bonne société de San

Francisco se mêlaient aux moines tibétains en riant de leurs plaisanteries.

À l'entrée de la salle, Mortenson se courba pour recevoir la *kata*, écharpe de prière en soie blanche que l'on passait au cou des nouveaux arrivants. Il se redressa et, étourdi par le bourdonnement d'un millier de voix, essaya de s'orienter. C'était une réunion d'initiés, le genre d'endroit qu'il ne fréquentait jamais. Il se sentait en marge. Soudain, il aperçut George McCown, accoudé au bar, qui lui faisait signe d'approcher. Il était penché vers un homme plus petit que lui : Jean Hoerni. Mortenson les rejoignit et leur donna l'accolade.

– Je disais justement à George qu'il devait vous donner des fonds, déclara Hoerni.

– En fait, si je fais bien attention, je devrais avoir de quoi terminer l'école, répondit Mortenson.

– Pas pour l'école, rectifia Hoerni, pour vous. Comment êtes-vous censé vivre en attendant d'avoir terminé l'école ?

– Que diriez-vous de vingt mille dollars ? proposa McCown.

Mortenson ne savait que répondre. Il sentit le rouge lui monter aux joues.

– Dois-je comprendre que vous acceptez ?

– Apportez-lui un cocktail, fit Hoerni en souriant. Je crois que Greg va tomber dans les pommes.

Au cours du dîner, un élégant journaliste assis à la table de Mortenson, consterné de croiser un convive sans chaussettes, alla aussitôt lui en acheter à la boutique de l'hôtel. À cette exception près, le repas ne laissa à Mortenson que peu de souvenirs : il mangea dans un état second, émerveillé que ses problèmes d'argent se soient évanouis d'un seul coup.

En revanche, jamais il n'oublierait le discours qui suivit. Sir Edmund Hillary, son héros de toujours, monta sur scène de sa démarche chaloupée, évoquant davantage l'apiculteur qu'il avait été dans sa jeunesse que le chevalier adoubé par la reine d'Angleterre. *Ed from the Edge*[1], comme il aimait à se présenter, avait le sourcil broussailleux, la mèche rebelle et était affligé d'une épouvantable dentition. Le célèbre Néo-Zélandais, alors âgé de soixante-quinze ans, accusait un léger embonpoint, désormais incompatible avec des sommets de huit mille mètres. Pourtant, aux yeux de cette assemblée de passionnés, c'était une légende vivante.

Hillary commença par montrer des diapositives de son ascension victorieuse de l'Everest en 1953. Elles possédaient cet éclat particulier, irréel, des premiers Kodachrome – Hillary y souriait, éternellement jeune, bronzé, et le soleil dans les yeux. Minimisant l'exploit qu'il avait signé avec Tenzing Norgay, il maintenait que de nombreux alpinistes auraient pu leur ravir la victoire. « J'étais simplement passionné de montagne, j'avais des compétences moyennes et j'étais prêt à m'investir à fond. J'avais l'imagination et la détermination qu'il fallait, mais j'étais un type normal. Ce sont les médias qui ont essayé de faire de moi une figure héroïque. J'ai appris, avec le temps, qu'il ne faut pas croire toutes les âneries qu'on écrit sur vous. Comme ça, on limite les dégâts. »

Après les incontournables images de l'Everest, Hillary commenta des clichés pris au Népal dans les années soixante et soixante-dix sur des chantiers d'écoles et de cliniques. Sur l'une des photos datant de son premier projet humanitaire (une école de trois classes construite en 1961), Hillary figure torse nu, traversant une poutre d'un pas sûr, un marteau à la main. Durant les quatre décennies qui ont suivi son exploit, Hillary ne s'est pas reposé sur ses lauriers. Il est retourné fréquemment dans l'Himalaya et, avec son frère Rex, y a construit vingt-sept écoles, douze cliniques et

---

1. *The edge* : le bord.

deux terrains d'aviation qui ont permis d'améliorer le ravitaillement de la région.

Mortenson était tellement exalté par ce qu'il entendait qu'il ne tenait plus en place. S'excusant, il se leva de table pour se réfugier dans le fond de la salle, qu'il se mit à arpenter de long en large, partagé entre le désir de boire les paroles de son idole et celui de sauter dans le prochain avion pour Korphe et de se mettre au travail.

« Je ne tiens pas particulièrement à marquer les mémoires, remarqua Hillary. L'ascension de l'Everest m'a apporté beaucoup de satisfaction, mais ce qui m'a le plus comblé, c'est la construction d'écoles et de cliniques, davantage que de laisser mon empreinte sur une montagne. »

Mortenson sentit une petite tape sur son épaule et se retourna. Une jolie jeune femme en robe noire lui souriait. Elle avait des cheveux roux, courts, et un air vaguement familier qu'il ne parvenait pas à identifier

« Je savais qui était Greg, raconte Tara Bishop. J'avais entendu parler de son projet, et je trouvais qu'il avait un sourire charmant, alors j'ai décidé de me glisser discrètement jusqu'à lui. »

Ils entamèrent une conversation qui, de fil en aiguille, d'intérêt commun en intérêt commun, paraissait ne devoir jamais se tarir. Ils parlaient à voix basse, tête contre tête, pour ne pas gêner les autres auditeurs.

« Greg jure que j'avais la tête posée sur son épaule, confie Tara. Je ne m'en souviens pas, mais c'est possible. J'étais subjuguée. Je me rappelle que je regardais tout le temps ses mains. Elles étaient immenses, fortes, et j'avais envie de les prendre dans les miennes. »

Le père de Tara, Barry Bishop, photographe au *National Geographic*, avait été membre de la première expédition américaine victorieuse sur l'Everest, le 22 mai 1963, dont il avait étudié l'arête sommitale d'après les photos de son ami Sir Edmund Hillary. Barry Bishop raconta son épreuve dans les pages du *National Geographic*. « Que se passe-t-il lorsque, finalement, on arrive au sommet ? écrit-il. On pleure. Débarrassé de toutes ses inhibitions, on pleure comme un bébé. On pleure de joie parce qu'on a vaincu la plus puissante des montagnes, on pleure de soulagement parce que le long calvaire de l'ascension touche à sa fin. »

Son soulagement fut de courte durée. Au cours de la descente, il faillit dévisser et plonger tête la première au Tibet, tomba à court d'oxygène, bascula dans une crevasse et souffrit d'engelures si graves que des équipes de Sherpas durent se relayer pour le transporter à Namche Bazaar, d'où on l'évacua par hélicoptère jusqu'à Katmandou. À l'issue de l'expédition, Bishop avait perdu les extrémités de ses petits doigts ainsi que tous ses orteils, mais le respect qu'il portait aux pionniers de l'envergure de Hillary, lui, était resté intact. « Au calme, à l'hôpital, je tirais les leçons de cette aventure, écrit-il. L'Everest est un espace dur et hostile. Le défier, c'est lui déclarer la guerre. En préparant son assaut, on doit se montrer aussi adroit et impitoyable que si l'on organisait une opération militaire. Et quand la bataille se termine, la montagne reste invaincue. On ne la conquiert pas, on y survit. »

Bishop, qui avait survécu, fut accueilli en héros avec ses camarades par le président Kennedy dans la roseraie de la Maison Blanche. En 1968, il embarqua sa femme Lila et leurs deux enfants Brent et Tara dans un camping-car à Amsterdam et mit le cap sur Katmandou. Ils vécurent deux ans à Jumla, dans l'ouest du Népal, durant lesquels Bishop termina la thèse qu'il consacrait aux voies commerciales antiques. George Schaller, qui étudiait des espèces sauvages en voie de disparition au Népal, leur rendait visite quand il était de passage dans la région.

Bishop, qui avait survécu, rentra à Washington. Il prit la direction du comité de recherche et d'exploration du *National Geographic*. Tara se souvient que Hillary s'arrêtait parfois à la maison : les deux infatigables grimpeurs passaient la soirée avachis devant la télé, à boire de la bière bon marché et à évoquer leurs souvenirs d'Everest, tout en regardant d'une seule traite les westerns qu'ils avaient loués au vidéoclub du coin. En 1994, Bishop s'était installé avec sa femme à Bozeman, dans le Montana, où il avait constitué dans son sous-sol l'une des meilleures bibliothèques privées sur l'Himalaya.

Mais Bishop ne survécut pas au banal accident de voiture survenu il y avait tout juste un an. Il se rendait à cette même soirée de l'AHF avec sa femme Lila pour y prononcer un discours. La voiture, lancée à cent trente-cinq kilomètres à l'heure, avait quitté la route à Pocatello, dans l'Idaho, et enchaîné quatre tonneaux avant d'atterrir dans le fossé. La mère de Tara, qui avait mis sa ceinture, s'en était sortie avec des égratignures. Mais son père, qui ne l'avait pas, avait été éjecté du véhicule et avait succombé à un traumatisme crânien.

Dans la pénombre de la salle de bal, Tara Bishop se surprit à se livrer sans réserve à Mortenson. La voiture contenait tous ses dessins et cahiers d'enfance, que son père lui rapportait, souvenirs éparpillés sur l'autoroute que des inconnus avaient pris la peine de ramasser et de lui renvoyer. Avec son frère Brent, elle était retournée sur les lieux de l'accident pour nouer des drapeaux de prière aux buissons, en bordure de route, et vider une bouteille de Bombay Gin, la marque préférée de leur père, sur le sable encore imprégné de son sang.

« Le plus bizarre, dans tout ça, c'est que je ne trouvais pas étrange de me confier à Greg. Au contraire, ça me semblait plus naturel que tout ce que j'avais pu faire depuis le décès de mon père. »

Lorsque la lumière revint, Mortenson était conquis. « Tara portait des chaussures à talons dont je n'étais pas très fan, se souvient-il. Mais à la fin de la soirée, comme elle avait mal aux pieds, elle a enfilé une paire de Rangers. Je ne sais pas pourquoi, mais ça a été le coup de grâce. J'avais l'impression d'être un ado. À la voir comme ça, dans sa petite robe noire avec ses grosses chaussures, j'étais sûr qu'elle était faite pour moi. »

Ils allèrent saluer Hillary, qui exprima son chagrin à Tara pour le décès de son père. « C'était incroyable, se rappelle Mortenson. Alors que je rencontrais un homme que je portais aux nues depuis des années, j'étais encore plus ému par Tara. » Puis il présenta la jeune femme à Jean Hoerni et à George McCown, et quitta rapidement l'hôtel. « Tara avait compris que je n'avais pas de voiture, poursuit-il, et m'a proposé de me ramener chez moi. J'avais prévu de rentrer avec des amis, mais je leur ai posé un lapin. »

Mortenson était arrivé au Fairmont Hotel dans son état habituel : sans le sou, et solitaire. Il en repartait avec la promesse d'un an de salaire, au bras de celle qui allait devenir sa femme.

Le temps que la Volvo grise de Tara traverse le quartier des finances, et émerge des embouteillages de la *freeway* 101 et du pont de Bay Bridge, Mortenson put dérouler le fil de sa vie. Il conta à Tara son enfance à Moshi, le faux-poivrier, l'hôpital de son père et l'école de sa mère. Le décès de Christa, puis celui de Dempsey.

Alors qu'ils franchissaient les eaux sombres de la baie, guidés par les lumières des Oakland Hills qui scintillaient comme une constellation, Mortenson jetait un pont entre leurs vies.

Ils se garèrent devant l'appartement de Dudzinski.

– Je t'inviterais bien à l'intérieur, fit Mortenson, mais c'est un vrai capharnaüm.

Ils passèrent encore deux heures dans la voiture à discuter du Baltistan, de l'école de Korphe et du projet d'expédition de Brent, le frère de Tara, sur l'Everest. « Je me souviens très précisément de la pensée qui m'a traversé l'esprit durant cette conversation, évoque Tara. On ne s'était même pas encore touchés, mais je me souviens d'avoir pensé "Je vais passer le reste de ma vie avec lui". C'était un sentiment paisible, merveilleux. »

– Ça t'ennuie si je te kidnappe ? demanda Tara.

Elle habitait un studio aménagé dans un garage, dans l'agréable quartier de Rockbridge à Oakland. Tara leur versa deux verres de vin et ils échangèrent leur premier baiser. Au même moment, Tashi, son terrier tibétain, fit irruption et se jeta dans leurs jambes en aboyant férocement.

– Bienvenue dans ma vie, déclara Tara.

– Bienvenue dans mon cœur, répondit Mortenson en la serrant dans ses bras.

Le lendemain matin, un jeudi, ils retraversèrent Bay Bridge en direction de l'aéroport international de San Francisco. Mortenson devait s'envoler pour le Pakistan le dimanche suivant à bord d'un avion de la British Airways. Mais au comptoir, l'hôtesse se laissa attendrir et accepta de repousser son vol d'une semaine, sans frais supplémentaires.

À l'époque, Tara achevait un doctorat en psychologie. Elle n'avait plus de cours et était libre d'organiser ses journées. De son côté, Mortenson avait terminé ses gardes, ce qui leur permettait de passer chaque minute ensemble. Ils se rendirent à Santa Cruz dans la vieille Volvo et passèrent une journée à la plage en compagnie de parents de Greg. « C'était formidable, se souvient-elle. Il partageait sa vie et sa famille sans aucune gêne. J'avais vécu quelques expériences pas très agréables, avant, et je me rendais compte que, quand on a trouvé la bonne personne, ça fait toute la différence. »

Le dimanche où Greg aurait dû s'envoler pour le Pakistan, ils regagnaient la baie par les collines boisées.

– Alors, quand est-ce qu'on se marie ? demanda Tara en se tournant vers celui qu'elle ne connaissait que depuis quatre jours.

– Mardi, ça te va ?

Le mardi 19 septembre, Greg Mortenson, vêtu d'un pantalon kaki, d'une chemise en soie ivoire et d'un veston brodé tibétain, gravissait le perron de la mairie d'Oakland, main dans la main avec sa fiancée Tara Bishop. La mariée portait une veste de tailleur en lin et une minijupe à fleurs et, par égard pour son futur époux, avait troqué ses Rangers contre une paire de sandales plates.

« On pensait qu'on allait juste signer des papiers et qu'on organiserait une fête avec nos familles quand Greg rentrerait du Pakistan », raconte Tara. Mais la mairie d'Oakland ne faisait pas les choses à moitié. Pour quatre-vingt-trois dollars, le jeune couple fut escorté par un officier d'état civil jusqu'à une salle de réunion. On les invita à se placer contre le mur, sous un arceau de fleurs en plastique agrafées à un panneau d'affichage. Une secrétaire municipale au nom de Margarita se proposa comme témoin et pleura durant toute la cérémonie.

Six jours après avoir échangé leurs premières paroles à voix basse dans le hall du Fairmont Hotel, Greg Mortenson et Tara Bishop échangeaient leurs vœux de mariage. « Lorsque l'officier aborda le paragraphe sur la pauvreté, on a éclaté de rire tous les deux, se rappelle Tara. J'avais vu la chambre de Greg chez Witold, le matelas qu'il se fabriquait avec les coussins du canapé pour son sac de couchage. J'ai pensé deux choses en même temps : j'épouse un homme qui n'a pas de lit et, mon Dieu, comme je l'aime ! »

Les jeunes mariés annoncèrent la surprenante nouvelle à leurs amis, qu'ils invitèrent dans un restaurant italien de San Francisco pour fêter l'événement. L'un d'eux, James Bullock, était conducteur de tram. Il leur donna rendez-vous sur les quais, au rond-point de *l'Embarcadero*. C'était l'heure de pointe. Bullock les fit monter dans son tram rouge et or, bondé, puis, faisant tinter sa cloche, annonça leur mariage à tous les passagers. Ils traversèrent le quartier des finances sous une pluie de cigares, d'argent, et de vœux de bonheur.

Au dernier arrêt, Bullock verrouilla toutes les portes du tram et les conduisit à travers les rues de San Francisco en faisant sonner la cloche du véhicule à toute volée. Mû par la magie de son câble invisible, le tram déboucha au sommet de Nob Hill, non loin du Fairmont Hotel, au-dessus des rues vertigineuses qui dévalaient à flanc de colline. Sa femme blottie contre lui, Mortenson regardait le soleil plonger dans l'océan derrière le Golden Gate, et peindre en rose Angel Island – ce rose qu'il associerait à jamais au bonheur. Soudain, il ressentit une sorte de crampe à la joue. Ce qui n'avait rien d'étonnant : cela faisait six jours qu'il souriait sans arrêt.

« Quand je raconte mon mariage, dit Mortenson, les gens sont toujours surpris. Mais moi, me marier en six jours ne m'a pas paru bizarre. Mes parents avaient fait la même chose, et ça avait marché. Ce qui me sidère, moi, c'est d'avoir rencontré Tara. J'étais fait pour elle. »

Le dimanche suivant, Mortenson fit son paquetage, rangea soigneusement sa liasse de billets de cent dollars dans la poche de sa veste et se rendit à l'aéroport. Sur le parking des départs, alors qu'il cherchait la force de quitter la voiture, il se tourna vers sa femme. Un sourire flottait sur ses lèvres, signe qu'elle pensait la même chose que lui.

– Je vais demander, lui dit-il. Mais je ne sais pas si ça va marcher.

Il parvint à repousser son vol deux fois de plus, emportant son sac avec lui à chaque nouvelle tentative, pour le cas où il échouerait. Mais ses craintes étaient superflues. La nouvelle de leur idylle s'était répandue comme une traînée de poudre à travers les comptoirs de la British Airways, et les agents n'hésitaient pas à contourner les règles pour rallonger le sursis des jeunes époux. « Ce furent deux semaines très particulières, se souvient Mortenson, deux semaines secrètes. Personne ne savait que j'étais en ville et on se cloîtrait dans l'appartement de Tara, en essayant de rattraper le temps perdu. »

« Finalement, quand j'ai refait surface, j'ai appelé ma mère, raconte Tara. Elle était au Népal, sur le point de partir pour un trek. »

« Tara m'a appelé à Katmandou et m'a tout de suite dit de m'asseoir, se rappelle Lila Bishop. C'est le genre d'appel qu'on n'oublie pas. Ma fille n'arrêtait pas de répéter "merveilleux", mais tout ce que j'entendais, c'était "six jours" ! »

« Je lui ai dit : "Maman, je viens d'épouser un homme merveilleux". Elle avait l'air choquée. Je sentais bien qu'elle était sceptique, mais elle s'efforçait d'avoir l'air joyeuse. "Eh bien, finit-elle par dire, tu as trente et un ans et tu as embrassé beaucoup de crapauds. Si tu penses que c'est ton prince charmant, je suis sûre que tu as raison." »

Lorsque, pour la quatrième fois, la Volvo grise se gara devant l'aéroport international de San Francisco, Mortenson embrassa celle qu'il avait l'impression de connaître depuis toujours, puis traîna son sac jusqu'au comptoir de la British Airways.

– Alors, vous êtes sûr de vouloir partir, cette fois ? le taquina la jeune femme au guichet. Vous êtes sûr d'avoir pris la bonne décision ?

– Oh, oui ! C'est la bonne décision, répondit-il en adressant un dernier signe d'adieu à sa femme, à travers la vitre. Je n'en ai jamais été aussi sûr.

CHAPITRE 12
LA LEÇON DE HAJI ALI

Il peut paraître absurde qu'une culture « primitive »
himalayenne ait quelque chose à apprendre à notre société
industrielle. Mais notre quête d'avenir nous renvoie
constamment au lien ancestral qui nous lie à la terre,
un lien que les cultures anciennes n'ont jamais abandonné.
Helena Norberg-Hodge.

À l'entrée de la résidence de Changazi, à Skardu, Mortenson fut refoulé par un gardien qui, même à l'échelle des Baltis, était petit. Yakub, le second de Changazi, était glabre et avait la carrure d'un garçon de douze ans – bien qu'en réalité, il eût une bonne trentaine d'années. Il n'en planta pas moins résolument ses quarante kilos sur le passage de Mortenson. Ce dernier tira de son sac à dos le sachet congélation dans lequel il gardait ses documents et en extirpa l'inventaire des matériaux de construction que Changazi avait dressé lors de son précédent séjour.

– Je viens chercher ceci, dit-il en tendant la liste à Yakub.

– Changazi Sahib est à Pindi, répondit le gardien.

– Quand rentre-t-il ?

– Dans un ou deux mois, au plus tard, répliqua Yakub en commençant à refermer la porte. Revenez à ce moment-là.

– Appelons-le, coupa Mortenson en glissant un bras dans l'ouverture de la porte.

– Impossible. La ligne pour Pindi est coupée.

Mortenson s'efforça de garder son calme. Les employés de Changazi avaient-ils tous appris la longue liste d'excuses utilisées par leur patron ? Alors qu'il hésitait, se demandant s'il ne ferait pas mieux de revenir en compagnie d'un policier, un homme d'un certain âge, très digne, coiffé d'une *topi* marron d'une rare finesse et arborant une moustache soigneusement taillée, apparut derrière Yakub. C'était Ghulam Parvi, un comptable auquel Changazi faisait appel pour ses affaires. Parvi était diplômé en commerce de l'université de Karachi, l'une des meilleures du pays. Rares étaient les Baltis atteignant ce niveau d'études, et il était connu et respecté à travers tout Skardu pour son érudition et sa foi. Yakub s'écarta avec déférence du chemin du vieil homme.

« Puis-je vous être utile, monsieur ? » demanda Parvi dans un anglais raffiné, que l'on avait peu l'habitude d'entendre à Skardu.

Mortenson se présenta, exposa son problème et tendit son reçu à Parvi.

– Voici une bien étrange affaire, commenta-t-il. Vous cherchez à bâtir une école au Baltistan et, quoique ce projet soit voué à susciter mon intérêt, Changazi ne m'en a pas touché mot. C'est vraiment curieux.

Ghulam Parvi avait été directeur de la SWAB, la Social Welfare Association Baltistan[1]. Durant son mandat, deux écoles primaires avaient vu le jour à la périphérie de Skardu. Puis, les ressources promises par le gouvernement s'étant épuisées, il avait été obligé de reprendre son métier de comptable. Voilà donc que, d'un côté de cette porte verte, se tenait un étranger possédant les moyens de financer la construction d'une école, tandis que de l'autre côté se trouvait l'homme le plus compétent de toute la région pour l'aider.

– Je pourrais me plonger encore longtemps dans les grands livres de Changazi sans que cela m'avance

---

1. Association pour la protection sociale du Baltistan.

beaucoup, déclara-t-il en enroulant une écharpe beige autour de son cou. Si nous allions voir ce que sont devenus vos matériaux de construction ?

Intimidé par Parvi, Yakub prit le volant du Land Cruiser de Changazi et les conduisit à un chantier sordide, proche de l'Indus, à environ un kilomètre et demi au sud-ouest de la ville. C'était la carcasse d'un hôtel dont Changazi avait entrepris la construction avant de se retrouver à cours d'argent. Le bâtiment en briques de terre était échoué, sans toit, au milieu des détritus que les passants jetaient par-dessus une clôture de trois mètres surmontée de fil de fer barbelé. Par les fenêtres sans vitres, on pouvait voir des piles de matériaux enfouies sous des bâches bleues. Mortenson secoua le robuste cadenas qui fermait le portail et se tourna vers Yakub qui s'empressa de dire, le regard fuyant :

– C'est Changazi qui a la clé.

Mortenson revint le lendemain après-midi en compagnie de Parvi. Le vénérable comptable alla fouiller dans le coffre du taxi et en sortit un coupe-boulons. Un garde armé, qui lézardait sur un gros rocher non loin du portail, s'approcha en brandissant un fusil de chasse rouillé, qui faisait davantage penser à un accessoire de cinéma qu'à une véritable arme. De toute évidence, la ligne avec Pindi avait été rétablie, songea Mortenson.

– Il est interdit d'entrer, fit le garde. Le bâtiment a été vendu.

– Ce Changazi a beau se vêtir de blanc, remarqua Parvi, son âme est extrêmement noire.

Il se tourna vers le cerbère et changea de ton. Le balti peut avoir des accents durs, gutturaux, dont Parvi usa sans vergogne pour marteler son message, jusqu'à ce que son adversaire abandonne toute résistance. Lorsque, enfin, il s'interrompit, approchant le coupe-boulons du cadenas, le garde baissa son fusil et sortit une clé de sa poche, puis les escorta à l'intérieur.

Mortenson pénétra dans l'hôtel abandonné, imprégné d'humidité, et souleva les bâches qui dissimulaient les deux tiers du ciment, du bois et des plaques de tôle ondulée. Jamais il ne recouvrerait la totalité du chargement transporté sur la Karakoram Highway, mais il y avait là ce qu'il fallait pour commencer. Avec l'aide de Parvi, il organisa le transport des marchandises en jeep jusqu'à Korphe.

« Sans Ghulam Parvi, reconnaît Mortenson, je ne serais arrivé à rien au Pakistan. Mon père avait pu construire son hôpital grâce à John Moshi, son associé tanzanien, homme intelligent et compétent. Parvi est mon John Moshi. Quand j'ai commencé à construire la première école, je faisais n'importe quoi. Parvi m'a montré comment il fallait s'y prendre. »

Avant de se mettre en route pour Korphe, Mortenson échangea une longue poignée de main avec son précieux conseiller, le remerciant de son aide.

– Contactez-moi si vous avez encore besoin d'assistance, déclara Parvi en s'inclinant légèrement. Ce que vous faites pour les écoliers du Baltistan est inestimable.

Les pierres qu'il avait devant lui ressemblaient davantage à un champ de ruines antiques qu'aux briques d'un bâtiment neuf. Cette journée d'automne avait beau être magnifique et offrir un écrin idéal au K2 de Korphe, Mortenson était découragé par le spectacle qui s'offrait à lui.

L'hiver précédent, avant de quitter Korphe, il avait planté des piquets de tente dans le sol gelé et avait tendu de la ficelle en Nylon à brins rouges et bleus pour délimiter l'emplacement des cinq classes de l'école. Il avait laissé à Haji Ali l'argent nécessaire au recrutement d'ouvriers dans les villages voisins, pour la taille et le transport des pierres. Il s'était donc attendu à ce que, au moins, les fondations soient terminées. Mais tout ce qu'il avait sous les yeux, c'était deux tas de pierres dans un champ.

Tandis qu'il inspectait les lieux avec Haji Ali, Mortenson avait du mal à cacher sa déception. Entre ses quatre voyages à l'aéroport et le contretemps qui l'avait retenu chez Changazi, il était arrivé à la mi-octobre, soit presque un mois après la date prévue. « Les murs de l'école auraient déjà dû être finis cette semaine », songea-t-il. Mortenson retourna sa colère contre lui. Il ne pouvait pas passer sa vie en voyages au Pakistan. Il était désormais marié, et avait besoin d'un travail. Il voulait terminer l'école pour pouvoir penser à la suite, à ce qu'il ferait de son existence. Mais l'hiver allait, une fois encore, retarder les travaux. Mortenson shoota rageusement dans une pierre.

– Qu'est-ce qu'il y a ? s'enquit Haji Ali en balti. On dirait un jeune bélier sur le point de donner un coup de corne.

– Pourquoi n'avez-vous pas commencé ? demanda l'Américain en soupirant.

– Docteur Greg, répondit Haji Ali, quand tu es parti pour ton village, nous avons discuté du projet. Nous avons pensé qu'il serait ridicule de dépenser ton argent à payer ces fainéants de Munjung et d'Askole. Ils savaient que l'école était financée par un riche étranger, ils auraient fait du mauvais travail et tout un tas d'histoires. C'est pourquoi nous avons nous-mêmes taillé les pierres. Cela nous a pris tout l'été parce que beaucoup d'hommes ont dû faire du portage. Mais ne t'inquiète pas. Ton argent est bien à l'abri chez moi.

– Je ne m'inquiète pas pour l'argent, rectifia Mortenson, mais je voulais que le toit soit monté avant l'hiver, pour que les enfants puissent commencer à aller en classe.

Haji Ali posa une main sur l'épaule de son ami américain, la serrant d'un geste paternel.

– Je remercie Allah le miséricordieux pour tout ce que tu as fait, dit-il, mais les habitants de Korphe vivent sans école depuis six cents ans. Que changera un hiver de plus ou de moins ?

Mortenson regagna la maison de Haji Ali, empruntant un chemin qui coupait à travers les gerbes de blé rassemblées en vue du battage. Tous les quelques mètres, il s'arrêtait et saluait un villageois qui avait lâché son fardeau pour venir lui souhaiter la bienvenue. Les femmes venaient vider les paniers qu'elles portaient sur le dos avant de repartir faucher le blé. Lorsqu'elles se penchaient, Mortenson apercevait, tissés dans les *urdwa* dont elles étaient coiffées, des brins de fil en Nylon rouges et bleus. Rien ne se perdait, à Korphe.

Cette nuit-là, sur la terrasse de Haji Ali où il dormait à la belle étoile aux côtés de Twaha, Mortenson se rappela combien il s'était senti seul la dernière fois qu'il s'était trouvé là. Il pensa à Tara et, avec un pincement au cœur, au signe d'adieu qu'il lui avait adressé à travers la vitre, à l'aéroport de San Francisco. Une vague de bonheur l'envahit, qu'il ne pouvait garder pour lui tout seul.

– Twaha, tu es réveillé ? demanda-t-il.

– Oui.

– Il faut que je te dise quelque chose. Je me suis marié.

Mortenson entendit un déclic, puis fut aveuglé par le faisceau de la torche qu'il avait rapportée des États-Unis pour son ami. Twaha s'assit, étudiant le visage du grand Américain à la lueur de cette étrange lumière, pour voir si c'était une plaisanterie.

Puis la torche roula à terre et une pluie de coups de poing joyeux s'abattit sur les bras et les épaules de Mortenson. Twaha s'écroula sur son épais matelas avec un soupir joyeux.

– Haji Ali a dit que le Docteur Greg avait l'air différent, cette fois, dit-il en riant. Il sait vraiment tout.

Curieux, il s'amusa à allumer et éteindre la torche.

– Puis-je connaître son nom ?

– Tara.

– Ta… ra, répéta-t-il avec application, se familiarisant avec les sonorités d'un mot qui signifie "étoile" en ourdou. Elle est mignonne, Tara ?

– Oui, répondit Mortenson, se sentant rougir. Elle est mignonne.

– Combien de chèvres et de béliers as-tu donnés à son père ?

– Son père est mort, comme le mien. Et en Amérique, on ne donne pas de dot à la mariée.

– Est-ce qu'elle a pleuré en quittant sa mère ?

– Elle ne lui a annoncé la nouvelle qu'après notre mariage.

Twaha resta silencieux pendant quelques instants, intrigué par les coutumes matrimoniales exotiques de son ami américain. Mortenson avait été invité à de nombreux mariages depuis son arrivée au Pakistan. Dans les détails, les noces baltis variaient d'un village à l'autre, mais dans leurs grandes lignes, toutes les cérémonies étaient centrées sur l'angoisse qui saisissait la mariée au moment de quitter sa famille pour toujours.

« En général, le point culminant du mariage, c'est le moment où la mariée et sa mère se blottissent dans les bras l'une de l'autre, en pleurs. Le père du marié empile des sacs de farine et de sucre, et promet chèvres et béliers, tandis que le père de la mariée, bras croisés, lui tourne le dos pour exiger davantage. Lorsqu'il considère qu'un prix raisonnable a été atteint, il se retourne et esquisse un signe de tête. À ce moment-là, c'est un véritable déchirement. J'ai vu des hommes, dans la famille de la mariée, tenter de séparer mère et fille de toutes leurs forces parmi les cris et les lamentations. Lorsqu'une femme quitte un village isolé comme Korphe, elle sait qu'elle risque de ne plus jamais revoir les siens. »

Le lendemain matin, un aliment précieux accompagnait les habituels chapatis et *lassi* du petit déjeuner : un œuf dur.

Du seuil de sa cuisine, Sakina lui souriait fièrement. Haji Ali écailla l'œuf.

– Pour que tu sois assez fort et que tu aies beaucoup d'enfants, lui dit-il tandis que sa femme se cachait en riant derrière son châle.

Patiemment, Haji Ali attendit que Mortenson termine sa seconde tasse de thé au lait. Un sourire couva quelques instants sous sa barbe, puis éclata, illuminant tout son visage :

– Allons construire cette école, déclara-t-il.

Haji Ali grimpa sur son toit et appela tous les hommes du village à se réunir à la mosquée. Mortenson, armé des cinq pelles qu'il avait récupérées sur le chantier abandonné de Changazi, lui emboîta le pas à travers les ruelles boueuses, alors que les hommes émergeaient de toutes les maisons.

Au fil des siècles, la mosquée de Korphe s'était adaptée aux changements de son environnement, tout comme ceux qui venaient y célébrer leur foi. Les Baltis ne possédaient pas d'écriture, ce qu'ils compensaient par une transmission orale scrupuleuse de leur histoire. Chaque Balti était capable de remonter son arbre généalogique jusqu'à dix ou vingt générations en arrière, et tout le monde à Korphe connaissait la légende de cette construction de guingois, faite de terre et de bois. Elle existait depuis près de cinq cents ans et avait été un temple bouddhiste avant que l'Islam ne s'établisse au Baltistan.

Pour la première fois depuis sa venue à Korphe, Mortenson franchit le seuil de l'édifice. Durant ses quelques séjours, il avait gardé une distance respectueuse avec la mosquée et le chef religieux du village, Sher Takhi. Mortenson ignorait quels étaient les sentiments du mollah à l'égard de l'infidèle qui séjournait parmi eux, infidèle qui envisageait de donner une instruction aux fillettes de Korphe. Sher Takhi lui sourit et lui indiqua un tapis de prière, dans le fond de la pièce. C'était un homme mince à la barbe grisonnante, d'une quarantaine d'années, qui, comme la plupart des Baltis vivant dans ces contrées montagneuses, paraissait avoir quelques décennies de plus.

Sher Takhi, qui appelait à la prière cinq fois par jour, sans aucun système d'amplification, la population très éparpillée de Korphe, emplit la petite pièce de sa voix tonitruante. Il entama une *doua* spéciale avec les hommes, dans le but d'appeler sur eux la miséricorde et le soutien d'Allah lorsque débuteraient les travaux. Mortenson priait en suivant les indications données par le tailleur de Pindi, les bras croisés et le buste incliné. Les villageois, eux, gardaient les bras tendus le long du corps et se couchaient presque entièrement face contre terre. L'Américain réalisa alors que le tailleur lui avait enseigné la façon de prier des sunnites…

Mortenson se souvint d'avoir lu des articles, quelques mois auparavant, sur la récente vague de violence qui opposait sunnites et chiites au Pakistan. Il se rappelait le drame survenu dans les gorges de l'Indus, sur la Karakoram Highway, au car faisant la liaison avec Skardu. Juste après Chilas, région dominée par les sunnites, une dizaine d'hommes masqués armés de kalachnikovs avaient bloqué la route et forcé les passagers à descendre. Ils avaient séparé les chiites des sunnites et avaient tranché la gorge de dix-huit voyageurs chiites, en forçant leurs femmes et leurs enfants à regarder. Et voilà qu'il priait à la façon des sunnites en plein Pakistan chiite ! Entre sectes ennemies, Mortenson ne l'ignorait pas, on tuait pour moins que ça.

« J'étais partagé entre le désir d'assimiler rapidement la façon de prier des chiites et l'envie d'admirer les sculptures sur bois qui décoraient les murs », se souvient Mortenson. Si les Baltis respectaient assez le bouddhisme pour pratiquer une foi aussi sobre que la leur dans ce riche décor de svastikas et de roues de la vie, songea-t-il en balayant les sculptures des yeux, ils étaient probablement assez tolérants pour accepter qu'un infidèle prie selon les préceptes d'un petit tailleur de Rawalpindi.

Cette fois-ci, Haji Ali fournit lui-même la ficelle. Contrairement à celle de Mortenson, elle n'était pas bleue et rouge, mais de fabrication locale. Après avoir pris les mesures, ils la trempèrent dans un mélange de craie et de calcaire puis, selon la méthode éprouvée du village, tracèrent les limites du chantier de construction. Haji Ali et Twaha tendaient la ficelle comme la corde d'un arc avant de la relâcher d'un coup, marquant le sol de lignes blanches à l'emplacement des futurs murs de l'école. Mortenson distribua les cinq pelles, et les cinquante hommes se relayèrent avec lui pour creuser. En fin d'après-midi, une tranchée d'un mètre de large sur un mètre de profondeur délimitait le périmètre du bâtiment. Une fois le travail terminé, Haji Ali indiqua d'un signe de tête deux grosses pierres que six hommes soulevèrent et placèrent, au prix d'efforts démesurés, dans l'angle des fondations orienté face au K2 de Korphe. Il ordonna ensuite qu'on aille quérir le *chogo rabak*.

Twaha s'éloigna d'un pas solennel, puis revint bientôt avec un énorme animal gris cendré aux cornes altières et incurvées. « Habituellement, pour faire bouger un bélier, il faut le traîner. Mais c'était le bélier numéro un du village. Il était tellement gros que c'était lui qui traînait Twaha. Ce dernier redoublait d'effort pour retenir l'animal, mais celui-ci l'avait pris en remorque pour se rendre à sa propre exécution. » Twaha immobilisa le *rabak* à côté de la pierre et l'agrippa par les cornes. Sans forcer, il tourna sa tête en direction de La Mecque tandis que Sher Takhi psalmodiait à voix basse le récit d'Allah demandant à Abraham de sacrifier son fils, avant de substituer à ce dernier un bélier en récompense de sa loyauté. Ce passage du Coran est très proche de celui de la Bible et de la Torah avec Abraham et Isaac. « C'était comme si l'on avait joué devant moi une scène de catéchisme de mon enfance. J'ai été frappé par tout ce que ces religions ont en commun, par toutes ces traditions qui puisent à la même source. »

Hussain, porteur accompli au physique de sumo (à l'échelle des Baltis), avait la mission d'égorger le bélier. D'ordinaire, les porteurs du Baltoro se voyaient attribuer des charges de vingt-cinq kilos. Hussain avait la réputation de tripler cette charge, portant rarement moins de soixante-dix kilos. Il sortit de son fourreau un poignard long de quarante centimètres et appliqua sans la presser la lame sur la gorge de l'animal, dont les poils se hérissèrent. Sher Takhi leva les mains, paumes vers le ciel, au-dessus de la tête du *rabak* et demanda à Allah la permission de prendre sa vie. Puis il adressa un signe de tête à Hussain.

Les pieds solidement plantés dans le sol, d'un geste net, Hussain ficha le poignard dans le cou du bélier, avant de l'enfoncer dans la veine jugulaire. Du sang chaud jaillit et éclaboussa les pierres, puis coula par saccades avant d'expirer avec le souffle de l'animal. Poussant un grognement, Hussain lui sectionna la moelle épinière. Twaha saisit la tête du bélier par les cornes et la brandit à la ronde. Mortenson contempla les yeux de l'animal, à jamais figés.

Tandis que les hommes dépeçaient et découpaient la bête en quartiers, les femmes préparèrent le riz et les lentilles. « À vrai dire, on n'a pas fait grand-chose de plus cet automne-là, avoue Mortenson. Haji Ali était pressé de bénir l'école, mais pas de la construire. Il y a eu une énorme fête. Pour des gens qui ne consomment de la viande que quelques fois dans l'année, ce repas revêtait beaucoup plus d'importance que l'école. » Tous les habitants du village reçurent leur part de l'animal sacrifié. Quand le dernier os fut brisé et vidé de sa moelle, Mortenson rejoignit un groupe d'hommes qui allumait un feu aux abords de ce qui, espérait-il, serait prochainement la cour d'école. Comme la lune se levait au-dessus du K2 de Korphe, ils dansèrent autour du feu, récitèrent pour Mortenson des extraits de l'*Épopée du roi Gésar*, grand poème épique himalayen, et lui chantèrent un répertoire inépuisable de chansons traditionnelles.

Ensemble, les Baltis et l'Américain virevoltèrent tels des derviches tourneurs, au rythme de chants évoquant les affrontements entre royaumes des montagnes, la brutalité des hordes de guerriers *pathans* déferlant d'Afghanistan, les batailles que livrèrent les rajahs baltis aux étranges conquérants venus d'Occident – Alexandre le Grand d'abord, et plus tard, ces hommes venus d'Inde britannique par l'est et le sud, accompagnés de mercenaires *gurkhas*. Les villageoises, désormais habituées à la présence de l'infidèle, se tenaient à la lisière du halo projeté par les flammes, visages illuminés, accompagnant des mains et de la voix les chants de leurs hommes.

Les Baltis possédaient une histoire, une tradition pleine de richesse. Ce n'était pas parce qu'elle n'était pas écrite qu'elle n'existait pas. Ces visages autour du feu n'avaient pas tant besoin d'enseignement que d'une aide. Et l'école serait le lieu où ils se viendraient en aide à eux-mêmes. Mortenson balaya le chantier du regard. Ce n'était guère plus qu'une étroite tranchée éclaboussée de sang de bélier. Il se pouvait bien qu'il n'accomplisse rien d'autre avant son départ, mais au cours de cette nuit de festivités, l'école prit corps dans son esprit – elle devint réelle. Il pouvait voir la bâtisse terminée, devant lui, aussi nettement que le K2 de Korphe éclairé par la lune. Rassuré, Mortenson se retourna et contempla le feu.

***

Le propriétaire de Tara refusant que le jeune couple s'installe dans le confortable garage aménagé en studio, Mortenson emporta chez Dudzinski les quelques affaires de sa femme qui pouvaient y trouver place et remplit son box avec le reste. En voyant les livres et les lampes de Tara à côté des éléphants en ébène de son père, il eut le sentiment de voir sa vie s'imbriquer dans la sienne à la manière de ces objets.

Tara retira du petit héritage légué par son père de quoi acheter un grand *futon*, qui recouvrit presque entièrement le sol de leur modeste chambre. Mortenson s'émerveillait des bienfaits du mariage sur sa vie. Pour la première fois depuis son arrivée en Californie, il quittait son sac de couchage pour un lit. Et pour la première fois depuis des années, il avait quelqu'un à qui raconter son odyssée. « Plus il parlait de son travail, plus je réalisais ma chance, confesse Tara. Sa passion pour le Pakistan rejaillissait sur tout ce qu'il faisait. »

Jean Hoerni était lui aussi émerveillé de la passion que Mortenson vouait aux habitants du Karakoram. Il l'invita à venir passer Thanksgiving chez lui, à Seattle, avec Tara. Le repas servi pour l'occasion, extrêmement copieux, rappela à Mortenson les banquets qui avaient accompagné les disputes autour de l'école. Hoerni étant avide des moindres détails, Mortenson lui conta son enlèvement en jeep, le dîner à répétition de Khane, le yak servi tout entier à Kuardu et, de fil en aiguille, en arriva au présent. Trop occupé à décrire le début des travaux de l'école, le sacrifice du *chogo rabak* et sa longue nuit de chants et de danses, il en oublia sa propre assiette.

– Écoutez, fit Hoerni, j'aime beaucoup ce que vous entreprenez dans l'Himalaya et j'ai l'impression que vous ne vous débrouillez pas trop mal. Pourquoi n'en faites-vous pas votre métier ? Il me semble que les enfants de cet autre village ont tout autant besoin d'une école que ceux de Korphe. Or, personne, dans le milieu de la montagne, ne lèvera le petit doigt pour aider des musulmans. Ils ont assez à faire avec les Sherpas et les Tibétains, avec les bouddhistes. Que diriez-vous si je créais une fondation dont je vous nommerais directeur ? Vous pourriez bâtir une école par an. Qu'en pensez-vous ?

Mortenson serra la main de sa femme. L'idée lui paraissait si géniale qu'il craignait de rompre le charme s'il répondait ou qu'Hoerni ne change d'avis, si bien qu'il continua de siroter son vin.

C'est durant cet hiver que Tara apprit qu'elle était enceinte. Avec un enfant au programme, l'appartement enfumé de Witold Dudzinski paraissait de moins en moins adapté. Lila Bishop, la mère de Tara, qui avait eu des échos dithyrambiques sur son gendre, invita le jeune couple à lui rendre visite dans son élégante maison Art nouveau du centre historique de Bozeman, dans le Montana. Mortenson fut aussitôt séduit par la pittoresque petite ville située au pied de la chaîne Gallatin. Il lui sembla que Berkeley appartenait déjà à une époque révolue de son existence. Lila leur prêta l'apport nécessaire à l'achat d'une maison. Au début du printemps, Mortenson referma pour la dernière fois la porte du Box 114 de Berkeley et emménagea dans un joli pavillon de Bozeman, près de chez Lila, avec une cour fermée pour les enfants, loin de la fumée des cigarettes bon marché de son ancien colocataire et des gangs d'adolescents armés.

***

En mai 1996, alors qu'il remplissait les traditionnels formulaires d'arrivée à l'aéroport d'Islamabad, son stylo resta longuement en suspens à la rubrique « emploi ». Pendant des années, il avait inscrit « alpiniste ». Cette fois, il indiqua, en lettres d'imprimerie, « Directeur du Central Asia Institute ». C'était Hoerni qui lui avait soufflé le nom. Le chercheur envisageait une structure capable de se développer à la vitesse d'une entreprise de semi-conducteurs, semant écoles et autres projets humanitaires au-delà des frontières du Pakistan, dans tous ces pays en « stan » à travers lesquels la route de la Soie déroulait ses méandres. Mortenson n'était pas convaincu. Il avait assez de mal à monter une seule école pour pouvoir penser à l'échelle de Hoerni. Mais il disposait désormais d'un salaire annuel de vingt et un mille sept cent quatre-vingt-dix-huit dollars et d'un mandat lui permettant d'échafauder des projets à long terme.

Depuis Skardu, Mortenson envoya un message à Mouzafer lui demandant s'il accepterait de participer à la construction de l'école moyennant rémunération. Il rendit également visite à Ghulam Parvi avant de « monter » à Korphe. La maison de Parvi était nichée dans les collines verdoyantes au sud de Skardu, à côté d'une mosquée ouvragée construite sur un terrain légué par son père. Alors qu'ils prenaient le thé dans la cour, au milieu des pommiers et des abricotiers en fleurs, Mortenson lui exposa son modeste plan – terminer l'école de Korphe et construire une autre école au Baltistan, l'année suivante – et sollicita sa participation. Avec l'accord de Hoerni, il assortissait en outre son offre d'un petit complément de salaire.

« J'ai tout de suite vu que Greg avait du cœur, dit Parvi. Nous voulions tous deux les mêmes choses pour les enfants du Baltistan. Comment aurais-je pu dire non à cet homme ? »

Accompagné de Makhmal, un maçon que Parvi lui avait présenté à Skardu, Mortenson arriva à Korphe un vendredi après-midi. Alors qu'il traversait le nouveau pont, il eut la surprise de croiser un groupe de femmes vêtues de leurs plus beaux châles et des chaussures qu'elles réservaient aux grandes occasions. Elles le saluèrent d'une révérence, avant de presser le pas vers l'autre rive. Elles rendaient visite à leur famille, dans les villages voisins, pour le jour saint ou *djouma*. « Puisqu'elles peuvent désormais être de retour dans la journée, les femmes de Korphe ont pris l'habitude de se rendre dans leur village natal le vendredi. Le pont a renforcé les liens maternels et a beaucoup contribué au bonheur des femmes en réduisant leur isolement. Qui aurait cru qu'un projet aussi simple qu'un pont puisse autant accroître l'autonomie des femmes ? »

Sur la rive opposée de la Braldu, la silhouette de Haji Ali se dressait comme toujours au sommet de la falaise. Flanqué de Twaha et Jahan, il enserra son fils américain dans une chaleureuse étreinte et accueillit son hôte venu de la grande ville. Mortenson fut ravi de voir son vieil ami Mouzafer, qui se tenait timidement en retrait derrière Haji Ali. Mouzafer serra Mortenson dans ses bras, avant de poser une main sur son cœur en signe de respect. Ils s'écartèrent ensuite pour se dévisager et Mortenson eut l'impression que Mouzafer n'était pas en forme, qu'il avait pris un coup de vieux depuis leur dernière rencontre.

– *Yong chiina yot?* demanda selon l'usage Mortenson, préoccupé. Comment vas-tu?

«J'allais bien ce jour-là, qu'Allah en soit remercié, se souvient Mouzafer dix ans plus tard, parlant de la voix éteinte d'un vieil homme dont l'ouïe décline. J'étais juste un peu fatigué.» Mortenson apprit ce soir-là, en dégustant le riz et le *dal* chez Haji Ali, que Mouzafer venait de passer dix-huit jours héroïques. Une fois de plus, un glissement de terrain avait bloqué la route entre Skardu et Korphe, et Mouzafer, qui rentrait de deux cents kilomètres de portage sur le Baltoro, avait pris la tête d'un petit groupe de porteurs pour convoyer des sacs de ciment de quarante kilos à Korphe. Mince, âgé d'environ soixante-cinq ans, il avait parcouru le trajet avec son chargement une bonne vingtaine de fois, sautant les repas, marchant jour et nuit pour que le ciment soit livré à temps sur le chantier de construction.

«Quand j'ai rencontré Monsieur Greg Mortenson sur le Baltoro pour la première fois, il était très gentil, se souvient Mouzafer. Il racontait toujours des plaisanteries et partageait ses impressions avec les pauvres porteurs que nous étions. Quand je l'ai perdu, j'ai cru qu'il allait mourir en plein glacier et je n'ai pas fermé l'œil de la nuit, priant pour qu'Allah me permette de le sauver. Alors, une fois que je l'ai retrouvé, j'ai promis de le protéger durant toute sa vie, de toutes mes forces. Depuis, il a beaucoup donné aux Baltis. Je suis pauvre, et je ne peux rien lui offrir d'autre que mes prières ou mon dos, ce que j'ai été heureux de faire pour l'école. Quand je suis rentré chez moi après avoir porté tout ce ciment, ma femme m'a regardé et m'a dit : "Que t'est-il arrivé ? Tu as été en prison ?"» s'esclaffe Mouzafer avec un rire rauque.

Le lendemain matin, avant les premières lueurs de l'aube, Mortenson arpentait le toit en terrasse de Haji Ali de long en large. Il était désormais ici en tant que directeur d'une organisation. Ses responsabilités s'étendaient au-delà d'une simple école de village. Jean Hoerni avait placé sa confiance en lui, confiance qui pesait lourdement sur ses épaules, et il tenait à mettre un terme à ces interminables réunions et banquets. Il finirait la construction, et vite.

Lorsque les villageois se rassemblèrent au chantier, Mortenson les attendait, fil à plomb, niveau et registre à la main.

«Diriger ce chantier, c'était comme diriger un orchestre, se rappelle Mortenson. D'abord, on faisait exploser de gros rochers à la dynamite. Ensuite, des dizaines de personnes se précipitaient dans le chaos, prenaient des pierres et les apportaient aux maçons. Ensuite, Makhmal, par la grâce de quelques coups de burin, transformaient ces pierres en briques bien proportionnées. Les femmes puisaient l'eau à la rivière, puis la mélangeaient au ciment dans de gros trous creusés à même le sol. Ensuite, les maçons étalaient le ciment à la truelle et les briques s'alignaient lentement. Enfin, des nuées d'enfants voletaient dans tous les sens pour boucher les interstices, entre les briques, avec de petits éclats de pierre.»

«Nous avions tous très envie d'aider, se rappelle Tahira, la fille d'Hussein l'instituteur, alors âgée de dix ans. Mon père m'avait expliqué que l'école serait un endroit très spécial, mais je n'avais aucune idée de ce dont il parlait. Alors je venais voir la cause de toute cette agitation, et offrir mon aide. Tout le monde, dans ma famille, a prêté main forte. »

« Le Docteur Greg nous a rapporté des livres de son pays, raconte Jahan, la petite-fille de Haji Ali, alors âgée de neuf ans et qui, avec Tahira, ferait partie des premiers diplômés de l'école de Korphe. À l'intérieur, il y avait des photos d'écoles, ce qui m'a donné une idée de ce que nous étions en train de construire. Je trouvais le Docteur Greg très distingué dans ses vêtements propres. Et les enfants, sur les images, paraissaient très propres eux aussi. Alors je me suis dit que, moi aussi, je pourrais peut-être un jour avoir l'air aussi distingué. »

Durant le mois de juin, les murs s'élevèrent petit à petit ; mais, chaque jour, la moitié de l'équipe manquait pour une raison ou une autre – des champs ou des animaux dont il fallait s'occuper –, si bien que les choses avançaient trop lentement au goût de Mortenson. « Je m'efforçais d'être dur mais juste. Je passais toute la journée au chantier, de l'aube au crépuscule, vérifiant que les murs étaient bien droits à l'aide de mon niveau et de mon fil à plomb. J'avais continuellement mon registre à la main et je gardais un œil sur tout le monde et l'autre sur les dépenses. Je ne voulais pas décevoir Jean Hoerni, et je menais la vie dure aux villageois. »

Par un bel après-midi d'août, Haji Ali vint trouver Mortenson sur le chantier et l'invita à se promener avec lui. Ouvrant la marche, le vieil homme gravit la pente une heure durant, sur des jambes encore capables de rivaliser avec celles de son jeune compagnon. L'Américain sentait de précieuses minutes lui filer entre les doigts, et lorsque Haji Ali s'arrêta sur une étroite vire dominant le village, Mortenson haletait, autant à cause de l'effort fourni qu'à l'idée de tout le travail qui s'accomplissait sans lui. Haji Ali attendit qu'il ait repris son souffle, puis lui demanda de regarder le paysage. L'air avait cette transparence que l'on ne trouve qu'en altitude. Derrière le K2 de Korphe, les cimes glacées du Karakoram intérieur, impitoyables, plantaient leurs pointes acérées dans le ciel bleu sans défense. Trois cents mètres en contrebas, Korphe, dans son écrin verdoyant planté d'orge, semblait minuscule, vulnérable, frêle esquif au milieu d'un océan de pierres.

Haji Ali posa une main sur l'épaule de Mortenson.

– Ces montagnes sont ici depuis longtemps, dit-il sur un ton grave en redressant d'un geste sa *topi* de laine marron, unique symbole d'autorité que le *nurmadhar* consentait à porter. Et nous aussi. On ne peut pas dire aux montagnes ce qu'elles doivent faire. Il faut apprendre à les écouter. Alors maintenant, je te demande de m'écouter. Par la miséricorde d'Allah tout puissant, tu as beaucoup fait pour les miens, et nous t'en sommes reconnaissants. Mais maintenant, il y a encore une chose que tu dois faire.

– Tout ce que tu veux, répondit Mortenson.

– T'asseoir, asséna Haji Ali. Et te taire. Tu nous fais tourner en bourrique.

« Ensuite, poursuit Mortenson, il a tendu la main et m'a confisqué mon fil à plomb, mon niveau et mon registre. Puis, il a repris le chemin de Korphe. Je l'ai suivi jusque chez lui, inquiet. Il a pris la clé qu'il gardait toujours autour du cou au bout d'une lanière en cuir, a ouvert un meuble de rangement décoré de sculptures bouddhiques patinées, y a enfermé mes affaires aux côtés d'un morceau de jarret d'ibex salé, de son chapelet et d'un vieux mousquet datant de la colonisation. Ensuite, il a demandé à Sakina de nous faire du thé. »

Mortenson patienta nerveusement durant la demi-heure nécessaire à la préparation du *paiyu tchaï*. Haji Ali parcourait du doigt les lignes de son coran, qu'il chérissait par-dessus tout, et feuilletait au hasard des pages tout en murmurant une prière du bout des lèvres. Une fois que les tasses de porcelaine fumantes furent entre leurs mains, Haji Ali prit la parole.

– Si tu veux réussir au Baltistan, dit-il en soufflant sur son thé au beurre, tu dois respecter nos coutumes. La première fois que tu bois un thé avec un Balti, tu es un étranger. La deuxième fois, tu es l'invité d'honneur. La troisième fois que tu prends un thé, tu fais partie de la famille, et pour notre famille, nous sommes prêts à tout, même à mourir.

Avant de poursuivre, il posa sa main, encore chaude, sur celle de Mortenson.

– Docteur Greg, tu dois prendre le temps de boire trois tasses de thé. Nous n'avons peut-être pas d'instruction, mais nous ne sommes pas idiots. Nous vivons, et survivons ici, depuis longtemps.

« Ce jour-là, confie Mortenson, Haji Ali m'a donné l'une des plus importantes leçons de toute mon existence. Nous, Américains, pensons qu'il faut tout régler rapidement. Nous sommes le pays des repas d'affaires avalés en une demi-heure et des fins de match où tout se joue en deux minutes. Nos dirigeants, avec la doctrine "choc et effroi"[2], pensaient conclure la guerre irakienne avant même de l'avoir commencée. Haji Ali m'a appris à prendre trois tasses de thé, à ralentir, il m'a appris qu'il importait autant de construire des relations que de construire des projets. Il m'a appris que j'avais plus d'enseignements à tirer des gens avec qui je travaillais que tout ce que je ne pouvais jamais espérer leur apprendre. »

Trois semaines plus tard, avec Mortenson relégué de contremaître à simple spectateur, les murs de l'école dépassaient déjà la tête de l'Américain, et tout ce qu'il restait à faire, c'était de poser le toit. Les poutres chapardées par Changazi ne furent jamais récupérées, et Mortenson retourna à Skardu où, assisté de Parvi, il commanda et

---

2. *Shock and Awe.*

supervisa la fabrication de nouvelles pièces de charpente capables de supporter les importantes chutes de neige qui ensevelissaient Korphe au plus fort de l'hiver.

Comme on pouvait s'y attendre, les jeeps transportant le bois à Korphe furent immobilisées par un nouveau glissement de terrain, à environ trente kilomètres de leur destination.

« Le lendemain matin, tandis que Parvi et moi nous demandions ce que nous allions faire, raconte Mortenson, on a vu un grand nuage de poussière arriver dans notre direction. J'ignore comment, mais Haji Ali avait eu vent de nos ennuis et les villageois avaient marché toute la nuit. Ils sont arrivés en frappant des mains et en chantant. Pour des gens qui n'avaient pas fermé l'œil de la nuit, ils avaient un moral d'acier ! Et puis, quelque chose d'incroyable s'est passé : Sher Takhi les avait accompagnés et a insisté pour porter la première charge.

« Le chef religieux d'un village n'est pas censé s'abaisser à fournir de travail physique. Mais il n'y a rien eu à faire. Il a parcouru les trente kilomètres qui nous séparaient de Korphe en tête des trente-cinq hommes chargés des poutres. Enfant, Sher Takhi avait attrapé la polio ; il boitait. Cette marche a dû être très éprouvante pour lui. Mais il nous a conduits à bon port, le sourire aux lèvres malgré le fardeau. C'était sa manière à lui, mollah garant des traditions, de manifester son soutien à un projet d'éducation qui s'adressait à tous les enfants de son village, y compris aux filles. »

Mais tous les habitants de la vallée n'étaient pas du même avis. Une semaine plus tard, alors que Mortenson, un bras passé autour des épaules de Twaha, admirait l'adresse avec laquelle Makhmal et son équipe installaient les poutres, des cris d'enfants leur parvinrent des toits du village. Ils annonçaient l'arrivée d'un groupe d'étrangers par le pont.

Mortenson suivit Haji Ali jusqu'à son observatoire, en haut de la falaise dominant la rivière. Cinq hommes approchaient. Celui qui marchait en tête semblait être le chef. Les quatre gaillards qui lui emboîtaient le pas étaient armés de matraques taillées dans des branches de peuplier, qu'ils frappaient contre leurs mains au rythme de leurs pas. Leur chef, un homme âgé et maigre, l'air mal en point, gravit la colline du village en s'aidant d'une canne. Il s'arrêta à une cinquantaine de mètres de Haji Ali, marque d'impolitesse qui obligeait le *nurmadhar* à venir le saluer.

– C'est Haji Mehdi, murmura Twaha à l'attention de Mortenson. C'est mauvais.

Mortenson avait déjà rencontré Haji Mehdi, le *nurmadhar* d'Askole. «Il se targuait d'être très pieux, mais en fait, il dirigeait l'économie de toute la vallée à la manière d'un chef mafieux. Il prélevait un pourcentage sur la vente des moindres mouton, chèvre ou poulet. Il volait les alpinistes en appliquant des tarifs prohibitifs. Si quelqu'un venait à vendre, ne serait-ce qu'un œuf, à une expédition sans passer par son intermédiaire, il envoyait ses hommes de main avec leurs matraques.»

Haji Ali accueillit Mehdi d'une accolade, puis l'invita à prendre le thé, offre qu'il déclina.

– Je vais parler devant tout le monde, afin d'être bien entendu, aboya-t-il en direction de la foule massée sur la falaise. J'ai entendu dire qu'un infidèle était venu corrompre nos enfants musulmans, garçons et filles, avec ses enseignements. Allah interdit l'instruction des filles. Et moi, j'interdis la construction de cette école.

– Nous terminerons notre école, répondit Haji Ali sans lever la voix. Que tu l'interdises ou non.

Mortenson s'avança d'un pas, espérant désamorcer la tension qui montait.

– Pourquoi ne pas parler de tout ça autour d'une tasse de thé? proposa-t-il.

– Je sais qui tu es, *kafir*, rétorqua Mehdi, recourant au mot le plus méprisant qui soit pour désigner un infidèle. Et je n'ai rien à te dire.

Puis, se tournant vers Haji Ali, il ajouta sur un ton menaçant :

– Et toi, n'es-tu pas musulman ? Il n'y a qu'un seul Dieu ! Qui vénères-tu ? Allah ? Ou ce *kafir* ?

– Personne d'autre n'est jamais venu nous proposer son aide, répondit Haji Ali en posant la main sur l'épaule de Mortenson. Chaque année, je t'ai versé de l'argent, mais tu n'as jamais rien fait pour mon village. Cet homme pratique mieux l'islam que toi. Il mérite mon dévouement plus que toi.

Les hommes de Haji Mehdi, mal à l'aise, trituraient leurs matraques. Il les calma d'un geste de la main.

– Si tu insistes pour garder l'école de ce *kafir*, tu dois payer, fit-il en plissant les yeux. J'exige tes douze plus beaux béliers.

– C'est comme tu voudras, répondit Haji Ali.

Sur ce, il lui tourna le dos, signifiant combien il méprisait le chantage auquel s'abaissait Mehdi.

– Amenez les *chogo rabak* ! ordonna-t-il.

« Il faut bien comprendre, ajoute Mortenson, ce que représente un bélier dans ces villages. À lui seul, il a autant de valeur que si l'on additionnait un nouveau-né, une vache primée à un concours et l'animal de compagnie de la famille. Le fils aîné se le voit confier, c'est le rôle le plus sacré de la famille. Les villageois étaient effondrés. »

Haji Ali garda le dos tourné en attendant que les douze garçons lui amènent les bêtes, magnifiques des cornes aux sabots. Il prit les longes des mains des garçons, qui pleuraient de devoir abandonner leur bien le plus précieux, et les noua. Puis, sur fond de bêlements lugubres, il conduisit les bêtes à Haji Mehdi et lui jeta les longes sans un mot. Enfin, il tourna les talons et conduisit les villageois au chantier de l'école.

« Jamais je n'avais assisté à une telle leçon d'humilité, déclare Mortenson. Haji Ali venait de céder la moitié des richesses du village à cet escroc, mais il souriait comme s'il venait de gagner à la loterie. »

Haji Ali s'arrêta devant le bâtiment que tous, dans le village, avaient aidé à construire. Il se dressait fièrement face au K2 de Korphe, avec ses murs de pierre bien droits, recouverts de crépi jaune, et ses épaisses portes de bois qui garderaient le froid dehors. Les enfants de Korphe n'apprendraient plus jamais leurs leçons sur le sol gelé.

– Ne soyez pas tristes, dit Haji Ali à la foule accablée. Cette école restera debout longtemps après que ces béliers auront été tués et mangés. Haji Mehdi a de quoi se nourrir aujourd'hui. Nos enfants, eux, seront instruits pour toujours.

Une fois la nuit tombée, à la lueur du feu qui crépitait dans le *balti*, Haji Ali fit signe à Mortenson de venir s'asseoir à côté de lui. Il souleva son coran tout écorné et graisseux et le tint devant les flammes.

– Tu vois ce coran, comme il est beau ? demanda-t-il à Mortenson.

– Oui.

– Je suis incapable de le lire. Je suis incapable de lire quoi que ce soit. C'est la plus grande peine de ma vie. Je ferai n'importe quoi pour que les enfants de mon village ne connaissent jamais ça. Je paierai n'importe quel prix pour qu'ils reçoivent l'éducation qu'ils méritent.

« Assis auprès de cet homme, j'ai compris que les difficultés qu'il avait endurées depuis le jour où je lui avais promis de construire l'école, tous les efforts qu'il avait dû fournir pour en achever la construction, tout cela n'était rien comparé aux sacrifices qu'il était prêt à faire pour les habitants de Korphe. Cet homme illettré, qui n'était presque jamais sorti de son petit village du Karakoram, était l'homme le plus sage que j'aie jamais rencontré. »

CHAPITRE 13

« LA VIE N'ATTEND PAS : SOURIEZ-LUI »

Les Wazirs forment la plus importante tribu de la frontière, mais souffrent d'un très faible niveau de civilisation. Leur nom est exécré dans les tribus mahométanes voisines, qui les accusent d'être une race de brigands et d'assassins. On les dit insoumis et meurtriers, impétueux et gais, attachés au respect de soi mais vaniteux. Les mahométans des régions colonisées les considèrent souvent comme de véritables barbares.
Encyclopedia Britannica, édition de 1911

De sa chambre située au premier étage d'un *haveli* décrépit, Mortenson suivait du regard un petit cul-de-jatte qui manœuvrait sa caisse à roulettes dans le bazar grouillant de Khyber. Il devait avoir tout au plus dix ans et, vu l'état de ses moignons, il avait dû être victime d'une mine. Il contournait des chalands, attroupés devant une charrette, qui attendaient qu'un vieux marchand enturbanné ait fini de touiller son chaudron de thé à la cardamome. La tête du garçon se trouvait à hauteur des pots d'échappement. Hors de son champ de vision, un conducteur s'installa au volant d'un pick-up chargé de membres artificiels et mit le contact.

Mortenson songea combien une simple paire de ces prothèses, empilées à l'arrière du camion comme du bois de chauffe, aurait été utile à ce garçon, et combien il était peu probable qu'il en bénéficie un jour, le chargement ayant sans doute été détourné par quelque Changazi local. Soudain, il vit la camionnette reculer en direction du garçon. Ne parlant pas pachto, langue la plus répandue dans la région, il cria en ourdou. Mais, mû par l'instinct de préservation indispensable à qui veut survivre dans les rues de Peshawar, le garçon avait pressenti le danger et se rabattait précipitamment sur le trottoir.

Peshawar est la capitale d'une province connue pour son insoumission. L'école de Korphe étant bientôt terminée, Mortenson venait étrenner dans cette ville frontière, à cheval sur la Grand Trunk Road, son titre de directeur du CAI. Ou tout du moins, c'est ce qu'il se disait.

C'est également par Peshawar que l'on accède à la passe de Khyber, étroit défilé entre le Pakistan et l'Afghanistan, qui était pris dans les remous de l'histoire : les élèves des madrasas (les écoles coraniques) de Peshawar troquaient leurs livres contre des kalachnikovs et des cartouchières avant de franchir la passe pour gonfler les rangs d'un mouvement qui menaçait de renverser les dirigeants afghans, devenus très impopulaires.

En ce mois d'août 1996, cette armée, majoritairement constituée d'adolescents qui avaient pris le nom de talibans (étudiants de l'islam), avait lancé une attaque surprise et victorieuse sur Djalalabad, grande ville afghane située de l'autre côté de la passe. Les gardes frontières avaient laissé passer ces jeunes hommes barbus, coiffés de turbans et les yeux soulignés d'un trait de *surma*, qui défilaient par centaines dans des pick-up double cabine en brandissant mitraillettes et corans.

Des réfugiés épuisés, fuyant les combats, affluaient tout aussi nombreux en sens inverse pour venir s'entasser dans les camps boueux et saturés de la périphérie de Peshawar. Mortenson aurait dû partir repérer de nouveaux sites d'écoles deux jours plus tôt, mais l'atmosphère électrique de la ville l'avait retenu. Les maisons de thé bourdonnaient des récits des victoires éclair remportées par les talibans. Les rumeurs fusaient plus vite que les balles des armes automatiques que les hommes déchargeaient dans le ciel, à toute heure, en guise de célébration : des bataillons de talibans se massaient dans les faubourgs de Kaboul – à moins qu'ils n'aient déjà pris le contrôle de la capitale afghane. Le président Najibullah, chef du gouvernement corrompu du régime postsoviétique, s'était enfui en France – à moins qu'il n'ait été exécuté dans un stade.

Dans cette tourmente, le dix-septième fils d'une riche famille saoudienne était arrivé à bord d'un jet privé affrété par Ariana Airlines. Quand il avait atterri sur une base aérienne désaffectée des abords de Djalalabad, avec ses attachés-cases bourrés de billets de cent dollars et son escorte de combattants aguerris, tout comme lui, aux campagnes afghanes contre les Soviétiques, Oussama Ben Laden était, paraît-il, de mauvaise humeur. Sous la pression des États-Unis et de l'Égypte, il avait été expulsé de sa confortable résidence soudanaise. En fuite, privé de sa citoyenneté saoudienne, il avait choisi l'Afghanistan : le chaos ambiant lui convenait parfaitement. Mais pas le manque de confort matériel. Après s'être plaint auprès de ses hôtes talibans de la qualité des quartiers qui lui avaient été attribués, il avait tourné sa colère grandissante contre ceux qu'ils considéraient responsables de son exil : les Américains.

Durant la semaine où Mortenson s'attardait à Peshawar, Ben Laden lança son premier appel à la lutte armée contre ses ennemis. Dans sa « déclaration de djihad contre les Américains occupant le pays des deux Lieux saints », c'est-à-dire l'Arabie saoudite, où cinq mille soldats occidentaux étaient alors stationnés, il exhortait ses partisans à

215

s'attaquer à l'ennemi où qu'il soit et « à lui causer le plus de mal possible ».

Comme la plupart de ses concitoyens, Mortenson n'avait encore jamais entendu parler de Ben Laden. Maintenant qu'il se trouvait aux premières loges d'événements historiques, il rechignait à quitter la ville. Il avait également fallu régler la question de l'escorte. À Korphe, lorsqu'il avait confié ses intentions à Haji Ali, celui-ci lui avait fait promettre de ne jamais se déplacer tout seul : « Repère quelqu'un qui t'inspire confiance, si possible un chef de village, et attends qu'il t'invite à prendre le thé chez lui. C'est la seule façon d'être en sécurité. »

Trouver une personne de confiance à Peshawar s'était révélé plus difficile qu'il ne l'avait imaginé. Plaque tournante du marché noir pakistanais, la ville fourmillait de personnages douteux. Elle se nourrissait du trafic d'opium, d'armes et de tapis, et les hommes qu'il avait croisés jusqu'ici lui avaient semblé tout aussi louches et minables que l'hôtel où il logeait. Le *haveli* délabré qui lui servait de pied-à-terre depuis cinq jours avait jadis été la demeure d'un riche marchand. Sa chambre avait été le poste d'observation des femmes de la maison. De la fenêtre fermée par une jalousie de pierre ajourée, elles pouvaient profiter du spectacle offert par le bazar sans être vues – et sans violer le *parda*.

Mortenson appréciait son poste d'observation, à l'abri de l'écran. Le matin même, le *tchokidar* de l'hôtel l'avait prévenu qu'il était préférable, pour les étrangers, de faire preuve de discrétion. On était vendredi ou *djouma*, jour où les mollahs délivraient leurs sermons les plus virulents dans des mosquées envahies par des foules de jeunes gens prompts à s'enflammer. La ferveur suscitée par la *djouma*, attisée par les nouvelles explosives qui filtraient d'Afghanistan, pouvait produire un mélange détonant à la vue d'un étranger. Mortenson entendit frapper à la porte et se leva pour aller ouvrir.

Badam Gul se glissa à l'intérieur de la pièce, une cigarette au coin de la bouche, un paquet coincé sous le bras et un plateau chargé de thé à la main. Mortenson avait rencontré ce résident de l'hôtel la veille, dans le hall, en écoutant un reportage de la BBC qui faisait état des tirs de roquettes talibans sur Kaboul.

Gul lui avait appris qu'il était originaire du Waziristan. Il gagnait rondement sa vie en capturant des papillons rares dans toute l'Asie centrale, qu'il revendait ensuite aux musées européens. Mortenson se doutait que les papillons n'étaient pas la seule marchandise que Gul transportait d'une frontière à l'autre, mais il n'avait pas cherché à en savoir davantage. Lorsque l'homme avait appris que Mortenson souhaitait se rendre dans sa zone tribale, au sud de Peshawar, il s'était proposé pour le conduire à Ladha, son village natal. Haji Ali n'aurait sans doute pas approuvé sa décision, mais Tara devait accoucher dans un mois… Mortenson était trop pressé pour se montrer difficile, et Gul, avec son visage rasé de près, affichait un vernis de respectabilité.

Gul servit le thé, puis ôta le papier journal qui entourait son paquet, où s'étalaient des photos de jeunes combattants barbus sur le sentier de guerre. Mortenson en sortit un grand *shalvar kamiz* blanc, sans col, brodé de fils argentés sur la poitrine, ainsi qu'un modeste gilet gris.

– C'est ce que portent les Wazirs, dit Gul en allumant une cigarette directement au mégot de la précédente. J'ai acheté la plus grande que j'ai pu trouver dans tout le bazar. Vous pouvez me payer maintenant ?

Gul compta soigneusement les billets avant de les empocher et ils se mirent d'accord pour partir aux premières lueurs du jour.

À l'accueil de l'hôtel, Mortenson prit trois minutes pour appeler Tara. Il lui expliqua qu'il allait passer quelques jours dans des territoires privés de téléphone, et promit de rentrer à temps pour l'arrivée du bébé.

Lorsqu'il descendit l'escalier, à l'aube, en prenant soin de ne pas faire craquer les coutures de son habit, une Toyota grise l'attendait. Sa tunique le serrait au niveau des épaules, et le pantalon lui arrivait à mi-mollets. Gul, un sourire rassurant aux lèvres, lui annonça qu'il avait été appelé en Afghanistan pour affaires. La bonne nouvelle, toutefois, c'était que le chauffeur, un certain Monsieur Khan, était originaire d'un petit village proche de Ladha et était prêt à l'y déposer. L'espace d'un instant, Mortenson pensa refuser, mais monta néanmoins à bord du véhicule, sur ses gardes.

Tandis qu'ils s'éloignaient en direction du sud, Mortenson souleva le rideau de dentelle blanche qui protégeait les passagers des regards inquisiteurs. Le fort de Bala Hisar déployait la courbe élégante de ses remparts au-dessus de la ville, qui rapetissait au loin, et s'embrasait dans une lumière incandescente, tel un volcan sur le point de sortir d'un long sommeil.

À cent kilomètres au sud de Peshawar, ils entrèrent dans le Waziristan, la plus farouche des Provinces de la Frontière du Nord-Ouest, territoires tribaux agités formant une zone tampon entre le Pakistan et l'Afghanistan. Les Wazirs sont un peuple à part et, en tant que tel, captivaient l'imagination de Mortenson. « C'est notamment leur condition de laissés-pour-compte qui m'avait attiré chez les Baltis, explique Mortenson. Le gouvernement pakistanais exploite leurs ressources et leurs talents, et leur accorde très peu en retour, pas même le droit de vote. » Pour Mortenson, les Wazirs étaient eux aussi des laissés-pour-compte. Depuis le jour où Jean Hoerni l'avait nommé directeur du CAI, il s'était promis d'acquérir une expertise à la hauteur de son titre. Durant l'hiver, entre deux visites à la sage-femme et les journées passées à retapisser la chambre du futur bébé, il avait dévoré tous les ouvrages traitant de l'Asie centrale qu'il avait pu dénicher. Il s'était vite fait une idée de la situation dans la région : des pouvoirs tribaux, mis à l'écart dans des États créés artificiellement par les Européens au mépris des alliances tribales d'origine.

Aucune tribu ne fascinait davantage Mortenson que les Wazirs, qui n'avaient accordé leur loyauté ni au Pakistan ni à l'Afghanistan. Les Wazirs étaient des Pachtouns. Depuis Alexandre le Grand, tous ceux qui avaient tenté d'envahir la région s'étaient heurtés à une résistance farouche. À chaque fois qu'une armée, toujours plus puissante et toujours mieux équipée, était vaincue, le Waziristan étendait sa triste réputation. Après l'hécatombe infligée par une poignée de combattants à la vaste armée d'Alexandre, ce dernier avait donné l'ordre de contourner les territoires de « ces démons du désert ». Des siècles plus tard, les Britanniques n'avaient pas fait mieux, s'inclinant à deux reprises devant les Wazirs et la grande tribu pachtoune.

En 1893, après avoir été malmenées au Waziristan, les forces de Sa Majesté s'étaient rabattues sur la ligne Durand, frontière démarquant l'empire des Indes de l'Afghanistan. Résolus à diviser pour mieux régner, ils avaient fait passer la ligne Durand en plein cœur de la tribu pachtoune. Mais nul n'avait jamais vaincu les Wazirs. Bien que le Waziristan fît officiellement partie du Pakistan depuis 1947, l'influence d'Islamabad se limitait aux pots-de-vin distribués aux chefs de tribu et à des garnisons aux allures de citadelles, dont le pouvoir ne s'étendait pas au-delà du périmètre de surveillance.

Mortenson admirait ces peuplades qui avaient si vaillamment tenu tête aux grandes puissances. Avant son expédition au K2, il avait lu des récits dénigrant les Baltis, et se demandait si les Wazirs ne souffraient pas des mêmes préjugés. Il se rappelait avoir entendu dire combien les Baltis se montraient durs et froids à l'égard des étrangers. Il savait désormais que rien n'était plus loin de la réalité. Les

Wazirs étaient donc peut-être, eux aussi, des exclus à qui il pourrait venir en aide.

La Toyota passa six contrôles de milice avant d'entrer dans le Waziristan proprement dit. Mortenson s'attendait à tout moment à être arrêté et renvoyé. À chaque contrôle, des gardes soulevaient le rideau de la berline et le dévisageaient dans sa tenue ridicule, trop petite pour lui. Et à chaque fois, Khan plongeait la main dans la poche du blouson en cuir qu'il portait en dépit de la chaleur, et en sortait la somme nécessaire à la poursuite de leur chemin.

En pénétrant au Waziristan, Mortenson fut tout d'abord impressionné qu'un peuple ait pu survivre dans un tel environnement. La piste caillouteuse traversait une vallée plate, stérile et semée de pierres noires qui emmagasinaient et réverbéraient la chaleur du soleil. Le paysage ondulait, comme déformé par un rêve fiévreux.

La moitié des montagnes brunes, arides, qui s'étendaient sur une quinzaine de kilomètres à l'ouest, appartiennent sur le papier au Pakistan. L'autre moitié fait partie de l'Afghanistan. Il fallait avoir un certain sens de l'humour pour tracer une frontière à travers ces terres désolées et impossibles à défendre. Cinq années plus tard, l'armée américaine découvrirait combien il est vain d'y traquer quiconque connaît ces reliefs. Les grottes, utilisées par des générations de contrebandiers, y sont aussi nombreuses que les replis du terrain. Le labyrinthe de Tora Bora, de l'autre côté de la frontière, dérouterait les Forces spéciales américaines chargées d'empêcher la fuite d'Oussama Ben Laden au Waziristan.

Au sortir de la plaine, Mortenson eut l'impression de plonger en plein Moyen Âge. D'anciens fortins britanniques, désormais occupés par des soldats pakistanais en poste pour une année, verrouillaient le territoire. De part et d'autre de la piste, des maisons fortifiées wazires se dressaient sur des hauteurs pierreuses, presque entièrement dissimulées par des remparts en terre de six mètres de haut, surmontés de tours de guet. Plusieurs fois, Mortenson prit les silhouettes qui se détachaient au sommet de ces tours pour des corbeaux, avant de constater, en se rapprochant, qu'il s'agissait de tireurs suivant leur progression au fusil à lunette.

Les Wazirs pratiquaient le *parda*, non seulement pour les femmes, mais aussi à l'encontre de tout étranger. Depuis environ 600 avant J.-C., ils avaient résisté à l'influence du monde extérieur, refoulée derrière ces remparts, préférant garder leur terre aussi pure et voilée que leurs femmes.

La berline passa devant des constructions basses, fabriques d'armes dans lesquelles les artisans wazirs reproduisent habilement la plupart des armes automatiques existantes. Puis ils firent étape à Bannu, principale agglomération du Waziristan, encombrée par un fouillis de charrettes à âne et de pick-up double cabine. Son chauffeur partit acheter des cigarettes et laissa Mortenson dans une maison de thé. Il tenta d'engager la conversation avec une tablée d'hommes âgés, de ceux qui répondaient aux critères de Haji Ali. Ses paroles en ourdou ne provoquant aucune étincelle dans le regard des anciens, il se promit d'étudier le pachto dès son retour aux États-Unis.

De l'autre côté de la rue poussiéreuse, dissimulée par de hauts murs, se trouvait la *Madrassa-I-Arabia* construite par des Saoudiens. C'est cette école que fréquenterait deux ans plus tard le « taliban américain » John Walker Lindh[1], pour y étudier une forme d'islam fondamentaliste appelée « wahhabisme ». Lindh, qui venait tout juste de quitter le climat vivifiant de Marin County dans la baie de San Francisco, se serait ensuite réfugié en Afghanistan pour fuir

---

1. En novembre 2001, la capture de ce jeune Américain de vingt ans en Afghanistan, alors qu'il combattait aux côtés des talibans, fut largement médiatisée et suscita une vive émotion outre-Atlantique. Baptisé le « taliban américain » par les médias, John Walker Lindh fut condamné à vingt ans de prison par la justice américaine pour avoir rendu des services aux talibans et combattu avec eux.

l'implacable soleil du Waziristan et poursuivre sa formation sous un climat plus tempéré, dans une madrasa financée par un autre Saoudien : Oussama Ben Laden.

Ils roulèrent tout l'après-midi, s'enfonçant dans le Waziristan, et Mortenson en profita pour mettre en pratique les quelques formules de salutation que lui avait apprises le chauffeur. « C'était le paysage le plus austère que l'on puisse imaginer, mais en même temps il était empreint d'une beauté sereine, se rappelle Mortenson. Nous nous rendions vraiment au cœur des zones tribales et j'étais content d'être parvenu aussi loin. » Juste au sud de Ladha, alors que le soleil sombrait en Afghanistan, ils arrivèrent à la maison natale de Khan, à Kot Langarkhel. Le village se résumait à deux épiceries et à la mosquée et avait cette ambiance lugubre des endroits du bout du monde. Une chèvre dormait au milieu de la rue, tellement étalée qu'on aurait pu la croire écrasée. Khan salua quelques hommes dans un hangar, derrière les deux épiceries, et fut invité à venir garer sa voiture à l'abri pour la nuit.

La scène qui attendait Mortenson à l'intérieur du hangar le mit immédiatement à cran. Six hommes, la poitrine bardée de cartouchières, étaient affalés sur des caisses et fumaient du haschisch à un houka muni de plusieurs tuyaux. Des bazookas, des lance-grenades et des caisses de kalachnikovs AK-47 bien graissées s'entassaient contre les murs. Derrière des cartons de boissons en poudre et de produits de beauté, il aperçut des antennes fouets pour postes radio militaires portables. Il venait de débouler dans le repaire d'un réseau organisé de contrebande.

Les Wazirs, comme tous les Pachtouns, observent le code d'honneur, le Pachtounwali, avec ses vendettas et sa défense des valeurs fondamentales que sont la *zan* (famille), le *zar* (trésor) et la *zameen* (la terre). Au même titre que le *nenawatay*, l'hospitalité et l'asile dus aux hôtes venus chercher de l'aide. Tout l'art consiste à passer pour un hôte et non pour un intrus. Mortenson descendit, se sentant ridicule dans son ensemble étriqué, et s'efforça de tomber dans la première catégorie – de toute façon, il était trop tard, et dangereux, pour chercher un autre toit.

« J'ai mis en pratique tout ce que j'avais appris au Baltistan, saluant chacun de ces hommes avec tout le respect dont je savais faire preuve, raconte Mortenson. À l'aide des quelques expressions en pachto que Khan m'avait apprises au cours du trajet, je leur ai demandé comment allaient leurs familles et s'ils étaient en bonne santé. » De nombreux Wazirs avaient combattu aux côtés des Forces spéciales américaines pour refouler l'occupant soviétique et, cinq ans avant que les B52 pilonnent ces collines, les Américains y étaient encore chaleureusement accueillis.

Le plus débraillé des contrebandiers, qui exsudait du haschisch par tous les pores, lui tendit un tuyau du houka, qu'il refusa le plus poliment possible. « J'aurais probablement mieux fait de fumer un peu, juste pour bien me faire voir, mais je ne voulais pas devenir plus parano que je ne l'étais déjà. »

Le plus vieux de la bande était grand, portait des lunettes aux verres rosés et une épaisse moustache noire qui dessinait comme une chauve-souris au-dessus de sa lèvre. Il s'entretint avec Khan sur un ton animé, en pachto. Une fois l'entretien terminé, Khan tira longuement sur le houka avant de se tourner vers Mortenson.

– Haji Mirza est heureux de t'inviter chez lui, annonçat-il, de la fumée filtrant entre ses dents. La tension qui tenaillait les épaules de Mortenson le quitta d'un coup. Tout irait bien, maintenant. Il était leur hôte.

À la nuit tombée, ils partirent pour une demi-heure de marche et gravirent une colline qui, par endroits, exhalait des parfums de figue aussi suaves que le haschisch dont étaient imprégnés les vêtements des Wazirs. Seul le cliquetis des crosses contre les cartouchières ponctuait le silence à intervalles réguliers. Un liséré rouge sang souligna l'horizon, puis s'effaça côté afghan. Une enceinte se trouvait au sommet de la pente. Haji Mirza appela et l'on entendit quelqu'un tirer des verrous derrière les lourds battants de bois scellés dans le rempart. La porte s'ouvrit lentement et un garde, les yeux écarquillés, dévisagea Mortenson à la lueur de sa lampe à kérosène. De toute évidence, il aurait préféré vider sur lui son chargeur de AK-47 par mesure de précaution, mais Haji Mirza poussa un grognement irrité et le garde s'écarta pour laisser entrer le groupe.

« À une journée de piste du monde civilisé, j'avais l'impression d'avoir basculé en plein Moyen Âge, se souvient Mortenson. Il n'y avait pas de douve à traverser, mais lorsque j'ai pénétré à l'intérieur, c'était tout comme. » Les murs étaient massifs et les pièces, d'une profondeur caverneuse, étaient faiblement éclairées par des lanternes. Une tour de guet se dressait à quinze mètres du sol, d'où il était facile d'abattre tout visiteur indésirable.

Mortenson et Khan furent conduits dans une salle où s'entassaient des tapis, au centre de l'enceinte. En attendant que le traditionnel *shin tchaï*, le thé vert à la cardamome, fût servi, le chauffeur s'écroula sur un coussin, se couvrit la tête de sa veste en cuir et se mit à ronfler bruyamment. Haji Ali s'éclipsa pour superviser les préparatifs du repas et, durant les deux heures qui suivirent, Mortenson sirota son thé en compagnie de quatre contrebandiers, dans un silence tendu.

– *Mahnam do die*, annonça enfin Haji Mirza.

Le dîner. Une agréable odeur d'agneau tira Khan de sous son blouson. Tout citadin qu'il fût, à la vue du gigot, imitant la dizaine d'autres convives qui s'étaient rassemblés, il sortit un poignard. À côté de l'agneau, le serviteur déposa un plat fumant de *pilaf kabouli,* riz aux carottes, clous de girofle et raisins, mais les hommes n'avaient d'yeux que pour la viande. De leurs longues lames de

Le K2, photographié par Mortenson lors de sa tentative ratée de sommet en 1993.

Mortenson (troisième en partant de la droite, avec la casquette), avec Scott Darsney (au bout à droite) et les chefs d'expédition Daniel Mazur (deuxième en partant de la droite) et Jonathan Pratt (au bout à gauche) avant l'assaut, par la périlleuse arête Ouest.

Mouzafer Ali, célèbre porteur balti, grâce auquel Mortenson est sorti sain et sauf du glacier du Baltoro.

Haji Ali, *nurmadhar* de Korphe et guide spirituel de Mortenson.

Mortenson en compagnie de Sir Edmund Hillary (au centre) et de Jean Hoerni, grâce à la contribution duquel le Central Asia Institute a vu le jour, lors du dîner de l'American Himalayan Foundation où Mortenson a rencontré sa femme Tara Bishop.

Ci-dessus:
Menés par Sher Takhi, les villageois portent la charpente de l'école jusqu'à Korphe, à trente kilomètres, l'unique route remontant la vallée de la Braldu ayant été bloquée par un glissement de terrain.

Ci-contre:
L'école de Korphe en cours de construction.

Mortenson, avec les élèves de l'école de Khanday.

Inauguration de l'école de Hushe.

Mortenson, avec l'équipe de bénévoles et de salariés du CAI à Skardu.
Devant, à genoux : Saidullah Baig (à gauche), Sarfraz Khan ;
derrière, debout (de gauche à droite) : Mohammed Nazir, Faisal Baig, Ghulam Parvi,
Greg Mortenson, Apo Mohammed, Mehdi Ali et Suleman Minhas.

Ci-dessus :
Mortenson avec sa femme Tara Bishop et sa fille Amira, neuf mois, à la passe de Khyber. Cette photo a servi d'illustration aux cartes de Noël de la famille, avec la légende « Paix sur terre ».

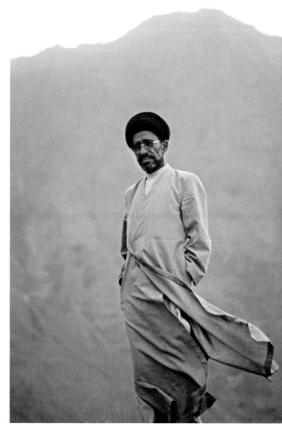

Ci-contre :
Syed Abbas, chef suprême des chiites du Nord Pakistan et grand soutien de Mortenson dans son action.

Mortenson et Twaha à Korphe, sur la tombe de Haji Ali, le père de Twaha.

Mortenson et les enfants de Korphe.

Ci-dessus :
Aslam, *nurmadhar* de Hushe,
avec sa fille Shakeela, première
jeune fille scolarisée de la vallée
de Hushe.

Ci-contre :
Relin, avec Ibrahim,
un des anciens de Hushe.

Jahan, première jeune fille scolarisée de la vallée de la Braldu,
à Skardu, où elle poursuit ses études.

Ci-contre :
Mortenson faisant
un point sur la situation
en Afghanistan
avec Mary Bono,
représentante
au Congrès américain.

Ci-dessous :
Relin, sur l'héliport
du président Musharraf
à Islamabad, s'apprêtant
à décoller pour les
Territoires du Nord à bord
d'une Alouette datant
du Vietnam.

L'école « Sitara » (qui signifie « étoile ») du village de Sarhad,
dans le corridor du Wakhan, en Afghanistan.

Mortenson avec Sadhar Khan, *commandhan* du Badakhchan.

Les fillettes de l'école de Torghu Balla, au Pakistan.

poignard, ils détachèrent des lamelles de chair tendre qu'ils avalaient avidement. «Je pensais que les Baltis se montraient goinfres quand on leur servait de la viande, déclare Mortenson, mais ce repas est le plus primaire, le plus bestial, que j'aie jamais vu. Au bout de dix minutes particulièrement voraces, il ne restait plus que les os, et les hommes éructaient en essuyant leur barbe pour en enlever la graisse.»

Renversés sur leurs coussins, laissant échapper de petits gémissements, les Wazirs allumèrent pipes de haschisch et cigarettes. Mortenson accepta la cigarette parfumée à l'agneau qu'on lui tendit et la fuma entièrement, comme tout invité se doit de le faire. À minuit, ses paupières pesaient une tonne, et un des hommes lui déroula un matelas par terre. Il ne s'en était pas trop mal sorti, estima-t-il, tandis que des images d'hommes enturbannés papillotaient devant ses yeux. Il avait pris contact avec au moins un chef de tribu, aussi imprégné de haschisch fût-il, et le lendemain, il chercherait à rencontrer d'autres villageois et les sonderait au sujet de l'école.

D'abord, les cris se mêlèrent à son rêve – il était à Khane, et Janjungpa criait à Akhmalu qu'une école d'alpinisme valait mieux qu'une école classique. Lorsqu'il s'assit, il se demanda ce qui se passait. Une lanterne oscillait devant ses yeux et projetait des ombres grotesques sur les murs. Derrière la lampe, un canon de AK-47 était pointé sur sa poitrine – information qui accéléra nettement son réveil.

L'homme qui tenait l'arme, survolté, la barbe hirsute et coiffé d'un turban gris, hurlait quelque chose qu'il ne comprenait pas. Il était deux heures du matin, Mortenson n'avait dormi que deux heures et il avait du mal à saisir ce qui lui arrivait. Ce qui le préoccupait surtout, plus que les huit inconnus qui pointaient leur arme sur lui et le tiraient par le bras, c'était d'être privé de son précieux sommeil.

D'un geste brutal, ils le forcèrent à se lever et le traînèrent jusqu'à la porte. Mortenson fouillait la pénombre du regard à la recherche de Khan ou de Haji Mirza, mais il était seul avec les inconnus. Des mains calleuses l'agrippèrent par les bras et l'entraînèrent à l'extérieur de l'enceinte.

De derrière, quelqu'un lui passa un turban autour de la tête et le noua fermement. « Je me rappelle avoir pensé : "Il fait déjà assez noir comme ça. Comment pourrais-je voir quoi que ce soit ?" » Ils dévalèrent la piste avec Mortenson plongé dans sa double obscurité, l'obligeant à presser le pas et le retenant lorsqu'il trébuchait sur une pierre à cause de ses sandales. Au bout du chemin, tiraillé par une mêlée de bras, il grimpa sur le plateau d'un pick-up, et les hommes montèrent derrière lui.

« On a roulé pendant environ quarante-cinq minutes, se souvient Mortenson. Cette fois, j'étais tout à fait réveillé et je tremblais, en partie à cause du froid qui règne la nuit dans le désert, et en partie parce que, à ce stade des choses, j'avais vraiment peur. » Les hommes qui se serraient contre lui se disputaient en pachto, selon toute vraisemblance, à son sujet. Mais pour quel motif l'avaient-ils donc embarqué ? Et où avaient été Haji Mirza et ses hommes de main lorsque ce *lashkar*, cette bande, avait fait irruption sans que le moindre coup de feu ne soit tiré ? La réponse lui tomba dessus comme un coup de poing : Mirza était leur complice. Ses ravisseurs sentaient la fumée et la crasse, et à chaque minute qui passait, plus le pick-up s'enfonçait dans la nuit, plus Mortenson avait le sentiment de s'éloigner de Tara pour un voyage sans retour.

La camionnette laissa la grande route pour suivre une piste creusée d'ornières qui grimpait à flanc de colline. Puis, il y eut un brusque coup de frein, un dérapage et ils s'arrêtèrent. On l'empoigna sans ménagement pour le faire descendre. Il entendit qu'on tripotait un verrou, puis qu'on ouvrait une grande porte en métal. Les bras toujours emprisonnés, Mortenson trébucha sur le chambranle de la porte. Ils marchèrent dans un couloir qui répercutait l'écho de leurs pas et pénétrèrent dans une pièce obscure. La lourde porte extérieure claqua. Puis on lui retira son bandeau.

Il se trouvait dans une pièce nue, haute de plafond, de trois mètres sur six. Une lanterne brûlait sur le rebord d'une petite fenêtre condamnée. Il se tourna vers les hommes qui l'accompagnaient en s'exhortant à ne pas paniquer, à rassembler ses esprits pour tenter d'en extraire quelque plaisanterie anodine, n'importe quoi pour éveiller en eux une ombre de sympathie, mais il se retrouva face à la porte qui se refermait avec un bruit sec. À travers l'épais panneau de bois, il entendit le son déprimant d'un cadenas que l'on referme.

À l'autre bout de la pièce, dans la pénombre, Mortenson aperçut une couverture et un matelas sur le sol de terre. Son instinct lui souffla qu'il valait mieux dormir qu'arpenter sa geôle, à se morfondre sur son sort. Il s'allongea sur le mince matelas, dont ses pieds dépassaient largement, et remonta sur sa poitrine une couverture de laine qui sentait le moisi, avant de sombrer dans un sommeil profond, sans rêve.

Lorsqu'il rouvrit les yeux, deux de ses ravisseurs se tenaient accroupis près de lui et de la lumière filtrait par les volets.

– *Tchaï*, dit le plus proche des geôliers tout en lui servant un thé vert tiède.

Mortenson porta le verre en plastique à ses lèvres en feignant l'enthousiasme, sourire aux lèvres, et les observa. Ils avaient le regard d'hommes habitués à passer le plus clair de leur temps dehors, à endurer des privations. Ils avaient tous deux une bonne cinquantaine d'années, la barbe aussi broussailleuse et fournie que le pelage d'un loup en plein hiver. Une profonde balafre rouge barrait le front de celui qui l'avait servi. La blessure avait dû être causée par un éclat d'obus, à moins qu'il ne s'agisse d'une balle qui était passée très près de son but. Il devait s'agir de moudjahidin, songea-t-il, des vétérans de la guérilla afghane contre les Soviétiques. Mais quelle était leur situation maintenant? Et que comptaient-ils faire de lui?

Mortenson vida son verre et mima un besoin pressant. Kalachnikovs en bandoulière, les hommes le conduisirent dans une cour. Les remparts, d'environ six mètres de haut, cachaient complètement la campagne alentour. Mortenson remarqua également un homme en faction, au sommet de la tour de guet, dans l'angle opposé de l'enceinte. Du canon de sa kalachnikov, le balafré lui indiqua un réduit doté de toilettes à la turque. Lorsque Mortenson voulut refermer la porte, le second gardien glissa un pied dans l'ouverture pour la maintenir ouverte, puis entra à sa suite tandis que l'autre les observait de l'extérieur. «J'utilise tout le temps des toilettes à la turque avec des seaux d'eau, confie Mortenson. Mais devoir le faire sous le regard de deux hommes, devoir… se laver sous leurs yeux, c'était nerveusement très éprouvant.»

Une fois qu'il eut terminé, les hommes lui indiquèrent sa geôle de la pointe du canon et lui emboîtèrent le pas en le poussant de temps à autre pour qu'il avance. À l'intérieur, Mortenson s'assit en tailleur sur le matelas et tenta d'engager la conversation. Mais ses gardiens, nullement intéressés par ses mimiques et signes de mains, allèrent se poster près de la porte où ils se mirent à fumer sans interruption du haschisch au houka, en ne lui prêtant plus la moindre attention.

«J'ai vraiment commencé à perdre le moral, se remémore-t-il. Je me suis dit que cette affaire risquait de se poursuivre encore très longtemps et ça me paraissait pire que d'en finir une bonne fois pour toutes.» Entre la petite fenêtre qui était condamnée et la flamme de la lampe qui diminuait, il régnait une profonde obscurité dans la pièce. Abattu plus qu'apeuré, Mortenson sombra dans un demi-sommeil qui dura plusieurs heures.

À la faveur d'une incursion dans le monde conscient, il remarqua un objet posé à terre, au pied de son matelas, et le ramassa. C'était un numéro tout fripé du magazine *Time*, datant de novembre 1979, soit dix-sept ans en arrière. Sous le gros titre « L'épreuve de force » s'étalait un portrait de l'ayatollah Khomeiny, renfrogné, au-dessus d'une petite photographie d'un Jimmy Carter dépité.

Mortenson feuilleta les pages défraîchies du magazine, qui relataient dans le détail le début de la prise d'otages iranienne. L'estomac noué, il contemplait les photos d'Américains démunis, les yeux bandés, livrés à une foule fanatique. Avait-on laissé ce numéro dans l'intention de faire passer un message particulier ? Ou bien s'agissait-il d'une marque d'hospitalité, ce magazine étant le seul document en anglais qu'ils possédaient ? Il glissa un regard en direction de ses gardiens pour tenter de discerner le moindre changement d'expression, mais les hommes continuaient à discuter tranquillement en fumant leur haschisch, toujours aussi indifférents à son sort.

Tout ce qu'il lui restait à faire, c'était lire. Orientant les pages du magazine vers la lampe à kérosène, il se plongea dans la lecture du reportage que l'hebdomadaire, avec sa véhémence habituelle, consacrait à l'affaire de Téhéran. Les informations provenaient des cinq femmes employées au secrétariat de l'ambassade et des sept *marines* noirs qui avaient été relâchés peu après le début de la prise d'otages. Ces derniers avaient été libérés lors d'une conférence de presse et avaient été exhibés sous une banderole sur laquelle on pouvait lire : « Noirs opprimés, le gouvernement des États-Unis est notre ennemi commun. »

Le sergent Ladell Maples expliquait qu'on l'avait obligé à enregistrer des déclarations de soutien à la révolution iranienne, sous peine d'être fusillé. Kathy Jean Gross, qui parlait un peu le farsi, avait ébauché un embryon de dialogue avec l'une de ses geôlières et se demandait si c'était ce qui avait conduit à sa libération.

Mortenson apprit qu'on avait forcé les otages à dormir par terre pieds et poings liés. On les détachait au moment des repas, pour aller aux toilettes et pour fumer. « Certains d'entre nous voulaient tellement être détachés qu'ils se sont mis à fumer », indiquait Elizabeth Montagne, l'une des anciennes captives.

L'enquête spéciale des journalistes de *Time* se terminait sur une note chargée de mauvais présages : « La Maison Blanche se prépare à l'éventualité, aussi consternante que probable, que les otages passent Noël entre les mains des partisans de Khomeiny, à l'ambassade de Téhéran. » Fort d'un recul de dix-sept ans, Mortenson savait, lui, ce que les journalistes, en ce mois de novembre 1979, n'auraient jamais soupçonné : deux Noël s'écouleraient avant que ne s'achève le calvaire des otages, d'une durée totale de quatre cent quarante-quatre jours.

Mortenson reposa le magazine. Au moins, personne ne l'avait attaché ni n'avait menacé de l'abattre. Pour l'instant. Les choses pourraient être pires, pensa-t-il. Mais la perspective de passer quatre cent quarante-quatre journées dans cette pièce obscure était trop insupportable. Même sans parler pachto, il trouverait un moyen de suivre l'exemple de Kathy Jean Gross. Il mettrait au point une façon de communiquer avec ces hommes.

Après avoir picoré le *dal* et le *pilaf kabouli* qu'on lui avait servis, il passa une bonne partie de sa deuxième nuit à concevoir, avant de les rejeter, diverses stratégies. Selon *Time*, les ravisseurs iraniens avaient soupçonné certains otages d'appartenir à la CIA. Était-ce la raison de son enlèvement ? Pensaient-ils qu'il était un agent venu espionner le phénomène relativement récent des talibans ? Cela pouvait certes être le cas, mais, ne parlant pas pachto, il n'avait aucun moyen d'expliquer son action en faveur des enfants pakistanais. Il élimina donc la solution de la persuasion.

Le détenait-on dans l'espoir d'obtenir une rançon ? Bien qu'il persistât à se raccrocher à l'espoir de ravisseurs bien intentionnés et d'une simple méprise, il devait admettre que l'argent pouvait constituer un motif possible. Mais là encore, il ne possédait pas le vocabulaire suffisant pour leur exposer la maigreur de ses ressources. À moins qu'ils ne lui reprochent le fait de s'être introduit, lui qui était un infidèle, en territoire fondamentaliste ? Tandis que ses gardes – le haschisch aidant – dormaient paisiblement, il se dit que c'était une explication plausible. Et que grâce à un tailleur de Rawalpindi, il parviendrait peut-être à influencer ses ravisseurs sans connaître leur langue.

Le matin de son deuxième jour de captivité, lorsque les gardes vinrent lui apporter le thé, il était prêt.

– *El coran* ? demanda-t-il, en mimant un homme pieux feuilletant le livre saint.

Les gardes comprirent aussitôt, l'arabe étant la langue du culte pour les musulmans du monde entier. Le balafré répondit quelque chose en pachto que Mortenson fut incapable de comprendre, mais interpréta comme étant un signe favorable.

Il fallut attendre l'après-midi du troisième jour pour qu'un homme plus âgé, que Mortenson supposa être le mollah du village, lui apporte un coran à la couverture de velours vert toute poussiéreuse. Par précaution, Mortenson le remercia en ourdou, mais sa réponse ne provoqua aucune réaction. Mortenson posa le livre sur son matelas et entama le *vouzou*, ablution pratiquée en l'absence d'eau, avant d'ouvrir le volume d'un geste révérencieux.

Mortenson se pencha sur le livre sacré, feignant de lire et ânonnant à voix basse les versets qu'il avait appris en présence d'un mannequin sans tête, chez le tailleur de Rawalpindi. Le mollah grisonnant hocha la tête une fois, l'air satisfait, puis abandonna Mortenson à ses gardes. Celui-ci pensa à Haji Ali, tout aussi incapable que lui de lire l'arabe, mais n'en tournant pas moins les pages de son coran, et sourit, le cœur réchauffé par cette étincelle de sentiment.

Il priait cinq fois par jour, chaque fois que lui parvenait l'appel de la mosquée voisine, pratiquant le culte sunnite convenant à cette terre sunnite, plongé dans son coran. Toutefois, si son plan avait le moindre effet, rien dans le comportement des gardes n'avait changé. Lorsqu'il ne feignait pas de lire le Coran, Mortenson puisait un peu de réconfort dans les pages de *Time*.

Il avait décidé d'éviter les articles concernant la crise des otages en Iran, ayant remarqué l'anxiété qui le saisissait à chaque fois qu'il en terminait la lecture. Trente minutes durant, il se coupait de son environnement en lisant le portrait flagorneur du candidat à la présidence, tout juste entré en lice à l'époque: Ronald Reagan. «Le temps n'est plus à se préoccuper de savoir si quelqu'un nous aime ou non, mais à décider qu'il faut de nouveau être respecté dans le monde, confiait-il aux journalistes de *Time*. Pour que nos ambassades et nos citoyens ne tombent jamais plus entre les mains de dictateurs.» Sous le président Clinton, songea Mortenson, le respect inspiré par l'Amérique dans le monde n'avait cessé de croître. Mais en quoi cela pouvait-il exactement lui venir en aide? En admettant que ce prestige permette à un diplomate de négocier, à quoi servirait-il, si personne ne savait où il se trouvait?

Les quatrième et cinquième jours passèrent au ralenti, uniquement marqués par les variations de la lumière qui filtrait par les volets. La nuit, de brèves rafales de tir automatique éclataient à l'extérieur de l'enceinte, auxquelles ripostait en cadence la tour de guet.

Le jour, Mortenson jetait des coups d'œil à travers les lames des volets. Mais la vue uniforme du mur d'enceinte n'était pas très divertissante. Or, Mortenson avait désespérément besoin d'un dérivatif. Le manque d'objectivité culturelle du test de Q.I. de Stanford-Binet ou le récit palpitant de l'introduction de la culture du tournesol dans le Dakota du Nord avaient tout de même leurs limites.

La solution, c'était les publicités. Elles étaient des fenêtres sur sa vie à la maison.

Au milieu de la cinquième nuit, autant qu'il puisse en juger, Mortenson sentit comme un flot noir qui l'envahissait, montant inexorablement et menaçant de le submerger. Tara lui manquait désespérément. Il lui avait dit qu'il serait rentré d'ici un ou deux jours, et la pensée de ne pouvoir la rassurer lui brisait le cœur. Il aurait donné n'importe quoi pour regarder la photo de Tara prise le jour de leur mariage. Celle où elle le prenait dans ses bras, devant le tramway à bord duquel ils avaient fait cette merveilleuse virée dans San Francisco. Tara souriait à l'objectif, rayonnante, plus heureuse que jamais. Mortenson se maudissait d'avoir laissé son portefeuille dans son sac à l'hôtel de Peshawar.

Rassemblant toute sa volonté, il endigua la vague qui l'assaillait et feuilleta les pages du magazine, cherchant à prendre pied sur les rives émergées du monde qu'il avait quitté. Il s'attarda sur une publicité pour un break Chevrolet, contemplant la jolie mère de famille qui souriait à deux adorables bambins, assis à l'arrière de la robuste automobile intérieur bois.

Pendant près de deux heures, il se plongea dans la contemplation d'une page vantant les appareils photos Kodak Instamatic. Les branches d'un sapin de Noël arboraient, en guise de décoration, les photographies d'une famille incontestablement heureuse. Un vénérable grand-père, chaudement emmitouflé dans un confortable peignoir rouge, montrait à un garçonnet blond comment utiliser la canne à pêche qu'il avait eue en cadeau. Une mère de famille radieuse regardait ses enfants aux joues rouges déballer des casques de football américain et jouer avec des chiots. Bien que, enfant, Mortenson ait passé tous ses Noël en Afrique et que sa plus proche expérience d'un sapin de Noël ait été le petit arbre artificiel qu'ils sortaient tous les ans de sa boîte poussiéreuse, il se raccrocha à cette bouée d'un monde familier, un monde qui n'était pas cette pièce puant le kérosène, avec ces hommes malveillants.

À l'aube de son sixième jour de captivité, Mortenson tentait de déchiffrer, malgré la pénombre, les mérites de l'appareil d'hygiène buccale WaterPik. «La vie n'attend pas : souriez-lui», clamait le slogan, suivi d'une prose décrivant froidement cette «bactérie que l'on appelle plaque dentaire qui apparaît et se développe sous les gencives», mais Mortenson n'en était plus à ces considérations stylistiques. L'illustration (trois générations d'une famille américaine typique réunies sous le porche d'une solide maison en briques) qui accompagnait la publicité était presque plus qu'il n'en pouvait supporter. Leur façon de sourire à pleines dents et de se serrer les uns contre les autres évoquait des sentiments d'amour et d'attention, des sentiments qu'il ressentait pour Tara, des sentiments que personne ici ne ressentait pour lui.

Il sentit, avant de voir, que quelqu'un se tenait au-dessus de son lit. Mortenson leva les yeux et croisa ceux d'un homme à la carrure imposante. Sa barbe argentée, entretenue, lui donnait l'air érudit. Il accompagna son salut en pachto d'un sourire amène, puis il ajouta :

– Alors comme ça, c'est vous, l'Américain…

En anglais.

Mortenson se leva pour lui serrer la main, et la pièce se mit à tourner tout autour de lui sans pouvoir s'arrêter. Cela faisait quatre jours qu'il s'enfonçait dans la déprime et refusait toute nourriture, en dehors du riz et du thé. L'homme le retint par les épaules et ordonna qu'on apporte à manger.

Entre deux bouchées de chapatis tout chauds, Mortenson rattrapa ses six jours de silence. Lorsqu'il demanda son nom à son visiteur, celui-ci marqua une pause avant de répondre :

– Appelez-moi simplement Khan (l'équivalent local de Dupont).

Quoique wazir, « Khan » avait été scolarisé dans une école britannique de Peshawar et s'exprimait en détachant clairement les syllabes, comme on le lui avait enseigné. Il ne donna pas la raison de sa venue, mais il était clair qu'il avait été chargé de jauger l'Américain. Mortenson lui parla de son travail au Baltistan dans un flot continu de paroles, entre deux gorgées de thé vert. Il raconta qu'il envisageait de construire bien d'autres écoles au Pakistan, pour les enfants les plus nécessiteux, et qu'il était venu au Waziristan pour voir si ses services pouvaient intéresser quelqu'un.

Il attendit avec anxiété la réponse de Khan, espérant l'entendre dire que sa détention était une regrettable erreur et qu'il allait bientôt reprendre la route de Peshawar. Mais aucune parole rassurante ne franchit les lèvres de son visiteur. Khan prit le *Time* et se mit à le feuilleter d'un air distrait, l'esprit visiblement ailleurs. Il s'arrêta sur une publicité de l'U.S. Army et Mortenson pressentit le danger. Montrant du doigt une femme en tenue de combat qui manipulait une radio portable, Khan demanda :

– Votre armée envoie les femmes au combat, maintenant, n'est-ce pas ?

– Normalement, non, répondit Mortenson en cherchant à se montrer diplomate, mais dans notre société, elles sont libres de choisir n'importe quel métier.

Sentant que même cette réponse pouvait contenir les germes d'une offense, il se creusa la tête pour trouver un sujet susceptible d'offrir un terrain d'entente.

– Ma femme va bientôt mettre au monde notre premier enfant, un *zoi*, un garçon, poursuivit-il. J'ai besoin de rentrer chez moi pour son arrivée.

Quelques mois auparavant, à l'occasion d'une échographie, il avait pu voir flotter à l'écran l'image floue de sa future petite fille. « Mais, explique-t-il, je savais que pour un musulman, la naissance d'un fils constitue un véritable événement. Je m'en voulais de mentir, mais je me suis dit que la naissance d'un garçon pouvait les pousser à me libérer. »

Khan continuait à contempler la publicité de l'armée en fronçant les sourcils, comme s'il n'avait rien entendu.

– J'avais dit à ma femme que je serais déjà rentré, continua Mortenson. Et je suis sûr qu'elle est très inquiète. Puis-je l'appeler pour lui dire que je vais bien ?

– Il n'y a pas de téléphone ici, répondit Khan.

– Et si vous m'ameniez à un poste de l'armée pakistanaise ? Je pourrais appeler de là-bas ?

– J'ai peur que ce soit impossible, soupira Khan en regardant Mortenson droit dans les yeux, d'un regard trahissant un soutien qu'il n'était pas libre de lui accorder. Ne vous inquiétez pas, ajouta-t-il en rangeant les tasses, tout ira bien.

L'après-midi du huitième jour, Khan rendit de nouveau visite à Mortenson.

– Aimez-vous le football ? demanda-t-il.

Mortenson étudia la question, craignant qu'elle ne dissimule quelque piège.

– Bien sûr, répondit-il. Je jouais au football quand j'allais au coll… à l'université.

Alors qu'il prononçait ces paroles, veillant à ne pas utiliser de termes typiquement américains, Mortenson comprit que Khan avait fait allusion au *soccer*, et non au football américain.

– Dans ce cas, annonça Khan en lui indiquant la porte, nous vous invitons à assister à un match. Venez.

Précédé de Khan, Mortenson franchit le portail d'entrée et se retrouva en pleine nature, voyant son environnement pour la première fois depuis son arrivée, huit jours plus tôt. Au pied d'une route caillouteuse, non loin d'une mosquée qui tombait en ruine, il aperçut la grande route qui traversait la vallée. Et de l'autre côté, à moins d'un kilomètre et demi, les tours fortifiées d'un poste de l'armée pakistanaise. Mortenson se demanda s'il ne devait pas tenter de prendre la fuite, puis se rappela le garde en faction dans la tour de guet. Il suivit donc Khan au sommet de la colline où s'étendait un vaste champ pierreux. Là, deux équipes constituées de jeunes hommes barbus qu'il n'avait jamais vus s'affrontaient dans un match d'une étonnante qualité. Des caisses de munitions empilées les unes sur les autres faisaient office de buts.

Khan l'invita à s'asseoir sur une chaise en plastique blanc, installée au bord du terrain en son honneur. Là, Mortenson observa attentivement les joueurs. Ceux-ci soulevaient des nuages de poussière qui retombait sur leurs *shalvar kamiz* collantes de transpiration. Tout à coup, un cri s'éleva de la tour de guet. La sentinelle avait décelé des mouvements dans le poste militaire pakistanais.

– Je suis navré, fit Khan en emmenant rapidement Mortenson à l'abri derrière les remparts de l'enceinte.

Cette nuit-là, Mortenson s'efforça en vain de trouver le sommeil. S'il considérait la prestance de Khan et le respect que lui témoignaient les hommes, il était fort probable qu'il fût une figure montante du mouvement taliban. Mais que cela signifiait-il pour lui ? Le match de football avait-il été le signe de sa libération imminente ? Ou l'équivalent d'une dernière cigarette ?

À quatre heures du matin, quand ils vinrent le chercher, il avait la réponse à ses questions. Khan lui banda lui-même les yeux, enveloppa ses épaules d'une couverture et le guida sans le brusquer jusqu'au pick-up où des hommes avaient déjà pris place. «À l'époque, avant le 11 septembre, la décapitation des étrangers n'était pas à la mode, déclare Mortenson. Mourir fusillé ne me paraissait pas être une mauvaise façon de partir. Mais l'idée que Tara devrait élever notre enfant toute seule, et ne saurait sans doute jamais ce qui m'était arrivé, me rendait fou. Je pouvais imaginer son chagrin et son incertitude, et c'était le plus terrible de tout.»

À l'arrière du pick-up, quelqu'un lui offrit une cigarette, mais il refusa. Il n'avait plus besoin de faire bonne impression, maintenant, et il ne voulait pas partir avec un goût de cigarette dans la bouche. Durant la demi-heure que dura le trajet, il serra sa couverture contre lui, sans parvenir à réprimer ses tremblements. Et quand le pick-up s'engagea sur une piste de terre et qu'il entendit se rapprocher des tirs d'armes automatiques, il se mit à transpirer à grosses gouttes.

Le chauffeur freina d'un coup sec et la camionnette dérapa, sur fond assourdissant d'AK-47 dont on vidait les chargeurs. Khan lui retira le bandeau et le serra contre lui.

– Vous voyez, dit-il, je vous avais dit que tout irait pour le mieux.

Par-dessus l'épaule de Khan, Mortenson aperçut des centaines d'hommes barbus qui dansaient autour de grands feux en tirant des salves vers le ciel. Leurs visages, qu'il entrevoyait à la lueur des flammes, ne trahissaient aucune intention cruelle, mais plutôt un bonheur intense.

Les hommes du *lashkar* sautèrent à terre en poussant des cris de joie, mêlant leurs coups de feu à ceux de leurs compagnons d'arme. L'aube ne devait pas être très loin, mais Mortenson vit des marmites mijoter et des chèvres qui rôtissaient au-dessus du feu.

– Que se passe-t-il? hurla-t-il en suivant Khan au milieu de la fête, n'arrivant pas à croire que ses huit jours infernaux étaient finalement derrière lui. Pourquoi suis-je ici?

– Il vaut mieux que je ne vous le dise pas, répondit Khan.

Disons juste que nous avions d'autres… contingences. Il y a eu une dispute, et nous aurions pu avoir de très gros ennuis. Mais maintenant, tout est réglé, nous avons eu une *djirga*, et nous fêtons cela. Nous faisons la fête avant de vous ramener à Peshawar.

Mortenson était toujours incrédule, mais une poignée de roupies le convainquit que son calvaire était bel et bien fini. Le garde balafré tituba vers lui, souriant sous l'effet de la chaleur et du haschisch. Il brandissait une liasse de billets de cent roupies, roses, tout aussi crasseux et défaits que lui, qu'il fourra dans la poche de poitrine de la tunique de Mortenson.

Interloqué, celui-ci se tourna vers Khan, en quête d'explication.

– Pour vos écoles ! cria-t-il à l'oreille de Mortenson. Pour que, *Inch Allah*, vous en construisiez encore beaucoup !

D'autres Wazirs approchèrent, interrompant leurs tirs pour l'étreindre, lui apporter de la viande ou lui donner de l'argent. Tandis que le jour se levait, la poche de son *shalvar kamiz* aussi gonflée que sa panse, Mortenson sentait la peur qui l'avait oppressé huit jours durant l'abandonner.

Étourdi, il se joignit aux célébrations, sa barbe de huit jours dégoulinante de graisse, exécutant de vieux pas de danse tanzaniens qu'il croyait oubliés, sous les cris d'encouragement des Wazirs, dansant avec cette béatitude absolue, cet abandon total, que confère la liberté.

CHAPITRE 14

ÉQUILIBRE

L'opposition apparente entre la vie et la mort est maintenant dépassée. [...] Ne te débats pas, n'essaie pas de riposter ou de fuir. [...] Il n'y a plus ni contenant ni contenu. [...] Tout est résolu dans une liberté éblouissante et sans mesure.
Extrait de *L'Épopée du roi Gésar*

La petite voiture garée dans l'allée des Mortenson était tellement boueuse que l'on avait peine à distinguer sa couleur. Sur la plaque d'immatriculation customisée, on pouvait lire « Baby-catcher »[1].

Comme à chaque fois qu'il rentrait chez lui, Mortenson s'émerveilla d'être le propriétaire d'une aussi jolie maison. Il posa sur la table de la cuisine les courses destinées à combler les envies de Tara (quelques fruits et un assortiment de glaces Häagen-Dazs) et se mit en quête de la future jeune maman.

Elle se trouvait dans leur petite chambre située à l'étage, en compagnie d'une femme aux formes généreuses.

– Roberta est ici, mon cœur, lança-t-elle depuis le lit.

Mortenson, de retour depuis une semaine après avoir passé trois mois au Pakistan, ne s'était pas encore totalement habitué à la nouvelle morphologie de son petit bout

---

1. Calqué avec humour sur « dream-catcher », attrape-rêves (objet artisanal amérindien).

de femme, plus ronde qu'un fruit mûr. D'un signe de tête, il salua Roberta, assise au pied du lit.

– Bonjour !

– Howdy ! répondit-elle avec l'accent du Montana. Nous étions en train de discuter du lieu qui conviendrait le mieux à l'accouchement. Tara aimerait que cela se passe ici même. Je suis tout à fait d'accord. Cette pièce dégage une très bonne énergie.

– Ça me va très bien, approuva Mortenson en serrant la main de Tara dans la sienne.

Ce n'était pas des paroles en l'air. En tant qu'ancien infirmier, il préférait tenir sa femme éloignée des hôpitaux. Roberta, qui habitait en pleine montagne, lui donna son numéro de téléphone en les invitant à l'appeler à n'importe quelle heure du jour ou de la nuit, dès le début des contractions.

Le reste de la semaine s'écoula paisiblement. Mortenson était aux petits soins pour sa femme, au point que Tara devait le mettre dehors lorsqu'elle voulait se reposer. Après l'épreuve du Waziristan, il trouvait les feuillages automnaux de Bozeman presque trop beaux pour être vrais. Déambuler dans les rues arborées de son quartier, longer des parcs où les étudiants s'amusaient au frisbee avec leurs chiens, étaient l'antidote idéal à huit jours de confinement.

***

Lorsqu'il s'était retrouvé sain et sauf dans son hôtel de Peshawar, les poches bourrées des billets roses que lui avaient donnés les Wazirs – pour près de quatre cents dollars ! –, Mortenson s'était précipité dans une cabine téléphonique avec la photo de Tara, qu'il n'avait pas quittée des yeux durant toute leur conversation. C'était le milieu de la nuit aux États-Unis.

Tara était encore debout.

– Allô, mon cœur, je vais bien, annonça-t-il.

– Où étais-tu ? Qu'est-ce qui t'es arrivé ?

– J'ai été capturé.

– Comment ça, capturé ? Par le gouvernement ? demanda-t-elle, la gorge nouée.

– C'est difficile à raconter, répondit-il, soucieux de ne pas accroître la détresse de sa femme. Mais je rentre à la maison. On se voit dans quelques jours.

Durant les trois longs vols qui avaient composé son retour, Mortenson n'avait cessé de tirer de son portefeuille la photo de Tara, qui agissait sur lui comme un baume apaisant.

Dans le Montana, Tara se remettait elle aussi de ses émotions. « Durant les premiers jours où j'ai été sans nouvelles, je me disais que c'était tout Greg, de perdre ainsi la notion du temps. Mais au bout d'une semaine, j'étais folle. J'ai failli appeler le secrétariat d'État, j'en ai discuté avec ma mère, mais comme il s'agit d'un secteur fermé, je craignais de provoquer un incident diplomatique. J'étais au bout du rouleau : seule, enceinte, dans l'angoisse. Quand il a appelé de Peshawar, j'en étais venue à envisager qu'il soit mort. »

***

À sept heures du matin, le 13 septembre 1996, tout juste un an après leur rencontre au Fairmont Hotel, Tara eut ses premières contractions. À dix-neuf heures douze, accueillie par des chants tibétains choisis par son père, Amira Eliana Mortenson fit son apparition sur terre. « Amira », parce que cela signifie « femme chef » en perse, et « Eliana », qui veut dire « don de Dieu » en chagga, dialecte de la région du Kilimandjaro, prénom qu'avait porté la petite sœur disparue de Mortenson, Christa Eliana Mortenson.

Après le départ de la sage-femme, Mortenson resta au lit, blotti bien au chaud contre sa femme et sa fille. Il passa au cou du bébé le *tomar* multicolore dont Haji Ali lui avait fait cadeau, puis s'attela, non sans maladresse, à ouvrir la première bouteille de champagne de son existence.

– Donne-moi ça ! s'esclaffa Tara, troquant le bébé contre la bouteille.

Mortenson couvrit de sa large main le petit crâne souple de sa fille. Il était si heureux qu'il en eut les larmes aux yeux. Dire que ces huit jours passés dans une pièce puant le kérosène et ces instants de bonheur appartenaient au même monde.

– Qu'est-ce qu'il y a ? demanda Tara.

– Chut… dit-il, en effaçant du doigt le pli qui barrait le front de sa femme, chut…

Le monde poursuivait inexorablement sa course vers l'équilibre. Mortenson en eut une nouvelle fois la preuve. Jean Hoerni l'appela pour lui demander s'il allait bientôt recevoir sa photographie de l'école. Mortenson lui narra son enlèvement et lui confirma qu'il projetait de retourner au Pakistan d'ici quelques semaines, après avoir pris le temps de faire connaissance avec sa fille.

Mais les questions de son vieil ami trahissaient une telle anxiété qu'il finit par lui demander ce qui le tracassait. Non sans réticence, Hoerni avoua enfin qu'on lui avait diagnostiqué une myélofibrose, une leucémie incurable : il ne lui restait que quelques mois à vivre.

– Je dois voir cette école avant de mourir, insista-t-il. Promettez-moi de me rapporter une photo le plus vite possible.

– Promis, répondit Mortenson.

Pour quelle raison, songea-t-il tandis qu'une boule se formait au fond de sa gorge, ce vieil homme irascible avait-il reporté ses espoirs sur un héros aussi peu vraisemblable que lui ?

Cet automne-là, à Korphe, le temps était clair, mais exceptionnellement froid. Les familles avaient prématurément abandonné les toits en terrasse des maisons pour se blottir autour des âtres enfumés. Mortenson avait quitté sa famille plus tôt que prévu dans l'espoir de tenir la promesse faite à Hoerni. Jour après jour, avec les hommes du village, il s'emmitouflait sous plusieurs couches de couvertures et se perchait sur le toit de l'école pour terminer la charpente. Il sondait le ciel d'un œil inquiet, craignant de voir une fois de plus leurs efforts anéantis par l'arrivée de la neige.

Twaha se souvient de la facilité avec laquelle Mortenson s'adaptait au froid. « Nous nous inquiétions de voir le Dr Greg dormir à l'intérieur, dans la fumée, auprès des animaux, mais il ne semblait pas s'en soucier. Il est différent des autres Occidentaux. Il n'a aucun besoin matériel particulier, que ce soit pour se nourrir ou autre chose. Il mangeait tout ce que ma mère posait devant lui et dormait avec nous, dans l'atmosphère enfumée, comme un Balti. Avec ses excellentes manières et sa grande sincérité, il a vite conquis le cœur de mes parents, comme le mien. »

Un soir, alors que Haji Ali venait tout juste de prendre sa chique de *naswar,* Mortenson lui confessa, tout penaud, son enlèvement. Le *nurmadhar* recracha aussitôt le tabac dans la flambée.

– Tu y es allé seul ! s'exclama-t-il sur un ton de reproche. Tu n'as pas recherché l'hospitalité d'un chef ! S'il y a une seule chose à retenir de tous mes conseils, c'est celle-ci : ne te rends jamais nulle part tout seul au Pakistan. Promets-le-moi.

– Promis, fit Mortenson, ajoutant un serment de plus à la liste de tout ce qu'il avait déjà juré à un bataillon d'anciens.

Haji Ali prit une nouvelle chique de *naswar* et la garda dans sa joue pour la ramollir, l'air songeur.

– Où vas-tu construire ta prochaine école ? demanda-t-il enfin.

– Je pensais me rendre dans la vallée de Hushe, répondit Mortenson, visiter quelques villages et voir si…

– Puis-je encore te donner un conseil ? l'interrompit Haji Ali.

– Bien sûr.

– Pourquoi ne nous confies-tu pas cette tâche ? Je réunirai tous les anciens de la vallée de la Braldu afin de voir quel village est prêt à céder du terrain et rassembler de la main-d'œuvre. Cela t'évitera de parcourir le Baltistan dans tous les sens, comme un corbeau qui cherche sa pitance, conclut le *nurmadhar* dans un grand éclat de rire.

« Et c'est ainsi, qu'une fois de plus, un vieux Balti illettré enseignait à l'Occidental que je suis la meilleure façon de s'y prendre pour développer une région "arriérée". Depuis ce jour, j'ai suivi son conseil à la lettre : j'avance lentement, de village en village, de vallée en vallée, je vais là où nous avons déjà noué des liens, au lien de débouler comme un chien dans un jeu de quilles, ainsi que je l'ai fait au Waziristan. »

Début décembre, toutes les fenêtres de l'école de Korphe étaient calfeutrées et les quatre tableaux noirs avaient été livrés. Il ne restait plus qu'à fixer les plaques de tôle ondulée sur le toit. Celles-ci étaient particulièrement tranchantes et pouvaient se révéler dangereuses lorsque le vent s'engouffrait dans la vallée. Mortenson, qui avait déjà soigné une demi-douzaine de blessures causées par ces lames volantes, gardait sa trousse de premiers soins constamment à proximité.

Un jour, Ibrahim, un porteur plein d'allure qui travaillait sur le chantier, l'appela d'urgence. Quittant aussitôt son perchoir, Mortenson le rejoignit et l'inspecta du regard, s'attendant à découvrir une coupure. Mais au lieu de cela, Ibrahim l'attrapa par le poignet d'un geste décidé et l'entraîna chez lui.

– C'est ma femme, Docteur Sahib, dit-il d'une voix anxieuse. Son bébé va mal.

Ibrahim tenait l'unique épicerie de Korphe, une simple pièce dans sa maison où les villageois pouvaient se fournir en thé, savon, cigarettes et autres produits de première nécessité. Dans l'étable située au rez-de-chaussée, sous les pièces de vie, Mortenson découvrit Rhokia, la femme d'Ibrahim, gisant au milieu des moutons qui trépignaient et de la famille, affolée. Deux jours plus tôt, Rhokia avait accouché d'une petite fille, mais n'avait pas recouvré ses forces. «En entrant, j'ai été saisi par une odeur de chair en décomposition», se rappelle Mortenson. Il s'approcha de la paillasse imprégnée de sang et, à la lueur d'une lampe à huile, examina la jeune mère. Avec la permission d'Ibrahim, il lui prit le pouls, qui battait à une vitesse alarmante. «Elle était livide, inconsciente. Elle n'avait pas expulsé son placenta et risquait de faire une septicémie.»

Effondrée, la sœur de Rhokia tenait dans ses bras le nourrisson à peine conscient. Le bébé aussi était à deux doigts de la mort. Croyant que la mère souffrait d'un empoisonnement, la famille n'avait pas mis le nouveau-né au sein. «Or, explique Mortenson, l'allaitement stimule l'utérus, qui expulse plus facilement le placenta. J'ai insisté pour qu'ils fassent téter le bébé et ai administré un antibiotique à la mère.» Pourtant, alors que le nourrisson reprenait peu à peu des forces, Rhokia restait étendue sur la paille, gémissant de douleur lorsqu'elle reprenait conscience. «Je savais ce qu'il fallait faire, poursuit Mortenson, mais je craignais la réaction d'Ibrahim.»

Celui-ci comptait parmi les hommes les plus ouverts du village. Il portait les cheveux longs, se rasait la barbe et avait adopté le style des alpinistes pour lesquels il travaillait. Mais il n'en était pas moins balti. Calmement, Mortenson lui expliqua qu'il devait insinuer une main dans le corps de sa femme pour extraire ce qui la rongeait de l'intérieur.

Ibrahim le saisit par les épaules et lui enjoignit de faire son devoir. Éclairé par le porteur, Mortenson se lava les mains à l'eau bouillante puis extirpa le placenta en décomposition de l'utérus de la jeune femme.

Le lendemain, depuis le toit de l'école, il vit Rhokia déambuler à travers le village, son bébé gazouillant dans les bras, emmitouflé dans une couverture. «J'étais heureux d'avoir pu venir en aide à la famille d'Ibrahim, confie Mortenson. Pour qu'un Balti accepte qu'un étranger, un infidèle, ait un contact aussi intime avec sa femme, il fallait avoir fait un sacré bond dans leur estime. J'étais impressionné de voir jusqu'à quel point ils en étaient venus à m'accorder leur confiance.» Dès lors, lorsqu'il passait devant une maison, les femmes décrivirent des cercles avec les bras en direction du ciel, en signe de bénédiction.

Dans l'après-midi du 10 décembre 1996, alors que les premiers flocons de neige de la saison tournoyaient autour de ses mains rouges et irritées, Mortenson enfonça l'ultime clou dans la toiture de l'école sous les regards de Twaha, d'Hussein et d'une équipe d'ouvriers euphoriques. De la cour, Haji Ali salua l'exploit d'un cri joyeux.

– J'ai demandé à Allah tout puissant qu'il retienne la neige jusqu'à ce que vous ayez terminé, et dans son infinie sagesse, il m'a exaucé. Maintenant, descendez, nous allons boire le thé.

Ce soir-là, tandis qu'une bonne flambée crépitait dans le *balti*, Haji Ali alla ouvrir le placard où étaient rangés le niveau, le fil à plomb et le registre de Mortenson, et les lui rendit. Il lui remit également un livre de comptes. Mortenson le feuilleta et eut la surprise de découvrir des pages et des pages de chiffres bien alignés. Voilà un objet qu'il serait fier de montrer à Hoerni. «Les villageois avaient consigné la moindre roupie dépensée, les moindres brique, clou, planche, ainsi que la rémunération de la main-d'œuvre, selon la bonne vieille méthode comptable coloniale. Cela valait largement mieux que ce que j'aurais pu faire moi-même. »

Dans la basse vallée de la Braldu, alors qu'ils roulaient en direction de Skardu, leur jeep fut prise dans une tempête de neige : l'hiver prenait définitivement ses quartiers dans le Karakoram. Par intermittence, le conducteur, un vieil homme affligé d'un œil vitreux, sortait la main par la vitre de sa portière et grattait le givre en formation sur le pare-brise, dépourvu d'essuie-glace. La jeep progressait sur une piste glissante en surplomb de la Braldu, cachée dans le brouillard au fond du ravin. Les passagers se blottissaient les uns contre les autres, cherchant un peu de réconfort à chaque fois que le conducteur décollait ses mains du volant pour adresser une prière angoissée à Allah.

***

Des bourrasques de neige cinglaient à quatre-vingts kilomètres à l'heure et occultaient la route. Les mains crispées sur le volant, Mortenson s'efforçait de maintenir la Volvo sur la chaussée, désormais invisible. Dans des conditions normales, le trajet de Bozeman à Hailey, dans l'Idaho, où était hospitalisé Jean Hoerni, n'aurait dû prendre que sept heures. Ils avaient quitté la maison douze heures plus tôt sous de légers flocons. Il était dix heures du soir, les éléments se déchaînaient, et il restait encore cent dix kilomètres à parcourir. Mortenson quitta des yeux la route enneigée pour glisser un regard à Amira, endormie à l'arrière dans le siège bébé. Affronter une tempête de neige au Baltistan, seul, était un risque acceptable. Mais entraîner femme et enfant dans ce lieu perdu, balayé par la neige, pour remettre une photo à un mourant, c'était de la folie pure, d'autant plus qu'ils se trouvaient à quelques kilomètres à peine de l'endroit où avait eu lieu l'accident qui avait coûté la vie au père de Tara.

Mortenson se gara en marche arrière sur l'accotement, dos aux bourrasques, à l'abri d'un panneau annonçant qu'ils entraient dans le parc national Craters of the Moon. Dans la précipitation du départ, il avait oublié de mettre de l'antigel dans le radiateur et n'osait pas couper le contact, de crainte de ne plus pouvoir redémarrer. Il passa les deux heures suivantes à regarder dormir Tara et Amira, contrôlant la jauge de temps à autre, et attendit l'accalmie pour reprendre la route.

Après avoir déposé sa femme et sa fille à l'appartement de Hoerni, il prit la direction du centre médical de Blaine County. L'hôpital, construit pour soigner les fractures des skieurs de Sun Valley, ne disposait que de huit chambres, et en ce début de saison, sept d'entre elles étaient vacantes. Mortenson passa devant l'infirmière endormie à la réception sans faire de bruit et se dirigea vers le halo de lumière qui filtrait de la chambre située à droite, au bout du couloir.

Il trouva Hoerni assis dans son lit. Il était deux heures du matin.

– Vous êtes en retard, maugréa-t-il. Encore une fois.

Mortenson se tenait dans l'encadrement de la porte, mal à l'aise, choqué par la progression de la maladie. Le visage émacié de Hoerni, d'habitude si expressif, n'était plus qu'arêtes saillantes. Mortenson avait l'impression de s'adresser à un squelette.

– Comment vous sentez-vous, Jean ? demanda-t-il en s'approchant.

– Avez-vous cette fichue photographie ? rétorqua Hoerni.

Mortenson posa son paquetage sur le lit en veillant à ne pas heurter les jambes du malade, des jambes de montagnard qui, à peine un an plus tôt, le portaient encore sur les sentiers du Tibet, au mont Kailash. Il déposa une enveloppe en papier kraft entre les mains noueuses du vieil homme, et attendit.

Jean Hoerni sortit d'une main tremblante la photographie de vingt centimètres sur vingt-cinq. Les yeux plissés, il étudia le cliché de l'école que Mortenson avait pris le matin même de son départ.

– Magnifique ! s'exclama-t-il, en admirant d'un hochement de tête approbateur les solides murs jaune pâle, bordés d'un liséré de peinture rouge encore fraîche.

Puis il passa un doigt sur les soixante-dix élèves en guenilles qui s'apprêtaient, sourire aux lèvres, à entamer leur scolarité. Il s'empara du téléphone placé à côté de son lit et appela l'infirmière. Lorsque celle-ci apparut sur le seuil de la porte, il lui demanda d'apporter un marteau et un clou.

– Et pourquoi voulons-nous un marteau ? demanda-t-elle, tout endormie.

– Pour mettre au mur une photo de l'école que je construis au Pakistan.

– Je ne crois pas que ça va être possible, répondit-elle de ce ton habitué à calmer les malades assommés de médicaments. Le règlement.

– J'achèterai l'hôpital tout entier s'il le faut ! s'emporta Hoerni en se redressant de toute sa hauteur. Apportez-moi ce foutu marteau !

L'infirmière réapparut quelques instants plus tard, une agrafeuse à la main.

– C'est ce que j'ai pu trouver de mieux, s'excusa-t-elle.

– Enlevez-moi ce truc et mettez ça à la place, ordonna-t-il.

Mortenson décrocha une image de deux chatons jouant avec une pelote de ficelle, retira le crochet et agrafa à la place l'école de Korphe, en plein dans la ligne de mire de Hoerni, faisant voler des écailles de peinture à chaque nouveau coup d'agrafeuse.

Lorsqu'il se retourna, Hoerni était déjà penché sur le téléphone et interrogeait les renseignements pour obtenir le numéro d'un correspondant en Suisse.

– Salut! s'écria-t-il enfin dans le combiné. C'est moi, Jean! J'ai construit une école dans le Karakoram, dans l'Himalaya. Et toi, qu'est-ce que tu as fait ces cinquante dernières années?

Hoerni avait des résidences en Suisse et dans la Sun Valley. Mais c'est à Seattle qu'il choisit de mourir. Avant Noël, on l'avait transféré au Virginia Mason Hospital, qui domine la ville du haut de Pill Hill. De sa chambre particulière, par temps dégagé, on pouvait voir Eliot Bay et les pics acérés de la péninsule Olympic. Cependant, sa santé déclinant rapidement, c'étaient plutôt les documents juridiques posés sur sa table de chevet qui retenaient l'attention du malade.

« Il a passé les dernières semaines de sa vie à remanier son testament, se rappelle Mortenson. Si quelqu'un le mettait en colère, et cela arrivait fréquemment, il disparaissait de son testament d'un coup de stylo-feutre, comme par enchantement. Ensuite, quelle que soit l'heure, il appelait Franklin Montgomery, son avocat, pour s'assurer que cette personne serait bien déshéritée. »

Pour la dernière fois de sa vie, Mortenson endossa le rôle d'infirmier. Il quitta Tara et Amira pour s'installer au chevet du vieil homme vingt-quatre heures sur vingt-quatre, le lavant, vidant son bassin ou ajustant son cathéter, heureux de pouvoir alléger ses derniers jours.

Mortenson fit tirer une seconde épreuve grand format de l'école de Korphe, l'encadra et l'accrocha au-dessus du lit du malade. Il brancha la caméra vidéo que lui avait confiée Hoerni avant son dernier séjour au Pakistan pour lui montrer les scènes du village qu'il avait filmées sur le vif. « Jean ne s'en est pas allé paisiblement. Mourir le mettait en colère, raconte Mortenson. Mais lorsqu'il regardait les enfants de Korphe chanter maladroitement une comptine en anglais, sa colère s'évanouissait. »

Un jour, il prit la main de Mortenson et la serra avec cette force surprenante qu'ont les mourants. « Il m'a dit qu'il m'aimait comme un fils, se souvient Mortenson. Son haleine avait ce parfum doux de cétone qu'elle prend souvent sur la fin, et je savais qu'il n'en avait plus pour longtemps. »

« Jean était connu pour ce qu'il avait accompli dans le domaine scientifique, confie sa femme Jennifer Wilson. Mais je crois que cette petite école, à Korphe, comptait tout autant pour lui. Il avait vraiment le sentiment de laisser quelque chose derrière lui. »

Veillant à ce que les fondations du Central Asia Institute soient aussi solides que celles de l'école de Korphe, Hoerni l'avait doté d'un million de dollars avant d'être hospitalisé.

Le jour du nouvel an 1997, alors qu'il revenait de la cafétéria, Mortenson le trouva habillé d'un costume en cachemire, en train de tirailler l'intraveineuse piquée dans son bras.

– Il faut que je rentre chez moi pour quelques heures, dit-il. Appelez-moi une limousine.

Mortenson persuada le médecin de service de lui confier la garde du vieil homme, puis réserva une Lincoln noire qui les conduisit au luxueux appartement des rives du lac Washington. Trop faible pour tenir lui-même le téléphone, Hoerni feuilleta un carnet d'adresses à couverture de cuir et commanda des fleurs à l'attention d'amis perdus de vue.

– Bon, dit-il une fois que le dernier bouquet eût été commandé. Maintenant je peux mourir. Ramenez-moi à l'hôpital.

Le 12 janvier 1997 s'acheva la longue vie de celui qui avait présidé à la naissance des semi-conducteurs et à celle du Central Asia Institute. Le mois suivant, Greg Mortenson acheta son premier vrai costume pour la cérémonie qui rassembla les parents et anciens collègues de Hoerni à la chapelle de la Stanford University, au cœur même de cette Silicon Valley qu'il avait contribué à créer. «Jean Hoerni, déclara Mortenson devant l'assemblée, avait un esprit visionnaire qui nous a guidés dans un XXIe siècle de haute technologie, mais, ce qui est plus rare, il était aussi suffisamment visionnaire pour regarder derrière lui et tendre la main à ceux qui ont conservé un mode de vie ancestral.»

CHAPITRE 15
MORTENSON EN ACTION

Ce ne sont pas les coups de marteau,
mais la danse de l'eau, qui de son chant
conduit les cailloux à la perfection.
Rabindranath Tagore

Il était trois heures du matin au « bureau » du Central Asia Institute de Bozeman – une buanderie reconvertie dans le sous-sol de sa maison –, lorsque Greg Mortenson apprit que le *sher* du village de Chakpo, dans la vallée de la Braldu, avait émis une fatwa à son encontre. À Skardu, c'était le milieu de l'après-midi, et Ghulam Parvi, à l'autre bout de la ligne, s'époumonait dans le téléphone que Mortenson lui avait fait installer.

– Ce mollah n'a rien à faire de l'islam ! C'est un escroc motivé par la cupidité ! Il n'a aucune raison de prononcer une fatwa.

À entendre la passion qui vibrait dans la voix de Parvi, Mortenson comprenait qu'il ne fallait pas sous-estimer l'affaire. Mais chez lui, en pyjama, encore à moitié endormi, avec la moitié du globe entre eux, il avait du mal à s'affoler.

– Pouvez-vous aller lui parler ? Essayer de trouver une solution ? demanda Mortenson.

– Il faut que vous veniez ici. Il n'acceptera de me rencontrer que si je lui apporte une valise pleine de roupies. C'est ce que vous voulez ?

– Nous n'avons jamais payé de pots-de-vin, et nous n'allons pas nous y mettre maintenant, répliqua Mortenson en étouffant un bâillement. Il faut nous adresser à un mollah d'autorité supérieure. En connaissez-vous un ?

– Peut-être, répondit Parvi. Même chose demain ? Vous appelez à la même heure ?

– Oui, même heure. *Khuda hafiz.*

– Qu'Allah soit également avec vous, monsieur, conclut Parvi.

Mortenson suivait chaque jour le même programme, qu'il garderait au long des dix années à venir, en raison des treize heures de décalage horaire séparant Bozeman du Pakistan. Le soir, une fois ses « appels du matin » passés, il se couchait vers vingt et une heures, pour se lever à deux ou trois heures du matin afin de pouvoir contacter le Pakistan avant la fermeture des commerces. Ses fonctions de directeur du CAI lui permettaient rarement de dormir plus de cinq heures par nuit.

À pas feutrés, Mortenson monta se préparer un café à la cuisine, puis redescendit composer son premier e-mail de la journée :

« Destinataire : les membres du conseil d'administration du CAI.

« Objet : fatwa pesant sur Greg Mortenson.

« Bonjour de Bozeman !

« Je viens juste de m'entretenir avec notre nouveau directeur de projet au Pakistan, Ghulam Parvi. (Il vous remercie pour le téléphone, qui fonctionne très bien !) Parvi m'a rapporté que le *sher*, chef religieux d'un village, qui n'apprécie pas notre action en faveur de l'instruction des filles, vient d'émettre une fatwa à mon encontre pour que le CAI cesse de construire des écoles au Pakistan. Pour votre information : une fatwa est un avis juridique religieux. Le Pakistan est régi par un ensemble de lois civiles, mais également par la *charia*, qui est un système de lois islamiques comme celui en vigueur en Iran.

« Dans les petits villages où nous travaillons, l'influence d'un mollah, même malhonnête, est supérieure à celle du gouvernement pakistanais. Parvi m'a demandé si je souhaitais payer un pot-de-vin (ce à quoi j'ai répondu "pas question"). Bref, ce type peut nous causer beaucoup d'ennuis. J'ai demandé à Parvi de voir s'il n'y avait pas moyen qu'un mollah plus haut placé émette un avis prépondérant, et je vous informerai du résultat de ses recherches. Mais cela signifie que je devrais probablement retourner là-bas bientôt pour démêler tout ça. *Inch Allah*.

« Paix à tous.

« Greg. »

Jean Hoerni lui avait légué la somme de vingt-deux mille trois cent quinze dollars, l'équivalent, selon l'estimation du vieil homme, de ce qu'il avait jusqu'ici dépensé au Pakistan. Mortenson avait également hérité d'une situation insolite : il se trouvait à la tête d'une organisation caritative dotée de près d'un million de dollars de fonds. Il avait donc invité la veuve du défunt, Jennifer Wilson, à siéger au conseil d'administration, ainsi que son vieil ami Tom Vaughan, le pneumologue et alpiniste de Marin County qui l'avait soutenu quand il avait été au creux de la vague. Le Dr Andrew Marcus, président du département des Sciences de la Terre pour l'État du Montana, avait également accepté de se joindre à eux. Mais leur administrateur le plus inattendu restait Julia Bergman, la cousine de Jennifer Wilson.

En octobre 1996, lors d'un séjour au Pakistan avec un groupe d'amis, elle avait affrété un gros hélicoptère russe à Skardu pour effectuer une sortie dans les environs du K2. Sur le chemin du retour, le pilote leur avait proposé de visiter un village pittoresque et s'était posé non loin de Korphe. Apprenant que Julia Bergman était américaine, les enfants du village l'avaient prise par la main et lui avaient fait visiter une curieuse attraction touristique : une imposante bâtisse jaune érigée par l'un de ses concitoyens, la toute première école du village.

« J'ai aperçu un panneau devant le bâtiment, qui disait que l'école avait pu être construite grâce à une donation de Jean Hoerni, le mari de ma cousine. Jennifer m'avait dit que Jean était impliqué dans un projet quelque part dans l'Himalaya, mais de là à m'y retrouver précisément alors que la chaîne s'étend sur plusieurs milliers de kilomètres, c'était une sacrée coïncidence ! Je ne suis pas très croyante, mais j'ai eu le sentiment d'avoir été conduite là pour une raison particulière, et je me suis mise à pleurer comme une fontaine. »

Quelques mois plus tard, aux funérailles de Hoerni, Julia Bergman se présentait à Mortenson :

– J'y suis allée ! s'écria-t-elle en le serrant dans une étreinte à couper le souffle. J'ai vu l'école !

– Alors c'est vous, la blonde de l'hélicoptère ? répondit-il, éberlué. J'ai entendu dire qu'une étrangère avait visité le village, mais j'avais du mal à le croire…

– C'est un signe. Ça devait arriver, ajouta Julia Bergman. Je veux vous aider. Y a-t-il quelque chose que je puisse faire ?

– Eh bien, il nous faudrait des livres pour constituer la bibliothèque de l'école, réfléchit Mortenson.

– Mais, je suis bibliothécaire ! s'exclama-t-elle, saisie par le même pressentiment qu'à Korphe.

Une fois son e-mail envoyé, Mortenson rédigea une première lettre à l'attention d'un ministre qui l'avait aidé lors de son dernier séjour, et une seconde adressée à Mohammed Niaz, responsable de l'éducation sur le secteur de Skardu, à qui il demandait son avis sur le *sher* de Chakpo. Puis, à genoux par terre, à la lueur de sa lampe de bureau, il entreprit de balayer du regard les vertigineuses piles de livres adossées aux murs, avant de repérer l'ouvrage convoité : un *fakhir*, traité sur l'application de la loi islamique dans la société moderne, traduit du farsi. Éclusant quatre tasses de café, il s'absorba dans sa lecture et s'interrompit seulement lorsque les pas de Tara résonnèrent à l'étage.

Il trouva sa femme assise à la table de la cuisine, Amira au creux des bras ; l'une savourait son café-crème et l'autre, le lait maternel. Mortenson avait des scrupules à gâcher une scène aussi paisible, mais il n'avait pas le choix. « Il faut que je parte plus tôt que prévu », annonça-t-il après avoir embrassé sa femme.

***

Par un petit matin de mars frissonnant de givre, l'équipe du CAI s'était réunie autour d'un thé, dans son QG du hall de l'hôtel Indus à Skardu. L'Indus convenait parfaitement à Mortenson. Contrairement à la poignée de résidences touristiques que comptait la ville, nichées dans des décors de carte postale, cet hôtel propre et bon marché se dressait modestement en bordure de la grand-route, entre la résidence de Changazi et la station-service PSO, à deux pas des Bedford qui vrombissaient en direction d'Islamabad.

Sous un panneau d'affichage recouvert de photos d'expéditions, deux longues tables en bois accueillaient les réunions qui s'éternisaient autour du thé, sans lequel rien ne se fait à Skardu. Ce matin-là, huit de ses collaborateurs tartinaient de confiture chinoise les délicieux chapatis de l'hôtel, en buvant un thé au lait préparé selon les prescriptions de Parvi – c'est-à-dire affreusement sucré.

Mortenson s'émerveillait de la facilité avec laquelle il avait pu réunir ces hommes alors qu'ils habitaient des vallées reculées au nord du Pakistan, des régions injoignables par téléphone. Certes, une semaine entière pouvait s'écouler entre le jour où son invitation partait de Skardu à bord d'une jeep et celui où son destinataire arrivait en ville. Mais à une époque où, dans cette partie du monde, les téléphones satellites étaient encore inconnus, il n'y avait pas d'autre moyen de triompher des distances et des reliefs.

Mouzafer était venu de la vallée de Hushe, située cent soixante kilomètres plus à l'est, avec son vieil ami, le célèbre Razak, dit «Apo» («l'ancien»), un habitué du portage et de la cuisine d'expédition. À leurs côtés, Haji Ali et Twaha engouffraient leur petit déjeuner, heureux de cette occasion de quitter la vallée de la Braldu, encore engoncée dans un épais manteau neigeux, à mi-chemin de l'hiver. Quant à Faisal Baig, il avait fait irruption le matin même dans le hall de l'hôtel, après avoir parcouru les trois cent vingt kilomètres qui séparaient la vallée accidentée de Charpursan, à la frontière afghane, de Skardu.

Mortenson, lui, était arrivé deux jours plus tôt, après quarante-huit heures de car sur la Karakoram Highway, en compagnie de sa dernière recrue. Âgé d'une quarantaine d'années, Suleman Minhas, chauffeur de taxi à Rawalpindi de son état, avait pris Mortenson en charge à l'aéroport d'Islamabad, juste après son enlèvement. En cours de route, Mortenson lui avait raconté les péripéties de sa détention au Waziristan, et Suleman, outré du traitement que ses concitoyens lui avaient fait subir, s'était mué en véritable ange gardien. Il avait convaincu Mortenson de prendre une chambre dans une pension bon marché d'Islamabad, dans un quartier plus sûr que celui du Khyaban, où des explosions de bombe semaient désormais la terreur presque chaque vendredi après la *djouma*.

Pas un jour ne passait sans que Suleman ne vienne aux nouvelles, lui livrant sacs de friandises et de médicaments pour soigner les parasites qu'il avait rapportés du Waziristan, en l'emmenant manger chez son marchand de kebab kabouli préféré. Le jour de son départ, sur le chemin de l'aéroport, ils avaient été bloqués par un barrage de police. Suleman les avait convaincus de les laisser passer avec un charme et une décontraction tels que, avant de prendre son vol, Mortenson lui avait proposé de devenir l'homme de confiance du CAI à Islamabad.

Dans le hall de l'Indus, assis aux côtés de Mortenson, les bras croisés sur un début d'embonpoint, Suleman souriait comme un bouddha. Entre deux bouffées de Marlboro, cadeau que son ami américain lui avait rapporté des États-Unis, il régalait ses compagnons des anecdotes qui émaillaient son quotidien de chauffeur de taxi. Suleman appartenait à la majorité pendjabi et ne s'était jamais rendu dans les montagnes. Soulagé de découvrir que ces hommes venus de la lisière du monde civilisé parlaient ourdou en plus de leur langue maternelle, il était devenu intarissable.

La silhouette immaculée de Mohammed Ali Changazi apparut derrière la paroi vitrée du hall. Razak l'ancien se pencha en avant et, esquissant un sourire grivois, confia aux autres la dernière rumeur : Changazi aurait conquis coup sur coup deux sœurs allemandes, dans la même expédition.

« Oui, commenta Suleman avec un léger balancement de la tête, je suppose que cet homme est très pieux. Il doit prier six fois par jour. Et se laver six fois par jour », ajouta-t-il en pointant son entrejambe. Le bruyant éclat de rire qui accueillit ses paroles acheva de rassurer Mortenson : il avait bien fait de suivre son instinct en constituant cette équipe si disparate.

Mouzafer et les villageois de Korphe étaient chiites, ainsi que Ghulam Parvi et Makhmal, le maçon de Skardu. Apo Razak, réfugié des territoires cachemiris occupés par l'Inde, était sunnite, de même que Suleman. Quant à Faisal Baig, il était ismaélien. « Nous étions là, à rire et à boire le thé tranquillement, se souvient Mortenson. Il y avait moi, l'infidèle, et ces hommes représentant trois sectes ennemies de l'islam. Je me suis dit que si nous pouvions nous entendre aussi bien, alors nous étions capables d'accomplir n'importe quoi. La politique britannique avait consisté à diviser pour mieux régner. La mienne, c'est d'unir pour mieux régner. »

Ghulam Parvi exposa l'affaire de la fatwa d'un ton calme. L'heure n'était plus à la colère, mais au pragmatisme. Il avait organisé une rencontre avec Syed Abbas Risvi, chef religieux des musulmans chiites du nord du Pakistan. « Abbas est un homme juste, mais il se méfie des étrangers, ajouta-t-il. Lorsqu'il aura vu que vous respectez l'islam et nos coutumes, il nous sera d'un grand secours, *Inch Allah.* »

Il leur apprit que le cheikh Mohammed, un spécialiste de l'islam opposé au *sher* de Chakpo avait, avec son fils Mehdi Ali, adressé une demande de construction d'école au CAI pour le village de Hemasil. Le cheikh Mohammed avait également écrit à l'assemblée des experts du clergé de Qom, en Iran, autorité suprême du courant chiite, pour requérir leur avis quant à la légitimité de cette fatwa.

Haji Ali annonça qu'il avait convoqué les anciens de la vallée de la Braldu et, qu'ensemble, ils avaient choisi Pakhora, un village particulièrement défavorisé de la basse vallée dont il connaissait bien le chef Haji Mousin, pour accueillir la deuxième école.

Makhmal le maçon, qui avait fourni un travail remarquable à Korphe, demandait également une école pour son village natal de Ranga, à la périphérie de Skardu, en précisant que l'on pouvait compter sur sa famille élargie, entièrement composée d'artisans du bâtiment, pour mener à bien le projet rapidement.

Mortenson songea que Hoerni aurait aimé être parmi eux, autour de cette table. La remarque du scientifique au sujet des querelles qu'avait suscitées la construction de la première école lui revint à l'esprit : « Les enfants de ces villages ont eux aussi besoin d'écoles. » Il se rappela les petits gardiens de troupeau qu'il avait rencontrés dans les collines de Kuardu, le jour où il avait abandonné le banquet de Changazi dans un sursaut de colère, et l'avidité avec laquelle ils avaient écouté sa leçon d'anglais improvisée. Il proposa donc de construire une école dans le village de Changazi, où les anciens s'étaient déjà accordés sur le terrain à fournir.

– Donc, Dr Greg, fit Parvi en tapotant son carnet de notes de son stylo, quelle école allons-nous construire cette année ?

– Toutes, répondit Mortenson. *Inch Allah.*

Mortenson sentait que sa vie s'accélérait. Il avait désormais une maison, un chien, une famille et, avant son départ, Tara et lui avaient parlé d'avoir d'autres enfants. Il avait construit une école, s'était attiré les foudres d'un mollah, avait formé le conseil d'administration de l'institut aux États-Unis et constitué une équipe de bric et de broc au Pakistan. Il avait cinquante mille dollars dans son sac à dos, et davantage encore à la banque. Or, la négligence et les maux dont souffraient les enfants pakistanais atteignaient toujours des sommets vertigineux. Avec cette fatwa qui le menaçait comme une épée de Damoclès, qui sait combien de temps encore il pourrait travailler dans ce pays ? Il était temps d'agir, avec toute l'énergie qu'il était capable de déployer.

Pour cinq mille huit cents dollars, Mortenson acheta un Toyota Land Cruiser kaki affichant vingt ans de service, mais qui devait lui permettre de franchir les obstacles que la Karakoram Highway ne manquerait pas de mettre en travers de son chemin. Il recruta un conducteur calme et expérimenté, fumeur invétéré, dénommé Hussain qui, dans sa grande prévoyance, ne tarda pas à ranger quelques bâtons de dynamite sous le siège passager. Ainsi, en cas de glissement de terrain, ils n'auraient pas à attendre l'intervention des services de déblaiement. Puis, avec l'aide de Parvi et de Makhmal, passés maîtres dans l'art de la négociation, Mortenson acheta à Skardu les matériaux nécessaires au démarrage des trois chantiers. Il ne restait plus qu'à attendre le dégel.

Le jour de la rencontre organisée par Parvi avec le chef religieux arriva bientôt. Pour la seconde fois, c'est dans une station-service qu'allait se jouer un épisode déterminant des rapports de Mortenson avec l'islam. La rencontre se déroula par un chaud après-midi d'avril, sous un léger crachin, près des pompes à essence de la station PSO. En effet, Parvi pensait que tant que Syed Abbas Risvi ne s'était pas forgé une opinion sur son compte, il valait mieux opter pour ce lieu fréquenté, situé à deux pas de l'hôtel.

Le mollah arriva, flanqué de deux jeunes hommes à la barbe fournie qui ne le quittèrent pas d'une semelle. Abbas était grand, mince, et portait une barbe élégante ainsi qu'il convenait à un érudit formé à la madrasa de Najaf en Irak. Un austère turban noir, bien ajusté, lui ceignait le front. Le nez chaussé de lunettes rectangulaires démodées, il dévisagea le grand Américain habillé à la pakistanaise qui se trouvait devant lui, avant de lui offrir une poignée de mains énergique.

– *Salam alaykoum,* déclara Mortenson en s'inclinant respectueusement, la main sur le cœur. Je suis très honoré de faire votre connaissance, Syed Abbas, poursuivit-il en balti. Monsieur Parvi m'a beaucoup vanté votre sagesse et votre compassion envers les pauvres.

« Certains Occidentaux viennent au Pakistan avec la ferme intention de critiquer l'islam, confia le mollah par la suite. Je craignais tout d'abord que le docteur Greg soit l'un d'entre eux. Mais ce jour-là, à la station-service, j'ai sondé son cœur et je l'ai vu tel qu'il est : un infidèle, mais néanmoins animé de nobles intentions, qui consacre sa vie à l'éducation des enfants. J'ai décidé sur-le-champ de l'aider autant que je pouvais. »

Il avait fallu à Mortenson plus de trois années de faux pas, d'échecs et de retards pour honorer sa première promesse et parvenir à construire une seule école. Maintenant qu'il avait digéré ses erreurs, qu'il disposait de financements et s'était entouré d'une équipe et d'un bataillon de volontaires dévoués, trois mois lui suffirent pour construire les trois suivantes.

Makhmal tint parole. Aidé par sa famille, il s'attela à l'école de Ranga et construisit, en dix semaines seulement, une réplique de celle de Korphe. Dans une région où il fallait souvent des années pour achever une école, c'était un record sans précédent. Ranga, qui ne se trouvait qu'à douze kilomètres de Skardu, ne bénéficiait d'aucune aide de l'État en matière d'éducation, de sorte que seuls les enfants des familles les plus riches recevaient une instruction, dans les institutions privées de Skardu. Quelques semaines de travail acharné avaient suffi à changer la donne.

À Pakhora, Haji Mousin saisit la chance qui était donnée à son village. Encourageant les habitants à refuser les offres de portage jusqu'à la fin des travaux, le *nurmadhar* constitua une équipe étoffée, sans expérience mais débordante d'enthousiasme. Zaman, un entrepreneur local, préféra renoncer à un contrat proposé par l'armée afin de superviser les travaux. Bientôt, une belle bâtisse de pierre en fer à cheval se dressa à l'ombre d'un bosquet de peupliers. « Zaman a réalisé un travail incroyable, dit Mortenson. Dans l'un des villages les plus isolés du nord du Pakistan, en douze semaines, il a construit une école de bien meilleure qualité que ce que le gouvernement pakistanais aurait pu réaliser en plusieurs années pour un budget deux fois plus important. »

À Kuardu, le village de Changazi, les anciens tenaient tellement à ce projet d'école qu'ils lui réservèrent la meilleure parcelle de terrain, en plein cœur de la localité, n'hésitant pas à démolir la maison qui s'y trouvait. Fidèle à l'image de

Changazi, l'école de Kuardu, sur le plan des apparences, était sans rivale. Les habitants creusèrent des fondations d'un mètre quatre-vingts et doublèrent les murs : l'école occuperait désormais, et pour toujours, le centre du village.

Durant le printemps et l'été, Mortenson sillonna le Baltistan de long en large à bord de son Land Cruiser. Si un chantier venait à manquer de ciment, il apportait les sacs nécessaires. Lorsqu'il fallut remettre d'aplomb des poutres à Pakhora, il y conduisit Makhmal. Il s'arrêta également à Skardu pour rendre visite au menuisier à qui il avait commandé cinq cents bureaux d'écoliers.

Lorsqu'il devint évident que tous les chantiers seraient terminés avant l'échéance, Mortenson lança une nouvelle vague de projets. Parvi l'avait informé que plus de cinquante écolières s'entassaient dans une seule classe au village de Torghu Balla, en bord d'Indus : les matériaux inutilisés des précédents chantiers servirent à construire deux salles supplémentaires. De passage à Halde, le village de Mouzafer dans la vallée de Hushe, Mortenson eut vent des problèmes que rencontrait l'école publique du village voisin de Khanday. Ghulam, l'instituteur, se démenait pour assurer l'instruction de quatre-vingt-douze enfants alors que le gouvernement ne le payait plus depuis deux ans. Outré, Mortenson lui proposa de lui payer son salaire et d'embaucher deux autres instituteurs pour ramener les effectifs des classes à un niveau raisonnable.

De son côté, Syed Abbas, rassuré par les commentaires élogieux entendus au Baltistan sur le compte de Mortenson et de ses innombrables actes de *zakat,* ne tarda pas à dépêcher un messager pour l'inviter chez lui. Mortenson et Parvi se présentèrent aussitôt chez l'érudit, qui les reçut dans un salon décoré de tapis iraniens d'une rare finesse. Le fils de Syed Abbas leur servit le thé dans de délicates tasses roses et apporta des biscuits sur une surprenante assiette en porcelaine de Delft ornée de moulins à vent.

– J'ai contacté le *sher* de Chakpo et lui ai demandé de retirer sa fatwa, annonça-t-il en soupirant, mais il a refusé. Cet homme ne suit pas l'islam, il suit son idée. Il veut vous interdire d'entrer au Pakistan.

– Si vous pensez que mon action transgresse l'islam en quoi que ce soit, donnez-moi l'ordre de quitter définitivement le Pakistan et j'obéirai, répondit Mortenson.

– Poursuivez votre travail, l'enjoignit Syed Abbas. Mais évitez Chakpo. Je ne pense pas que vous soyez en danger, mais je ne peux pas vous le garantir. Tenez, je vous ai préparé une lettre de soutien. Elle pourra vous être utile, *Inch Allah*, pour convaincre d'autres mollahs.

De retour à Korphe, Haji Ali, Twaha et Hussein se réunirent comme à leur habitude sur le toit en terrasse de la maison du *nurmadhar* afin d'organiser la cérémonie d'inauguration de l'école. Hawa, la femme de Hussein, arriva bientôt en compagnie de Sakina et demanda à prendre la parole.

– Nous apprécions tout ce que tu fais pour nos enfants, déclara-t-elle, mais les femmes du village m'ont chargée de te transmettre une nouvelle requête.

– Oui ? fit Mortenson.

– L'hiver est très dur, ici. Nous passons des mois, assises dans le froid, comme des bêtes, à ne rien faire. Avec la volonté d'Allah, nous aimerions un lieu où les femmes puissent se retrouver, un endroit où parler et coudre.

– Et, ajouta Sakina, espiègle, en tiraillant la barbe de son mari, où échapper à nos époux.

Avant même l'arrivée du mois d'août, Hawa se retrouvait à la tête du nouveau centre de formation professionnelle de Korphe. Tous les après-midi, les femmes du village se réunissaient dans une pièce libre de la maison de Haji Ali pour se former au maniement des quatre machines à coudre à manivelle acquises par Mortenson sur les conseils de Fida, maître tailleur à Skardu. Celui-ci l'avait accompagné au village, veillant durant tout le trajet sur les machines, ballots de tissus et boîtes de fil.

« La couture et le tissage faisaient partie des traditions balti, explique Mortenson. Les femmes avaient juste besoin d'un coup de pouce pour raviver cette pratique. L'idée de Hawa était un moyen si simple d'accroître l'autonomie des femmes, qu'à compter de ce jour, nous avons incorporé un centre de formation dans chacune de nos écoles. »

Début août 1997, Greg Mortenson remonta triomphalement la vallée de la Braldu à la tête d'un convoi de jeeps. Tara voyageait avec lui dans le Land Cruiser avec Amira, qui n'avait pas encore un an, sur ses genoux. Leur escorte se composait d'officiers de police, de militaires de haut rang, d'hommes politiques locaux. Jennifer Wilson et Julia Bergman, qui avaient passé plusieurs mois à constituer une bibliothèque adaptée à l'environnement culturel de Korphe, les accompagnaient.

« Voir enfin l'endroit dont Greg me parlait avec passion depuis tant d'années, c'était incroyable, avoue Tara. C'était une facette de mon mari qui se matérialisait. »

Les jeeps se garèrent près du pont et, sous les acclamations des villageois qui s'étaient massés sur la falaise, les visiteurs franchirent la Braldu et gravirent la colline en direction de la petite école, fraîchement repeinte, et décorée pour l'occasion de banderoles et de drapeaux pakistanais.

Jerene, la mère de Mortenson, se souvient de l'émotion qui la submergea lorsqu'elle parcourut ce même trajet deux ans plus tard : « De la minute où j'ai aperçu l'école, je n'ai pas arrêté de pleurer. Je savais à quel point Greg s'y était investi, le travail et la valeur que cela représentait pour lui. Lorsqu'un de vos enfants réalise une chose de cette ampleur, cela compte davantage que tout ce que vous avez pu vous-même accomplir. »

« Le jour de l'inauguration, évoque Tara, nous avons fait la connaissance de Haji Ali et de sa femme. Parmi les villageois, tout le monde se chamaillait pour savoir qui tiendrait Amira dans ses bras. Elle était au septième ciel. C'était la petite poupée blonde avec qui tout le monde voulait jouer. »

L'école étincelait comme un sou neuf. Chaque classe était meublée de tables en bois flambant neuves et d'épais tapis prévus pour garder les pieds des écoliers bien au chaud. Les murs étaient décorés de cartes du monde multicolores et de portraits de dirigeants pakistanais. Dans la cour, une estrade avait été dressée sous une banderole peinte à la main souhaitant la « Bienvenue à nos chers hôtes ». Quatre heures de discours s'y succédèrent sous un soleil de plomb, devant l'assemblée et les soixante futurs écoliers, sagement accroupis.

« C'était le plus beau jour de ma vie, se rappelle Tahira, la fille du maître. Monsieur Parvi nous a distribué des manuels tout neufs. Je n'osais même pas ouvrir les miens tellement ils étaient beaux. C'était la première fois que j'avais des livres à moi. »

Jennifer Wilson lut un discours que Ghulam Parvi avait phonétiquement transcrit en balti afin qu'elle pût directement s'adresser à la foule. Elle y disait à quel point cette journée aurait comblé Jean Hoerni. Puis elle remit à chaque élève un uniforme neuf, impeccablement plié dans un emballage plastique.

« Je ne pouvais pas détacher les yeux de ces dames venues de l'étranger, se souvient Jahan – elle qui serait plus tard, avec Tahira, l'une des deux premières filles diplômées de toute l'histoire de la vallée. Elles semblaient si dignes ! Avant, quand je voyais des gens d'en bas, je m'enfuyais, j'avais honte de mes vêtements sales. Mais ce jour-là, je tenais entre mes mains mes premiers habits neufs et propres. Je me rappelle m'être dit que je ne devrais peut-être pas avoir honte, et qu'avec la volonté d'Allah, moi aussi, je pourrais peut-être devenir une grande dame. »

Maître Hussein et ses deux futurs collègues lurent également un discours, de même que Haji Ali et chacun des dignitaires présents. Tout le monde s'exprima, sauf Greg Mortenson. « Pendant que les allocutions se succédaient, se souvient Tara, Greg se tenait en retrait, appuyé contre un mur, et tenait un bébé que quelqu'un lui avait confié. C'était le bébé le plus sale que j'aie jamais vu, mais ça ne semblait pas le déranger. Il était là, debout, heureux de le faire sauter dans ses bras et je me suis dit : "Ça, c'est Greg à l'état pur. N'oublie jamais cet instant." »

Pour la première fois de mémoire de villageois, les enfants de Korphe se rendirent chaque jour dans un lieu abrité pour y apprendre à lire et à écrire. Avec Jennifer Wilson, Mortenson répandit les cendres de Jean Hoerni dans les eaux turbulentes de la Braldu, du haut de ce pont qui avait vu le jour grâce au scientifique. Puis Mortenson regagna Skardu avec sa famille et fit découvrir sa ville d'adoption à Tara. Ils rendirent visite à Parvi, parcoururent les collines des environs, firent une excursion au lac Satpara. Peu à peu, au cours de leurs déplacements, Mortenson s'aperçut qu'ils étaient filés. Il devait s'agir d'un agent de l'ISI, les redoutables services secrets pakistanais.

« Celui à qui ils ont confié ma filature ne devait pas être très élevé dans la hiérarchie, commente Mortenson, il faisait vraiment mal son boulot. Il était roux et conduisait une moto rouge. On ne pouvait pas le manquer. Chaque fois que je me retournais, il était là, à fumer en essayant de prendre un air détaché. Comme je n'avais rien à cacher, je me suis dit qu'il allait bien s'en rendre compte et transmettre l'information à ses supérieurs. »

Mais l'espion n'était pas seul à s'intéresser à eux. Un après-midi, alors que Mortenson s'était éclipsé pour acheter des bouteilles d'eau minérale au bazar, laissant sa femme et sa fille à l'arrière du 4x4, Tara en profita pour faire discrètement téter Amira. À son retour, Mortenson découvrit un jeune homme, l'œil collé à la vitre du Land Cruiser, qui épiait sa femme. Apercevant le voyeur, Faisal Baig, le garde du corps, fondit sur lui avant que Mortenson ait pu réagir.

« Il l'a traîné dans la première ruelle qu'il a croisée, par respect pour Tara, et l'a tabassé. Je me suis précipité et l'ai supplié d'arrêter, et puis j'ai vérifié le pouls de l'homme pour m'assurer qu'il ne l'avait pas tué. »

Mortenson voulut conduire l'homme à l'hôpital, mais Baig décocha un coup de pied dans la forme prostrée et lui cracha dessus, répondant que le caniveau était le seul endroit qu'il méritait. « Ce *shaïtane*, ce démon, a de la chance que je ne l'aie pas achevé, ajouta-t-il. Si je l'avais fait, personne à Skardu ne me l'aurait reproché. » Des années plus tard, Mortenson apprit que l'homme avait dû quitter la ville sous la pression de l'opinion publique.

Après le départ de Tara et d'Amira, Mortenson prolongea son séjour de deux mois. Le succès rencontré par le centre de formation professionnelle des villageoises incita les hommes à chercher une source de revenus supplémentaire. Aidé de son beau-frère Brent Bishop, Mortenson mit sur pied la première formation de porteurs du Pakistan, le Karakoram Porter Training and Environmental Institute. Vainqueur de l'Everest, Brent Bishop avait obtenu un don matériel et financier de son sponsor Nike. « Les porteurs baltis travaillaient sur l'un des terrains montagneux les plus difficiles de la planète, explique Mortenson. Mais ils n'avaient aucune formation en alpinisme. » C'est ainsi qu'emmenée par Mouzafer, Mortenson et Bishop, une colonne de quatre-vingts porteurs s'élança bientôt sur les pentes du Baltoro. Apo Razak, vieux routier de la cuisine collective en milieu hostile, occupait le poste de chef cuistot tandis que sur le glacier, Mortenson et Bishop initiaient leurs élèves aux premiers secours, au sauvetage en crevasse et aux techniques de base de l'encordement.

Sur le plan de l'action environnementale, ils installèrent des latrines en pierre dans les divers camps de base du Baltoro, espérant ainsi éliminer les champs de déjections glacées que les expéditions laissaient dans leur sillage. Un programme annuel de recyclage fut également mis en place à l'attention des porteurs qui redescendaient de mission sans charge. Dès la première année, il permit de ramasser plus d'une tonne de canettes, verre et plastique sur les camps de base du K2, du Broad Peak et du Gasherbrum. Les déchets recyclables étaient ensuite acheminés vers Skardu, et les porteurs étaient rémunérés au poids.

L'hiver arriva enfin, paralysant comme chaque année les hautes vallées du Karakoram. Mortenson rentra chez lui, retrouvant le sous-sol de sa maison de Bozeman au terme de ce qui avait été l'année la plus productive de toute son existence.

« Rétrospectivement, quand je regarde tout ce que nous avons fait cette année-là en dépit de la fatwa, je me demande comment j'y suis arrivé et d'où me venait toute cette énergie », s'interroge Mortenson.

Mais cela n'avait fait qu'aiguiser sa conscience de l'étendue de la tâche qui l'attendait encore. Emporté comme chaque nuit dans un tourbillon de coups de fil et d'e-mails, soutenu par de nombreuses tasses de café, il ne lui restait plus qu'à organiser sa prochaine saison sur le terrain de la pauvreté.

CHAPITRE 16

LE COFFRET
DE VELOURS ROUGE

*Aucun être humain ni aucune créature vivante ne survit
longtemps sous le ciel éternel. Les femmes les plus belles,
les hommes les plus instruits, même Mahomet qui entendit
la voix d'Allah, tous ont dépéri et trouvé la mort. Tout est
éphémère. Le ciel survit à tout. Même aux souffrances.*
Bowa Johar, poète balti et grand-père de Mouzafer Ali

Mortenson imaginait le messager iranien qui transportait par monts et par vaux l'avis de l'assemblée, à l'abri
dans sa sacoche de selle. Le petit cheval de montagne
contournait la plaine de Shomali, véritable champ de
mines, puis entamait la difficile ascension de l'Hindou
Kouch et entrait au Pakistan. Dans son rêve, Mortenson
essayait de ralentir la progression de l'homme par tous les
moyens, semant éboulements et avalanches en travers de
sa route. Le messager mettrait des années à accomplir sa
mission. Car si la nouvelle qu'il apportait était mauvaise,
Mortenson serait définitivement interdit de territoire.

Dans la réalité, le coffret de velours rouge renfermant
la fameuse décision voyagea de Qom à Islamabad par la
poste. De là, un PIA 737 le transporta à Skardu, où il fut
remis à son destinataire, le plus éminent religieux chiite
de tout le nord du Pakistan.

Pendant que l'assemblée des experts de Qom s'était penchée sur son cas, une horde d'espions avait enquêté au Baltistan.

« Je recevais des messages de toutes les écoles, se rappelle Parvi, me disant que des inconnus étaient venus poser des questions sur les programmes enseignés. Les écoles étaient-elles chargées de recruter pour la chrétienté ? Prônaient-elles des mœurs licencieuses à l'occidentale ?

« Pour finir, un mollah iranien est venu directement me parler, chez moi. Il m'a demandé sans détour : "Avez-vous déjà vu l'infidèle boire de l'alcool ou tenter de séduire une musulmane ?". Je lui ai répondu la vérité : que je n'avais jamais vu le Dr Greg boire d'alcool, qu'il était marié, qu'il respectait sa femme et ses enfants, et qu'il n'irait jamais conter fleurette à une Balti. Je l'ai également invité à visiter l'école de son choix, en lui disant que nous serions heureux de régler ses frais de transport sur-le-champ. Il m'a répliqué qu'ils avaient déjà visité nos établissements avant de me remercier très poliment. »

Un jour d'avril 1998, à l'aube, Parvi se présenta à la chambre d'hôtel de Mortenson et lui annonça qu'ils étaient tous deux convoqués. Mortenson se rasa et passa le plus propre des cinq *shalvar kamiz* marron qui constituaient sa garde-robe.

La mosquée d'Imam Bara, comme presque toutes les mosquées du Pakistan chiite, est un bâtiment discret. Ses hauts murs de pierre sont dépouillés de tout ornement, toutes ses énergies convergeant vers l'intérieur, à l'exception du grand minaret bleu et vert surmonté de haut-parleurs qui appellent les fidèles à la prière.

On leur fit traverser une cour puis passer par une porte voûtée. Mortenson écarta un lourd rideau de velours chocolat avant de pénétrer au cœur du sanctuaire, où aucun autre infidèle avant lui n'avait jamais été convié. Soucieux de ne commettre aucune offense, il franchit le seuil du pied droit.

À l'intérieur siégeaient les huit membres du conseil des mollahs, impressionnants sous leur turban noir. Syed Mohammed Abbas Risvi le salua avec une gravité de mauvais augure. Mortenson s'installa, avec Parvi, sur un somptueux tapis d'Ispahan à motif de vigne vierge. Syed Abbas invita les membres du conseil à s'asseoir en cercle, avant de lui-même prendre place en posant devant lui un petit coffret de velours rouge.

D'un geste cérémonieux, il fit basculer le couvercle du coffret, et en sortit le rouleau de parchemin noué par un ruban rouge qui scellait le sort de Mortenson. Il le déroula, et se mit à lire : « Cher bienfaiteur des pauvres, commença-t-il, traduisant le texte farsi élégamment calligraphié. Notre saint Coran nous enseigne que tous les enfants devraient être instruits, y compris nos filles et nos sœurs. Votre noble entreprise est conforme aux plus hauts principes de l'islam, qui sont de venir en aide aux pauvres et aux souffrants. Rien dans notre saint Coran n'interdit à un infidèle d'apporter son soutien à nos frères et sœurs musulmans. C'est pourquoi nous ordonnons à tous membres du clergé de ne pas interférer avec vos nobles desseins. Nous vous accordons notre permission, nos vœux et nos prières. »

Syed Abbas roula le parchemin, le replaça dans le coffret de velours rouge et le remit à Mortenson en souriant. Puis il lui tendit la main. Dans un état second, Mortenson serra successivement la main de chacun des membres du conseil.

– Est-ce que ça veut dire…, bredouilla-t-il, la fatwa, elle…

– Oubliez toutes ces querelles et ces mesquineries de village, déclara Parvi, radieux. Nous avons la bénédiction de la plus haute instance religieuse d'Iran. Aucun chiite n'osera plus nous mettre de bâtons dans les roues, maintenant, *Inch Allah* !

Syed Abbas donna l'ordre qu'on leur serve le thé.

– Maintenant, reprit-il sur un ton plus détendu, j'aimerais m'entretenir avec vous d'un autre sujet. J'aimerais vous proposer une petite collaboration.

Ce printemps-là, la nouvelle de l'avis contenu dans le coffret rouge se répandit à travers tout le Baltistan, en moins de temps qu'il n'en fallait aux eaux de fonte des glaciers pour atteindre les hautes vallées du Karakoram. Les deux tables du hall de l'hôtel Indus ne suffisaient plus aux réunions du matin, qu'il fallut transférer dans une salle de réception située à l'étage, où elles se déroulaient dans une ambiance toujours plus animée.

Depuis que l'assemblée des ayatollahs avait donné son aval à Mortenson, des messagers venus des quatre coins du Baltistan affluaient chaque jour pour lui soumettre de nouvelles demandes d'aide.

Mortenson en vint à prendre ses repas dans la cuisine de l'hôtel, seul endroit où il pouvait finir son omelette ou son curry en paix, sans avoir à se prononcer sur telle entreprise minière ou telle restauration de mosquée.

Même s'il n'était pas encore prêt à le reconnaître, une nouvelle phase de sa vie commençait. Malgré tous ses efforts, il n'avait plus le temps de discuter avec tous ceux qui venaient le solliciter. Il avait l'habitude de journées de travail bien remplies, mais désormais, les journées n'étaient plus assez longues. Il entreprit de faire le tri parmi le flot de demandes sous lequel il croulait, afin de déterminer quels projets il avait les moyens et les compétences de réaliser.

Syed Abbas, dont l'influence s'étendait sur quelques dizaines de hautes vallées, connaissait précisément les besoins de chaque localité. Comme Mortenson, il était persuadé que l'éducation constituait à long terme la seule stratégie efficace de lutte contre la pauvreté. Mais il y avait plus urgent encore : dans certains villages de la basse vallée de Shigar, comme à Chunda, plus d'un tiers des enfants mouraient avant d'avoir atteint leur premier anniversaire. L'insalubrité et le manque d'eau potable en étaient la cause.

Mortenson inséra sur-le-champ ce nouveau volet dans son programme : pour qu'un enfant aille à l'école, il fallait d'abord qu'il survive à ses premières années. Mortenson se rendit donc à Chunda en compagnie de Syed Abbas pour rencontrer le *nurmadhar* du village, Haji Ibramin, qui s'engagea à leur fournir les bras nécessaires. Des hommes des quatre hameaux voisins offrirent de leur prêter main-forte, si bien que, à raison de dix heures de travail par jour, les tranchées furent terminées en une semaine. Trois mille six cents mètres de canalisation vinrent compléter l'ouvrage, et bientôt, l'eau de source alimenta les fontaines des cinq villages.

« J'ai appris à respecter Syed Abbas et à me fier à ses conseils, confie Mortenson. Il appartient à cette catégorie d'homme de foi que j'admire par-dessus tout. Pour lui, la compassion doit se traduire par des actes, et non par des paroles. Il ne se cache pas derrière ses livres. Il retrousse ses manches pour que les choses avancent. Grâce à lui, les femmes de Chunda n'ont plus à parcourir de longues distances pour trouver de l'eau potable. Le taux de mortalité infantile de ce territoire de deux mille âmes a aussitôt chuté de moitié. »

Avant son départ pour le Pakistan, Mortenson avait obtenu le feu vert du conseil d'administration pour construire trois nouvelles écoles au cours du printemps et de l'été 1998. Celle de Mouzafer figurait en tête de ses priorités. Lors de leurs dernières rencontres, Mortenson avait eu l'impression que le vieux porteur n'était plus que l'ombre de lui-même. Il ne dégageait plus la même énergie qu'au temps du Baltoro. Il devenait de plus en plus sourd. Il avait passé sa vie dehors, exposé aux éléments, et la vieillesse qui le rattrapait collait à ses pas comme le léopard des neiges à sa proie.

Halde, le village de Mouzafer, se trouvait à l'orée de la magnifique vallée de Hushe. Niché sur les bords de la Shyok, là où la rivière ralentit son cours et s'étale avant de rejoindre l'Indus, Halde était, aux yeux de Mortenson, le lieu qui s'approchait le plus du paradis. Des canaux d'irrigation se faufilaient jusqu'à la rivière entre des parcelles bien entretenues, qui habillaient les flancs du vallon comme un patchwork ; de vénérables abricotiers et mûriers baignaient d'ombre les allées du village. « Halde, c'est un peu mon Shangri-La, le genre d'endroit où je m'imagine avec une pile de livres, les doigts de pieds en éventail, oublié du reste du monde », confie Mortenson. S'il ne pouvait s'offrir un tel luxe, Mouzafer rêvait en revanche d'y couler une retraite paisible dans sa maisonnette, au milieu des vergers, de ses enfants et petitsenfants, loin des glaces éternelles.

La méthode élaborée par Mortenson, Ghulam Parvi et Makhmal, était désormais bien rodée. Une fois le terrain sélectionné, en trois mois seulement et pour à peine plus de douze mille dollars, les villageois construisirent une école capable d'accueillir quatre classes. Mouzafer était le petit-fils de Bowa Johar, poète renommé à travers tout le Baltistan. Mouzafer, lui, avait trimé toute sa vie comme simple porteur et ne jouissait d'aucun statut particulier au village. Mais grâce à la construction de l'école, un prestige indéniable rejaillit sur le vieil homme, qui participa au chantier en portant blocs de pierre et poutres, malgré les bras plus jeunes qui tentaient de lui dérober sa charge.

Lorsque le chantier fut terminé, alors que les enfants du village se tordaient le cou pour essayer de jeter un œil à travers les étranges carreaux de verre de l'école, Mouzafer prit les mains de Mortenson entre les siennes.

– Mes meilleures années sont derrière moi, Greg Sahib, dit-il. J'aurais bien aimé travailler encore avec toi, mais Allah, dans sa grande sagesse, m'a ôté une bonne partie de mes forces.

Mortenson serra dans ses bras celui qui l'avait tant de fois remis sur la bonne voie. Mouzafer, malgré la vieillesse, parvenait encore, d'une simple étreinte, à lui couper le souffle.

– Que vas-tu faire, maintenant ? demanda Mortenson.

– Mon travail, désormais, répondit simplement Mouzafer, c'est de veiller à ce que les arbres aient de l'eau.

***

À l'autre bout de la vallée de Hushe, à l'ombre des glaciers suspendus du Masherbrum, à une époque où les routes n'existaient pas encore, vivait un petit garçon nommé Mohammed Aslam Kham. La vie s'écoulait paisiblement dans le village de Hushe. Il en avait toujours été ainsi. L'été, Aslam et ses petits camarades conduisaient les troupeaux de chèvres et de brebis aux pâturages d'estive tandis que les femmes fabriquaient yaourts et fromages. Depuis ces herbages d'altitude, on voyait le Chogo Ri (la «Grande Montagne», qui désigne le K2) se dresser fièrement par-dessus l'épaule massive du Masherbrum.

À l'automne, Aslam et les autres garçons du village se relayaient pour surveiller les six yaks qui tournaient sur l'aire de battage du blé tout juste récolté. L'hiver, Aslam se blottissait au plus près du feu, disputant la meilleure place à ses cinq frères, ses trois sœurs et aux bêtes de la maison.

Ainsi allait la vie. À Hushe, c'était l'avenir qui attendait chaque garçon. Mais Golowa Ali, le père d'Aslam, était le *nurmadhar* du village. Tout le monde disait qu'Aslam était l'enfant le plus intelligent de la famille, et son père avait d'autres projets pour lui.

Un jour, alors que le printemps touchait à sa fin et emportait avec lui les mauvais jours, mais alors que les eaux de fonte des glaciers grossissaient toujours la Shyok, Golowa Ali réveilla son fils avant l'aube en lui annonçant qu'ils allaient quitter le village. Aslam n'avait pas la moindre idée de ce qui se tramait. Mais lorsqu'il vit que son père préparait ses affaires, enveloppant un morceau de *churpa*, le fromage de brebis à pâte dure, dans ses vêtements, il se mit à pleurer.

On ne contestait pas la volonté de son père, mais Aslam trouva néanmoins la force de l'affronter.

– Pourquoi dois-je partir ? demanda-t-il en se tournant vers sa mère, en quête de soutien.

À la faible lueur de la lampe à huile, Aslam eut la surprise de voir que les joues de sa mère étaient elles aussi mouillées.

– Tu vas aller à l'école, annonça Golowa Ali.

Aslam et son père marchèrent le long de la rivière pendant deux jours. Comme les autres garçons du village, il connaissait par cœur les étroits sentiers qui s'accrochaient au flanc de la montagne comme du lierre à un mur. Mais jamais il n'avait été aussi loin. Ici, le sol était recouvert de sable et il n'y avait plus de neige. Quand il se retournait, la masse rassurante du Masherbrum n'occupait plus le centre de son univers : ce n'était plus qu'une montagne parmi tant d'autres.

Lorsque la piste s'arrêta, au bord de la Shyok, Golowa Ali passa au cou de son fils une bourse de cuir contenant deux pièces d'or.

– Quand, *Inch Allah*, tu arriveras à Khaplu, tu trouveras une école, dit-il. Donne ces deux pièces au Sahib qui
la dirige. Elles serviront à couvrir tes frais.

– Quand retournerai-je à la maison? s'enquit Aslam, les
lèvres tremblantes malgré ses efforts pour les contrôler.

– Quand le moment sera venu, tu le sauras, répondit
son père.

Golowa Ali gonfla six vessies de chèvre et les assembla
pour construire un *zaks*, radeau que les Baltis utilisaient
pour traverser les rivières trop profondes.

– Et maintenant, accroche-toi bien.

Aslam ne savait pas nager.

«Quand mon père m'a mis à l'eau, raconte-t-il, j'ai cra-
qué et j'ai pleuré. Mon père était un homme fort et fier,
mais en m'éloignant j'ai vu qu'il avait les larmes aux yeux,
lui aussi.»

Emporté par les flots, Aslam se cramponna au *zaks*.
Maintenant que plus personne ne pouvait le voir, il éclata
en sanglots, ballotté au gré des rapides, frissonnant dans
l'eau glacée. Au bout d'une descente terrifiante qui pouvait
aussi bien avoir duré dix minutes que deux heures, Aslam
remarqua que l'esquif ralentissait et que la rivière s'élar-
gissait. Il aperçut des gens sur la rive opposée et se rappro-
cha d'eux en battant des pieds, n'osant pas bouger les bras
de crainte de laisser échapper son *zaks*.

«Un vieil homme m'a tiré de l'eau et m'a enveloppé
dans une épaisse couverture en poils de yak, se souvient-
il. Je tremblais et je pleurais toujours. Il m'a demandé
pourquoi j'avais traversé la rivière et je lui ai répété les
paroles de mon père. "N'aie pas peur, me rassura-t-il. Tu
as fait preuve d'un grand courage en parcourant tout ce
chemin. Le jour où tu rentreras chez toi, tout le monde te
rendra honneur."»

Sur ce, il fourra deux billets tout chiffonnés dans la
main d'Aslam et l'accompagna un bout de chemin en

direction de Khaplu, avant de le confier à un autre vieil homme. Ainsi, passant de mains en mains, Aslam descendit la vallée de Hushe, chaque nouveau compagnon de route lui laissant un peu d'argent pour ses frais de scolarité.

« Les gens étaient d'une telle gentillesse que ça m'a donné du courage, se souvient-il. Je me suis bientôt retrouvé inscrit à l'école publique de Khaplu, où je me suis appliqué de mon mieux. »

Khaplu était plus étendue et animée que tout ce qu'Aslam connaissait. Comparés à ses amis du village, les élèves de l'école semblaient très à l'aise et se moquaient de son apparence. « Je portais des chaussures en peau de yak et des habits de laine, alors que les élèves étaient tous en uniforme », se souvient-il. Ses professeurs eurent pitié de lui et se cotisèrent pour lui offrir la chemise blanche, le pull bordeaux et le pantalon noir qui allaient lui permettre de se mêler aux autres. Il portait son uniforme tous les jours et le lavait chaque soir. Comme le lui avait prédit le vieil homme qui l'avait sorti de la rivière, lorsqu'il retourna à Hushe pour voir les siens à la fin de sa première année de scolarité, il fit grande impression.

« Quand je suis remonté, j'étais propre et je portais mon uniforme. Tout le monde m'a dévisagé et m'a dit que j'avais changé. Tout le monde me respectait. J'ai compris que je devais mériter ce respect. »

En 1976, Aslam était le premier de sa classe de seconde. On lui proposa un poste dans l'administration des Territoires du Nord, mais il décida de rentrer chez lui, à Hushe, où il succéda à son père comme *nurmadhar* lorsque celui-ci mourut. « J'avais vu comment vivaient les gens, en bas, et mon devoir était d'améliorer la vie dans mon village natal », explique Aslam.

Celui-ci écrivit aux chefs de l'administration qui lui avaient offert un poste et les convainquit de construire une piste d'un bout à l'autre de la vallée. Il les harcela pour obtenir les fonds nécessaires à l'aménagement d'une petite grange battue par les vents en école pouvant accueillir vingt-cinq garçons. En revanche, il eut plus de mal à convaincre les familles du village d'envoyer leurs fils étudier au lieu de les faire travailler aux champs. Lorsqu'ils le croisaient, les villageois l'entraînaient à l'écart et lui proposaient discrètement du beurre ou de la farine, en échange d'une dispense d'école pour leurs fils.

Quand ses propres enfants furent en âge scolaire, Aslam comprit qu'il aurait besoin d'aide pour tous les éduquer. « J'avais été comblé neuf fois, dit-il. Cinq garçons et quatre filles. Mais ma fille Shakeela était la plus douée d'entre tous. Or il n'existait pas de lieu où elle pouvait étudier, et elle était trop jeune pour partir. Depuis des années, notre village avait vu défiler des tas d'alpinistes, mais aucun n'avait jamais offert son aide. C'est alors que j'ai entendu parler du grand *angrezi* qui construisait des écoles pour les garçons et pour les filles au Baltistan, et j'ai décidé de le rencontrer. »

Au printemps 1997, Aslam fit les deux jours de trajet en jeep jusqu'à Skardu. Mais lorsqu'il se présenta à l'hôtel Indus, l'Américain était déjà reparti dans la haute vallée de la Braldu et risquait de ne pas rentrer avant plusieurs semaines. « J'ai laissé un message à *l'angrezi* l'invitant à me rendre visite au village, poursuit-il, mais je n'ai pas eu de réponse. » Et puis, un jour de juin 1998, Aslam apprit par un chauffeur de jeep que *l'angrezi* se trouvait tout près, un peu plus bas dans la vallée, au village de Khane.

« Ce printemps-là, se rappelle Mortenson, j'étais retourné à Khane. J'avais prévu de convoquer une *djirga* en espérant que tout le monde voterait contre Janjungpa et que je pourrais enfin y construire une école. » Mais Janjungpa n'avait pas l'intention de renoncer à son école d'alpinisme. Il avait contacté la police locale en invoquant le motif le plus susceptible d'éveiller leurs soupçons : « Il leur a dit que j'espionnais pour le compte de l'ennemi héréditaire : l'Inde », rapporte Mortenson.

Aslam emprunta une jeep pour se rendre à Khane et trouva Mortenson en train de parlementer avec un policier qui tentait de lui soutirer son passeport. « Je lui ai dit que j'étais le *nurmadhar* de Hushe et que cela faisait un an que j'essayais de le contacter, relate Aslam. Je l'ai invité à venir boire le thé chez moi, dans la soirée. » Mortenson, qui était à deux doigts de considérer Khane comme un lieu maudit, sauta sur l'occasion pour déguerpir.

Innovateur à bien des égards, Aslam avait décoré les murs de sa maison de grands motifs géométriques de couleurs primaires. Mortenson fut aussitôt sous le charme des lieux, auxquels il trouvait un petit air africain. Il s'installa sur le toit en terrasse et écouta le *nurmadhar* lui conter son odyssée jusque tard dans la nuit, tout en sirotant le *paiyu tchaï*. Avant même que le soleil ne colore de rose les glaciers suspendus du Masherbrum, Mortenson avait accepté de transférer les fonds de Khane à Hushe, dont le chef avait parcouru tant de chemin pour franchir le seuil d'une école.

« Moi qui avais arpenté tout le Baltistan pour le rencontrer, se rappelle Aslam, j'ai été très surpris quand je me suis enfin trouvé devant lui. Je m'attendais à devoir défendre ma cause, comme nous autres Baltis sommes habitués à le faire lorsque nous rencontrons un *angrezi Sahib*. Mais il m'a parlé comme à un frère. Il était très gentil, généreux, avenant. Dès notre toute première rencontre, j'ai aimé son caractère. Chaque année, depuis que l'école a été construite, ce sentiment s'est renforcé, et s'est communiqué à tous mes enfants et à toutes les familles de mon village. »

L'école qu'Aslam construisit avec les villageois de Hushe au cours de l'été 1998, grâce au soutien financier et logistique du CAI, est sans doute la plus belle de tout le nord du Pakistan. Elle reflète l'espoir que tout un village, emmené par Aslam, a investi dans ses enfants. La patte du *nurmadhar* y est visible : une délicate frise de bois rouge chantournée souligne le moindre encadrement de fenêtre, de porte ainsi que le pourtour de la toiture. Tout autour du muret qui délimite la cour de l'école, durant les chauds mois d'été, on peut admirer de magnifiques tournesols, plus hauts que les élèves. Le Masherbrum, visible depuis toutes les salles de classe, est une source d'inspiration sans égale, invitation perpétuelle au dépassement de soi.

Rencontrée à Khaplu dans la maison que son père loue pour elle, non loin du lycée de jeunes filles, Shakeela évoque l'importance que l'école de Hushe joua dans son existence dès l'ouverture de ses portes, alors qu'elle n'avait que huit ans. Assise en tailleur à côté de son père, la belle Shakeela, du haut de ses quinze ans, esquisse un sourire confiant derrière son voile crème imprimé de feuilles d'automne.

« Quand j'ai commencé à aller à l'école, les villageois me disaient que ce n'était pas un endroit pour une fille. Ils prétendaient que je n'avais pas besoin de me remplir la tête de toutes les bêtises qu'on lisait dans les livres, que ça ne me servirait à rien quand j'irais travailler aux champs avec les autres femmes. Mais je savais combien cela comptait pour mon père, alors j'ai décidé d'ignorer leurs remarques et de persévérer.

– J'ai essayé d'encourager tous mes enfants, ajoute Aslam en désignant de la tête les deux grands frères de Shakeela, qui partagent avec elle la maison de Khaplu et lui servent de chaperons. Mais dès le plus jeune âge, j'ai vu que Shakeela avait des dispositions particulières.

– Je ne suis pas si forte que ça, rectifie-t-elle, gênée. Mais à Hushe, j'avais de bonnes notes et j'ai progressé. »

L'adaptation à l'environnement cosmopolite de Khaplu fut plus difficile. Shakeela montre l'un de ses récents devoirs de sciences physiques à son père, honteuse de n'avoir obtenu qu'une note de quatre-vingt-deux sur cent.

« Ici, je découvre un environnement très différent. Tout va vite, tout est à portée de mains. Les cours sont très difficiles, mais je m'adapte. À Hushe, c'était moi qui avais le niveau le plus élevé. Ici, au moins, il y a toujours des élèves en classe supérieure ou des professeurs à qui je peux demander de l'aide quand je suis perdue. »

Aujourd'hui, une route traverse toute la vallée, de Hushe à Khaplu. Mais si Shakeela n'a pas eu à surmonter les mêmes obstacles que son père pour pouvoir étudier, son parcours n'en est pas moins exceptionnel.

« Shakeela est la première fille de la vallée à avoir eu le privilège d'aller au lycée, dit fièrement son père. Maintenant, toutes les filles de Hushe la regardent avec admiration. »

Devant les compliments paternels, la jeune fille se cache brièvement derrière son voile.

« Les esprits commencent à évoluer à Hushe, reprend-elle. Maintenant toutes les familles envoient leurs filles à l'école et les gens reconnaissent qu'ils avaient tort, et que j'avais raison de lire des livres et de quitter la maison pour étudier. Ils me disent que je fais honneur au village. »

Si elle parvient à tirer son épingle du jeu en sciences physiques, Shakeela aimerait aller le plus loin possible dans ses études et faire médecine.

« J'aimerais devenir médecin et travailler là où l'on aura besoin de moi, dit-elle. J'ai découvert que le monde était immense, et jusqu'à présent, je n'en ai vu qu'une toute petite partie. »

La réussite scolaire de Shakeela rejaillit non seulement sur les femmes de Hushe, mais aussi sur ses frères aînés. Yakub, âgé de dix-huit ans, a étudié toute une année à l'université de Lahore, mais a été recalé à la plupart de ses examens. Il s'est ensuite inscrit à Khaplu dans l'espoir d'obtenir un poste dans l'administration. «Je n'ai pas le choix, avoue-t-il en réajustant sa casquette de base-ball. C'est ma sœur qui me pousse. Comme elle travaille dur, moi aussi, je dois en faire autant.»

Alors qu'il feuilletait un paquet de copies de Shakeela, Aslam s'arrête sur un contrôle d'ourdou affichant cent, la note maximale, et le contemple d'un air attendri, un peu comme une pépite qu'il aurait arrachée aux flots de la Shyok.

«Pour tous les bienfaits dont il m'a comblé, je remercie Allah tout puissant, dit-il, ainsi que Monsieur Greg Mortenson.»

Au cours de l'été et de l'automne 1998, des louanges de ce genre se propagèrent à travers tout le nord du Pakistan. Mortenson retourna à Peshawar, qui le fascinait toujours autant, et visita les camps de réfugiés qui accueillaient les hordes d'exilés fuyant l'islam fondamentaliste imposé sur la quasi-totalité du territoire afghan par les talibans. Construire des écoles dans ce contexte était bien évidemment hors de question, mais au camp de Shamshatoo, au sud-ouest de Peshawar, Mortenson parvint à mettre en place des classes pour quatre mille élèves afghans en s'engageant à assurer la rémunération de quatre-vingts instituteurs tant qu'il y aurait des réfugiés.

Les maladies oculaires étant endémiques dans le nord du Pakistan, Mortenson invita le Dr Geoff Tabin, spécialiste américain de la cataracte, à venir opérer bénévolement soixante patients à Skardu et à Gilgit. Il finança également la formation du Dr Niaz Ali, l'unique ophtalmologue du

Baltistan, pour qu'à son tour il puisse pratiquer ce type d'intervention.

Mortenson participa en outre à un colloque réunissant des spécialistes du développement, au Bangladesh, suite auquel il décida de réorienter son action : l'enseignement dispensé s'arrêterait au CM2 et le recrutement des filles deviendrait prioritaire. « Les garçons qui ont été à l'école tendent à quitter les villages pour chercher du travail en ville, explique-t-il, alors que les filles restent, prennent des responsabilités au sein du village et transmettent leur savoir. Si l'on veut vraiment influer une culture, rendre les femmes plus autonomes, améliorer le niveau de soin et de salubrité et lutter contre des taux de mortalité infantile élevés, la solution passe par l'éducation des filles. »

Bringuebalant dans son Land Cruiser, Mortenson se rendit dans chacun des villages où le CAI avait des écoles et convoqua les anciens. Devant son insistance, et en échange du soutien continu de l'institut, ils s'engagèrent à accroître les inscriptions de filles de dix pour cent par an. « Si les filles parviennent à être scolarisées jusqu'au CM2, estime Mortenson, ça changera tout. »

Le conseil d'administration du CAI approuva ce changement d'orientation. L'épouse de George McCown, Karen, qui avait à son actif la création d'une école privée sous contrat dans la région de San Francisco, rejoignit l'équipe du CAI avec Abdul Jabbar, enseignant pakistanais à l'université de San Francisco. Le conseil d'administration était désormais entièrement composé de professionnels de l'éducation.

Le CAI chapeautant une bonne dizaine d'écoles, Julia Bergman mit sur pied (avec l'aide de Joy Durighello et Bob Irwi, tous deux enseignants à l'université de San Francisco) une formation pédagogique destinée aux enseignants du CAI, dispensée chaque été à Skardu. Ils se chargèrent également de constituer un fonds de ressources pédagogiques. Au cours des réunions qui rassemblèrent à Skardu cet été-là Ghulam Parvi, les responsables pédagogiques américains et les instituteurs pakistanais, Mortenson élabora sa philosophie de l'éducation.

Les écoles du CAI enseigneraient exactement le même programme que n'importe quelle autre école publique pakistanaise. Tout cours de «culture comparée», alors très en vogue en Occident, en serait banni. Tout ce qui risquait d'être taxé d'«anti-islamique» par des chefs religieux réactionnaires cherchant des prétextes pour fermer les écoles devait en être exclu. Mais en contrepartie, les écoles du CAI n'enseigneraient pas l'islam fondamentaliste radical que l'on inculquait dans de nombreuses madrasas du pays.

«Je ne veux pas que les enfants pakistanais adoptent le mode de pensée américain, se justifie Mortenson. Je veux simplement qu'ils puissent bénéficier d'un enseignement équilibré, non extrémiste. C'est l'idée au cœur de notre action.»

Chaque nouvelle réussite venait asseoir la réputation de Mortenson dans le nord du Pakistan. On commença à voir sa photo fleurir au-dessus des foyers dans les maisons ou sur les tableaux de bord des jeeps. Contrairement à leurs voisins hindous, les Pakistanais, pour se conformer aux prescriptions de l'islam, n'ornent pas leur parebrise de tout un panthéon de déités. Mais tout comme en Inde, certaines figures publiques débordent parfois du cadre des simples mortels. Le champion de cricket Imran Khan en est l'illustration. Partie de l'hôtel Indus, se répandant peu à peu à travers les collines arides, les gorges sinueuses et les vallées reculées du Baltistan, la légende d'un généreux infidèle appelé Dr Greg suivait la même voie.

CHAPITRE 17

DES CERISIERS DANS LE SABLE

*« L'endroit le plus dangereux de la planète aujourd'hui,
me semble-t-il, est le sous-continent indien
et la Ligne de contrôle du Cachemire. »*
Le président Bill Clinton, à la veille de quitter Washington
pour mener une mission diplomatique visant à rétablir
la paix en Inde et au Pakistan.

Fatima Batool se souvient du premier « woomp » qui retentit depuis l'artillerie indienne, située douze kilomètres plus loin, sur l'autre versant de la montagne. Elle se souvient du premier obus qui siffla, décrivant une courbe gracieuse dans le ciel d'un bleu immaculé, et du regard de sa sœur Aamina qui semait le sarrasin avec elle, juste avant l'explosion.

À Brolmo, leur village de la vallée de Gulteri dans le Cachemire « sous occupation pakistanaise » – comme le désignent les cartes de l'armée indienne –, il ne se passait jamais rien. C'est du moins ainsi que Fatima, dix ans, voyait les choses. Elle se souvient d'avoir dévisagé sa sœur aînée quand le ciel se mit à entonner ce chant inhabituel, et d'avoir lu dans ses yeux écarquillés la même surprise que la sienne, une expression qui disait : « Là, il se passe quelque chose. »

Mais de la suite, après le premier obus de 155 millimètres qui ouvrit le déluge métallique, elle préfère garder le moins de souvenirs possible. Les images sont pareilles aux pierres chaudes enfouies sous les braises qui servent à cuire les *kurba,* elles brûlent. Il y avait des corps, et des fragments de corps, éparpillés dans les champs de blé, tandis que les « woomp », les sifflements et les explosions se succédaient à toute vitesse, si rapprochés qu'ils ne formaient plus qu'un seul et même cri.

Aamina empoigna la main de Fatima, et ensemble elles coururent avec la foule des villageois affolés, fuyant aussi vite que leurs jambes pouvaient les porter pour se réfugier dans les grottes.

Fatima ne parvient pas à se rappeler pourquoi Aamina ressortit dans ce tonnerre assourdissant. Sans doute pour faire entrer les plus petits – connaissant sa sœur, c'était bien possible. De l'obus qui atterrit à ce moment précis à l'entrée de la grotte, Fatima n'a gardé aucun souvenir. Tout ce qu'elle peut dire, c'est qu'après son explosion, le *hayaat*, l'esprit de sa sœur, s'était brisé et que dès lors, leurs vies ne furent plus jamais les mêmes.

Le 27 mai 1999, au beau milieu de la nuit, dans son bureau de Bozeman, Mortenson était suspendu aux dépêches qui tombaient. Jamais il n'avait assisté à pareil embrasement au Cachemire.

Il est vrai que depuis la violente partition qui avait séparé l'Inde et le Pakistan, le Cachemire était une véritable poudrière. L'Inde, forte de sa supériorité militaire, avait raflé le plus gros morceau de cette ancienne principauté et avait promis d'organiser des élections pour que les Cachemiris puissent décider eux-mêmes de leur avenir. De cette élection, la population, à forte majorité musulmane, n'avait finalement jamais vu la couleur…

Aux yeux des Pakistanais, le Cachemire symbolisait toutes les oppressions subies par les musulmans lors du démantèlement de l'empire des Indes britanniques. Pour les Indiens, le Cachemire était une ligne qui coupait en deux une chaîne culminant à six mille mètres d'altitude, objet d'un enjeu territorial avec les combattants du Front de libération du Jammu-et-Cachemire (JKLF) que l'Inde, refusant de céder ce qu'elle considérait comme son bien, traitait de terroristes. Pour les deux camps, la ligne tracée sur l'ordre de Lord Mountbatten au milieu des glaciers était une plaie béante, rappel de leurs humiliations coloniales.

En 1971, après des années d'escarmouches, les deux pays acceptèrent qu'une Ligne de contrôle (*Line of Control*, LOC) passe à travers ces contrées, si difficiles d'accès qu'elles formaient déjà un rempart efficace contre toute incursion militaire.

« J'ai été choqué par le nombre des victimes, se souvient Mortenson. Depuis six ans que j'allais au Pakistan, il m'avait semblé que les combats, sur la LOC, obéissaient à certaines règles, un peu comme une entente cordiale entre gentlemen.

« Les armées indienne et pakistanaise avaient chacune installé leurs postes d'observation et leur artillerie au sommet des glaciers. Aussitôt avalé le *tchaï* du matin, les Indiens braquaient leurs Bofor, des canons antiaériens suédois, sur les positions pakistanaises et tiraient un ou deux obus. Les forces pakistanaises répliquaient par quelques salves, après la prière du matin. Les pertes étaient réduites, et en septembre, quand le froid arrivait, les deux camps abandonnaient les lieux sans plus de formalité jusqu'au printemps. »

Mais en avril 1999, le dégel arriva plus tôt que d'habitude, et le Premier ministre pakistanais Nawaz Sharif décida de mettre à l'épreuve la combativité de l'Inde. L'année précédente, le Pakistan avait pris le monde entier de court en procédant avec succès à cinq essais nucléaires, parvenant à égalité avec son voisin hindou. Cela avait provoqué un tel regain de fierté nationale – et de popularité pour le gouvernement –, que Sharif avait fait ériger à Zero Point (la jonction des villes de Rawalpindi et Islamabad), une maquette des collines de Chagai, théâtre de l'explosion de la première « bombe musulmane ».

En ce mois d'avril, environ huit cents guerriers islamiques avaient franchi la Ligne de contrôle au niveau de Gulteri et avaient pris position sur les arêtes, côté indien. Selon l'Inde, des soldats de la Brigade d'infanterie légère des Territoires du Nord, troupe d'élite chargée de la sécurité sur la quasi-totalité de cette zone, avaient réussi à s'infiltrer, habillés en civil, aux côtés de moudjahidin irréguliers. Ils avaient agi avec une telle discrétion qu'un mois s'était écoulé avant que des guetteurs de l'armée indienne ne les repèrent sur les arêtes dominant Kargil et les alentours.

Le Premier ministre indien Atal Bihari Vajpayee accusa Sharif de vouloir envahir l'Inde. Ce dernier rétorqua que ces infiltrés étaient des « combattants de la liberté » opérant indépendamment, auxquels les soldats pakistanais avaient spontanément décidé de se joindre pour libérer le Cachemire musulman de l'oppresseur hindou. Pourtant, les fiches de paye et les cartes d'identité que les Indiens dirent avoir trouvées sur certains corps suggéraient une tout autre histoire.

Le 26 mai 1999, pour la première fois en plus de vingt ans, Vajpayee donna l'ordre à l'aviation indienne d'intervenir au Pakistan. Des vagues de MiG indiens et de Mirage se succédèrent pour pilonner les lignes retranchées adverses. Les combattants positionnés sur les sommets, armés des Stinger que les Américains avaient fournis aux moudjahidin afghans lors de l'invasion soviétique, abattirent un MiG et un hélicoptère armé MI-17 aux premiers jours de ce qui allait devenir le « conflit de Kargil ».

À l'instar de l'« action de police » officiellement menée par les Américains au début de la guerre du Vietnam, les formules utilisées pour désigner ces guerres non déclarées sont trop souvent des euphémismes masquant la réalité du terrain. «Conflit» est un bien faible mot pour qualifier les tonnes d'explosifs que les forces pakistanaises et indiennes déversèrent sur cette zone en 1999. Les pertes subies dans l'armée indienne se chiffrèrent par centaines et, selon les autorités, de nombreux civils périrent dans les combats. Dotée d'une puissance de tir bien supérieure, l'Inde répliqua à raison de cinq mille obus, mortiers et roquettes par jour.

Au cours du printemps et de l'été 1999, selon GlobalSecurity.org, l'Inde largua plus de deux cent cinquante mille obus, bombes et roquettes sur le Pakistan. Depuis la Seconde Guerre mondiale, aucun autre endroit au monde n'avait connu un tel déluge de feu. Et, malgré les dénégations de l'armée indienne, de nombreux témoignages civils indiquent que ces frappes étaient aveugles, retombant sur les villages qui avaient la malchance de se trouver près de la Ligne de contrôle – des villages comme celui de Fatima Batool.

Mortenson, réduit à l'impuissance, arpentait son bureau entre deux appels passés à ses contacts de l'armée pakistanaise. Les comptes rendus qu'il recevait le privaient de ses rares heures de sommeil : des colonnes de réfugiés fuyant les zones de combat franchissaient les cols et arrivaient à Skardu, épuisés, blessés, alors que le Baltistan ne possédait aucun équipement pour faire face à leurs besoins. Or, les solutions ne se trouvaient pas dans les piles de livres qui s'amoncelaient dans son bureau : elles se trouvaient au Baltistan.

***

À la mi-juin, le plateau de Deosai est l'un des plus beaux endroits qui soient. Mortenson admirait les touches violettes des lupins qui mouchetaient les prairies. Les *bharal* à grandes cornes, habitués à fuir toute présence humaine, regardaient le Land Cruiser passer avec placidité. À l'ouest, la face Rupal du Nanga Parbat, la plus grande paroi de toute la planète, hypnotisait l'Américain.

Hussein, Apo et Faisal étaient venus le chercher à Islamabad. Sur les conseils d'Apo, ils avaient choisi d'aller à Skardu par le Deosai, ce qui représentait trente-six heures de piste à la limite du praticable, mais évitait la Karakoram Highway, assaillie par les convois militaires ravitaillant les zones de combat ou rentrant, chargés de *shahid* dont ils ramenaient les corps aux familles.

Mortenson s'attendait à ne rencontrer âme qui vive sur ce plateau frontalier de l'Inde, culminant à quatre mille mètres d'altitude, dont les cols les plus hauts étaient encore sous la neige. Mais dans un sens comme dans l'autre, c'était un défilé de pick-up Toyota remplis de combattants barbus à turban noir. Ceux qui allaient en direction de la frontière indienne brandissaient kalachnikovs et lance-roquettes. Les autres, en sens inverse, montraient fièrement leurs blessures de guerre. Le Land Cruiser devait sans cesse se ranger sur le bas-côté pour les laisser passer.

– Apo ! hurla Mortenson. Est-ce que tu avais déjà vu autant de talibans ?

– Les Kaboulis viennent toujours, répondit le vieux cuisinier, usant du terme local pour désigner ces étrangers qu'il accusait de venir répandre la violence au Baltistan. Mais jamais en si grand nombre. Ils doivent être très pressés de devenir martyrs.

Il conclut ses paroles en crachant par la fenêtre un long filet de Copenhague à chiquer que Mortenson lui avait apporté du Montana.

Quand ils arrivèrent à destination, Skardu était en proie à la fièvre guerrière. Des Bedford rentraient de la ligne de front, chargés de cercueils recouverts du drapeau pakistanais. De lugubres essaims d'hélicoptères traversaient le ciel. Des bergers nomades, les Gojars, se faufilaient avec leurs troupeaux de chèvres au beau milieu des camions militaires, entamant leur longue marche vers l'Inde pour apporter de quoi nourrir les troupes pakistanaises.

Deux pick-up noirs à double cabine stationnaient devant l'hôtel Indus. Ils arboraient des plaques d'immatriculation bleu ciel caractéristiques des Émirats arabes unis et, mystérieusement, le mot « SURF » sur chacune de leurs portières. L'arrière des voitures dépassait sur la route et gênait la circulation, mais personne n'osait klaxonner.

En saluant Ghulam le gérant et son jeune frère Nazir dans le hall de l'hôtel, Mortenson aperçut par-dessus leurs épaules deux hommes barbus, charpentés, installés à l'une des deux tables en bois. Leurs vêtements, tout comme les siens, étaient couverts de poussière.

« Le plus grand des deux m'a fait signe en criant *"tchaï !"*, raconte Mortenson. Il devait avoir la cinquantaine et mesurer près de deux mètres, ce qui m'a frappé parce que je n'avais pas l'habitude de croiser quelqu'un plus grand que moi au Baltistan. Il avait des bajoues et un ventre énorme. Cet homme n'aurait jamais pu franchir des cols de six mille mètres à pied, ce ne pouvait donc être qu'un commandant. »

Ghulam, qui tournait le dos aux deux hommes, haussa les sourcils pour le mettre en garde.

« Je sais », murmura Mortenson en se dirigeant vers eux. Il serra la main du géant et de son compagnon, dont la barbe atteignait la ceinture et qui avait les bras noueux comme de vieux sarments. En s'asseyant à leur table, Mortenson aperçut deux AK-47 bien graissés par terre, à leurs pieds.

– *Pe khayr raghie*, dit l'homme en pachto. Bienvenue.

– *Khayr ose*, répondit Mortenson, se félicitant d'avoir pris le temps d'étudier le pachto depuis sa détention au Waziristan.

– *Kenastel*! l'enjoignit l'officier. Asseyez-vous!

Mortenson s'exécuta, puis poursuivit en ourdou pour éviter toute méprise. Ce jour-là, il était coiffé d'un *keffieh*, semblable à ceux que portait Yasser Arafat. Il l'avait utilisé pour se protéger de la poussière du Deosai, mais les hommes, l'interprétant comme un signe d'affinité politique, lui offrirent du thé.

«Le plus costaud des deux s'est présenté sous le nom de Gul Mohammed, dit Mortenson, puis il m'a demandé si j'étais américain. Je me suis dit qu'ils s'en apercevraient bien tôt ou tard, et j'ai acquiescé.»

Faisal Baig se tenait à quelques pas de la table, sur le qui-vive. Mortenson lui adressa un imperceptible signe de tête, et son garde du corps alla s'asseoir à la table d'Apo et de Parvi.

– OK Bill Clinton! s'exclama Gul Mohammed en dressant le pouce avec entrain.

Même si, au bout du compte, les efforts de Clinton pour instaurer la paix entre Israël et la Palestine s'étaient soldés par un échec, il avait envoyé, quoique tardivement, des troupes américaines en Bosnie en 1994 pour mettre un terme au massacre des musulmans par les Serbes chrétiens, ce qu'un moudjahidin comme Gul n'oublierait jamais.

L'imposant officier posa cordialement la main sur l'épaule de Mortenson, qui se trouva aussitôt enveloppé d'une bouffée d'odeurs corporelles et de fumet de gigot.

– Vous êtes soldat? demanda l'homme sur un ton plus proche de l'affirmation que de la question.

– Je l'ai été, répondit-il. Il y a longtemps. Maintenant je construis des écoles.

– Connaissez-vous le lieutenant-colonel Samuel Smith de Fort Worth au Texas? demanda son compagnon. Il a combattu les Soviétiques avec moi à Spin Boldak, en Afghanistan. On les a écrasés comme de la vermine, ajoute-t-il en enfonçant son talon dans le sol.

– Désolé, fit Mortenson. C'est grand, l'Amérique.

– Grand et fort, ajouta Gul en souriant. Allah était de notre côté, en Afghanistan. Et les missiles Stinger américains aussi.

Mortenson leur demanda s'ils rentraient du front, et Gul ne se fit pas prier pour lui raconter ce qu'ils y avaient vu. Les moudjahidin se battaient bravement, mais les avions de chasse indiens, qui se tenaient désormais prudemment à distance des missiles pakistanais, infligeaient de terribles pertes aux hommes postés sur les sommets.

– Les Bofor sont très puissants, déclara-t-il. La Suède est peut-être un pays pacifique, mais ses canons peuvent causer de terribles dégâts.

Les hommes questionnèrent longuement Mortenson sur son travail, opinant de la tête lorsqu'ils apprirent que les classes du CAI accueillaient aussi bien des petits Afghans sunnites à Peshawar que des enfants chiites au Baltistan. Gul habitait la vallée de Daryle, non loin du pont où Mortenson s'était retrouvé bloqué, cinq ans plus tôt, lors de son expédition en camion à Korphe.

– Ma vallée aussi a besoin d'écoles, dit Gul. Pourquoi ne nous accompagnez-vous pas? Vous pourriez y construire dix ou vingt écoles, même pour des filles, pas de problème.

Mortenson lui expliqua que l'institut fonctionnait sur un budget limité et que les projets devaient d'abord être validés par un conseil d'administration. Il réprima un sourire en imaginant la réaction de celui-ci lorsqu'il soumettrait cette demande, ce qu'il ne manquerait pas de faire à son retour.

La traversée du Deosai n'ayant pas été de tout repos, à neuf heures du soir, malgré la tension ambiante, Mortenson ne pouvait plus lutter contre la fatigue. Selon les règles d'hospitalité du *pachtounwali*, les officiers lui proposèrent de l'héberger. Mortenson déclina poliment l'invitation, leur expliquant que Ghulam et Nazir tenaient une petite chambre constamment à sa disposition à l'arrière de l'hôtel. Puis, la main sur le cœur, il s'inclina et prit congé.

Il avait à peine parcouru la moitié du hall qu'un garçon roux et dégingandé jaillit des portes battantes de la cuisine et l'attrapa par la manche, les yeux bleus exorbités. C'était Agha Ahmed, le commis de cuisine et bagagiste, un peu simplet, qui avait épié la scène à travers les lattes de la porte.

– Docteur Grik ! hurla-t-il, un filet de bave à la bouche. Talibans !

– Je sais, répondit Mortenson, avant de s'éloigner vers sa chambre d'un pas lourd.

Syed Abbas en personne vint le voir dès le lendemain matin. Mortenson ne l'avait jamais vu dans un tel état. D'ordinaire, le religieux affichait une expression grave, posée, et égrenait ses phrases avec la même constance que les perles de son *tasbih*, son chapelet. Mais ce matin-là, ses paroles se bousculaient en flots précipités. Cette guerre était une catastrophe pour les habitants de la région de Gulteri. Nul ne connaissait le nombre de civils morts ou blessés, mais déjà deux mille réfugiés étaient arrivés à Skardu, et des milliers d'autres se terraient dans des grottes en attendant une occasion de pouvoir s'enfuir.

Syed Abbas avait contacté l'administration des Territoires du Nord, ainsi que le haut-commissariat pour les réfugiés des Nations unies, mais tous deux avaient refusé de lui porter secours. Les autorités locales avançaient qu'elles n'avaient pas les ressources nécessaires pour gérer la crise, et le HCR disait qu'il ne pouvait intervenir auprès des familles de la vallée de Gulteri, car elles n'avaient traversé aucune frontière.

– De quoi ont-ils besoin ? demanda Mortenson.

– De tout. Mais avant tout, d'eau, répondit Abbas.

Il conduisit Mortenson, Apo et Parvi près du village de tentes décolorées qui avait poussé sur les dunes de sable à l'ouest de Skardu, près de l'aéroport. Là, ils quittèrent la route, ôtèrent leurs chaussures et, sous les vols assourdissants des Mirage français de la patrouille pakistanaise, franchirent les dunes qui les séparaient des réfugiés. Tout autour de l'aéroport, abrités derrière des sacs de sable empilés, en état d'alerte, des canons antiaériens traçaient des arabesques dans le ciel en direction de l'Inde.

On avait donné aux réfugiés les terres dont personne ne voulait. Le campement, entouré de dunes, ne disposait d'aucune source d'eau naturelle et l'Indus se trouvait à plus d'une heure de marche. Mortenson sentait battre ses tempes, et ce n'était pas seulement dû au soleil : la tâche qui les attendait était immense.

– Comment peut-on faire monter de l'eau jusqu'ici ? La rivière est très loin ! demanda-t-il.

– J'ai entendu parler de systèmes de captage d'eau souterraine qui fonctionnent en Iran, répondit Abbas, il faut creuser très profond, jusqu'à la nappe phréatique, et installer des pompes. Avec l'aide d'Allah, ça marche.

Syed Abbas, sa longue robe noire gonflée au vent, parcourait les dunes en indiquant des emplacements potentiels pour les forages. « J'aurais aimé que les Occidentaux qui ne comprennent pas les musulmans aient pu voir Syed Abbas à l'œuvre ce jour-là, dit Mortenson. Ils auraient vu que la plupart de ceux qui appliquent les vrais enseignements de l'Islam, même des mollahs aussi conservateurs que Syed Abbas, croient en la paix et en la justice, pas en la terreur. Tout comme la Torah et la Bible enseignent de s'occuper des malheureux, le Coran enseigne à tout musulman de prendre soin des veuves, des orphelins et des exilés. »

Au premier abord, le village de tentes leur sembla désert, ses occupants ayant fui le soleil sous les bâches. Apo, lui-même réfugié de Dras, région indienne voisine de Gulteri, allait de tente en tente et notait les besoins les plus urgents.

Mortenson, Parvi et Syed Abbas, debout au milieu du camp, discutaient de la logistique à mettre en place. Parvi pensait pouvoir convaincre son voisin, le directeur des travaux publics de Skardu, de lui prêter les engins de déblaiement nécessaires si le CAI s'engageait à acheter les conduites et les pompes.

– Combien y a-t-il de réfugiés ? demanda Mortenson.

– Pour l'instant, un peu plus de cinq cents, répondit Syed Abbas. Ce sont surtout des hommes. Ils sont venus chercher du travail et préparer le campement avant de faire venir leur famille. D'ici à quelques mois, nous pourrions avoir quatre ou cinq mille réfugiés.

Surgissant de sous une tente, Apo Razak se dirigea vers eux d'un pas décidé. Le vieux cuisinier affichait en toutes circonstances un sourire facétieux, habitué qu'il était à fournir nourriture et réconfort à des bataillons d'alpinistes en milieux hostiles. Mais son visage était empreint d'une gravité inhabituelle. Sa bouche dessinait un trait dur, plus implacable qu'une veine de quartz dans un bloc de granit.

– Docteur Greg, dit-il en entraînant Mortenson vers une tente, assez parlé. Comment pouvez-vous savoir ce que veulent ces gens si vous ne leur demandez pas d'abord ?

Coiffé de sa calotte noire, Gulzar attendait, assis sous la bâche bleue. Quand Mortenson entra dans la tente, le vieux mollah de Brolmo se mit péniblement debout et serra la main de l'Américain d'une poigne vigoureuse, en s'excusant de ne pas avoir de quoi préparer le thé. Lorsqu'ils furent tous assis en tailleur sur la toile cirée qui recouvrait le sable chaud, Apo invita le vieil homme à raconter son histoire.

La lumière crue qui filtrait par la bâche bleue se reflétait dans ses verres de lunettes trop grands et les opacifiait, donnant à Mortenson l'impression d'être en présence d'un aveugle.

– On ne voulait pas venir ici, commença-t-il en effleurant de la main sa longue barbe clairsemée. Brolmo est un endroit agréable. Ou du moins l'était. On a tenu aussi longtemps que possible. On se terrait dans des grottes le jour et travaillait aux champs la nuit. Il était impossible de sortir pendant la journée, avec tous les obus qui tombaient. Et puis les canaux d'irrigation ont fini par être détruits, les champs dévastés et les maisons réduites en poussière. Nous savions que nos femmes et nos enfants mourraient si nous ne faisions rien. Alors nous avons traversé les montagnes jusqu'à Skardu. Je ne suis plus jeune, et ça a été très dur. Lorsque nous sommes arrivés en ville, les soldats nous ont dit de nous installer ici. Quand nous avons vu cet endroit, ce sable, nous avons décidé de rentrer chez nous. Mais l'armée nous en a empêchés. Ils nous ont dit que nous n'avions plus de maisons, qu'elles étaient démolies. Mais si c'était possible nous rentrerions, car ce n'est pas une vie. Bientôt nos femmes et nos enfants vont arriver. Qu'allons-nous leur dire ?

– Nous allons vous aider à faire venir de l'eau ici, pour vos familles, promit Mortenson en prenant la main du vieil homme entre les siennes.

– Qu'Allah tout puissant en soit remercié, répondit le mollah. Mais il n'y a pas que l'eau. Nous avons aussi besoin de nourriture, de médicaments et d'une école pour les enfants. Ici, c'est chez nous maintenant. J'ai honte d'être aussi exigeant, mais personne d'autre n'est venu nous voir.

Le vieux religieux renversa la tête en direction du mince toit de bâche bleue qui s'interposait entre lui et le ciel, comme pour s'adresser directement à Allah. Le reflet bleu ne se miroitait plus dans ses verres et Mortenson vit que ses yeux étaient humides.

– Dire que nous n'avons rien. Pour votre mal-la khwong, pour la bonté que vous nous témoignez, je ne peux rien vous offrir. Pas même du thé.

Le système de captage d'eau de la nappe phréatique, unique en son genre dans la région, vit le jour en huit semaines. Fidèle à sa parole, Ghulam Parvi persuada son voisin de mettre à leur disposition les engins de déblaiement nécessaires. Le directeur des travaux publics leur fit don des tuyaux. L'armée prêta douze tracteurs pour épierrer le terrain. Régulièrement, Mortenson se rendait au téléphone public de Skardu pour tenter de joindre San Francisco. Lorsqu'enfin il y parvint, il demanda et obtint l'affectation de six mille dollars au projet.

Il commanda aussitôt des pompes et des générateurs à Gilgit. Se dépensant sans compter, les réfugiés de Brolmo coulèrent une énorme citerne de béton capable de contenir de quoi approvisionner cinq mille personnes en eau. Ils forèrent à trente-six mètres de profondeur avant d'atteindre la nappe phréatique qui allait alimenter le système. Ensuite, les hommes bâtirent des maisons en briques de terre et préparèrent les abords du campement pour leurs familles. Mais encore fallait-il que leurs femmes et leurs enfants parviennent jusqu'à Skardu.

Pendant tout le temps qu'elle passa dans les grottes, Fatima Batool ne cessa de pleurer. Aamina, qui avait toujours eu le don de la réconforter, n'était même plus capable de prendre soin d'elle-même. Les éclats d'obus ne lui avaient causé que des blessures superficielles. Mais les dégâts étaient plus profonds. Depuis le jour où l'obus avait atterri près d'elle, devant l'entrée de la grotte, depuis le cri d'effroi et de douleur qu'elle avait poussé avant de s'évanouir, elle n'avait plus rien dit. Pas un mot. Certains jours, recroquevillée dans la grotte avec les autres, quand les obus pleuvaient dru, elle grelottait en poussant une sorte de petit râle implorant, un râle animal, sans aucune consonance humaine, et pour Fatima, cela n'avait rien de rassurant.

« La vie dans les grottes était dure, se souvient Nargiz
Ali, une amie de Fatima. Brolmo, notre village, était très
beau. Il y avait des cerisiers et des abricotiers sur une pente
qui descendait vers l'Indus. Dans les grottes, nous étions
impuissants, nous ne pouvions qu'assister à la destruction du village. On ne pouvait pas y aller. J'étais une petite
fille, à l'époque, et les grands devaient me porter pour me
mettre à l'abri quand les obus se mettaient à tomber. Je ne
pouvais pas aller jouer dehors, ni m'occuper des bêtes, ni
même aller cueillir des fruits. Je les regardais mûrir et puis
pourrir.

« Quand il pleuvait ou quand il neigeait, il devenait difficile de cuisiner ou de dormir. Mais on est restés terrés longtemps, simplement parce que de l'autre côté de la *nullah*,
il y avait l'Inde, et qu'à découvert, c'était trop dangereux. »

Nargiz se souvient du jour où son oncle Hawalda Abra-
him, qui était parti fouiller les décombres de sa maison dans
l'espoir d'y récupérer quelque chose, a été victime d'un
obus isolé. « C'était un homme bon, et nous voulions nous
occuper de son corps, mais nous avons dû attendre jusqu'à
la nuit que les bombardements cessent pour le porter à l'intérieur. En temps ordinaire, nous lavons le corps des
défunts. Mais il était tellement déchiqueté que c'était impossible. Tout ce que l'on a pu faire, c'est rassembler ses res-
tes dans un linge. »

Les rares hommes survivants convoquèrent une *djirga*
et annoncèrent aux enfants qu'ils allaient devoir être courageux. Il leur faudrait s'aventurer en terrain découvert
et parcourir un long chemin, sans grand-chose à manger.
Ils ne pouvaient plus continuer à se terrer ainsi dans une
grotte, ce n'était pas une vie.

Ils emportèrent le peu de biens qu'il leur restait et partirent en pleine nuit, en direction d'un village suffisamment
éloigné des positions indiennes pour être en sécurité. Ce
matin-là, pour leur plus grand bonheur, ils restèrent dehors

à contempler le soleil se lever. Mais alors qu'ils étaient occupés à faire cuire leurs *kurba* en prévision de la marche, une pluie d'obus s'abattit sur eux, montant du fond de la vallée. Un guetteur, posté sur les arêtes plus au sud, avait dû les repérer et indiquer leur position.

« À chaque obus qui explosait, Aamina tremblait et criait et s'effondrait, se souvient Fatima. Il n'y avait pas de grottes à cet endroit-là, si bien qu'il ne nous restait plus qu'à courir. J'ai honte de l'avouer, mais j'avais si peur que j'ai cessé de tirer ma sœur par le bras et que j'ai pris mes jambes à mon cou. Je craignais qu'elle se fasse tuer, mais l'idée de se retrouver seule a dû être plus terrifiante que le bombardement, et elle nous a suivis en courant. »

Pendant trois semaines, les survivants de Brolmo poursuivirent leur marche vers le nord-ouest. « Souvent, poursuit Fatima, nous suivions des pistes d'animaux qui n'étaient pas faites pour les humains. Quand les bombardements commençaient, nous devions abandonner nos *kurba* sur le feu, même si nous avions faim. Les gens cueillaient des herbes sauvages et des baies pour se nourrir, malgré les brûlures d'estomac que ça nous donnait. »

Les villageois arrivèrent à Skardu, à bout de forces, la peau sur les os. Les soldats les conduisirent au camp. Dans les dunes près de l'aéroport, Fatima et les autres rescapés entamèrent alors un long processus de reconstruction pour oublier leur calvaire et repartir de zéro. Tous, sauf Aamina Batool. « Quand nous sommes arrivés au camp, Aamina s'est couchée et ne s'est plus relevée, raconte sa sœur. Personne n'est arrivé à la faire bouger. Même le fait de se savoir enfin en sécurité, avec notre père et nos oncles, semblait ne pas la toucher. Elle est morte au bout de quelques jours. »

La mort d'Aamina remonte à cinq ans déjà, mais la blessure de Fatima semble toujours à vif lorsque les souvenirs refont surface. Assise à son bureau, dans la classe de CM2 de la Gulteri Girls Refugee School construite par le CAI au cours de l'été 1999, au plus fort du conflit de Kargil, la jeune Fatima Batool, quinze ans, se cache le visage derrière son voile blanc pour fuir les questions.

Sa camarade de classe Nargiz Ali, quatorze ans, reprend le fil de l'histoire et explique comment elles se sont retrouvées dans cette classe, assises sous cette carte du monde en relief, sur laquelle ne figure même pas le siège de l'organisation caritative qui leur fournit ces cahiers, crayons et taille-crayons qu'elles aiment tant.

« Quand nous sommes arrivées, après notre longue marche, nous étions folles de joie de revoir les nôtres, se souvient Nargiz. Mais lorsque j'ai vu l'endroit où nous allions vivre, l'angoisse m'a reprise. Il n'y avait pas de maison, pas d'arbres, pas de mosquée, aucun équipement. Et puis Syed Abbas est arrivé avec le grand *angrezi*, pour nous parler. Il nous a expliqué que si nous étions prêts à travailler dur, il nous aiderait à construire une école. Et il a tenu sa *chatndo*, sa parole. »

N'ayant pas été scolarisées auparavant, les élèves de CM2 de l'école de filles des réfugiés de Gulteri sont, comme Fatima et Nargiz, en retard sur le programme : l'âge moyen d'une classe de CM2 se situe ici autour de quinze ans. Leurs frères doivent faire une heure de marche à l'aller et autant au retour, pour se rendre dans les écoles publiques des environs. Mais pour les cent vingt-neuf petites filles de Gulteri qui n'auraient sans doute jamais mis les pieds dans une école, ce lieu est l'unique lueur au bout d'un long tunnel de peur et de fuite.

C'est pourquoi, malgré l'effort qu'elle a dû fournir pour raconter son calvaire, Fatima écarte son voile et se redresse, avant d'ajouter d'une petite voix : « J'ai entendu des gens dire que les Américains étaient méchants. Mais nous, nous aimons les Américains. Ce sont eux qui ont été les plus gentils avec nous. Ce sont les seuls qui se sont donné la peine de nous aider. »

Depuis, certains réfugiés sont retournés à Gulteri où le CAI a construit deux écoles dans le prolongement des grottes, afin que les élèves puissent étudier à l'abri des bombes, toujours susceptibles de s'abattre sur la région aux premières tensions entre les deux pays. Mais Nargiz et Fatima sont restées. C'est leur nouveau village, maintenant, disent-elles.

De l'autre côté des murs ocre de l'école, derrière l'enceinte qui délimite la cour, des rangées bien nettes de maisons en terre courent jusqu'à l'horizon. Certaines arborent même un surprenant symbole de luxe et de stabilité : une parabole. Ombrageant ces maisons, là où ne s'étendaient auparavant que des dunes de sable stériles, des cerisiers déploient leurs frondaisons, tout aussi inespérées que les fillettes de Gulteri qui déambulent sur le chemin de l'école.

CHAPITRE 18
LA FORME DRAPÉE

Que rien ne te perturbe, que rien ne t'effraie.
Tout est éphémère. Dieu ne change pas.
Avec de la patience, on arrive à tout.
Mère Teresa

L'installation des deux cents chaises lui prit plus de temps que prévu. D'habitude, lorsque Mortenson organisait une projection, que ce soit pour une association, un centre commercial, une église ou une université, il y avait toujours quelqu'un pour lui donner un coup de main. Mais dans ce magasin d'articles de sport d'Apple Valley dans le Minnesota, tout le personnel était accaparé par l'inventaire en prévision des soldes d'après Noël, si bien qu'il devait se débrouiller tout seul.

Il était dix-huit heures quarante-cinq, la séance devait commencer quinze minutes plus tard et il n'avait encore aligné qu'une centaine de chaises métalliques entre les rayons de sacs de couchage et la vitrine d'instruments électroniques – GPS, altimètres et autres appareils de recherche de victime d'avalanche. Il accéléra la cadence, dépliant les chaises et les posant par terre d'un geste sec.

Il fut bientôt en nage. Il avait pris du poids depuis son expédition au K2, et cela devenait de plus en plus gênant : il n'osait pas retirer son informe sweat-shirt vert, pas avec la foule de sportifs qui allaient bientôt arriver… À dix-neuf

309

heures deux, il dépliait sa dernière chaise. Sans perdre une seconde, il courut chercher les bulletins de l'institut pour en poser un sur chacune des deux cents chaises. Au dos de chaque imprimé se trouvait une enveloppe portant l'adresse de la boîte postale du CAI à Bozeman.

Les dons récoltés à la fin de chaque séance lui rendaient la tâche tout juste supportable. Les finances du CAI étaient en chute libre, l'organisation frisait l'insolvabilité, aussi lorsque Mortenson n'était pas au Pakistan, il donnait en moyenne une conférence par semaine. Peu de chose lui déplaisait autant que de raconter sa vie en public. Mais même une mauvaise recette, quelques centaines de dollars, pouvait changer la vie d'enfants au Pakistan.

Il contrôla le vieux projecteur de diapositives consolidé par quelques bouts d'adhésif, s'assura que le bon chargeur était en place, tapota sa poche de pantalon pour vérifier que son pointeur laser s'y trouvait bien, puis se tourna vers le public.

Les deux cents chaises étaient vides.

Malgré les affiches qu'il avait collées sur les campus, les articles passés dans les journaux régionaux, et l'émission de radio locale à laquelle il avait participé le matin même. Lui qui avait pensé faire salle comble…

Une femme en parka orange arriva, ses longues tresses grisonnantes roulées en macaron au sommet de son crâne. Mortenson l'accueillit d'un sourire avenant, mais elle baissa les yeux d'un air penaud, et étudia les caractéristiques thermiques d'un sac de couchage, qu'elle emporta ensuite à la caisse.

À dix-neuf heures trente, il se trouvait toujours devant un parterre vide.

Un employé fit une annonce, encourageant la clientèle à rejoindre le rayon où Mortenson contemplait ses chaises : « Messieurs, Mesdames, nous avons parmi nous un alpiniste de renommée mondiale, qui vous attend pour vous montrer de fabuleuses images du K2 ! N'hésitez pas à aller l'écouter ! »

Deux employés de magasin en uniforme, ayant terminé leur inventaire, vinrent s'installer au dernier rang.

– Qu'est-ce que je fais ? demanda Mortenson. Je commence ?

– Vous allez parler du K2, c'est ça ? demanda l'un deux, un jeune rasta barbu coiffé d'un bonnet.

– Si on veut.

– Génial, mon pote. Allez-y !

Mortenson embraya donc sur ses incontournables clichés du K2, raconta son échec, puis en arriva au cœur de son exposé : les dix-huit écoles qui fonctionnaient actuellement dans le cadre de l'institut. Il s'attarda sur les deux dernières-nées, à Gulteri, bâties dans l'axe des grottes, où les enfants pouvaient étudier en toute sécurité malgré les obus qui tombaient encore parfois.

Les images de Fatima, Nargiz et de leurs camarades, prises un mois plus tôt, défilèrent à l'écran. Au fond de la salle, Mortenson aperçut un cadre d'âge moyen, qui se penchait distraitement sur la vitrine de montres digitales multifonctions, et lui adressa un sourire. L'homme tourna les yeux vers l'écran et s'assit. Encouragé par cette brusque hausse d'audience, Mortenson reprit son exposé en décrivant l'extrême pauvreté des enfants du Karakoram et les constructions d'écoles qu'il envisageait dans le nord du pays, à la frontière afghane.

– En tissant des liens, en incitant les villageois à céder une parcelle de terrain et à s'impliquer dans les chantiers, nous pouvons former toute une génération d'élèves, qui à son tour en formera une autre, et ce, pour moins de vingt mille dollars, ce qui correspond à peu près à la moitié de ce que dépenserait le gouvernement pakistanais pour un projet équivalent, et à un cinquième de ce que cela coûterait à la Banque mondiale. Ce que nous faisons, conclut-il en paraphrasant Mère Teresa, n'est peut-être qu'une goutte d'eau dans l'océan, mais sans cette goutte, l'océan serait moins grand.

Heureux d'être applaudi, même à six mains, et d'en avoir fini, il éteignit le projecteur et se mit à ramasser les bulletins du CAI, cette fois avec l'aide des deux employés.

– Vous prenez des stagiaires, là-bas ? demanda l'ami du rasta. J'ai travaillé dans le bâtiment, et je pourrais, euh, vous filer un coup de main si vous voulez.

Mortenson lui expliqua que le CAI fonctionnait sur un budget limité et qu'il n'avait pas les moyens de faire venir des bénévoles américains au Pakistan, mais lui indiqua néanmoins quelques ONG présentes en Asie qui en recrutaient.

Le jeune rasta plongea la main dans sa poche et tendit un billet de dix dollars à Mortenson.

– J'allais boire un coup après le boulot, dit-il en remuant les pieds, mais bon…

– Merci ! répondit Mortenson en lui serrant la main, sincèrement ravi.

Puis, il plia le billet et le glissa dans l'enveloppe de papier kraft qu'il avait apportée pour collecter les contributions. Il finit de ramasser les derniers bulletins, soupirant à l'idée qu'il allait devoir parcourir la moitié du pays en sens inverse, et tout cela pour dix dollars.

Lorsqu'il arriva à la dernière chaise du dernier rang, près de la vitrine des montres digitales, il vit que l'enveloppe avait été détachée du bulletin. À l'intérieur, il trouva un chèque de vingt mille dollars.

Mortenson n'était pas condamné à contempler des parterres vides toutes les semaines. Sur la côte nord-ouest, les milieux des sports d'aventure l'avaient peu à peu adopté, suite à une série d'articles parus dans la presse. En février 1999, l'*Oregonian* fut le premier grand journal américain à parler de lui. Le journaliste Terry Richard, connu pour ses récits d'aventure, attira l'attention de ses lecteurs sur la nature particulière de son exploit : « C'est une région du monde où les Américains suscitent la méfiance, si ce n'est la haine, écrivit-il. Mais ce n'est pas le cas de Greg Mortenson, un habitant du Montana de quarante et un ans qui construit des écoles dans les vallées isolées du Pakistan. »

Richard poursuivait en expliquant que ce travail humanitaire accompli à l'autre bout du monde avait un impact inattendu sur leur vie. « Les zones rurales du Pakistan offrent un terreau propice à l'émergence d'un terrorisme antiaméricain, écrivit-il. "De jeunes adolescents ne sachant ni lire ni écrire sont embrigadés dans les camps d'entraînement terroristes, ajoutait-il en citant Mortenson. En renforçant l'alphabétisation, nous réduisons considérablement les tensions." Dans l'une des régions du monde les plus instables qui soient sur le plan politique, conclut Richard, l'action de Mortenson fait déjà la différence. »

Le mois suivant, ce fut au tour de John Flinn, éditeur de la chronique voyages pour le *San Francisco Examiner*, de lui consacrer un portrait en marge d'une conférence prévue dans la baie de San Francisco : « Voici un récit dont vous vous rappellerez la prochaine fois que vous soupirerez : "que puis-je donc bien y faire !?" » concluait-il. Cet hiver-là, les séances de projection de Mortenson à Portland et San Francisco firent salle comble et il fallut même refuser du monde.

Au début du nouveau millénaire, Mortenson avait rallié à sa cause de grands noms de l'alpinisme américain. Avant de disparaître dans une terrible avalanche sur le Shisha Pangma au Népal, en octobre 1999, Alex Lowe, sans doute l'un des alpinistes les plus respectés de son époque, avait ainsi présenté son ami et voisin lors d'un dîner de bienfaisance : « Nous passons notre temps à nous lancer à la conquête de nouveaux sommets. Greg, lui, déplace tranquillement ses propres montagnes. Ce qu'il a accompli à force de ténacité et de détermination est tout simplement incroyable. Nous devrions tous tenter ce genre de sommets. »

Le message de Lowe trouva écho dans les milieux de la montagne. « Nous sommes nombreux à ressentir le besoin d'aider. Mortenson, lui, il agit. Tout simplement », dira le célèbre alpiniste Jack Tackle, qui finança l'école élémentaire de filles de Jafarabad, dans la haute vallée de Shigar, grâce à un don de vingt mille dollars.

Mais plus on l'appréciait au Pakistan, plus on l'admirait dans les cercles montagnards, et plus Mortenson devenait difficile à gérer pour ses partenaires aux États-Unis. Quand il n'était pas en train d'arpenter les pistes au Pakistan ou d'enchaîner les conférences en Afghanistan, il veillait jalousement sur sa famille et se terrait dans son sous-sol.

« Même quand il était chez lui, se souvient Tom Vaughan, ancien président du CAI, il arrivait qu'on n'ait aucune nouvelle pendant plusieurs semaines. Il ne répondait ni aux appels téléphoniques ni aux e-mails. Lors d'une réunion du conseil d'administration, nous avons même envisagé de le forcer à nous communiquer son emploi du temps, mais nous avons fini par nous dire que ça ne marcherait jamais. Il n'en faisait qu'à sa tête. »

« Ce dont nous avions réellement besoin, déclare Jennifer Wilson, c'était d'une poignée de Greg juniors, des gens à qui il puisse déléguer. Mais il refusait de louer un bureau ou d'engager du personnel en arguant que nous n'en avions pas les moyens. Sur ce, il s'empêtrait dans un nouveau projet, pour en délaisser un autre. C'est pour ça que j'ai décidé de prendre mes distances. Greg était très actif, mais j'avais le sentiment que nous aurions pu l'être bien davantage s'il avait accepté de se montrer un peu plus responsable. »

« Soyons honnêtes, reconnaît Tom Vaughan. Le CAI, c'est Greg. Je l'avoue, j'approuvais tous ses projets les yeux fermés. Mais sans Greg, c'était la fin du CAI. Les risques qu'il prenait là-bas, je comprenais, ça faisait partie du travail. Mais je ne pouvais plus supporter son laisser-aller. Il ne grimpait plus, il ne faisait plus d'exercice. Il ne dormait plus. Il avait un tel tour de taille qu'il ne ressemblait plus du tout à un alpiniste. Je comprenais qu'il se donne corps et âme à son boulot. Mais si c'était pour s'écrouler d'une crise cardiaque, à quoi bon ? »

À contrecœur, Mortenson accepta d'embaucher Christine Slaughter comme assistante, pour tenter de mettre un peu d'ordre dans son sous-sol où, lui-même était disposé à l'admettre, régnait une pagaille affligeante. Mais il restait préoccupé par la baisse des fonds du CAI, qui avaient plongé sous la barre des cent mille dollars. « Pour douze mille dollars, je pouvais construire une école et instruire des générations d'enfants au Pakistan, explique Mortenson. La plupart de nos collaborateurs pakistanais étaient ravis de travailler pour quatre ou cinq cents dollars par an. Je rechignais à payer quelqu'un aux États-Unis alors que la même somme d'argent produisait bien davantage là-bas. »

À l'époque, Mortenson touchait un salaire annuel de vingt-huit mille dollars, auquel s'ajoutait la petite paye de Tara, psychologue à mi-temps pour l'État du Montana. À eux deux, il bouclait tout juste les fins de mois. Mais vu l'état des finances du CAI, même si le conseil d'administration le lui avait proposé, Mortenson n'aurait jamais accepté davantage.

C'est ainsi que l'idée d'un riche donateur capable de régler tous leurs problèmes d'un coup de stylo salvateur s'insinua dans son esprit. Les riches distillent leur fortune au compte-gouttes. Cela, il l'avait appris à ses dépens avec le laborieux épisode des cinq cent quatre-vingts lettres. Mais

Jean Hoerni lui avait également apporté la preuve qu'une importante donation pouvait à elle seule vous sortir d'un mauvais pas. Aussi, lorsqu'il reçut un appel d'Atlanta lui faisant miroiter une généreuse contribution, réserva-t-il son billet d'avion sans hésiter.

« J'ai économisé toute ma vie, lui avait confié son interlocutrice au téléphone. Le montant de ma fortune se finit par au moins six zéros. Quand j'ai lu cet article sur vous, j'ai compris pourquoi j'avais mis cet argent de côté. Venez me voir à Atlanta, nous en discuterons. »

Lorsqu'il débarqua à l'aéroport international de Hartsfield, Mortenson découvrit sur son portable un message lui demandant de prendre une navette jusqu'à un hôtel et, de là, de gagner à pied le parking situé en lisière du parc. Vera Kurtz, soixante-dix-huit ans, l'y attendait au volant de sa vieille Ford Fairlane. Le coffre et la banquette arrière de la voiture étaient envahis de journaux et de boîtes de conserve, obligeant Mortenson à toutes sortes de contorsions pour pouvoir loger son sac entre ses jambes et le tableau de bord. « Elle m'avait fait courir jusqu'ici pour économiser les quelques dollars de parking de l'aéroport. J'aurais dû tourner les talons tout de suite et rentrer chez moi. Mais j'avais mordu à l'hameçon des six zéros, alors je suis monté. »

Tandis que Mortenson se cramponnait à son sac, Vera Kurtz prenait les rues à contresens et brandissait le poing à l'encontre de quiconque osait la klaxonner. Ils se garèrent enfin devant un pavillon de style ranch des années cinquante. À l'intérieur, des piles de magazines et de journaux, dont certains avaient plus de vingt ans, jalonnaient les pièces. Mortenson s'installa à la table de la cuisine, près d'un évier bouché au fond duquel croupissait une eau grisâtre. « Elle a ouvert deux mini-bouteilles de whisky, comme celles que l'on vous donne dans les avions et nous a servi un verre. Ensuite, elle m'a apporté un bouquet de roses fanées. »

La forme drapée

Au bout d'un laps de temps raisonnable, Mortenson tenta d'aiguiller la conversation sur la donation, mais la vieille dame n'était pas disposée à se laisser dicter son programme. D'ailleurs elle avait déjà concocté le menu des trois journées à venir : visite au musée des Beaux-arts, promenade au jardin botanique et trois séances de projection – une à la bibliothèque du quartier, l'autre dans un établissement scolaire, et enfin, la dernière dans un club de loisirs. Soixante-douze heures qui s'annonçaient particulièrement déprimantes… Il était en train de se demander s'il parviendrait à tenir le coup lorsque quelqu'un frappa à la porte. Pour couronner le tout, Vera avait loué les services d'un masseur.

– Vous travaillez trop dur, Greg, pérora-t-elle tandis que le nouveau venu installait sa table au beau milieu du salon. Il faut vous détendre.

« Ils s'attendaient tous deux à ce que je me déshabille devant eux séance tenante, se rappelle Mortenson, mais j'ai demandé où se trouvait la salle de bains pour pouvoir réfléchir en paix. Là, je me suis dit qu'après tout ce que j'avais déjà fait pour le CAI, je pouvais bien survivre au programme de Vera, surtout s'il y avait une grosse donation à la clé. »

Il se mit à fouiner les placards à la recherche d'une serviette susceptible de lui couvrir les hanches. Vera en avait tout un stock, trophées rapportés d'une multitude d'hôtels, mais toutes trop petites pour lui. Il finit tout de même par dégotter un drap de bain défraîchi, le noua fermement autour de sa taille et, la mort dans l'âme, rejoignit les deux autres.

À deux heures du matin, alors qu'il dormait comme un loir sur le matelas avachi de Vera, la vieille femme ayant insisté pour dormir au salon, les lumières s'allumèrent. Il émergea pour découvrir devant lui la forme spectrale de son hôtesse en déshabillé transparent. « Elle se tenait là, devant moi. J'étais tellement estomaqué que je n'ai rien pu dire. »

– Je cherche mes chaussettes, minauda-t-elle en fourrageant longuement dans un tiroir tandis que Mortenson enfouissait la tête sous son oreiller.

À bord de l'avion qui le ramenait à Bozeman, les poches tout aussi vides qu'à l'aller, il comprit que Vera n'avait jamais eu l'intention de lui donner le moindre sou. «Elle ne m'a posé aucune question sur mon travail, ni même sur les enfants au Pakistan. C'était juste une vieille femme seule qui avait besoin de compagnie. Je me suis dit que l'on ne m'y reprendrait plus. »

Mais il n'est pas toujours facile de résister aux sirènes des riches admirateurs.

À l'issue d'une conférence très réussie qu'il avait donnée au festival du film de montagne de Banff, Mortenson accepta l'invitation d'un certain Tom Lang, entrepreneur prospère de la région, qui lui fit miroiter une généreuse donation et proposa d'organiser une soirée de collecte de fonds dès le lendemain.

Lang avait lui-même conçu sa résidence de mille mètres carrés : depuis les murs en faux marbre de la salle de réception où l'on buvait ce mauvais vin que les plus riches s'évertuent à servir, jusqu'aux statues de caniche en plâtre blanc de quatre mètres de haut qui encadraient la monumentale cheminée.

L'entrepreneur présenta Mortenson avec la même fierté possessive qu'il affichait lorsqu'il faisait admirer ses accessoires de salle de bains ou ses ornements en plâtre. Et malgré la pile de bulletins du CAI que Mortenson avait pris soin de placer sur le buffet, à la fin de la soirée, pas un cent n'avait été récolté. Devenu méfiant, il décida de questionner son hôte pour lui soutirer quelques renseignements sur son engagement financier.

– Nous nous en occuperons demain, esquiva-t-il. Vous devez d'abord faire un tour en traîneau.

– En traîneau ?

– Vous ne pouvez tout de même pas venir au Canada sans faire de traîneau à chiens.

Le lendemain, après avoir parcouru les bois, seul, derrière un attelage de huskies, Mortenson passa une bonne partie de l'après-midi à écouter son interlocuteur se vanter de sa réussite professionnelle.

Jerene, qui était venue exprès du Wisconsin pour assister à la présentation de son fils, eut à peine l'occasion de le voir. Il va sans dire qu'il retourna à Bozeman les mains vides. «Cela me rendait malade de voir Greg faire toutes ces courbettes à ces gens riches, se souvient-elle. Alors que ce sont eux qui auraient dû s'incliner devant lui.»

Au printemps 2000, Tara Bishop, enceinte de sept mois, décida qu'il était temps de mettre un terme à cette agitation stérile, et convoqua son mari à une conférence au sommet, à la table de la cuisine.

«J'ai dit à Greg que j'étais heureuse qu'il mette autant de passion dans son travail, se souvient-elle, mais je lui ai rappelé qu'il avait aussi des devoirs envers sa famille. Il avait besoin de dormir, de faire de l'exercice, de passer du temps à la maison avec nous. Nous sommes tombés d'accord pour limiter la durée de ses séjours au Pakistan à deux mois, au lieu de trois ou quatre. Au-delà, ça devenait trop bizarre ici, sans lui.»

Mortenson promit également de mieux gérer son temps. Le conseil d'administration du CAI lui alloua une somme annuelle pour financer des cours de gestion, de développement ou de géopolitique. «Je n'avais jamais eu le temps de me former, explique-t-il. Je dépensais mon argent en bouquins. Les gens pensaient que je passais mon temps à traîner au sous-sol alors qu'en réalité, je lisais. J'attaquais la journée à trois heures trente du matin et je me plongeais dans les grandes théories du financement du développement ou les méthodes de gestion.»

Mais ce qu'il avait appris au Karakoram, c'était que toutes les solutions ne se trouvent pas forcément dans les livres et qu'il faut parfois aller constater les choses par soi-même sur le terrain.

C'est ainsi qu'il se rendit aux Philippines et au Bangladesh, qui mettaient en œuvre des programmes de développement rural mondialement reconnus.

Dans un premier temps, il visita l'Institut de reconstruction rurale (Institute of Rural Reconstruction) de Cavite, au sud de Manille, que dirigeait John Rigby, un ami de Lila Bishop. Celui-ci lui montra comment ils encourageaient les plus démunis, en zone rurale, à mettre sur pied de petits commerces, de type taxi bicyclette ou étal de cigarettes, capables de générer rapidement des bénéfices pour un investissement minimal. Il se rendit ensuite dans l'ancien Pakistan oriental, où se trouvait l'Association pour la reconstruction rurale du Bangladesh (BARRA, Bangladesh Rural Reconstruction Association). « Beaucoup de gens disent que le Bangladesh est à la traîne de l'Asie, dit Mortenson, à cause de son extrême pauvreté. Mais des initiatives très positives y sont menées en faveur de l'éducation des filles. J'ai frappé à de nombreuses portes d'ONG là-bas, établies depuis longtemps. J'ai assisté à des réunions de village auxquelles participaient des femmes extraordinaires, très attachées à l'autonomie de leurs filles.

« Nous partagions la même philosophie, celle que prône le prix Nobel Amartya Sen, selon laquelle on peut faire évoluer une culture en donnant aux filles les outils nécessaires pour s'instruire et progresser. Ce qui était formidable, c'était de voir ce concept mis en application, et les résultats très positifs qu'il avait générés en une seule génération. Ça m'a vraiment conforté dans mon action. »

Le vol qui le transporta de Dacca à Calcutta lui apporta une fois de plus la preuve que l'éducation des filles était primordiale. Seul étranger à bord de l'avion de la Birman

Airways, il fut invité par l'hôtesse à s'installer en première classe, où se trouvaient déjà une quinzaine de ravissantes jeunes Bangladaises en saris colorés. «Elles étaient jeunes et mortes de trouille, se rappelle-t-il. Elles ne savaient pas attacher leurs ceintures, ni comment tenir leurs couverts. Lorsque nous sommes arrivés à l'aéroport, des officiers du gouvernement sont venus les chercher et leur ont fait passer les douanes. Leur avenir, c'était la prostitution.»

Dans tous les kiosques de l'aéroport, à la une de tous les journaux, s'étalait la nouvelle du décès d'une femme qu'il admirait depuis son plus jeune âge : Mère Teresa. Mortenson avait quelques heures à tuer avant le vol suivant. Il se dit qu'il pourrait aller se recueillir sur la dépouille de la sainte femme. Il en était là de ses réflexions lorsqu'un chauffeur de taxi, qui s'était faufilé dans le hall d'entrée malgré l'interdiction, l'aborda :

– Haschisch? Héroïne? Masseuse? Masseur? Vous voulez quelque chose? N'importe quoi, c'est possible, pas de problème.

Mortenson éclata de rire devant cet accès de détermination, aussi douteux fût-il.

– Mère Teresa vient de mourir, dit-il. J'aimerais aller la voir. Pouvez-vous m'y amener?

– Pas de problème, fit l'homme en secouant la tête.

Le chauffeur se glissa au volant de son Ambassador jaune et noir et se mit à fumer comme un pompier. Le nez constamment dehors, il laissait le champ libre à son passager pour contempler les embouteillages apocalyptiques de Calcutta. Comme ils passaient devant le marché aux fleurs, Mortenson lui donna l'équivalent de dix dollars et lui demanda d'aller acheter une gerbe funéraire. «Je l'ai attendu pendant trente minutes en cuisant dans mon siège, et puis il est revenu les bras chargés d'une énorme composition, très tape-à-l'œil, tout en roses et en œillets, qu'on a eu bien du mal à loger sur le siège arrière.»

Le crépuscule tombait lorsqu'ils arrivèrent au siège des Missionnaires de la Charité, devant les grilles duquel se massait une foule de gens, bougies à la main, qui disposaient offrandes de fruits et d'encens sur le trottoir.

Le chauffeur de taxi descendit et cogna bruyamment contre la grille.

– Ce Sahib vient des États-Unis pour rendre hommage à Mère Teresa ! cria-t-il en bengali. Ouvrez !

Le vieux *tchokidar* qui gardait l'entrée se leva, disparut, puis revint accompagné d'une jeune religieuse en habit bleu. Elle toisa longuement le visiteur venu de loin, sa tenue poussiéreuse et sa profusion de fleurs, avant de lui faire signe d'entrer. Observant une distance prudente, elle le guida à travers un long couloir empli de l'écho de prières et lui indiqua la salle de bains.

– Peut-être pourriez-vous d'abord faire un brin de toilette ? proposa-t-elle avec une pointe d'accent slave.

Mère Teresa gisait sur un lit tout simple, au centre d'une pièce éclairée par d'innombrables cierges. D'un geste délicat, Mortenson posa son bouquet parmi ceux qui ornaient déjà la pièce, puis s'installa sur l'un des sièges alignés contre le mur. La sœur s'éclipsa à reculons, et le laissa seul avec Mère Teresa. «Je suis resté un moment dans mon coin sans vraiment savoir que faire, raconte-t-il. Je l'admirais depuis tout petit. »

Mère Teresa était la fille d'un riche entrepreneur albanais qui avait réussi en Macédoine. C'est là qu'Agnes Gonxha Bojaxhiu avait vu le jour. À douze ans, elle s'était sentie appelée auprès des pauvres. À l'adolescence, elle avait rejoint l'ordre irlandais des Sœurs de Notre-Dame de Lorette qui œuvrait pour l'éducation des filles. Elle avait enseigné durant vingt ans au lycée Sainte-Marie de Calcutta, dont elle avait finalement pris la direction. Mais en 1946, un nouvel appel divin l'avait incitée à se consacrer « aux plus pauvres des pauvres ». En 1948, munie d'une dispense exceptionnelle accordée par le pape Pie XII, elle avait fondé une école de plein air à Calcutta, pour les enfants des rues.

En 1950, celle que l'on appelait désormais Mère Teresa fut autorisée par le Vatican à fonder son ordre, qu'elle nomma les Missionnaires de la Charité, pour veiller sur ceux qui, disait-elle, avaient «faim, froid, les sans-logis, les infirmes, les aveugles, les lépreux, tous ceux qui se sentent rejetés, mal aimés, abandonnés par la société pour lesquels ils sont devenus un fardeau, et dont tout le monde se détourne».

Mortenson, lui-même sensible aux laissés-pour-compte, admirait la détermination avec laquelle cette femme s'était consacrée aux plus démunis. La première fois qu'il avait entendu parler d'elle, c'était en Tanzanie, à l'ouverture d'un hospice à Dar-es-Salaam. En 1979, année où elle avait reçu le prix Nobel de la paix, Mère Teresa et ses Missionnaires de la Charité avaient essaimé, construisant orphelinats, hospices et écoles à travers le monde.

Il n'ignorait pas les critiques, de plus en plus nombreuses, dont elle avait fait l'objet dans les années précédant son décès. On avait reproché à Mère Teresa d'accepter des dons de sources douteuses – trafiquants de drogue, crime organisé et hommes politiques corrompus cherchant à sauver leur âme. Après toutes les difficultés qu'il avait rencontrées pour financer son action au Pakistan, il croyait comprendre les raisons qui avaient poussé Mère Teresa à se défendre de cette réplique, devenue célèbre : «Je me moque d'où vient l'argent. Il est blanchi au service de Dieu.»

«Assis dans mon coin, je regardais cette forme drapée, se rappelle Mortenson. Elle semblait tellement menue. Je me souviens d'avoir songé combien il était extraordinaire qu'une personne aussi minuscule ait pu à ce point changer le monde.»

Tandis qu'il était ainsi plongé dans ses réflexions, des sœurs étaient entrées et s'étaient agenouillées pour toucher les pieds de Mère Teresa. On pouvait voir, à la décoloration du tissu, l'endroit où se posaient les mains. Mortenson, lui, préféra s'agenouiller auprès d'elle et enveloppa sa minuscule main dans la sienne.

Lorsque la religieuse qui l'avait accompagné réapparut, elle le trouva à genoux. Elle lui adressa un signe de tête qui semblait signifier «Vous êtes prêt?», et Mortenson la suivit dans le couloir, avant de resurgir dans la fournaise et la clameur de Calcutta. Son chauffeur l'attendait en fumant, assis sur les talons. Il bondit aussitôt sur ses pieds en voyant approcher son salaire de la journée.

– Réussi? Réussi? demanda-t-il en guidant l'Américain hébété à travers le dédale de rickshaws qui encombraient la rue. Et maintenant? poursuivit-il. Massages?

Au cours de l'hiver 2000, dans la quiétude de son sous-sol, le souvenir de ces instants précieux lui fut d'un grand secours. Mortenson admirait le dévouement de cette femme qui, contrairement à lui, n'avait jamais bénéficié d'intermèdes pour se reposer et se ressourcer avant de repartir au combat. Cet hiver-là, il se sentit lessivé. La blessure qu'il s'était faite à l'épaule, sur le mont Sill, le jour de la mort de sa sœur, se réveilla. Il essaya le yoga et l'acupuncture, mais rien n'y fit. Il lui arrivait d'avaler jusqu'à quinze ou vingt comprimés d'Advil par jour pour pouvoir se concentrer sur son travail.

Il avait également du mal à assumer son statut d'homme public, et cherchait à fuir les hordes de solliciteurs qui l'assiégeaient de coups de fil et d'e-mails. Des alpinistes le contactaient au sujet d'expéditions au Pakistan et s'étonnaient qu'il ne vole pas à leur secours. Des journalistes et des cinéastes le harcelaient pour l'accompagner et profiter des liens qu'il avait tissés au cours des sept dernières années, afin d'être les premiers à pénétrer dans ces régions difficiles d'accès. Glaciologues, sismologues, ethnologues et spécialistes de la faune sauvage lui adressaient de longues lettres, incompréhensibles au commun des mortels, exigeant de lui des réponses précises dans des domaines très spécialisés.

Tara lui conseilla de consulter un de ses confrères, que Mortenson se mit à voir régulièrement quand il était à Bozeman. Il avait besoin de comprendre les raisons qui le poussaient à se terrer, mais aussi de mettre au point des stratégies lui permettant d'affronter ceux qui lui réclamaient un temps qu'il n'avait pas.

Peu à peu, le sous-sol de la maison de sa belle-mère Lila devint l'un de ces refuges favoris. Il pouvait passer des heures plongé dans les livres accumulés par Barry Bishop du temps de son vivant, étudiant la migration des Baltis, feuilletant une édition rare de photos du K2 en noir et blanc prises par Vittorio Sella lors de l'expédition du duc des Abruzzes en 1909. Il n'émergeait de son antre qu'à l'heure du dîner.

Lila Bishop en était venue à partager l'avis de sa fille : « J'ai fini par admettre que Tara avait raison : Greg a un petit côté "merveilleux". » Et comme sa fille, elle en vint à comprendre qu'il vivait parfois sur une autre planète. « Je me souviens d'un soir, il neigeait, mais nous avions décidé de faire des saumons au barbecue, raconte-t-elle. Je lui ai demandé d'aller les retourner. Quelques minutes plus tard, j'ai jeté un œil par la porte du patio. Il était pieds nus dans la neige et, avec une grosse pelle, il retournait les saumons comme si c'était la chose la plus naturelle qui soit ! Je suppose que pour lui, ça l'était. Ce jour-là, je me suis dit qu'il a son propre univers, c'est tout… »

Cet hiver-là, Mortenson fut hanté par le drame qui déchirait le nord de l'Afghanistan. Plus de dix mille Afghans, principalement des femmes et des enfants, avaient fui vers le nord sous la pression des talibans et s'étaient retrouvés acculés à la frontière tadjike. Ils s'étaient réfugiés sur les îlots qui parsèment l'Amou Daria où ils avaient construit des cahutes de terre. Tenaillés par la faim, ils en étaient réduits à manger les herbes poussant sur les rives du fleuve.

Affaiblis, moribonds, ils offraient une cible facile aux roquettes des talibans. Quand ils essayaient de gagner la rive tadjike sur des troncs d'arbres, les troupes russes, déterminées à ne pas laisser déborder le chaos afghan, les abattaient.

« Depuis que je travaille au Pakistan, je ne dors pas beaucoup, confie Mortenson. Mais cet hiver-là, je n'ai presque pas fermé l'œil. J'étais debout toute la nuit, à arpenter le sous-sol, cherchant un moyen de leur venir en aide. » Il inonda de lettres les rédactions des journaux et représentants du Congrès, cherchant à provoquer une réaction.

« Mais personne ne s'intéressait à la question. La Maison Blanche, le Congrès, les Nations unies, tous sont restés muets. J'en suis venu à rêver de mettre la main sur un AK-47, de réunir une petite troupe avec Faisal Baig, et d'aller moi-même me battre pour défendre les réfugiés.

« Pour finir, rien. Je n'ai réussi à intéresser personne à la question. Tara vous le dira : j'étais impossible. Je ne pensais qu'à ces gamins frigorifiés, privés d'enfance, coincés entre deux armées, crevant de dysenterie ou de faim. En fait, je devenais un peu cinglé. Je me demande comment Tara a réussi à me supporter, cet hiver-là.

« En temps de guerre, les dirigeants, qu'ils soient chrétiens, juifs ou musulmans, ont tendance à dire : "Dieu est de notre côté". Mais c'est faux. En temps de guerre, Dieu est du côté des réfugiés, des veuves et des orphelins. »

Il fallut attendre le 24 juillet 2000 pour que Mortenson retrouve goût à la vie. Ce jour-là, à genoux dans la cuisine, il faisait délicatement couler un filet d'eau tiède sur le dos de sa femme. Mais Tara ne sentait rien : concentrée sur l'instant présent, elle s'apprêtait à mettre au monde leur deuxième enfant. Elle était immergée jusqu'à la taille dans l'énorme abreuvoir bleu ciel que Vicky Cain, la sage-femme, avait apporté et installé entre l'évier et la table.

C'est ainsi qu'un petit garçon nommé Khyber Bishop Mortenson vint au monde. Trois ans plus tôt, avant l'inauguration de l'école de Korphe, Mortenson s'était fait photographier à la passe de Khyber avec Tara, en tenue locale, Amira dans un bras et un AK-47 dans l'autre. Les Mortenson avaient utilisé le cliché pour leurs cartes de vœux, avec la légende : « Paix sur terre. »

Mortenson retrouva la sérénité peu après la venue au monde de Khyber dans son abreuvoir bleu. Pour la première fois depuis de longs mois, il se sentit vraiment heureux. Il lui suffisait de poser la main sur la tête de son fils pour se sentir comblé. Un jour, il amena Khyber à l'école pour qu'Amira puisse le présenter à ses petits camarades de maternelle.

Amira, déjà plus à l'aise en public que ne l'était son père, dévoila, ô miracle, les minuscules doigts et orteils de son petit frère.

– Il est vraiment petit et ridé, remarqua une petite blonde avec des couettes. Est-ce qu'il va devenir grand comme nous ?

– *Inch Allah*, répondit Mortenson.

– Ça veut dire quoi ?

– Je l'espère, ma belle, je l'espère.

CHAPITRE 19

UN VILLAGE
NOMMÉ NEW YORK

Le temps de l'arithmétique et de la poésie est révolu.
Aujourd'hui, mes frères, suivons l'enseignement
des kalachnikovs et des lance-roquettes.
Graffiti bombé sur un mur de la cour d'école de Korphe

– Qu'est-ce que c'est ? demanda Mortenson.

– Une madrasa, Greg Sahib, répondit Apo.

Mortenson demanda à Hussain de se garer afin qu'il puisse regarder de plus près le bâtiment flambant neuf. Il descendit de la jeep et s'étira contre le capot tandis que Hussain restait au volant, faisant négligemment tomber la cendre de sa cigarette entre ses pieds, sur la caisse en bois contenant la dynamite.

Hussain était un homme calme et méthodique ; il n'avait pas son pareil pour négocier les pistes défoncées du pays, et on aurait eu mauvaise grâce de se plaindre. Sur les milliers de kilomètres de pistes montagneuses qu'il affichait au compteur, il n'avait jamais eu le moindre accident. Ce n'était tout de même pas une raison pour partir en fumée, songea Mortenson, qui se promit de protéger la dynamite sous une bâche en plastique dès leur retour à Skardu.

Il se redressa en grimaçant et examina la bâtisse neuve qui dominait le versant ouest de la vallée de Shigar, à Gulapor. Cachée derrière un mur d'enceinte d'environ six mètres de haut, elle s'étendait sur un peu moins de deux cents mètres de long. Il se serait attendu à trouver ce genre de construction au Waziristan, mais pas à quelques heures de piste de Skardu.

– Tu es certain que ce n'est pas une caserne ? demanda-t-il.

– Oui, répondit Apo, c'est bien une madrasa wahhabite.

– Pourquoi est-elle aussi grande ?

– Une madrasa wahhabite, c'est un peu comme…

Apo s'interrompit pour chercher le mot exact en anglais puis, faute de mieux, se contenta d'imiter un bourdonnement.

– Une abeille ? proposa Mortenson.

– Oui ! Comme la maison des abeilles. Il y a beaucoup d'étudiants à l'intérieur.

Ils reprirent la route. Au bout de quatre-vingts kilomètres, son regard buta sur deux minarets blancs mis en valeur par le cadre champêtre, aux abords d'un modeste hameau appelé Yugo.

– Comment peuvent-ils s'offrir une aussi jolie mosquée ? demanda Mortenson.

– Ce sont encore les Wahhabites, expliqua Apo. Les cheiks viennent du Koweït et d'Arabie saoudite, les valises pleines de roupies, et ils ramènent chez eux les meilleurs élèves. Au bout de plusieurs années, ces garçons doivent rentrer au Pakistan et prendre quatre femmes.

Vingt minutes plus tard, ils croisèrent la copie conforme de la mosquée de Yugo qui dominait de toute sa masse les masures de Xurd.

– Les Wahhabites ? demanda Mortenson, en proie à une angoisse croissante.

– C'est ça, acquiesça Apo. Ils sont partout.

« Je savais depuis longtemps que le courant wahhabite saoudien implantait des mosquées le long de la frontière afghane, remarque Mortenson, mais ce printemps-là, en 2001, j'ai été frappé par l'intensification de leur présence, en plein Baltistan chiite. C'était la première fois que je prenais conscience de l'échelle à laquelle ils opéraient, et ça m'a fait peur. »

Le wahhabisme, religion officielle de l'Arabie saoudite, est une ramification conservatrice et fondamentaliste de l'islam sunnite. En Arabie saoudite, nombreux sont ceux qui rejettent le terme de « wahhabite », jugé offensant, et lui préfèrent celui de « al-Muwahhiddun » – qui peut se traduire par « les monothéistes ». Mais dans les pays défavorisés succombant au prosélytisme wahhabite, le terme est resté.

« Wahhab » dérive de *al-Wahhab*, ce qui signifie en arabe « généreux donateur », l'un des nombreux noms donnés à Allah. Or, c'est cette image de générosité qui a marqué les esprits au Pakistan, où l'argent a coulé à flots par l'entremise d'agents wahhabites ou, de manière plus diffuse, à travers le système de paiement du *hawala*[1]. Une bonne partie de cette manne pétrolière en provenance du Golfe est destinée aux foyers de propagation les plus virulents de l'extrémisme religieux : les madrasas wahhabites.

Il est impossible d'obtenir des données précises sur une entreprise aussi secrète, mais l'un des rares rapports publiés sur le sujet dans la presse saoudienne, par ailleurs soumise à forte censure, fait allusion à l'impact considérable de l'argent du pétrole, habilement investi, sur la scolarité des plus pauvres au Pakistan.

En décembre 2000, le journal *Ain-Al-Yaqeen* révélait que la fondation al-Haramain, l'une des quatre grandes organisations de propagande wahhabite, avait construit « mille cent mosquées, écoles et centres islamiques » au

---

1. Système de paiement pratiqué dans les pays arabes, basé sur une succession d'échanges.

Pakistan et dans d'autres pays musulmans, et avait rémunéré trois mille personnes à leur service au cours de l'année précédente.

La plus active d'entre elles, l'Organisation internationale de secours islamique (IIRO, International Islamic Relief Organization) – que la Commission d'enquête sur le onze-septembre accusera plus tard de soutenir directement al-Qaida et les talibans –, avait achevé la construction de trois mille huit cents mosquées, consacré quarante-cinq millions de dollars à l'« enseignement islamique » et employé six mille enseignants, dont beaucoup au Pakistan, durant la même période.

« En 2001, commente Mortenson, le CAI était présent dans tout le nord du Pakistan, de la Ligne de contrôle, à l'est, jusqu'à la frontière afghane, à l'ouest. Mais à côté des wahhabites, nos ressources étaient ridicules. À chaque fois que je me rendais quelque part pour suivre un projet, j'avais l'impression que dix nouvelles madrasas wahhabites avaient surgi dans le coin. »

Les dysfonctionnements du secteur éducatif pakistanais et la prolifération des établissements wahhabites étaient deux éléments d'une même problématique. Un infime pourcentage d'enfants des milieux aisés fréquentait les écoles privées réservées à l'élite, legs du système colonial britannique. Comme Mortenson avait pu le constater, de vastes pans du pays échappaient presque entièrement au contrôle d'une éducation nationale à court de finances. Les madrasas visaient ces élèves pauvres, victimes des défaillances du système public. En leur offrant le logis et le couvert, en s'installant dans des zones dépourvues d'écoles, les madrasas représentaient, pour des millions de parents pakistanais et leurs enfants, l'unique accès à l'éducation. « Je ne veux pas donner l'impression que tous les wahhabites ont de mauvaises intentions, précise Mortenson. Bon nombre de leurs écoles et de leurs mosquées mènent une action positive en faveur des pauvres, mais certains de ces lieux ont de toute évidence pour seul but de promouvoir un *djihad* militant. »

En 2001, selon une étude de la Banque mondiale, au moins vingt mille madrasas dispensaient à deux millions d'élèves pakistanais un programme fondé sur l'islam. Le journaliste Ahmed Rashid, de Lahore, sans doute l'un des plus éminents spécialistes de l'étude du lien entre l'enseignement des madrasas et la montée de l'islam extrémiste, estime que plus de quatre-vingt mille anciens élèves des madrasas ont rejoint les rangs des talibans. Toutes les madrasas ne sont pas des foyers extrémistes, mais la Banque mondiale conclut en indiquant que quinze à vingt pour cent des élèves de madrasas suivent un entraînement militaire, ainsi qu'un programme qui accorde davantage d'importance au *djihad* et à la haine de l'Occident qu'aux mathématiques, aux sciences et à la littérature.

Dans son livre *L'Ombre des talibans*, Rashid relate comment les choses se passent dans les madrasas wahhabites de Peshawar. Les élèves y étudiaient « le Coran, les paroles du prophète Mahomet et des rudiments de loi islamique que leur enseignaient des maîtres sachant à peine lire et écrire. Élèves et professeurs ne possédaient aucune notion de mathématiques, de sciences, d'histoire ou de géographie. » Ces élèves étaient, écrit-il, « sans racines ni point d'attache, sans travail, constituaient une classe de laissés-pour-compte qui n'avaient guère la possibilité d'exercer leur jugement. Ils admiraient la guerre parce que c'était la seule profession à laquelle ils pouvaient s'adapter. Leur foi simpliste en un islam messianique et puritain leur avait été enfoncée dans le crâne par de modestes mollahs de village ; elle était leur seul soutien, elle seule donnait sens à leur vie. »

« En construisant ces écoles, témoigne Ahmed Rashid, Mortenson offre à des milliers d'élèves ce dont ils ont le plus besoin : un enseignement équilibré, les moyens de s'extraire de la pauvreté. Mais il nous en faut beaucoup d'autres. Ses écoles ne sont qu'une goutte d'eau à l'échelle du problème pakistanais. Pour résumer la situation, la faillite de l'État envers ses élèves est considérable, et ceux-ci deviennent des proies aisées pour les extrémistes qui dirigent de nombreuses madrasas. »

Le plus célèbre de ces établissements, Darul Uloom Haqqania à Attock, près de Peshawar, qui accueille trois mille élèves, a été surnommé l'« Université du djihad » en raison du nombre de personnalités qu'elle a vues défiler, dont le chef suprême des talibans, l'énigmatique et borgne mollah Omar.

« Le simple fait de penser à la stratégie des wahhabites me donnait le vertige, dit Mortenson. Ce n'était pas simplement l'affaire de quelques cheiks saoudiens débarquant les poches pleines d'argent. Ils ramenaient les meilleurs éléments des madrasas au Koweït et en Arabie saoudite, les endoctrinaient pendant dix ans, puis les renvoyaient chez eux en les encourageant à prendre quatre épouses et à se reproduire comme des lapins.

« Apo, en les comparant à des ruches, avait vu juste. Ils produisent à la chaîne des générations d'élèves conditionnés et se projettent vingt, quarante, voire soixante ans dans le futur, quand ils auront constitué des armées d'extrémistes capables de déferler sur le Pakistan et le reste du monde musulman. »

Début septembre 2001, une mosquée wahhabite et une enceinte de madrasa avaient surgi en plein centre de Skardu. Son austère minaret rouge évoquait aux yeux de Mortenson un point d'exclamation, en écho à son malaise croissant.

Le 9 septembre, Mortenson, installé sur la banquette arrière du Land Cruiser, était en route pour la vallée de Charpursan, située à l'extrême nord du Pakistan. George McCown occupait le siège passager à l'avant. Il était subjugué par la vallée de la Hunza. «Nous étions arrivés de Chine par la passe de Khundjerab, dit-il. C'est l'un des plus beaux voyages que j'aie faits. Nous avons croisé des troupeaux de chameaux sauvages au milieu de vastes étendues totalement inhabitées, avant de pénétrer dans le fabuleux décor des montagnes pakistanaises. »

Ils se rendaient à Zuudkhan, berceau de Faisal Baig, le fidèle garde du corps de l'Américain, pour y inaugurer trois projets que le CAI venait d'achever : un projet d'alimentation en eau, une petite usine hydroélectrique et un dispensaire. La contribution de McCown se montant à huit mille dollars, il venait constater sur le terrain ce qu'avait produit son argent. Une deuxième jeep composait le convoi, à bord de laquelle se trouvait Dan, le fils de McCown, et Susan, sa belle-fille.

La petite troupe passa la nuit à Sost, ancien caravansérail reconverti pour accueillir les nombreux routiers qui font la liaison avec la Chine. Mortenson profita de l'étape pour étrenner le téléphone satellite qu'il avait acheté en prévision du voyage, et appela son ami le brigadier général Bashir à Islamabad afin de s'assurer qu'un hélicoptère viendrait les chercher à Zuudkhan deux jours plus tard, comme convenu.

Bien des choses avaient changé au cours de l'année écoulée. Mortenson portait désormais une veste de reporter pardessus sa kamiz, avec toute une panoplie de poches capables d'accueillir l'encombrante paperasse qu'il récoltait au fil de ses déplacements. Il y avait une poche pour les dollars attendant d'être changés, une pour les roupies destinées aux transactions quotidiennes, une pour les nouvelles demandes de projets, une autre pour les reçus liés aux réalisations en cours, qu'il transmettrait ensuite à son comptable américain… Deux appareils photo, un argentique et un numérique, logeaient dans les plus grandes poches. Il conservait ainsi une preuve de son travail, qui lui servait à convaincre les donateurs qu'il courtisait dès son retour chez lui.

Le Pakistan avait changé, lui aussi. La déroute infligée aux forces pakistanaises durant le conflit de Kargil avait blessé la fierté nationale et provoqué la chute du Premier ministre élu démocratiquement, Nawaz Sharif. Le général Pervez Musharraf lui avait succédé à l'issue d'un coup d'État militaire perpétré sans qu'aucune goutte de sang ne soit versée. Le Pakistan était désormais soumis à la loi martiale, et Musharraf avait promis de refouler les forces islamiques extrémistes qu'il accusait d'être responsables du récent déclin du pays.

Sans avoir encore bien saisi les motivations profondes de Musharraf, Mortenson lui était reconnaissant du soutien apporté au CAI. « Musharraf s'est fait respecter parce qu'il s'est immédiatement attaqué à la corruption, explique-t-il. Pour la première fois depuis que je venais dans ce pays, je croisais, dans des villages de montagne, des inspecteurs de l'armée venus vérifier l'existence des écoles et cliniques financées par le gouvernement. Et, chose inédite, les villageois de la vallée de la Braldu m'ont rapporté qu'ils avaient reçu des miettes de financement d'Islamabad. Pour moi, c'était plus concret que la négligence et la rhétorique creuse dont les gouvernements de Sharif et Bhutto avaient usé. »

Les projets du CAI se multipliaient dans toute la région du Nord. Des pilotes de l'armée, sensibles à l'action de cet Américain obstiné, lui proposaient régulièrement de le transporter depuis Skardu, l'amenant en quelques heures là où il lui aurait fallu plusieurs jours en Land Cruiser.

C'était le cas de Bashir Baz, brigadier général et confident de Musharraf, précurseur du ravitaillement (en vivres et en hommes) par hélitreuillage sur le glacier de Siachen, qui avait pris sa retraite après les affrontements avec l'Inde. Il dirigeait désormais Askari Aviation, une compagnie d'affrètement privée subventionnée par l'armée. Lorsqu'il en avait le temps et qu'une place se libérait à bord d'un appareil, il proposait de transporter Mortenson dans les endroits les plus difficiles d'accès. «J'ai rencontré bien des gens, dans ma vie, témoigne-t-il, mais Greg Mortenson est unique. Avec tout ce qu'il fait pour les enfants de mon pays, le transporter de temps en temps, c'était bien la moindre des choses.»

Mortenson composa le numéro du militaire à la retraite et orienta l'antenne de son téléphone vers le sud. La voix courtoise de Bashir retentit bientôt à l'autre bout de la ligne, encombrée de parasites. Il venait de recevoir une nouvelle choquante d'Afghanistan : Massoud était mort. Selon un rapport non confirmé des services secrets pakistanais, des hommes d'al-Qaida déguisés en journalistes l'avaient assassiné. «Si cette information est vraie, songea Mortenson, l'Afghanistan va exploser.»

L'information se révéla exacte. Massoud, chef charismatique de l'Alliance du Nord, cette bande d'anciens moudjahidin déguenillés qui avaient su tenir tête aux talibans dans l'extrême nord afghan, avait été tué le 9 septembre par deux recrues algériennes d'al-Qaida. Ces derniers s'étaient fait passer pour des cinéastes belges d'origine marocaine, et avaient prétexté le tournage d'un documentaire. Une enquête des services secrets français révélerait par la suite qu'ils avaient subtilisé une caméra vidéo, au cours de l'hiver précédent, au journaliste Jean-Pierre Vincendet, lors du tournage à Grenoble d'un film sur les vitrines de Noël des grands magasins.

Les kamikazes avaient bourré la caméra d'explosifs et l'avaient programmée pour qu'elle explose durant leur entretien avec Massoud, qui s'était déroulé à la base de Khvajeh Ba Odin, à une heure d'hélicoptère de Sost. Massoud était mort quinze minutes plus tard, à bord du Land

Cruiser qui le conduisait à l'hélicoptère prêt à décoller pour l'hôpital de Dushanbe, au Tadjikistan. Mais ses hommes avaient étouffé la nouvelle le plus longtemps possible, craignant que son décès ne déclenche une nouvelle offensive des talibans contre la dernière enclave libre du pays.

Ahmed Shah Massoud avait été surnommé le Lion du Panjshir en raison de la hargne avec laquelle il avait combattu les Soviétiques, pourtant dotés d'une force militaire supérieure. Par neuf fois, devenu maître dans l'art de la guérilla, il les avait repoussés hors de sa vallée natale du Panjshir. Adulé par ses partisans, méprisé par ceux qui avaient connu le violent siège de Kaboul, c'était une sorte de Che Guevara afghan, quoique, avec son bonnet de laine marron, sa barbe broussailleuse et la fatigue qui creusait son beau visage, il évoquât davantage Bob Marley.

Pour Oussama Ben Laden, comme pour ses dix-neuf envoyés de l'apocalypse, en majorité saoudiens, qui s'apprêtaient à embarquer à bord de vols intérieurs américains, la mort de Massoud signifiait que l'unique homme capable de rallier les seigneurs de la guerre derrière les troupes américaines était tombé – comme les deux tours, bientôt, à l'autre bout du monde.

Le lendemain matin, le 10 septembre, le convoi de Mortenson s'ébranla en direction de la vallée de Charpursan. Côté afghan, l'air cristallin des hauteurs rehaussait d'un éclat particulier les nuances rousses de la chaîne de l'Hindou Kouch. Les jeeps, poussées à vingt kilomètres à l'heure, tentaient de dompter la piste défoncée qui sinuait entre les glaciers déchiquetés.

Zuudkhan, dernière localité pakistanaise avant la frontière, apparut au bout de la vallée. Les maisons de terre brun-gris se fondaient si bien dans la poussière de la vallée qu'ils ne les virent qu'au dernier moment. Faisal Baig se tenait fièrement campé parmi les siens, sur le terrain de polo, pour accueillir ses invités. Ici chez lui, il portait la robe traditionnelle *wakhi*, un gilet brun de laine grossière, des bottes de cavalier qui lui montaient aux genoux et, sur la tête, un *skiihd* bouffant de laine blanche. Dominant de toute sa hauteur la foule assemblée en l'honneur de ses hôtes, il se tenait droit comme un I, les yeux cachés derrière des lunettes d'aviateur que McCown lui avait offertes. Ce dernier avait beau être costaud, Baig le souleva comme un fétu de paille pour le serrer dans ses bras. « Faisal est une perle rare, raconte McCown. Nous avions gardé le contact depuis notre séjour au K2. C'était lui qui m'avait permis de redescendre du Baltoro malgré mon genou boiteux. Il avait aussi sauvé la vie de ma fille Amy, malade, qu'il avait portée sur pratiquement toute la descente. Il était si fier de nous montrer son village ! Il nous avait réservé un accueil de rois. »

Un groupe de musiciens jouant cors et tambours leur emboîta le pas tandis qu'ils remontaient le long ruban tortueux formé par les trois cents villageois. Mortenson avait déjà effectué une bonne dizaine de visites à Zuudkhan, y avait bu d'innombrables tasses de thé, et faisait pour ainsi dire partie de la famille. Les hommes du village le serraient dans leurs bras. Les femmes, vêtues de *shalvar kamiz* et de châles aux couleurs éclatantes, exécutaient le *dast ba* : elles posaient tendrement leurs paumes sur ses joues, puis embrassaient le dos de leurs mains.

Ouvrant la marche, Baig mena ses invités jusqu'aux nouveaux conduits qui alimentaient le village en eau, captée plus haut dans le torrent. Puis, d'un geste cérémonieux, il enclencha le petit générateur hydraulique qui avait désormais le pouvoir de rompre l'obscurité, quelques heures chaque soir, dans la petite dizaine de foyers récemment raccordés.

Mortenson fit ensuite une longue halte au dispensaire. Aziza Hussein, sa jeune directrice de vingt-huit ans, venait tout juste d'achever une formation de six mois à la clinique de Gulmit, un peu plus bas dans la vallée. Radieuse, elle exhibait les fournitures médicales stockées dans l'annexe de son logement, construite grâce aux fonds du CAI. Son bébé sur les genoux, sa fille suspendue à son cou, elle montra avec fierté les boîtes d'antibiotiques, sirops antitussifs et sels de réhydratation à son visiteur.

Le plus proche établissement médical se trouvant à deux jours d'une piste souvent rendue impraticable par les éléments, une maladie pouvait rapidement tourner au drame. Au cours de l'année précédente, trois femmes étaient mortes de suites de couches. « Beaucoup de gens mouraient de diarrhée. Après ma formation, nous avons constitué un stock de médicaments, et cela a fait évoluer les choses, raconte Aziza Hussein. En cinq ans, grâce à l'amélioration de la qualité de l'eau, les conseils en matière d'hygiène pour les enfants comme pour la nourriture, on ne déplorait plus aucun décès lié à ces causes. Ce que je voudrais, c'est accroître encore mes compétences et transmettre mon savoir à d'autres villageoises. Depuis que nous avons obtenu ces résultats, plus personne ne s'oppose à l'instruction des femmes. »

« Entre les mains de Mortenson, renchérit McCown, notre argent fait des miracles. Dans le milieu où je travaille, des sociétés dépensent parfois des millions pour tenter de résoudre des problèmes, sans le moindre effet. Lui, il lui suffit d'acheter une vieille bagnole pour transformer la vie de tous ces gens. »

Le lendemain, le 11 septembre 2001, tout le village s'était rassemblé au pied de l'estrade érigée en bordure du terrain de polo. Les invités prirent place sous une banderole souhaitant la « bienvenue aux honorables hôtes » tandis que les *puhp*, des anciens portant bacchantes et longues robes en laine blanche brodée de fleurs roses, exécutaient la danse de bienvenue des Wakhis. Le visage fendu d'un large sourire, Mortenson se leva et se joignit à eux, révélant une grâce surprenante en dépit de sa masse, et soulevant l'enthousiasme des villageois.

Sous l'impulsion progressiste de Faisal Baig et des huit autres anciens composant le *tanzeem* (le conseil munici-pal), Zuudkhan possédait une école depuis dix ans déjà. Cet après-midi-là, les meilleurs élèves du village firent la démonstration de leur aisance en anglais, ajoutant leur voix au long chapelet des discours qui accompagnaient toute inauguration : « Merci d'accorder votre temps précieux à notre lointaine région du nord Pakistan », murmura timi-dement l'un d'entre eux dans un micro relié à une batte-rie de tracteur.

L'adolescent qui lui succéda attrapa le micro avec l'aplomb d'une star de la scène : « Avant, Zuudkhan était isolé et coupé de tout. Nous étions seuls. Mais le Docteur Greg et Monsieur George ont décidé d'améliorer la vie du village. Pour tout le bien qu'ils apportent aux pauvres gens que nous sommes, nous aimerions leur dire merci. Nous leur sommes très, très reconnaissants. »

Les festivités se conclurent par un match de polo, de toute évidence organisé pour distraire les visiteurs. Des che-vaux de montagne avaient été recrutés dans huit villages de la vallée. Le polo pratiqué par les Wakhis est à l'image de leur vie : âpre. Galopant d'un bout à l'autre du terrain, des cavaliers montés à cru se disputaient un crâne de chè-vre, brandissant leur maillet et se fonçant dessus sans la moindre pitié pour leurs montures, sous les clameurs des villageois. Quand le dernier rayon de soleil disparut en Afghanistan, les joueurs mirent pied à terre et la foule se dispersa.

Faisal Baig les invita dans sa maison aux allures de bun-ker et leur offrit, en témoignage de son ouverture d'esprit, une bouteille de vodka chinoise que McCown et Morten-son laissèrent intacte. Le soir, à la veillée avec les anciens, la conversation roula sur le meurtre de Massoud et ses

conséquences pour la vallée. Si, à une trentaine de kilomètres de là, de l'autre côté de la passe d'Irshad, le reste de
l'Afghanistan tombait entre les mains des talibans, la vie
des habitants de Chapursan serait transformée : la frontière serait fermée, les voies commerciales traditionnelles seraient coupées et ils seraient séparés du reste de leur
tribu qui nomadisait au gré des cols et vallées d'altitude
des deux pays.

Un jour d'automne, l'année précédente, Mortenson avait
eu la démonstration de cette proximité. Alors qu'il se trouvait dans un pré, avec Baig, sur les hauteurs dominant
Zuudkhan, il avait vu un nuage de poussière approcher
depuis la passe d'Irshad. Les cavaliers avaient repéré
l'Américain et lui fonçaient droit dessus, telle une horde de
brigands. Ils devaient y en avoir une bonne douzaine, bot-
tés jusqu'à mi-cuisse, galopant à bride abattue, la barbe en
bataille et le torse bardé de cartouchières.

« Ils ont sauté à terre et sont venus droit sur moi,
raconte-t-il. Jamais je n'avais vu pareilles dégaines. De vrais
sauvages. Le souvenir de mon emprisonnement au Waziristan m'est aussitôt revenu à l'esprit. Oh, oh ! me suis-je
dit, c'est reparti pour un tour. »

Leur chef portait un fusil de chasse en bandoulière. Il
s'approcha à grandes enjambées, la mine sombre. Baig,
toujours prêt à se sacrifier, avança pour s'interposer. Mais,
contre toute attente, les deux hommes tombèrent dans les
bras l'un de l'autre et se mirent à parler avec effusion.

– C'est mon ami, expliqua Baig. Il vous cherche depuis
longtemps.

Ces Kirghiz, des nomades du Wakhan, occupent une
étroite bande de terre au nord-est de l'Afghanistan, posée
tel un bras fraternel sur la vallée de Charpursan. Naufra-
gés de ce détroit entre Pakistan et Tadjikistan, coincés par
les talibans, ils ne recevaient aucune aide de l'étranger ni

du gouvernement. Ils avaient chevauché pendant six jours pour venir voir Mortenson, après que la nouvelle de sa visite leur fut parvenue.

Le chef du village s'approcha de l'étranger, et parla.

– Pour moi, traduisit aussitôt Baig, la vie dure, pas de problème. Mais pas pour les enfants. Nous n'avons pas assez à manger, pas assez pour nous abriter, pas d'école. Nous savons que le Dr Greg construit des écoles au Pakistan, alors pouvez-vous venir chez nous ? Nous vous donnerons la terre, les pierres, les hommes, tout ce qu'il faut. Venez maintenant passer l'hiver chez nous, on parlera bien et on construira une école.

Le souvenir des dix mille réfugiés de l'Amou Daria pour lesquels il n'avait rien pu faire assaillit Mortenson. Même si l'Afghanistan en guerre ne se prêtait guère au lancement d'un nouveau projet de développement, il se promit de leur venir en aide d'une façon ou d'une autre. Avec force circonvolutions, par l'entremise de Baig, il expliqua que sa femme l'attendait à la maison et que tous les projets du CAI devaient être validés par le conseil d'administration. Puis, la main posée sur l'épaule de l'homme, serrant son gilet de laine crasseux, il ajouta :

– Dis-lui que je dois rentrer chez moi, qu'il m'est très difficile de travailler en Afghanistan. Mais je promets de lui rendre visite, à lui et sa famille, dès que je le pourrai et nous verrons s'il est possible de construire une école.

Le Kirghiz écouta Baig attentivement, le front plissé par la concentration. Puis son visage buriné s'illumina d'un sourire radieux. À son tour, il posa la main sur l'épaule de Mortenson pour sceller la promesse, puis repartit porter la nouvelle à son seigneur de la guerre, Abdul Rashid Khan.

Mortenson se remémorait l'épisode, confortablement étendu sur le *tcharpaï* que Faisal Baig avait construit en son honneur, lui et les siens se contentant du sol. Dan et

Susan dormaient profondément et McCown ronflait dans son lit, près de la fenêtre. Somnolant à moitié, bercé par la conversation des anciens, Mortenson ressassait la promesse faite aux cavaliers kirghiz en se demandant si le meurtre de Massoud allait changer la donne.

Puis, bien après minuit, Baig souffla sur les flammes des lanternes en déclarant qu'à cette heure-ci, face aux méandres de la vie, il ne restait plus qu'à invoquer la protection d'Allah le miséricordieux, et dormir.

Dans la pénombre, le murmure de Baig accompagna les derniers instants de cette longue journée. Il priait à voix basse, pour ne pas déranger ses invités, suppliant Allah de leur apporter la paix.

À quatre heures trente du matin, quelqu'un le réveilla en le secouant par l'épaule. C'était Faisal Baig, qui tenait une petite radio de marque russe collée à l'oreille. Dans le halo vert du voyant, Mortenson distingua une expression qu'il n'avait encore jamais vue sur le beau visage de son garde du corps : la peur.

– Docteur Sahib! dit-il. Docteur Sahib! Gros problème, levez-vous! Levez-vous!

Mû par un vieux réflexe qui datait de son passage à l'armée, Mortenson bondit sur ses pieds malgré ses deux petites heures de sommeil.

– *Salam alaykoum*, Faisal, fit-il en se frottant les yeux. *Baaf ateya*, comment vas-tu?

Baig, d'ordinaire si courtois, mit un moment avant de desserrer les dents.

– *Uzum mofsar*, finit-il par répondre. Je suis désolé.

– Pourquoi? demanda Mortenson, tandis que son regard embrumé se posait sur le AK-47 que Baig tenait à la main.

– Un village nommé New York vient d'être bombardé.

Mortenson s'enveloppa d'une couverture en poil de yak

et enfila ses sandales glacées, puis sortit. Sur le pourtour de la maison, dans le froid vif qui précède les premières lueurs du jour, Baig avait posté ses gardes. Son frère Alam Jan, un porteur blond aux yeux bleus, couvrait l'unique fenêtre de la maison de sa kalachnikov. Haidar, le mollah du village, scrutait l'obscurité en direction de l'Afghanistan. Enfin, Sarfraz, un grand échalas qui avait servi dans les commandos pakistanais, surveillait la route tout en triturant le bouton de son poste de radio.

Il avait intercepté un reportage sur une station chinoise, en ouïgour, l'une des six langues qu'il pratiquait : deux grandes tours venaient de s'effondrer. Il ne savait pas ce que cela signifiait, mais il savait qu'il y avait eu de nombreuses victimes parmi les Américains. Il avait beau fouiller les ondes pour tenter d'obtenir plus d'informations, tout ce qu'il captait, c'était une mélopée ouïgour que diffusait la station de Kashgar, de l'autre côté de la frontière.

Mortenson demanda qu'on lui apporte son téléphone satellite. Sarfraz, grand adepte des technologies, l'avait emporté chez lui pour en étudier le fonctionnement, et sauta aussitôt en selle pour le récupérer.

Faisal Baig, lui, en savait suffisamment long. Son AK-47 à la main, le poing posé sur la hanche, il contemplait le halo rouge sang qui naissait derrière les pics afghans. Pendant des années, il l'avait vu venir, il avait vu les nuages s'amonceler. Ce que les services secrets américains mettraient des mois (et des millions de dollars) à démêler, cet homme illettré, dans un village perdu du bout du monde, sans Internet ni téléphone, l'avait compris instinctivement.

« Le problème de ce village, de New York, vient de là-bas. De ce *shaïtane* d'al-Qaida : Oussama », fit-il en crachant du côté de l'Afghanistan.

L'énorme M-17 russe se posa à huit heures précises, comme l'avait promis le brigadier général Bashir. Son meilleur homme, le colonel Ilyas Mirza, sauta à terre sans attendre que le rotor se soit immobilisé et les salua :

– Docteur Greg, Monsieur George, Sir, à vos ordres !

Des commandos jaillis du ventre de l'hélico formèrent un cercle autour d'eux.

Ilyas remplissait tous les critères du héros hollywoodien : grand, énergique, les traits réguliers et les tempes poivre et sel. Il avait gardé sa vivacité de jeune soldat, lui qui avait été l'un des meilleurs pilotes de combat du pays. Mais Ilyas était aussi wazir. Originaire de Bannu, ville que Mortenson avait traversée juste avant d'être enlevé, il n'ignorait pas les mauvais traitements subis par l'Américain aux mains de sa tribu et était déterminé à ce que ce genre d'épisode ne se reproduise pas.

Faisal Baig leva les mains au ciel et entama une *doua*, pour remercier Allah d'avoir envoyé l'armée au secours de ses invités. Puis, sans prendre la moindre affaire ni même connaître leur destination, il grimpa à bord de l'hélicoptère. Ainsi, le cordon de sécurité ne serait pas rompu.

Ils parvinrent à joindre Tara et Karen McCown sur le téléphone satellite, limitant la durée des appels au strict nécessaire pour éviter de tomber en panne de batterie. Tout en contemplant l'interminable frise de pics qui défilaient à travers le hublot, Mortenson tentait tant bien que mal d'orienter son antenne au sud, en direction des satellites qui lui renvoyaient la voix de sa femme. Tara fut tellement soulagée de l'entendre qu'elle fondit en larmes, lui criant combien elle l'aimait sans se soucier des parasites ni du décalage.

– Je sais que tu es avec ta deuxième famille, qu'ils veilleront sur toi. Fais ce que tu as à faire et reviens-moi, mon amour !

McCown avait jadis servi dans l'aviation américaine ; sous le commandement des forces aériennes stratégiques de l'US Air Force, il avait ravitaillé en vol des B-52 équipés de missiles à tête nucléaire. Il portait un regard lucide sur le sort qui attendait l'Afghanistan : « Je connais personnellement Rumsfeld, Rice et Powell, et je savais qu'on allait à la guerre. Si al-Qaida se cachait derrière tout ça, il ne faisait aucun doute que l'Afghanistan, en tout cas ce qu'il en restait, allait s'en prendre plein la figure d'une minute à l'autre.

« Si les choses se passaient comme je l'imaginais, je ne savais pas de quel côté Musharraf allait pencher. Même en admettant qu'il se range du côté des États-Unis, je ne savais pas si l'armée, qui avait soutenu les talibans, le suivrait. J'étais conscient que nous pouvions être pris en otage et j'étais pressé de sortir de ce guet-apens. »

Le copilote, à cours de casques radio, offrit une protection antibruit à Mortenson. Ce dernier, le nez collé au hublot, était tout à la contemplation des paysages sublimés par le silence. Les lopins en terrasse, accrochés aux versants de la vallée de la Hunza, coloraient les flancs de la montagne d'un patchwork de verts.

Vus d'en haut, les problèmes du Pakistan paraissaient si simples ! Là on voyait les glaciers bleus de Rakaposhi se désagréger au soleil, ici c'étaient des ruisseaux formés par la fonte des neiges. Les villages se trouvaient en contrebas. En plissant les yeux, on pouvait suivre le réseau des canaux d'irrigation alimentant les cultures. Vu du ciel, il suffisait de tracer des traits, de la source au village, pour faire jaillir vie et prospérité.

De là, on ne voyait pas l'obstination que des mollahs de village opposaient à l'instruction des filles, pas plus que le labyrinthe des politiques locales dans lequel s'empêtrait le développement d'un centre de formation pour femmes ou la construction d'une école. On ne pouvait pas même distinguer les foyers d'incubation de cet extrémisme, qui, sous couvert d'éducation, se répandait insidieusement à travers les vallées, soigneusement dissimulés derrière leurs murs forteresses.

Le MI-17 se posa à Shangri-La, luxueux centre de pêche touristique fréquenté par les généraux de l'armée, à une heure à l'ouest de Skardu. Là, reclus dans la maison du propriétaire, McCown resta prostré tout l'après-midi et toute la soirée devant l'écran neigeux, à regarder les fuselages gris percuter les tours de Manhattan.

Des étudiants de la madrasa Jamia Darul Uloom Haqqania de Peshawar, dont le nom signifie «Université de tous les savoirs vertueux», se vantèrent auprès de journalistes du *New York Times* d'avoir fêté la nouvelle en défilant sur le campus, un doigt planté dans la paume de la main pour mimer ce qui, comme on le leur avait appris, traduisait la volonté d'Allah : l'impact de vertueux avions dans les tours d'affaires des infidèles.

Pour Mortenson, l'urgence de sa mission éducative se faisait plus cruelle que jamais.

McCown, lui, avait hâte de quitter le Pakistan, par n'importe quel moyen. Il épuisa la batterie du téléphone en tentant de joindre des associés susceptibles de venir le chercher à la frontière indienne, puis d'organiser leur départ par la Chine. Mais les postes frontières étaient verrouillés, et plus aucun vol international ne décollait.

– Vous êtes ici dans l'endroit le plus sûr du monde, le rassura Mortenson. Ces gens sont prêts à donner leur vie pour vous protéger. Puisqu'on ne peut aller nulle part, pourquoi ne pas suivre notre programme initial en attendant de trouver une solution ?

Le lendemain, le général Bashir leur proposa de faire une promenade en MI-17 dans les environs du K2, tandis qu'il cherchait de son côté le moyen de rapatrier McCown et sa famille. En chemin, Mortenson aperçut l'école de Korphe qui dessinait un petit croissant jaune au milieu des champs émeraude. Il avait pour habitude, avant ses départs, de rendre visite à Haji Ali pour prendre le thé avec lui – et se promit de le faire dès que ses invités seraient à l'abri.

Vendredi 14 septembre, Mortenson et McCown se rendirent à Kuardu, à une heure de route de Skardu, pour l'inauguration de l'école qui déplaça une foule considérable. La nouvelle de la tragédie survenue à l'autre bout de la planète s'était répandue à travers tout le Baltistan. Pour Mortenson c'était un peu comme si «tous les responsables politiques, policiers, militaires et religieux du nord du Pakistan avaient souhaité participer à l'inauguration de l'école».

Cela faisait déjà plusieurs années que l'établissement avait ouvert ses portes, mais Changazi avait repoussé son inauguration officielle, attendant de pouvoir organiser l'événement en grande pompe.

La foule qui se pressait dans la cour de l'école en mâchonnant des amandes d'abricot était si dense qu'on voyait à peine le bâtiment. Mais les gens n'étaient pas venus pour l'école. Syed Abbas en personne devait faire un discours, et avec la crise qui secouait le monde musulman, les Baltis attendaient avec impatience l'intervention de leur chef religieux suprême.

– *Bismillah ir-Rahman ir-Rahim*, commença-t-il. Au nom d'Allah Tout-puissant, Bienveillant et Miséricordieux, *Salam alaykoum*, que la paix soit avec vous.

Il y avait tellement de monde que l'on ne voyait plus l'estrade et Syed Abbas, vêtu de sa robe et de son turban noir, semblait flotter au-dessus d'un océan de têtes.

– Le hasard a voulu qu'Allah tout puissant nous rassemble ici en ce jour, poursuivit-il, jour qui restera à jamais gravé dans vos mémoires d'enfants. Vous en ferez le récit à vos propres enfants, ainsi qu'à vos petits-enfants. Aujourd'hui, déchirant l'obscurité de l'illettrisme, la lumière de l'éducation brille de tout son éclat.

« Nous partageons le chagrin de ceux qui pleurent et souffrent aux États-Unis, alors même que nous inaugurons cette école. Ceux qui ont commis un acte aussi ignoble envers des innocents, des femmes et des enfants, un acte qui engendre des milliers de veuves et d'orphelins, ceux-là n'ont pas agi au nom de l'islam. Par la grâce d'Allah tout puissant, qu'ils soient jugés en conséquence.

« Pour cette tragédie, je demande humblement pardon à Monsieur George et au Docteur Greg Sahib. À vous tous, je demande de les protéger et de les accueillir parmi nous comme des frères. Qu'il ne leur advienne aucun mal. Donnez tout ce que vous possédez pour le succès de leur entreprise.

« Ces deux chrétiens ont traversé la moitié du globe pour apporter à nos enfants musulmans la lumière de l'éducation. Pourquoi n'y sommes-nous pas parvenus nous-mêmes ? Pères, parents, je vous implore de veiller par tous les moyens, et de tout votre cœur, à ce que vos enfants soient instruits. Sinon, ils finiront par paître dans les champs comme de simples moutons soumis aux aléas de la nature et du monde qui change de façon si terrifiante autour de nous. »

Syed Abbas fit une pause pour réfléchir à la suite de son discours et, chose incroyable, même les plus petits, malgré la foule compacte, observèrent le silence le plus absolu.

– Je demande aux États-Unis, poursuivit Abbas d'une voix où sourdait l'émotion, de regarder dans nos cœurs, car pour la plupart, nous ne sommes pas des terroristes, nous sommes des gens ordinaires, animés de bonnes intentions. Si notre pays connaît la misère, c'est parce que nous sommes privés de système éducatif. Mais aujourd'hui, la connaissance nous éclaire d'une nouvelle flamme. Au nom d'Allah tout puissant, que cette flamme nous fasse sortir de l'obscurité où nous nous trouvons.

« C'était un incroyable discours, commente Mortenson. À la fin, tout le monde pleurait. J'aurais voulu que tous les Américains qui associent le mot "musulman" à celui de "terroriste", aient pu l'entendre. Les vrais enseignements de l'islam sont la justice, la tolérance et la charité. Syed Abbas incarnait avec éloquence le centre modéré des croyants musulmans. »

Après la cérémonie, les veuves de Kuardu se mirent en file indienne pour présenter leurs condoléances à Mortenson et McCown, chacune déposant un œuf au creux de leur main, en les priant de porter ce témoignage de leur chagrin à leurs sœurs lointaines, qu'elles auraient tant aimé consoler, les veuves du village de New York.

Mortenson baissa les yeux sur la récolte d'œufs frais qui tremblotait dans ses paumes. Précautionneusement, il s'éloigna pour les mettre à l'abri dans le Land Cruiser, songeant aux enfants qui s'étaient trouvés à bord des avions et aux siens, à la maison. Il sentit des noyaux d'abricot craquer sous ses pas tandis qu'il s'éloignait avec son précieux butin, incapable d'esquisser un signe d'adieu. Désormais, songea-t-il, tout, dans ce monde, est fragile.

Le lendemain, le colonel Ilyas les accompagna à Islamabad. Ils atterrirent à l'héliport privé du président Musharraf, gage supplémentaire de sécurité, et patientèrent dans une salle d'attente placée sous haute protection, décorée d'une élégante cheminée en marbre qui de toute évidence n'avait jamais servi, surmontée du portrait du général en grande tenue.

Le général Bashir en personne arriva aux commandes d'une Alouette datant du Vietnam – affectueusement surnommé « French Fluke »[2], qu'il préférait aux Huey américains de la même époque, moins fiables. « L'aigle a atterri »[3]

---

2. Le porte-bonheur français.
3. « The eagle has landed », paroles prononcées par Neil Armstrong à l'alunissage d'Apollo 11.

annonça Ilyas sur un ton théâtral tandis que Bashir, sa puissante carrure accentuée par la combinaison de vol, sautait sur le tarmac en leur faisant signe de le rejoindre.

Bashir conduisait vite, au ras des collines broussailleuses. À peine avaient-ils quitté Isalamabad, laissant derrière eux les quatre minarets de la mosquée Faisal capable d'accueillir jusqu'à soixante-dix mille fidèles, qu'ils arrivaient à Lahore. À l'aéroport, le général posa l'Alouette au centre d'une voie de circulation, près du 747 de la Singapour Airlines qui attendait McCown et sa famille.

Après avoir serré Mortenson et Faisal Baig dans leurs bras, les Américains montèrent à bord de l'appareil, escortés par Bashir, qui s'excusa auprès des passagers du retard dont il était responsable.

« Quand je repense à tout cela, reconnaît McCown, tout le monde au Pakistan nous a manifesté la plus grande gentillesse. Je m'inquiétais tellement de ce qui pouvait nous arriver dans ce prétendu "épouvantable pays musulman". Mais il ne nous est rien arrivé. En fait, pour moi, les ennuis n'ont commencé qu'après. »

En effet, McCown passa la semaine suivante cloué au lit dans un luxueux hôtel de Singapour suite à une intoxication alimentaire, souvenir du plateau-repas des « première classe » de la Singapour Airlines.

Quant à Mortenson, qui tenait à voir Haji Ali avant son départ, il profita d'un vol militaire pour retourner à Skardu. Il remonta ensuite les vallées de Shigar et de la Braldu, endormi sur la banquette arrière du Land Cruiser, tandis que Faisal Baig, au côté de Hussain, gardait l'œil braqué sur l'horizon. Il n'aurait su dire pourquoi, mais la foule qui l'attendait au sommet de la falaise lui parut anormale. Quand il fouilla des yeux l'extrémité du surplomb, à droite, son cœur fit un bond. La place qu'occupait Haji Ali, aussi immuable qu'un roc, était vide. Ce fut Twaha, venu l'accueillir sur l'autre rive, qui lui annonça la nouvelle.

Un mois s'était écoulé depuis la mort de son père. Twaha s'était rasé le crâne en signe de deuil et s'était laissé pousser la barbe. La ressemblance entre les deux hommes n'en était que plus forte. Lors de sa dernière visite, à l'automne précédent, Mortenson avait trouvé le vieux *nurmadhar* en grand désarroi. Sakina était restée couchée tout l'été, souffrant de douloureux maux de ventre qu'elle avait endurés avec toute la patience dont les Baltis sont capables. Elle était morte en refusant de parcourir le long trajet jusqu'à l'hôpital.

Il s'était rendu au cimetière avec Haji Ali, dans un champ proche de l'école. Avec lenteur, le vieil homme s'était agenouillé et avait touché la pierre nue qui marquait l'emplacement où reposait Sakina, face à La Mecque. Quand il s'était relevé, ses yeux étaient mouillés de larmes.

– Je ne suis rien sans elle, lui avait-il confié, rien du tout.

« Pour un chiite aussi conservateur, c'était un hommage incroyable. Même si beaucoup d'hommes éprouvent de tels sentiments pour leur femme, peu ont le courage de les exprimer. »

Haji Ali lui avait ensuite passé un bras autour des épaules et, à la manière dont son corps tremblait, Mortenson avait supposé qu'il pleurait encore. Pourtant, ce fut son rire, son rire rocailleux de chiqueur de *naswar*, qui s'éleva.

– Un jour, bientôt, dit-il en riant, tu viendras me rendre visite et tu me trouveras couché dans la terre, moi aussi.

« Moi, je ne voyais pas ce qu'il y avait de drôle à l'imaginer mort », s'étonne Mortenson, la voix toujours brisée, des années plus tard, à l'évocation de ce souvenir.

Il enveloppa son maître dans une étreinte et sollicita son avis une nouvelle fois.

– Que devrais-je faire quand, dans bien longtemps, ce jour arrivera ?

– Écouter le vent, répondit Haji Ali en pesant ses mots, le regard perdu du côté du K2 de Korphe.

Twaha et Mortenson s'agenouillèrent sur la terre encore meuble qui marquait la sépulture du *nurmadhar*. Selon l'estimation de Twaha, Haji Ali était mort dans sa huitième décennie. Rien ne dure, songea Mortenson, malgré tous nos efforts, rien n'est permanent.

Le cœur de son propre père s'était arrêté de battre au bout de quarante-huit ans, le laissant démuni face à une multitude de questions restées sans réponse. Et maintenant, l'irremplaçable Balti qui l'avait aidé à combler une partie de ce vide et lui avait transmis tant de précieuses leçons, partait en poussière au côté de sa femme.

Mortenson se leva, en essayant d'imaginer ce que Haji Ali aurait dit en pareilles circonstances, dans une période aussi sombre de son histoire, quand tout ce qui comptait pour lui semblait aussi facile à briser qu'un œuf. Ses paroles lui revinrent alors, avec une clarté qui confinait à l'hallucination.

« Écouter le vent. »

Il tendit l'oreille et écouta. Il l'entendit souffler des gorges de la Braldu, bruissant de rumeurs de neige et de saison finissante. Mais, portés par la brise qui cinglait sur ce fragile coin d'Himalaya, où des hommes parvenaient à vivre en dépit de tout, il entendit les éclats de voix des enfants qui jouaient dans la cour d'école. C'était cela, sa dernière leçon, pensa-t-il en essuyant ses larmes du bout des doigts. Penser à eux. Toujours penser à eux.

Chapitre 20

UN THÉ AVEC LES TALIBANS

Faites-les tous sauter. Qu'Allah fasse le tri.
Autocollant vu sur le pare-brise d'une camionnette
à Bozeman, dans le Montana.

– Allons au cirque ! proposa Suleman.

Mortenson était installé à l'arrière d'une Toyota blanche de location, la nuque reposant contre l'appuie-tête que son chauffeur et homme de confiance de Rawalpindi avait amoureusement revêtu d'une housse en dentelle. Faisal Baig était lui aussi du voyage. Suleman était venu les chercher à la descente du PIA 737 en provenance de Skardu, les lignes commerciales ayant rouvert au Pakistan (tout comme aux États-Unis) en cette fin septembre 2001.

– Au quoi ?

– Vous verrez… répondit Suleman en souriant.

Comparée au tas de ferraille qu'il avait l'habitude de conduire, la Toyota lui faisait l'effet d'une Ferrari. Slalomant entre les files de voitures qui se traînaient sur l'autoroute entre Pindi et Islamabad, il attrapa de sa main libre son précieux portable Sony, pas plus gros qu'une boîte d'allumettes, et appela le gérant du *guesthouse* Home Sweet Home pour le prévenir que le sahib arriverait en retard.

Le barrage de police dressé à l'entrée de la « Blue Area » obligea Suleman à ralentir. Ils entraient dans l'enclave diplomatique où ministères, ambassades et hôtels de luxe se concentraient le long de monumentales avenues tracées au cordeau. Mortenson passa la tête par la vitre, et le policier, en le voyant, leur fit immédiatement signe d'avancer. Ici, les pelouses étaient vertes, les arbres majestueux – signes que des forces capables d'inverser le cours de la nature étaient à l'œuvre.

Islamabad est une ville nouvelle, construite dans les années soixante et soixante-dix pour accueillir l'élite riche et puissante du pays. Dans les boutiques de luxe qui bordent les avenues, on trouve les derniers gadgets électroniques importés du Japon, et le long des boulevards, on peut voir des restaurants aux noms exotiques de Kentucky Fried Chicken ou Pizza Hut.

La ville pulsait au rythme du cœur cosmopolite du Marriot[1], cinq étoiles protégé de la pauvreté par ces barrières de sécurité et, tapis derrière le moindre arbre ou buisson, cent cinquante gardes en uniforme bleu ciel, arme en bandoulière. La nuit, on apercevait le bout de leurs cigarettes qui luisaient comme de funestes lucioles.

Suleman avança la voiture jusqu'à la barrière de sécurité où deux sentinelles, pistolet-mitrailleur au poing, passèrent un miroir télescopique sous la voiture et contrôlèrent le coffre avant d'ouvrir la barrière métallique.

« Quand j'ai besoin d'un bureau, je vais au Marriot, explique Mortenson. Ils ont toujours un fax et une connexion Internet en état de marche. C'est aussi là que je conduis mes visiteurs lorsqu'ils viennent au Pakistan pour la première fois, histoire d'amortir le choc culturel. »

Mais ce jour-là, après avoir franchi un portique de détection et avoir été scrupuleusement fouillé par deux gardes arborant costume et oreillettes, ce fut à lui d'être sous le

---

1. L'hôtel a été victime d'un attentat à la voiture piégée en septembre 2008 qui a fait cinquante-cinq victimes.

choc. Le hall d'entrée, spacieuse salle dallée de marbre où l'on ne croisait d'habitude personne, en dehors du pianiste et de quelques hommes d'affaires étrangers échoués dans de moelleux fauteuils, s'était mué en fourmilière humaine imbibée de caféine. La presse internationale avait débarqué en force.

– Le cirque ! annonça Suleman, fier de son effet.

Où que l'on se tourne, le regard tombait sur des caméras, des logos de chaînes et des bataillons de journalistes stressés : CNN, la BBC, NBC, ABC, Al-Jazeera. Bousculant un caméraman à fort accent germanique qui vociférait dans un portable, Mortenson se fraya un chemin jusqu'à l'entrée du Nadia Coffee-shop, qu'une haie de plantes en pots séparait du hall.

Toutes les tables autour du buffet étaient prises – alors qu'en général, les serveurs en surnombre se battaient pour remplir votre verre d'eau minérale.

– Il semblerait que notre trou perdu soit devenu intéressant, tout à coup.

À ces paroles, Mortenson fit volte-face et découvrit Kathy Gannon, vêtue d'un sobre *shalvar kamiz*, qui le regardait en souriant. Kathy dirigeait le bureau de l'agence Associated Press d'Islamabad depuis de longues années. Ravi de la rencontrer, Mortenson l'étreignit chaleureusement.

– Ça fait longtemps que ça dure ? demanda-t-il en s'efforçant de crier plus fort que le tonitruant caméraman allemand.

– Quelques jours, répondit-elle, mais attends un peu que les bombes commencent à tomber ! Le prix des chambres devrait grimper aux alentours de mille dollars.

– Elles sont à combien, actuellement ?

– Entre cent cinquante et trois cent vingt dollars, mais l'inflation continue. Les affaires n'ont jamais été aussi bonnes. Toutes les chaînes tournent leurs commentaires sur le toit. Rien que pour ça, l'hôtel leur prend cinq cents dollars par jour.

Mortenson secoua la tête. Il n'avait jamais dormi au Marriot. Étant donné la fragilité des finances du CAI, il veillait à maintenir ses notes de frais au strict minimum et restait fidèle au *guesthouse* recommandé par Suleman : le Home Sweet Home, solide bâtisse abandonnée en cours de construction par son premier propriétaire, située sur un terrain broussailleux près de l'ambassade népalaise. La chambre, avec ses sanitaires capricieux et ses tapis roses poisseux parsemés de brûlures de cigarettes, y était facturée douze dollars la nuit.

– Docteur Greg, Sahib, *Madame* Kathy, suivez-moi !, leur glissa un serveur en smoking. Une table va bientôt se libérer et j'ai peur que ces… étrangers… ne se jettent dessus.

L'intrépidité de Kathy Gannon était connue et admirée de tous. Rien ne résistait à son redoutable regard bleu. Un jour, un garde frontière taliban, après lui avoir opposé toute une série de prétextes pour lui refuser l'entrée en Afghanistan, avait abdiqué, de guerre lasse : « Vous êtes forte. Chez nous, on a un mot pour désigner les gens comme vous : un homme. »

L'Américaine lui avait rétorqué qu'elle ne prenait pas cela pour un compliment.

Ils s'installèrent à une table, près du somptueux buffet, et la journaliste se mit à lui conter par le menu les numéros de la troupe qui avait fait son entrée en piste.

– C'est désolant ! soupira-t-elle. Des reporters sans aucune expérience, qui ne connaissent rien à la région, tournent leurs commentaires sur le toit en gilet pare-balles. Les collines de Margalla, filmées en arrière-plan, doivent passer pour un champ de bataille, alors que c'est le lieu où les gens se baladent le week-end avec leurs gosses ! La plupart des journalistes ne veulent surtout pas approcher de la frontière et pondent des reportages sans même vérifier les sources. Quant à ceux qui voudraient sortir, pas de bol : les talibans viennent d'interdire l'entrée en Afghanistan aux journalistes étrangers.

– Tu vas essayer d'y entrer ?

– Je rentre tout juste de Kaboul. J'étais au téléphone avec mon éditeur quand la deuxième tour est tombée, et j'ai pu lui envoyer quelques trucs avant d'être « raccompagnée » à la frontière.

– Que vont faire les talibans ?

– C'est difficile à dire. J'ai entendu dire qu'ils avaient organisé une *choura* et décidé de livrer Oussama, mais à la dernière minute, le mollah Omar a cassé la décision et déclaré qu'il donnerait sa vie pour le protéger. Tu sais ce que ça veut dire. Il y en a beaucoup, parmi eux, qui ont l'air d'avoir peur, mais les purs et durs sont prêts à se battre jusqu'au bout.

– Tu vas tenter d'y retourner ?

– Seulement si je peux y aller sans tricher. Je ne vais pas enfiler une burqa comme certaines têtes brûlées l'ont fait, si c'est pour finir en prison – ou pire. D'après ce que j'ai entendu dire, les talibans détiennent déjà deux reporters français qui ont essayé de s'infiltrer.

Suleman et Baig revinrent du buffet, les assiettes chargées de généreuses portions de curry d'agneau. Suleman s'était même offert une petite douceur : un bol de *trifle*[2] rose tout tremblotant.

– C'est bon ? demanda Mortenson, en lui chapardant quelques cuillerées de gelée – qui le projetèrent aussitôt dans son enfance africaine, à l'époque où on lui servait des desserts anglais.

Suleman, trop appliqué à mastiquer, acquiesça de la tête. Dès qu'il y avait du mouton au menu, il témoignait d'un

2. Dessert anglais composé d'un fond de génoise, de fruits, de crème pâtissière et d'une épaisse couche de gelée.

extraordinaire appétit. Dans le petit village où il avait grandi, à Dhok Luna dans la plaine du Pendjab, le mouton n'était réservé qu'aux très grandes occasions. Et même alors, il ne restait souvent pas grand-chose à grappiller quand on était le quatrième d'une famille de sept enfants. Mortenson ne fut donc pas surpris lorsque, aussitôt sa première assiette engloutie, Suleman s'excusa poliment pour aller se resservir.

Pendant la semaine qui suivit, Mortenson, aspiré par le tourbillon de l'histoire comme il l'avait été cinq ans plus tôt à Peshawar, fit la navette entre le Home Sweet Home où il dormait, et le Marriot où il passait ses journées. Les médias du monde entier s'étant donné rendez-vous sur le pas de sa porte, il avait décidé d'en profiter pour faire de la publicité au CAI.

Quelques jours après les attaques terroristes sur New York et Washington, l'Arabie saoudite et les Émirats arabes unis avaient rompu leurs relations diplomatiques avec les talibans qui, du coup, n'avaient plus que le Pakistan pour unique tribune. Chaque jour, ils tenaient de longues conférences de presse sur les pelouses du bâtiment délabré qui leur servait d'ambassade, à deux kilomètres du Marriot. Les taxis, autrefois enchantés de faire ce trajet pour quatre-vingts cents, avaient fait passer leur tarif à dix dollars.

Tous les après-midi, l'ONU faisait un point sur les conditions de vie en Afghanistan, provoquant une ruée de journalistes écarlates, ravis de trouver refuge dans la fraîcheur climatisée du Marriot.

À l'automne 2001, peu d'étrangers connaissaient le Pakistan aussi bien que Mortenson, en particulier ces régions frontalières qui intéressaient tant les journalistes. Ceux-ci cherchaient constamment à l'amadouer, voire à le soudoyer, pour qu'il organise leur passage en Afghanistan.

« J'avais l'impression que les reporters, quand ils ne passaient pas leur temps à souhaiter le début des combats en Afghanistan, se faisaient eux-mêmes la guerre. CNN et la BBC avaient fait alliance contre ABC et CBS. Un correspondant pakistanais déboulait dans le hall d'entrée en annonçant, par exemple, qu'un drone américain venait d'être abattu par les talibans, et c'était la surenchère.

« Un producteur et un journaliste de NBC m'ont invité à dîner au restaurant chinois du Marriot pour "recueillir mon avis" sur le Pakistan. Mais en fait, ils étaient comme les autres. Ils voulaient aller en Afghanistan et m'ont proposé plus d'argent que je n'en gagne en un an pour les aider à entrer. Ensuite, ils ont jeté des regards furtifs autour de nous, comme si on nous espionnait, en chuchotant : "N'en parlez surtout pas à CNN ou à CBS." »

Mortenson enchaînait donc les interviews avec des journalistes qui s'étaient rarement aventurés au-delà du Marriot et de l'ambassade talibane et avaient besoin de mettre un peu de couleur locale dans leurs ternes comptes rendus de conférences de presse. « J'essayais d'évoquer les raisons profondes du conflit, le manque d'éducation et la montée des madrasas wahhabites, d'expliquer comment on en était arrivé au terrorisme, se souvient Mortenson, mais mes propos étaient rarement retranscrits. Tout ce qui les intéressait, c'étaient des informations juteuses sur les chefs talibans, afin de pouvoir faire d'eux des méchants quand la guerre éclaterait. »

Tous les soirs à la même heure, un groupe de grands chefs talibans d'Islamabad traversait le hall d'entrée du Marriot, en longues robes noires et turbans, et attendait qu'une table se libère au Nadia Coffee-shop pour assister, comme tout le monde, au cirque. « Ils passaient toute la soirée à siroter leur thé. C'était ce qu'il y avait de moins cher sur la carte. Avec ce qu'ils gagnaient, ils ne pouvaient pas se payer le buffet à vingt dollars. J'ai toujours pensé qu'en les invitant tous à manger, un reporter aurait pu en tirer un bon papier, mais personne n'a osé. »

Pour finir, ce fut Mortenson lui-même qui s'assit à leur table, par l'intermédiaire d'Asem Mustafa, journaliste qui couvrait toutes les expéditions au Karakoram pour le journal pakistanais *Nation* et avec qui il avait des contacts réguliers. Mustafa connaissait l'ambassadeur taliban, le mollah Abdul Salaam Zaeef, et lui avait présenté Mortenson, un soir, au Nadia.

Mortenson et Mustafa s'étaient donc installés à la table de quatre talibans, aux côtés du mollah Zaeef, sous une banderole où l'on pouvait lire : « Olé ! Olé ! Olé ! » Soucieux de distraire sa clientèle d'affaires, parfois contrainte à dîner sur place sept jours d'affilée, le restaurant proposait des soirées à thème. Ce soir-là, c'était le Mexique.

Un serveur pakistanais moustachu, l'air humilié sous son énorme sombrero, vint leur demander s'ils souhaitaient commander quelque chose au buffet continental ou préféraient le menu Tacos.

– Du thé, ça suffira, répliqua le mollah Zaeef, en ourdou.

« Zaeef était l'un des rares chefs talibans à avoir été à l'école et à posséder quelques notions sur l'Occident, explique Mortenson. Ses enfants avaient à peu près le même âge que les miens. J'étais curieux de connaître l'opinion d'un chef taliban en matière d'éducation, surtout vis-à-vis des filles, et je lui ai posé la question. Il m'a répondu à la manière d'un homme politique, en parlant de l'importance de l'éducation sur un plan général. »

Le serveur revint avec un service à thé en argent et leur servit le *kawah*, le thé vert, tandis que Mortenson échangeait quelques banalités en pachto avec les autres hommes, s'enquérant de la santé de leurs familles qui, affirmèrent-ils, allaient bien. Dans quelques semaines, songea-t-il amèrement, leurs réponses seraient sans doute bien différentes.

Le serveur, dont le poncho glissait sans cesse, entravant ses mouvements, en coinça un pan sous la fausse cartouchière qui lui bardait la poitrine.

Mortenson scrutait les visages graves des quatre hommes en turban noir, sans nul doute habitués au maniement des armes, en se demandant ce qu'ils pensaient de cet accoutrement. « Il ne leur paraissait sans doute pas plus étrange que ces journalistes étrangers qui rôdaient autour de notre table en essayant d'écouter notre conversation. »

Mortenson réalisait combien la situation du mollah était difficile. Résident de la Blue Area, il avait suffisamment de contacts avec le monde extérieur pour voir la tournure que prenaient les événements. Mais les chefs talibans de Kaboul et de Kandahar n'avaient pas cette ouverture sur l'extérieur. Le mollah Omar, chef suprême des talibans, comme la plupart des chefs jusqu'au-boutistes qui l'entouraient, n'avait reçu qu'une éducation de madrasa. D'après le journaliste Ahmed Rashid, le ministre de l'éducation taliban Mohammed Sayed Ghiasuddin n'avait jamais été à l'école.

– Peut-être devrions-nous livrer Ben Laden pour sauver l'Afghanistan, remarqua le mollah.

Puis, il fit signe au serveur de lui apporter la note, qu'il voulut absolument régler.

– Le mollah Omar pense qu'il est encore temps de discuter pour éviter la guerre, poursuivit-il sur un ton las. Il se ressaisit aussitôt : mais ne vous y trompez pas, si nous sommes attaqués, nous nous battrons jusqu'au dernier.

Le mollah Omar continua de croire qu'il était encore temps de discuter pour éviter la guerre jusqu'au jour où les missiles de croisière américains détruisirent ses résidences personnelles. N'ayant établi aucun canal de communication officiel avec Washington, le chef des talibans aurait, dit-on, tenté de joindre la Maison Blanche à deux reprises au cours du mois d'octobre pour proposer enfin une *djirga* à George Bush. Il aurait composé le numéro du service des relations publiques de la Maison Blanche depuis son téléphone satellite. Le président américain, comme on peut s'y attendre, ne répondit jamais à ces appels.

Mortenson finit quand même par s'éloigner du Marriot pour se remettre au travail. La ligne du Home Sweet Home avait été assaillie par l'ambassade américaine, chargée d'avertir ses ressortissants que le Pakistan n'était plus considéré comme territoire sûr. Pourtant, il lui fallait encore visiter les camps de réfugiés aux abords de Peshawar pour vérifier si les écoles du CAI étaient prêtes à faire face à l'afflux d'exilés que les combats ne manqueraient pas de jeter sur les routes. Il s'y rendit donc en compagnie de Baig et Suleman, ainsi que de Bruce Finley, journaliste de sa connaissance qui travaillait au *Denver Post* et cherchait à fuir les communiqués indigestes du Marriot. Ensemble, ils visitèrent le camp de réfugiés de Shamshatoo et rencontrèrent la centaine d'enseignants employés par le CAI, qui continuaient à faire leur travail dans des conditions à la limite du supportable.

Suite à sa visite, Finley rédigea un article dans lequel, par la voix de Mortenson, il implorait les Américains de ne pas mettre tous les musulmans dans le même sac, leur rappelant que les enfants afghans qui s'entassaient dans les camps avec leurs parents étaient des victimes qui méritaient toute leur compassion. «Ce ne sont pas des terroristes, ils n'ont rien fait de mal», déclarait-il. Il ne fallait pas rendre tous les musulmans responsables du drame du 11 septembre, au risque «de semer la panique parmi des innocents».

«Le seul moyen de vaincre le terrorisme, concluait-il, c'est d'amener les populations des pays abritant des terroristes à respecter et aimer les Américains, et d'en faire autant à leur égard. La différence qui fait que l'on devient un citoyen apportant sa contribution à la société plutôt qu'un terroriste, à mon avis, c'est l'éducation.»

Après le départ de Finley, Mortenson décida d'approcher le poste frontière afghan, pour voir. L'adolescent taliban qui gardait la barrière se mit à feuilleter son passeport d'un air soupçonneux, tandis que ses compagnons pointaient sur eux leurs kalachnikovs. À la vue des armes, Suleman haussa les sourcils en secouant la tête et leur reprocha leur manque de respect pour les anciens. Mais, obnubilés par cette guerre à laquelle ils se préparaient depuis des semaines, les jeunes gardes restèrent de marbre.

Les traits de *surma* qui soulignaient les yeux du garde étaient si épais que l'on voyait juste deux minces fentes percer au travers. Lorsqu'il arriva aux pages revêtues des visas manuscrits de l'ambassade d'Afghanistan à Londres, il grogna.

L'ambassade londonienne était dirigée par Wali Massoud, frère du défunt commandant de l'Alliance du Nord, tout acquise à la chute des talibans. Lorsqu'il passait par Londres, Mortenson s'arrêtait souvent prendre le thé avec Wali et discuter des écoles de filles qu'il envisageait de construire en Afghanistan, si tant est que le pays devienne un jour assez stable.

– C'est visa deuxième catégorie, déclara la sentinelle en déchirant une page, ôtant aussitôt toute validité au passeport. Vous allez à Islamabad chercher visa première catégorie, visa taliban.

Sur ce, il fit glisser son fusil de son épaule et, du canon, leur indiqua de rebrousser chemin.

L'ambassade américaine d'Islamabad refusa de lui fournir un nouveau passeport au prétexte que l'ancien présentait une « dégradation suspecte ». On lui proposa de lui procurer un titre provisoire d'une validité de dix jours pour rentrer aux États-Unis, où il pourrait renouveler sa demande. Mais Mortenson, qui avait encore un mois de travail devant lui, refusa et préféra se rendre à Katmandou au

Népal, où le consulat américain avait la réputation d'être plus accommodant.

Toutefois, arrivé là-bas, malgré un accueil poli, il comprit vite que l'affaire était loin d'être gagnée. L'agent passa sans broncher sur les innombrables visas en noir et blanc de la République islamique du Pakistan, mais se mit aussitôt à griffonner sur ceux qu'avait émis l'Alliance du Nord. Puis, en proie à un doute croissant, il se leva pour aller demander conseil à son supérieur.

Lorsqu'il revint, Mortenson savait à quoi s'attendre. « La personne qui s'en occupe n'est pas là. Repassez demain, dit l'employé, le regard fuyant. En attendant, je garde votre passeport. »

Le lendemain matin, un détachement de *marines* l'escorta à travers l'enceinte diplomatique américaine jusque dans une salle de réunion de l'ambassade proprement dite. Les soldats l'abandonnèrent dans la pièce, en refermant la porte à clé derrière eux.

Mortenson attendit pendant quarante-cinq minutes, avec pour toute compagnie le drapeau américain et un grand portrait du président en poste depuis dix mois, George W. Bush. « Je savais ce qu'ils avaient derrière la tête, dit-il. Je ne regarde pas beaucoup la télé, mais cette scène semblait tout droit sortie d'une mauvaise série policière. Je me doutais qu'ils observaient le moindre de mes gestes, alors j'ai souri, j'ai adressé un salut à Bush, et j'ai attendu. »

Finalement trois hommes en costume cravate, la mise soignée, entrèrent dans la pièce et s'installèrent sur des chaises pivotantes de l'autre côté de la table, face à lui.

« Ils avaient tous des prénoms très classiques, du genre Bob, Bill ou Peter. Ils se sont présentés, tout sourires, mais il ne faisait aucun doute dans mon esprit qu'ils travaillaient pour les renseignements. »

Celui qui semblait être leur supérieur attaqua l'interrogatoire. Il posa une carte de visite sur la table et la fit glisser jusqu'à Mortenson. Sous son nom figurait le titre d'« attaché politico-militaire, Asie du Sud-est ».

– Je suis certain qu'il s'agit d'un simple malentendu, annonça-t-il en se fendant d'un sourire parfaitement étudié tandis qu'il dégainait carnet et stylo et les plaçait soigneusement devant lui. Pourquoi donc souhaitez-vous aller au Pakistan ? C'est très dangereux, là-bas, en ce moment, et nous conseillons à tous nos ressortissants de quitter le pays.

– Je sais, répondit Mortenson. Je travaille là-bas. J'étais à Islamabad il y a deux jours.

Les trois hommes prirent des notes.

– Quel genre d'affaires avez-vous là-bas ? s'enquit Bob Bill Peter.

– Cela fait huit ans que je travaille au Pakistan, et j'ai prévu d'y rester encore un mois avant de rentrer chez moi.

– Quel genre de travail ?

– Je construis des écoles élémentaires, principalement de filles, dans le nord du Pakistan.

– Combien d'établissements gérez-vous actuellement ?

– Je ne peux pas vous donner de réponse exacte.

– Pourquoi ?

– En fait, le nombre varie tout le temps. Avec de la chance, si nous terminons tous nos chantiers cet automne, nous en serons à vingt-trois établissements. Mais il nous arrive aussi d'agrandir des écoles publiques surchargées. Parfois aussi, nous intervenons auprès d'écoles, gérées par le gouvernement ou des ONG, qui ne parviennent plus à payer leurs enseignants. Alors on les prend sous notre aile jusqu'à ce qu'elles se soient remises sur pied. Nous employons également des enseignants dans les camps de réfugiés afghans. C'est pourquoi, d'une semaine à l'autre, les données changent. Ai-je répondu à votre question ?

Les trois hommes contemplaient leurs carnets de notes, comme s'ils cherchaient à en extraire quelque chose qui ne s'y trouvait pas.

– Quels sont vos effectifs ?

– C'est difficile à dire.

– Pourquoi est-ce difficile à dire ?

– Êtes-vous déjà allé dans un village pakistanais ?

– Où voulez-vous en venir ?

– Eh bien, voyez-vous, en ce moment, c'est la moisson. La plupart des familles ont besoin de leurs enfants aux champs et les retirent de l'école pour quelque temps. Après, en hiver, surtout s'il est particulièrement rigoureux, il arrive que les écoles ferment car le chauffage revient trop cher. Au printemps, certains élèves…

– Une fourchette, l'interrompit l'agent.

– Entre dix et quinze mille élèves.

Les stylos crissèrent à l'unisson, soulagés d'avoir une donnée concrète à se mettre sous la mine.

– Avez-vous une carte des secteurs où vous êtes implantés ?

– Au Pakistan.

L'un des agents décrocha le téléphone et, quelques minutes plus tard, on leur apportait un atlas.

– Donc cette région se trouve près du Cachemire et s'appelle…

– Le Baltistan.

– Et la population, là-bas, est…

– Chiite, comme en Iran, les informa-t-il, ce qui eut pour effet de sortir les stylos de leur léthargie.

– Et cette zone, près de l'Afghanistan, où vous commencez à construire des écoles, vous dites qu'il s'agit de la Province de… quoi, déjà ?

– La Province de la Frontière du Nord-Ouest.

– Elle fait partie du Pakistan ?

– Ça dépend à qui vous posez la question.

– Mais elle est peuplée de sunnites. En gros, un peu comme les Pachtouns afghans ?

– Eh bien, dans les plaines, ce sont principalement des Pachtouns. Mais on y rencontre également de nombreux ismaéliens, et aussi quelques chiites. Ensuite, dans les montagnes, il y a plein de tribus : les Khowars, les Kohistanis, les Shinas, les Torwalis et les Kalamis. Il y a même des animistes : les Kalash, perdus tout là-haut dans une vallée isolée, juste au-dessus de ce point, là. Donnez-moi un stylo, je vais vous l'indiquer. C'est le Chitral. Sur une carte plus détaillée, ce serait indiqué.

L'homme qui conduisait l'interrogatoire laissa échapper un soupir. Plus on se penchait sur la politique pakistanaise, plus les grandes catégories s'effilochaient et devenaient impossibles à résumer en quelques lignes sur une feuille de papier blanc. Il fit glisser son carnet et son stylo en travers de la table.

– Je veux que vous me fassiez la liste de tous vos contacts au Pakistan, avec leur numéro de téléphone.

– J'aimerais parler à mon avocat.

« Je ne cherchais pas à leur compliquer la tâche. Ces types avaient du pain sur la planche, surtout depuis le 11 septembre. Mais je savais ce qui pourrait arriver aux innocents figurant sur ce genre de liste. Si ces types étaient bien qui je croyais, il était hors de question que quiconque au Pakistan me soupçonne de collaborer avec eux. Sinon, j'étais un homme mort. »

– Allez contacter votre avocat, fit Bob Bill Peter en ouvrant la porte, visiblement soulagé de pouvoir ranger son carnet dans sa poche. Mais revenez demain matin à neuf heures. Neuf heures précises.

Le lendemain matin, pour une fois dans sa vie, Mortenson se présenta à l'heure. Cette fois, seul le chef était présent.

– Mettons tout de suite les choses au clair, fit-il. Vous savez qui je suis ?

– Je sais qui vous êtes.

– Vous savez ce que vous encourez si vous me cachez la vérité.

– Je sais ce que j'encours.

– Parfait. Y a-t-il des terroristes parmi les parents de vos élèves ?

– Il n'y a aucun moyen de le savoir. Des milliers d'élèves fréquentent mes écoles.

– Où est Oussama ?

– Comment ?

– Vous m'avez très bien entendu. Savez-vous où se cache Oussama ?

Mortenson s'efforça de ne pas rire, de réprimer le sourire qui lui chatouillait les lèvres devant l'absurdité de la question.

– J'espère bien que je ne le saurai jamais, dit-il avec suffisamment de sérieux pour mettre un terme à l'interrogatoire.

Il rentra à Islamabad muni d'un passeport d'une validité d'un an que lui avait délivré, non sans réticence, le consulat de Katmandou. Au Home Sweet Home, une pile de messages de l'ambassade américaine l'attendait. Leur ton se faisait chaque jour un peu plus implorant, allant jusqu'à friser l'hystérie. Le dernier de ces messages intimait à tous les ressortissants américains d'évacuer de toute urgence un pays qui, selon les termes de l'ambassade, constituait « l'endroit le plus dangereux de la planète pour tout Américain ». Sur ce, Mortenson demanda à Suleman de lui réserver une place sur le prochain vol pour Skardu.

Parmi les nombreux admirateurs que compte Mortenson dans le monde de la montagne, on peut citer Charlie Shimanski, ancien directeur du Club alpin américain, qui avait organisé une collecte de fonds pour le CAI cette année-là. Il compare le retour de Mortenson au Pakistan après le 11 septembre, deux mois avant l'enlèvement et la décapitation du journaliste américain Daniel Pearl, au travail accompli par les pompiers de New York. « Le jour où il décrochera le prix Nobel de la paix, j'espère que le jury d'Oslo en fera état, commente-t-il. Ce type, calmement, sans se démonter, est retourné dans une zone de conflit pour combattre les véritables causes du terrorisme. Pour moi, il a fait preuve d'un héroïsme comparable à celui des pompiers qui sont allés au feu quand tout le monde cherchait désespérément à s'enfuir. »

Au cours du mois suivant, alors que bombardiers et missiles de croisière américains entamaient leurs frappes à l'ouest du pays, Mortenson sillonna le nord du Pakistan pour s'assurer que les projets du CAI seraient bouclés avant l'arrivée du froid. « Parfois, quand nous roulions de nuit, nous entendions des avions militaires passer au-dessus de nos têtes, franchissant l'espace aérien pakistanais où, en théorie, les avions américains n'avaient pas le droit d'entrer. On voyait l'horizon, à l'ouest, s'illuminer comme quand il y a des éclairs de chaleur. Faisal, qui crachait à chaque fois qu'il voyait une photo d'Oussama Ben Laden, tremblait en pensant aux victimes des bombes et adressait une *doua* à Allah pour qu'il allège leurs souffrances. »

Le 29 octobre 2001, Baig accompagna Mortenson à l'aéroport international de Peshawar. Seuls les passagers étaient autorisés à franchir la barrière de sécurité. Lorsque Mortenson reprit son sac des mains du garde du corps, il vit que ce dernier avait les larmes aux yeux. Faisal avait solennellement juré de le protéger sur le territoire pakistanais, et était prêt à mourir pour lui.

– Qu'est-ce qu'il y a, Faisal ?

– Maintenant que ton pays est en guerre, que puis-je faire ? Comment puis-je te protéger, là-bas ?

Par le hublot de la place que les stewards lui avaient attribuée en première classe, le vol Peshawar-Riyad étant presque vide, Mortenson voyait le ciel afghan palpiter au rythme d'éclairs macabres.

Des turbulences secouèrent bientôt l'appareil, signe qu'ils survolaient la mer d'Arabie. De l'autre côté du couloir central, un homme barbu en turban noir scrutait la nuit avec une paire de jumelles longue portée. Tout d'un coup, l'homme s'entretint vivement avec son voisin, lui aussi coiffé d'un turban. L'homme sortit alors un téléphone satellite de la poche de sa *kamiz*, et se précipita aux toilettes, probablement pour passer son appel tranquillement. Par le hublot, Mortenson aperçut les lumières d'un navire qui trouaient la nuit.

« Juste au-dessous de nous, remarque Mortenson, la flotte la plus sophistiquée du monde lançait ses avions de chasse et ses missiles de croisière sur l'Afghanistan. Je n'aimais pas beaucoup les talibans, et encore moins al-Qaida, mais il fallait admettre que ce qu'ils faisaient était génial. Sans satellites, sans armée de l'air, privés de leurs radars qui avaient été détruits, ils avaient assez de suite dans les idées pour repérer les bâtiments de la Cinquième flotte de l'US Navy depuis un vulgaire vol commercial. J'ai pensé que si nous comptions uniquement sur la technologie pour gagner cette guerre à la terreur, nous avions encore beaucoup à apprendre. »

À l'aéroport international de Denver, son passeport provisoire agrémenté d'un visa pakistanais lui valut de passer une heure aux douanes. C'était la veille de Halloween. Des drapeaux américains semblaient avoir fleuri partout, ornant la moindre porte, la moindre arcade, et il en vint à se demander, devant un tel déferlement de rouge, blanc et bleu, s'il ne faisait pas erreur sur la fête qu'on s'apprêtait à célébrer. Il appela Tara pour en avoir le cœur net.

– Que se passe-t-il, Tara ? L'Independence Day a été avancé ?

– La Nouvelle Amérique te salue, mon chéri !

Cette nuit-là, déphasé par le voyage, il quitta son lit sans faire de bruit et se rendit au sous-sol pour éplucher la pile de courrier qui s'était accumulée durant son absence. Il trouva les interviews qu'il avait données au Marriot, le récit de sa visite au camp de réfugiés publié par Bruce Finley et un e-mail, qu'il avait envoyé à son ami Joel Connely du *Seattle Post Intelligencer*, pour plaider la cause des musulmans innocents pris entre deux feux, e-mail qui avait été repris par de nombreux titres de la presse nationale.

En dénonçant la tentation de mettre tous les musulmans dans le même sac et en prônant une lutte contre le terrorisme sur plusieurs fronts (répondre aux besoins éducatifs des enfants musulmans au lieu de se borner à larguer des bombes), il avait touché la corde sensible de son pays. Pour la première fois de sa vie, il ouvrait lettre d'injures sur lettre d'injures.

Dans l'une d'entre elles, postée de Denver sans mention de l'expéditeur, il lut : « J'aurais aimé qu'une de nos bombes vous tombe dessus car vous sapez les efforts de nos troupes. »

Une autre missive anonyme, postée du Minnesota, le menaçait, d'une petite écriture en pattes de mouche : « Notre Seigneur veillera à vous faire payer cher votre trahison », avant de l'avertir qu'il connaîtrait « de plus atroces souffrances que nos braves soldats. »

Il ouvrit ainsi des dizaines de courriers non signés. « Cette nuit-là, pour la première fois depuis que j'avais commencé à travailler au Pakistan, j'ai eu envie d'arrêter, avoue-t-il. Je m'attendais à ce genre de réactions chez un mollah de village sans instruction, mais recevoir des lettres de ce type écrites de la main de mes concitoyens… Je me suis demandé s'il ne valait pas mieux abandonner. »

Il se mettait aussi à craindre pour la sécurité des siens. « Les risques que je prenais là-bas, c'était mon affaire. Parfois, on n'a pas le choix. Mais exposer Tara, Amira et Khyber au danger, ici, chez moi, c'était trop. J'avais du mal à croire que je me sois fourré dans un tel pétrin. »

Il alla mettre la cafetière en route et reprit la lecture de son courrier. Certaines lettres, à l'inverse, louaient ses efforts. Cela lui mettait un peu de baume au cœur de voir que, malgré la crise que traversait son pays, quelques Américains captaient tout de même son message.

Le lendemain, le 1ᵉʳ novembre 2001, il lui fallait déjà refaire son sac pour aller donner une conférence à Seattle. Jon Krakauer, alors au faîte de la célébrité avec son livre *Tragédie à l'Everest*[3], avait organisé une soirée de collecte de fonds destinés au CAI, dont il était un fervent supporteur.

Dans un article annonçant l'événement[4], le journaliste John Marshall du *Seattle Post Intelligencer* expliqua que si Krakauer avait accepté de sortir de sa tanière, ce qui était exceptionnel, c'est qu'il était convaincu de la nécessité de sensibiliser le public à l'action de Mortenson. « Ce qu'il fait vaut mieux que n'importe quelle bombe. Sans ce genre d'initiative, on ne récolterait que de la haine dans ce coin du monde. Au lieu de cela, les gens nous voient comme des libérateurs. »

– Vous avez dépensé la coquette somme de vingt-cinq dollars pour venir m'écouter, déclara-t-il à la foule, mais ce soir, je ne vais pas vous lire d'extraits de mes livres : je vais vous lire autre chose. Je vais vous lire des extraits d'œuvres qui restent très actuelles et reflètent l'importance du travail mené par Greg.

Il commença par *L'Avènement second* de William Butler Yeats[5] :

---

3. Krakauer, Jon, *Tragédie à l'Everest*, Presse de la cité, Paris, 2009, traduction Christian Molinier. Livre qui relate les effets dramatiques de la commercialisation des expéditions sur l'Everest. Krakauer est également l'auteur de *Into the Wild* (Voyage au bout de la solitude), qui a été adapté à l'écran par Sean Penn.
4. « *Jon Krakauer Reappears Out of Thin Air* » (allusion au titre original de *Tragédie à l'Everest* de Krakauer : *Into Thin Air*). *Thin air*, c'est l'air raréfié en altitude et *To disappear into thin air*, c'est disparaître, se volatiliser. Le titre de l'article pourrait se traduire par « Jon Krakauer revient des cimes comme par magie ».
5. Yeats, W.B., *Michael Robartes et la danseuse*, Éditions Verdier, France, 2001. Traduction de Jean-Yves Masson.

« L'anarchie pure est lâchée sur le monde,
Lâché, le flot noirci de sang, marée montante qui partout
Submerge les saintes traditions de l'innocence ;
Les meilleurs ont perdu toute foi, et les pires
Sont tous emplis de la violence des passions. »

Depuis 1920, année de sa publication, la douleur exprimée par Yeats n'avait rien perdu de sa force. On aurait pu croire la vaste salle du dôme désertée, tant le silence qui suivit les derniers vers était total. Krakauer enchaîna avec la lecture d'un article du *New York Times Magazine* sur l'exploitation des enfants de Peshawar, victimes d'une économie fragilisée, proies aisées des recruteurs extrémistes.

« Quand mon tour de parler arriva, tout le monde, dans la salle, avait les larmes aux yeux, moi y compris », raconte Mortenson.

– Bien que les pires soient en effet capables de déployer la plus violente des passions, conclut Krakauer, je suis certain que les meilleurs n'ont nullement perdu la foi. J'en ai pour preuve ce grand monsieur, assis derrière moi. Ce qu'il accomplit là-bas, avec très peu de moyens, confine au miracle. Si l'on pouvait cloner cinquante types comme lui, il ne fait aucun doute à mes yeux que le terrorisme islamique ne serait bientôt plus qu'un lointain souvenir. Malheureusement, il n'y a que lui. Je vous prie de bien vouloir accueillir Greg Mortenson.

Ce dernier serra Krakauer dans ses bras, le remercia, et demanda au technicien de projeter la première diapo. Le K2 s'afficha derrière lui, son extraordinaire pyramide blanche se détachant crûment sur la voûte bleue du ciel. Sur l'immense écran, devant des milliers de spectateurs, parmi lesquels se trouvaient les plus grands alpinistes du monde, le théâtre de son échec s'étalait, gros comme une maison.

Et pourtant, sans qu'il puisse dire pourquoi, il avait l'impression d'avoir décroché un nouveau sommet.

CHAPITRE 21

LES CHAUSSURES
DE RUMSFELD

Aujourd'hui à Kaboul, des hommes aux joues lisses se passent la main sur le visage. Un vieillard à la barbe fraîchement taillée danse dans la rue, un petit magnétophone plaqué contre l'oreille, le volume à fond. Les talibans, qui avaient interdit la musique et rendu la barbe obligatoire, sont partis.

Kathy Gannon, 13 novembre 2001,
pour Associated Press

À dix mille mètres d'altitude, les pilotes jouaient aux chaises musicales. Toutes les dix minutes, l'un d'eux cédait sa place aux commandes du vieux 727, et rejoignait les huit commandants de bord qui attendaient patiemment leur tour à l'avant de la cabine, en sirotant du thé et en fumant. Sept des huit Boeing de la compagnie nationale Ariana ayant succombé aux bombes ou aux mortiers, les deux heures quarante-cinq de vol de Dubaï à Kaboul leur offraient de précieuses minutes de pilotage.

Mortenson se trouvait à mi-chemin des pilotes et des quinze hôtesses de l'air agglutinées dans l'office situé en bout de cabine. Depuis qu'ils avaient décollé de Dubaï, toutes les deux minutes, une délégation de jeunes femmes timides accourait pour remplir son verre de Coca. Entre deux ravitaillements, Mortenson regardait défiler ce pays qui n'avait cessé de hanter ses rêves depuis qu'il avait commencé à travailler au Pakistan.

Ils arrivaient à Kaboul par le sud. Lorsque le capitaine du moment annonça qu'ils survolaient Kandahar, Mortenson se pencha – avec prudence pour ne pas achever de désarticuler son siège –, afin d'observer l'ancien bastion taliban. Mais à cette altitude, tout ce qu'il distinguait, c'était un ruban de route à travers une vaste plaine, au milieu de collines terreuses et d'ombres éparses – sans doute des constructions. C'était peut-être ce qui désolait le secrétaire d'État à la Défense Rumsfeld lorsqu'il se plaignait de l'absence de bonnes cibles en Afghanistan et suggérait de frapper l'Irak à la place.

Quoi qu'il en soit, les bombes américaines, « intelligentes » ou pas, s'étaient mises à pleuvoir sur ce paysage desséché. Mortenson avait vu sur Internet les images des soldats américains dans la résidence du mollah Omar à Kandahar. Assis sur le lit monumental, baroque, du chef taliban, ils exhibaient la cantine métallique qu'ils venaient de découvrir dessous, bourrée de billets de cent dollars tout neufs.

***

Dans un premier temps, Mortenson avait été favorable à la guerre en Afghanistan. Mais au fur et à mesure qu'augmentait le nombre des victimes civiles, que lui parvenaient les comptes rendus des camps de réfugiés afghans où les enfants mouraient en ramassant par erreur les débris de bombes à fragmentation, du même jaune vif que les rations alimentaires américaines larguées par l'aide humanitaire, il avait changé d'avis.

« Pourquoi, écrit-il dans une lettre au *Washington Post* publiée dans l'édition du 8 décembre 2001, le Pentagone nous communique-t-il les chiffres des victimes chez les combattants d'al-Qaida et les talibans, mais reste-t-il muet lorsqu'on l'interroge sur le nombre de morts chez les civils ? Et plus inquiétant encore : pourquoi les médias évitent-ils de poser la question au secrétaire d'État à la Défense Rumsfeld lors des points de presse ? »

Toutes les nuits, sur le coup de deux heures du matin, il se réveillait et restait allongé près de Tara, en s'efforçant de chasser les images de victimes civiles qui s'immisçaient dans son sommeil. Mais il savait que parmi les victimes des bombes américaines, il y avait d'anciens élèves des écoles financées par le CAI au camp de Shamshatoo, des enfants dont les familles avaient fini par se décourager de la dure vie qu'ils menaient au camp et étaient retournées en Afghanistan. Chaque nuit, dans l'obscurité de sa chambre, les visages de ces enfants le hantaient et il finissait invariablement par se lever pour appeler le Pakistan. Ses contacts de l'armée lui avaient appris que le mollah Abdul Salaam Zaeef, avec qui il avait bu le thé au Marriot, avait été capturé et envoyé, cagoulé et enchaîné, au centre de détention de Guantanamo, à Cuba.

« Cet hiver-là, quand j'ouvrais mon courrier, c'était la roulette russe : quelques messages d'encouragement, des donations, et subitement, une lettre m'avertissant que Dieu me punirait d'avoir aidé les musulmans et me promettant une mort douloureuse. » Il fit ce qu'il put pour protéger sa famille et se mit sur liste rouge. Quand sa factrice apprit qu'il recevait des menaces de mort, avec les attentats à l'anthrax qui étaient encore tout frais dans les mémoires[1], elle écarta systématiquement les enveloppes sans mention de l'expéditeur et les transmit au FBI.

---

1. Envoi de lettres empoisonnées au bacille du charbon qui provoquèrent cinq décès et contaminèrent dix-sept personnes aux États-Unis en septembre 2001. La justice américaine a annoncé en août 2008 que l'affaire était close et a désigné un scientifique américain qui s'est donné la mort en juillet 2008, comme unique auteur de ces attentats, ce que contestent ses avocats.

Son plus beau message d'encouragement lui fut adressé par Patsy Collins, une vieille dame de Seattle qui envoyait régulièrement des dons au CAI. « Je suis assez vieille pour me rappeler les inepties commises durant la Seconde Guerre mondiale, écrivit-elle, quand nous nous en sommes pris à tous ces Japonais que nous avons internés sans aucune raison. Toutes ces lettres d'injures sont la preuve qu'il faut aller dire aux Américains ce que vous savez sur les musulmans. Vous incarnez la bonté et le courage, qui sont les symboles de notre pays. Allez-y, n'ayez pas peur, diffusez votre message de paix. C'est le moment d'entrer en scène. »

Bouleversé par ce qui se passait à l'autre bout du monde, il décida de suivre les conseils de Patsy Collins et organisa une série de conférences, s'efforçant de mener campagne le plus efficacement possible. Durant les mois de décembre et janvier, surmontant sa timidité, il prit la parole à l'occasion de diverses manifestations publiques : au magasin REI de Seattle, coopérative spécialisée dans les loisirs de plein air, au congrès de l'association de retraités américaine à Minneapolis, ainsi qu'à la convention des bibliothécaires du Montana (à l'initiative de Julia Bergman) et au club des explorateurs à Manhattan, l'Explorers Club.

La foule n'était pas toujours au rendez-vous. Au très sélect club Yellow Stone de Big Sky, station de ski située au sud de Bozeman, six personnes seulement s'étaient déplacées pour venir l'écouter dans une petite pièce cossue, devant une cheminée décorative. Se remémorant sa projection à trois spectateurs et son heureuse issue, il couvrit la cheminée d'un drap blanc et se lança dans ses commentaires de diapos, dénonçant avec virulence les erreurs commises par les États-Unis.

Pelotonnée dans un fauteuil, une jolie jeune femme d'une trentaine d'années, en sweat-shirt, jeans et casquette de base-ball, l'écoutait avec une attention particulière. Après la conférence, tandis qu'il pliait le drap blanc, elle vint se présenter : « Mary Bono, dit-elle. Pour être exacte : Mary Bono, élue républicaine au Congrès pour le district de Palm Springs. Je dois avouer que j'en ai plus appris ce soir en une heure que dans tous les points de presse du Congrès depuis le 11 septembre. Il faut organiser une conférence là-bas. » Elle conclut en lui tendant sa carte de visite, l'invitant à l'appeler dès le début de la prochaine session du Congrès pour programmer une présentation à Washington.

***

Un nouveau capitaine avait pris son tour aux commandes. Le Boeing 727 d'Ariana entama sa descente sur Kaboul, plongeant vers la cuvette poussiéreuse frangée de montagnes. Les hôtesses de l'air se mirent à psalmodier nerveusement une *doua*. L'avion exécuta un virage à l'approche des collines de Logar, révélant des carcasses calcinées de chars soviétiques à l'entrée de grottes ou derrière des talus – piètres paravents contre les armes à laser modernes.

Au cours des mois précédents, Mortenson avait échangé une correspondance abondante via Internet avec Kathy Gannon, qui avait finalement réussi à retourner dans la capitale afghane depuis leur conversation au Marriot. Elle lui avait narré la débâcle des talibans devant les chars de l'Alliance du Nord arrivant par le sud, tandis que les chasseurs américains avaient pilonné la « Street of Guests[2] », quartier chic occupé par les alliés arabes des talibans. La journaliste lui avait également dépeint les scènes qui avaient succédé à la fuite des talibans, le 13 novembre 2001 : les danses en pleine rue, les postes de radio et les magnétophones qui sortaient de leur long sommeil forcé.

---

2. La rue des Invités.

En février 2002, d'intenses combats faisaient toujours rage dans la chaîne des White Mountains[3] visibles par le hublot, entre les troupes terrestres américaines et les dernières poches de résistance talibanes. Mais Kaboul, sous le contrôle de l'Alliance du Nord et de leurs alliés américains, lui paraissait offrir les garanties de sécurité nécessaires.

Pourtant, sur le court trajet de l'avion jusqu'au terminal, en voyant les équipes de démineurs s'affairer avec leurs bulldozers blindés, Mortenson commença à avoir de sérieux doutes. Ici, des fragments d'avions bombardés étaient abandonnés sur place. Là, des queues d'appareil noircies et cloquées se dressaient comme de funestes drapeaux. Ailleurs, des fuselages gisaient au bord des pistes cabossées, tels des cadavres de baleines échouées.

Juste à l'entrée du terminal, il reconnut la carcasse d'une Coccinelle carbonisée, renversée sur le toit, qui tanguait doucement sous les rafales de vent. Le compartiment moteur et l'habitacle avaient été nettoyés de fond en comble.

L'unique douanier à officier dans le terminal privé d'électricité examina son passeport à la faveur d'un rai de lumière qui passait par un trou d'obus. Satisfait, il y apposa son tampon d'un geste nonchalant et lui indiqua la sortie, qu'on rejoignait en passant devant une affiche à moitié décollée de Shah Ahmed Massoud, placardée lors de la prise de l'aéroport.

Mortenson s'était habitué à ce qu'on l'attende à son arrivée. À Islamabad, dès qu'il avait passé les douanes, il était accueilli par le visage souriant de Suleman. À Skardu, Faisal Baig parvenait toujours à persuader les gardes de lui donner accès au tarmac, afin qu'il puisse prendre ses fonctions à la seconde même où l'Américain débarquait. Mais à Kaboul, il se retrouvait seul face à une impressionnante meute de chauffeurs de taxi. Se fiant à son expérience, il se

---

3. Chaîne qui marque la frontière entre l'Afghanistan et le Pakistan.

dirigea vers celui qui paraissait le moins intéressé, jeta son sac sur la banquette arrière et s'installa à l'avant.

Comme la plupart des habitants de Kaboul, Abdullah Rhaman avait été défiguré par la guerre. Il n'avait plus de paupières et la moitié droite de son visage était lisse, figée, brûlée par la mine qui avait explosé au passage de son taxi. Ses brûlures aux mains étaient si profondes qu'il ne pouvait plus les resserrer sur le volant. Il n'en était pas moins habile à naviguer dans les rues embouteillées de la capitale.

Pour nourrir sa famille, Abdullah faisait comme la plupart des Kaboulis : il cumulait les emplois. La bibliothèque de l'hôpital militaire le payait un dollar vingt par mois pour surveiller les trois coffres cadenassés contenant les quelques volumes moisis qui, on ne sait trop comment, avaient survécu au régime des talibans et à leur manie de brûler tout ce qui n'était pas le Coran. Il conduisit l'Américain à ce qui allait être son pied-à-terre pour les semaines à venir, une bâtisse criblée d'impacts de balles au nom particulièrement incongru dans le contexte : Kabul Peace Guest House[4].

De sa petite chambre sans eau ni électricité, par la fenêtre à barreaux, il voyait les immeubles en ruines de la bruyante Bagh-e-Bala Road et les habitants du quartier qui claudiquaient de l'un à l'autre. Il tentait d'échafauder un plan d'action, mais l'avenir lui paraissait tout aussi indéchiffrable que les traits des passantes en burqa.

Avant son arrivée, il avait imaginé louer une voiture pour se rendre dans le Nord, où vivaient les cavaliers kirghiz qui étaient venus lui demander son aide à Zuudkhan. Mais au vu de l'insécurité qui régnait dans la capitale, s'enfoncer à l'aveuglette dans le pays paraissait suicidaire. La nuit, grelottant dans sa chambre non chauffée, il entendait des échos de tirs automatiques se répercuter à travers la ville,

---

4. La pension *Paix à Kaboul*.

et sentait les secousses des roquettes lancées depuis les collines environnantes.

Abdullah lui présenta un ami pathan du nom de Hashmatullah, beau jeune homme débrouillard qui avait combattu avec les talibans avant d'être renvoyé pour cause de blessures. « Hash, comme il se faisait appeler, me confia qu'il avait été djihadiste – en théorie seulement. C'était un type intelligent, qui aurait largement préféré être technicien dans les télécoms si ce genre d'emplois avait existé. Mais quand il est sorti de sa madrasa, les talibans lui ont proposé trois cents dollars pour combattre dans leurs rangs. Il a pris l'argent, l'a donné à sa mère, et a suivi l'entraînement. »

Une roquette de l'Alliance du Nord avait fait sauter le mur derrière lequel il s'était mis à couvert. Quatre mois plus tard, les perforations qui lui criblaient le dos suppuraient toujours, et au moindre effort soutenu, sa respiration sifflait. Mais Hash était fou de joie de ne plus avoir à subir les nombreux interdits des talibans, et il s'était même rasé la barbe. Une fois que Mortenson eut pansé ses plaies et lui eut donné des antibiotiques, il fut prêt à jurer fidélité au premier Américain que le destin avait placé sur sa route.

Comme toutes les constructions de Kaboul, les écoles avaient souffert des combats. Officiellement, elles devaient rouvrir un peu plus tard dans la saison. Mortenson expliqua à Hash et Abdullah qu'il voulait dresser un bilan de la situation dans la capitale, et les trois hommes partirent en mission de reconnaissance à bord de la Toyota jaune. En fait, à peine vingt pour cent des cent cinquante-neuf écoles de la ville étaient en mesure de fonctionner. Pour accueillir les trois cent mille élèves kaboulis, il leur faudrait donc se relayer, faire classe en plein air ou dans des bâtiments dont il ne restait souvent plus qu'un tas de ruines.

Le lycée de Durkhani en était la parfaite illustration. Enveloppée de sa burqa bleu pastel, la principale Uzra Faizad confia à Mortenson que lorsque l'établissement ouvrirait ses portes, elle devrait organiser trois services successifs afin de pouvoir répartir ses quatre mille cinq cents élèves entre ses quatre-vingt-dix enseignants. De plus, l'effectif prévisionnel grossissait de jour en jour, les filles sortant peu à peu de l'ombre depuis qu'elles avaient acquis la certitude que les talibans, qui leur avaient interdit l'accès à l'éducation, étaient bel et bien partis.

« J'étais bouleversé par ce que me racontait Uzra, se souvient Mortenson. Je me trouvais devant une femme forte, fière, qui se battait pour tenter l'impossible. Les murs d'enceinte de l'école étaient réduits en poussière, le toit était effondré, et pourtant, elle venait tous les jours pour remettre les choses d'aplomb parce qu'elle était convaincue que la seule issue possible, pour son pays, c'était l'éducation. »

Il aurait voulu déclarer son association à Kaboul afin de pouvoir bénéficier des autorisations nécessaires pour y construire des écoles, mais outre les réseaux électriques et de téléphone, la bureaucratie était, elle aussi, hors service. « Abdullah m'a conduit d'un ministère à l'autre, mais il n'y avait personne. Pour finir, j'ai décidé de retourner au Pakistan chercher des fournitures scolaires et de donner un coup de main là où on en aurait besoin. »

Une semaine plus tard, l'Américain trouva une place sur un vol de la Croix-Rouge à destination de Peshawar et se rendit au camp de Shamshatoo pour s'assurer que les enseignants du CAI recevaient bien leur paye. Après ce qu'il avait vu en Afghanistan, les problèmes du Pakistan lui paraissaient gérables. Lors d'une tournée dans les environs de Shamshatoo, il s'arrêta pour photographier trois garçons assis sur des sacs de patates. Tandis qu'il cadrait l'image, il remarqua que tous trois avaient le même regard absent que les habitants de Kaboul. Mortenson posa son appareil photo et leur demanda, en pachto, s'ils avaient besoin de quelque chose.

Le plus âgé d'entre eux, un garçon de treize ans nommé Ahmed, sembla soulagé d'avoir trouvé une oreille compatissante. La semaine passée, son père était parti à Peshawar pour acheter une charrette de pommes de terre qu'il comptait revendre au village, près de Djalalabad. Au retour, il avait été tué par un missile américain, avec les quinze autres villageois qui composaient sa caravane.

Ahmed et ses jeunes frères étaient retournés à Peshawar pour se procurer des pommes de terre auprès des fournisseurs de leur père, qui, émus, leur avaient consenti un bon prix. Les garçons cherchaient maintenant un moyen de rejoindre leur mère et leurs sœurs, restées au village pour observer le deuil.

Au ton plat sur lequel il évoquait la tragédie, à entendre le détachement avec lequel il lui parlait, à lui qui venait du pays dont l'armée avait tué son père, Mortenson en déduisit que le garçon était en état de choc. Il l'était d'ailleurs lui-même, d'une certaine façon. Suleman vint le chercher à Peshawar et le conduisit au Home Sweet Home, où il passa trois nuits sans fermer l'œil, tentant de digérer ce qu'il avait vu en Afghanistan. Après la misère qu'il avait côtoyée à Kaboul et dans le camp de réfugiés, il se réjouissait à l'idée de revoir son cher Skardu. Jusqu'à ce que Parvi lui téléphone et lui annonce les dernières nouvelles.

Quelques jours plus tôt, en pleine nuit, une bande de gros bras dépêchés par Agha Mubarek, l'un des plus puissants mollahs du nord du pays, s'en était pris à leur dernier projet : l'école mixte de Hemasil dans la vallée de Shigar. Ils avaient d'abord essayé d'y mettre le feu, mais comme la charpente et les encadrements de fenêtres n'étaient pas encore en place, la construction avait simplement noirci. Ils avaient alors cherché des marteaux et avaient réduit les murs de briques en poussière – des briques dont la taille et la pose avaient demandé des jours de travail.

Quand Mortenson arriva à Skardu pour tenir une réunion d'urgence, d'autres mauvaises nouvelles l'y attendaient. Agha Mubarek avait promulgué une fatwa lui interdisant de travailler au Pakistan. Pour couronner le tout, Imran Nadim, un homme politique influent de la région, cherchant à séduire sa base chiite, avait publiquement déclaré son soutien à Mubarek.

Une *djirga* réunissant les plus fidèles partisans de Mortenson fut donc organisée à l'étage de l'hôtel Indus.

– Mubarek veut se servir au passage, déclara Parvi. Il a d'abord tenté de soutirer un pot-de-vin au conseil du village pour autoriser la construction de l'école. Comme ils ont refusé, il a détruit le bâtiment et promulgué une fatwa.

Parvi expliqua qu'il avait rencontré Imran Nadim, et que celui-ci lui avait laissé entendre que le problème pourrait être résolu contre rémunération. «J'étais furieux, raconte Mortenson. J'étais prêt à rassembler quelques copains de l'armée pour débarquer dans le village de Mubarek, lui flanquer la frousse et lui faire abandonner la partie.» Mais Parvi prôna une solution plus pérenne. «Si vous cernez la maison de ce bandit avec des armes, il vous promettra n'importe quoi. Et dès que les fusils seront partis, il fera marche arrière. Ce dont nous avons besoin, c'est de régler les choses une bonne fois pour toutes au tribunal. Le tribunal de la Charia.»

Mortenson savait qu'il pouvait se fier à Parvi. Ce dernier fit équipe avec son vieil ami Mehdi Ali, instigateur du projet d'école à Hemasil, pour porter l'affaire devant le tribunal islamique de Skardu. Les choses allaient se régler entre musulmans; Parvi conseilla à l'Américain de se tenir à l'écart de la bataille juridique, et de poursuivre sa tâche en Afghanistan.

Mortenson contacta donc le conseil d'administration du CAI, l'informa de la situation en Afghanistan et demanda son aval pour acheter des fournitures scolaires. À sa grande surprise, Julia Bergman proposa de venir le rejoindre sur place pour participer à l'opération. « C'était très courageux de sa part. Les combats continuaient dans ce secteur, mais je n'ai pas réussi à la dissuader. Elle savait ce qu'avaient subi les Afghanes sous le régime des talibans et tenait absolument à leur venir en aide. »

C'est ainsi qu'en avril 2002, une Américaine blonde vêtue d'un ample *shalvar kamiz* et portant un médaillon sur lequel on pouvait lire : « Quand la mort me fauchera, je compte bien être usée jusqu'à la corde », franchit le poste frontière de Landi Khotal en compagnie de Mortenson. Les deux compatriotes se serrèrent ensuite dans le mini-van où s'entassaient les fournitures scolaires achetées à Peshawar. Suleman, qui n'avait pas de passeport, avait dû renoncer à les accompagner et avait cédé sa place à Monir, un ami pachtoun : « Je te jure que s'il arrive quoi que ce soit au *sahib* et à la *memsahib*, l'avait-il averti, je te tuerai de mes propres mains. »

« J'étais surpris de voir que la zone frontière était ouverte à tout vent, commente Mortenson. Je n'ai vu aucun garde nulle part. Oussama Ben Laden aurait pu passer au Pakistan avec une centaine d'hommes sans que personne ne s'y oppose. »

Il leur fallut onze heures pour parcourir les trois cent vingt kilomètres de route jusqu'à Kaboul. « Tout au long du trajet, se souvient Julia Bergman, on voyait des chars et d'autres engins militaires réduits en cendres. C'était le contraste total avec le paysage, qui était magnifique. Il y avait des champs de pavots rouges et blancs qui s'étendaient à perte de vue sur fond de sommets enneigés. On avait une impression de sérénité malgré la réalité. »

« On s'est arrêtés pour manger un morceau et se désaltérer à l'hôtel Spin Ghar de Djalalabad, poursuit Mortenson. C'était un ancien QG des talibans. Ça m'a rappelé les images de Dresde après les bombardements de la

Seconde Guerre mondiale. D'après ce que j'avais entendu dire à Shamshatoo, les B-52 avaient copieusement arrosé la région. À Djalalabad, j'étais inquiet pour la sécurité de Julia. Je lisais une telle haine dans le regard des gens que je me demandais combien d'innocents, comme ce marchand de pommes de terre, étaient tombés sous nos bombes. »

En arrivant à Kaboul, Mortenson déposa Bergman à l'Intercontinental, installé sur une hauteur d'où l'on dominait la ville meurtrie. C'était le seul hôtel habitable de la ville : il n'avait été détruit qu'à moitié. La chambre qu'on leur attribua dans l'aile « intacte », facturée cinquante dollars la nuit, avait des morceaux de plastique en guise de vitres, et on leur apportait des seaux d'eau chaude, une fois par jour, pour la toilette.

Accompagnés de Hash et Abdullah, ils firent la tournée des établissements scolaires de la capitale. Ils s'arrêtèrent au Kabul Medical Institute, la plus prestigieuse école de médecine du pays, pour y déposer les ouvrages spécialisés que leur avait confiés une donatrice du CAI, Kim Trudell, de Marblehead dans le Massachusetts. Le 11 septembre 2001, son mari Frederick Rimmele s'était rendu à un colloque, en Californie, par le vol 175 de la United Airlines qui s'était encastré dans la tour Sud du World Trade Center. Kim Trudell avait chargé Mortenson de distribuer les livres de son mari à des étudiants kaboulis, persuadée de l'importance de l'éducation dans la résolution de la crise actuelle.

Dans une immense salle de cours non chauffée, sous un plafond affaissé, cinq cents étudiants écoutaient attentivement un professeur. Eux qui ne disposaient que de dix manuels pour le cours d'anatomie avancé, acceptèrent les ouvrages de bon cœur. D'ordinaire, les quatre cent soixante-dix étudiants et trente étudiantes emportaient à tour de rôle les manuels chez eux, dont ils recopiaient à la main des chapitres entiers, en reproduisant les illustrations.

Le procédé était laborieux, mais n'en constituait pas moins un sérieux progrès comparé à la situation qu'avait connue l'institut quelques mois plus tôt. Le Dr Nazir Abdul, pédiatre, leur expliqua que les talibans au pouvoir avaient proscrit les ouvrages illustrés, dont tout exemplaire était condamné au bûcher. Des gardes armés du «ministère de la promotion de la vertu et de la prévention du vice» – abhorré de la population – assistaient aux cours depuis le fond de la salle pour s'assurer qu'aucun schéma anatomique n'était dessiné au tableau.

«Nous avons la théorie, mais pas la pratique, déclara le Dr Abdul. Nous manquons des outils indispensables à notre profession. Nous n'avons pas de quoi acheter des appareils de mesure de pression artérielle, ni même des stéthoscopes. Moi qui suis docteur, je n'ai jamais regardé dans un microscope.»

Abdullah, qui slalomait adroitement entre les trous d'obus malgré ses mains abîmées, les conduisit dans les quatre-vingts villages de la région de Maidan Sha, à l'ouest de Kaboul. Mortenson savait que la plus grande partie de l'aide étrangère, qui arrivait au compte-gouttes dans le pays, ne franchirait jamais les faubourgs de Kaboul. Or, ce qui l'intéressait, ici comme au Pakistan, c'étaient les communautés rurales pauvres.

À chaque nouvelle distribution de cahiers et de crayons, ils mesuraient l'étendue des besoins. Ainsi, au collège de Shahabudeen qui accueillait trois cents élèves, les cours des plus jeunes se déroulaient dans des conteneurs rouillés. Quant aux neuf garçons de troisième, ils étudiaient au fond d'un blindé calciné qui avait perdu ses chenilles dans l'explosion. La classe avait exposé son bien le plus précieux dans la trappe du tireur qui faisait office de fenêtre : un ballon de volley, don d'un travailleur humanitaire suédois. «L'homme suédois a de longs cheveux d'or, comme la chèvre de montagne», expliqua un garçon, fier de montrer ses connaissances en anglais, son crâne rasé grouillant de poux.

Mais le plus dur, pour Mortenson, c'était de voir le dénuement dans lequel travaillaient les écolières. «Quatre-vingts collégiennes faisaient classe dehors, malgré les bourrasques de sable qui leur fouettaient le visage et renversaient constamment le tableau noir.» Quand l'Américain leur distribua les cahiers et les crayons, elles les serrèrent précieusement contre elles pour les empêcher de s'envoler.

Tandis qu'il rejoignait son taxi, un essaim d'hélicoptères de combat américains, ventres hérissés de missiles Hellfire, gronda à quinze mètres au-dessus de leurs têtes dans un vacarme terrifiant. Le souffle des rotors renversa le tableau noir, qui se brisa au sol.

«Partout où l'on allait, témoigne Julia Bergman, on voyait des avions et des hélicoptères de l'armée américaine. Quand je pensais à tout l'argent que ça devait représenter! Mais où était l'aide humanitaire? J'avais entendu tant de promesses, à la maison, où l'on nous serinait que la reconstruction du pays était l'une de nos grandes priorités. Mais sur place, l'aide que nous apportions aux enfants afghans était pour le moins discrète, surtout l'aide américaine. Ça me gênait beaucoup, je trouvais ça vraiment frustrant.»

Le lendemain, Mortenson et Bergman livrèrent des fournitures à l'école de Durkhani. Pour accéder aux salles situées à l'étage, en attendant la reconstruction des escaliers, les élèves devaient gravir de grossières échelles en rondins. L'établissement n'en fonctionnait pas moins à plein régime, enchaînant trois services d'enseignement successifs. La principale Uzra Faizad, ravie de les revoir, les invita à boire le thé chez elle.

Uzra était veuve. Son mari, ancien moudjahidin engagé dans les forces de Massoud, était mort au combat. Elle vivait dans une petite cabane d'une simplicité monacale, dans l'enceinte de l'école. Sous le régime taliban, elle avait fui à Taloqan, dans le nord du pays. Après la chute de la ville, elle avait continué de donner des cours aux filles dans la clandestinité. De retour à Kaboul, elle avait milité pour l'accès des filles à l'éducation.

Uzra releva le morceau de bâche protégeant l'unique fenêtre de la cabane, ôta son ample burqa et la suspendit à un crochet, au-dessus de l'une de ses rares possessions : une couverture de laine soigneusement pliée. Elle s'accroupit ensuite devant un petit réchaud à propane et prépara le thé.

– Vous savez, remarqua Bergman, les femmes de mon pays aimeraient savoir pourquoi les Afghanes continuent à porter la burqa, même après le départ des talibans.

– Je suis traditionnelle, répondit Uzra, ça me va comme ça. Et puis, cela me rassure de porter la burqa. D'ailleurs, je demande à toutes mes enseignantes de la mettre quand elles se rendent au bazar. Je ne veux fournir de prétexte à personne pour venir fourrer son nez dans l'éducation de nos filles.

– Tout de même, insista Bergman, les femmes émancipées de mon pays se demanderaient s'il n'est pas opprimant d'être forcée de regarder par ce petit grillage.

Pour la première fois depuis que Mortenson l'avait rencontrée, Uzra sourit franchement, et il fut émerveillé de voir combien elle était encore belle, à cinquante ans, malgré tout ce qu'elle avait enduré.

– Pour nous, Afghanes, répondit-elle, la lumière vient de l'éducation, et non d'une petite ouverture pratiquée dans un bout de tissu.

Lorsque le thé fut prêt, Uzra les servit en s'excusant de ne pas avoir de sucre.

– J'ai une faveur à vous demander, dit-elle après la première gorgée de thé. Nous sommes très reconnaissants aux Américains d'avoir chassé les talibans, mais cela fait maintenant cinq mois que je n'ai perçu aucun salaire, malgré les promesses qu'on m'a faites. Vous serait-il possible d'en parler à quelqu'un aux États-Unis pour voir s'ils en connaissent la raison ?

Mortenson remit quarante dollars à Uzra et vingt à chacun de ses quatre-vingt-dix enseignants, qu'il puisa dans les fonds du CAI. Puis, après avoir laissé Julia Bergman à bord du vol de l'ONU qui devait la ramener à Islamabad, il se lança sur les traces des salaires disparus. Alors qu'il arpentait pour la troisième fois les couloirs déserts du ministère des Finances, il croisa le ministre adjoint qui leva les bras au ciel en signe d'impuissance.

« Il m'a expliqué que moins d'un quart de l'argent promis par le président Bush était arrivé en Afghanistan. Sur le maigre montant qui leur était parvenu, six cent quatre-vingts millions de dollars avaient été "réaffectés" à la construction de pistes d'aviation et de dépôts de ravitaillement au Bahreïn, au Koweït et au Qatar en prévision de l'invasion de l'Irak à laquelle tout le monde s'attendait. »

Que ce soit à bord du 727 de l'Ariana Airlines qui l'achemina à Dubaï, du 777 de British Air qui le conduisit à Londres, ou du 767 de Delta Airlines qui le déposa finalement à Washington, Mortenson passa son voyage à arpenter les couloirs, trop énervé pour rester en place. « Le temps filait. Bientôt, il serait trop tard pour sortir les Afghans de l'impasse que nous avions contribué à créer. Si nous n'étions même pas capables de verser un salaire de quarante dollars à quelqu'un d'aussi utile qu'Uzra, comment pouvions-nous imaginer venir à bout d'un phénomène aussi complexe que le terrorisme ? »

***

Après le décès, en 1998, de son époux Sonny, élu républicain pour le district de Palm Springs en Californie, Mary Bono s'était laissé convaincre de reprendre son siège au Congrès. Tout comme son défunt mari[5], elle avait d'abord essuyé quelques moqueries de ses adversaires, que ses compétences avaient vite fait taire. Ancienne gymnaste, grimpeuse et professeur de fitness, lorsqu'elle débarqua à Washington à l'âge de trente-sept ans, elle n'avait pas franchement le profil de l'élu républicain type, surtout quand elle enfilait une robe du soir pour les dîners officiels.

Rapidement, son esprit n'ayant rien à envier à son physique, elle devint l'étoile montante du parti républicain. Lorsque Mortenson la rencontra à Capitole Hill, elle venait de remporter haut la main son deuxième mandat, et inspirait le respect dans les deux camps politiques. Quant à son physique, dans un milieu largement masculin, il n'était pas à proprement parler un handicap.

« En arrivant à Washington, je ne savais vraiment pas à quoi m'attendre, avoue Mortenson. J'avais l'impression d'avoir été parachuté dans un village afghan dont je ne connaissais pas les coutumes. Mary a passé toute la journée avec moi, à m'expliquer les rouages de la machine. On a pris un tunnel, pour aller de son bureau au Capitole, et en cours de route, on a croisé de nombreux élus auxquels Mary m'a présenté. Ils rougissaient comme des premiers communiants, et moi aussi, à chaque fois qu'elle disait : "Il faut absolument que vous rencontriez Greg Mortenson. C'est un véritable héros américain." »

Mary Bono avait réservé une salle de conférence à Capitole Hill et avait envoyé l'invitation suivante à tous les membres du Congrès : « Greg Mortenson : un Américain qui

---

5. Sonny Bono, célèbre chanteur pop des années 60, membre du duo Sonny and Cher.

combat le terrorisme au Pakistan et en Afghanistan en construisant des écoles de filles. »

« Après l'avoir entendu parler, c'était bien le moins que je puisse faire, dit-elle. Je rencontre tellement de gens, tous les jours, qui prétendent œuvrer pour le bien de l'humanité. Greg, lui, ce n'est pas du cinéma. Il se donne à fond. Je suis une inconditionnelle. Je suis sidérée par les sacrifices que lui et sa famille ont supportés. Il représente ce qu'il y a de mieux aux États-Unis. Je voulais juste lui donner un petit coup de pouce, pour qu'il puisse transmettre un peu de son humanité à un maximum de gens. »

Après avoir installé, une fois de plus, son vieux projecteur diapo orné pour l'occasion de bouts de scotch tout neufs, Mortenson se tourna vers les élus et leurs conseillers. Il portait son unique costume en tissu écossais marron, et une vieille paire de mocassins en daim. Il aurait préféré se trouver devant deux cents sièges vides, mais il pensa à la demande d'Uzra, à la raison de sa présence en ces lieux, et projeta sa première diapositive. L'implacable beauté du Pakistan et sa pauvreté défilèrent à l'écran. Mortenson évoqua le salaire égaré d'Uzra et l'importance qu'il y avait, pour les États-Unis, à honorer la promesse de reconstruction qui avait été faite aux Afghans.

Provocateur, un représentant républicain californien l'interrompit au beau milieu d'une phrase :

– C'est bien joli de construire des écoles, lança-t-il, mais notre priorité, en tant que nation, c'est la sécurité. Tant qu'on n'a pas la sécurité, à quoi ça sert, tout ça ?

Mortenson prit une profonde inspiration. La colère qui couvait depuis son départ de Kaboul menaçait d'éclater.

– Je ne fais pas ce que je fais dans le but de combattre le terrorisme, répondit-il en choisissant ses mots avec soin pour éviter de se faire jeter dehors. Je le fais parce que je me soucie du sort de ces enfants. La lutte contre le terrorisme vient en septième ou huitième position dans la liste de mes priorités. Mais au cours de mon travail là-bas, j'ai appris une ou deux choses. J'ai appris que le terrorisme n'apparaît pas spontanément, que ce soit au Pakistan ou en Afghanistan, parce qu'un groupe de gens décide un beau jour de vous détester. Il apparaît parce que l'avenir qui attend ces enfants est si peu prometteur qu'ils n'ont aucune raison de préférer la vie à la mort.

Il poursuivit avec une éloquence qui l'étonna lui-même. Son séjour en Afghanistan l'avait tellement secoué qu'il en avait perdu sa timidité. Il évoqua la détresse des écoles publiques pakistanaises. Il parla des madrasas wahhabites qui se propageaient partout comme un cancer, des milliards de dollars que les cheiks saoudiens apportaient par valises entières dans la région pour financer leurs usines à djihad. Plus les mots lui venaient facilement, plus le silence se faisait dans la salle, que seul troublait le grattement des stylos courant furieusement sur le papier.

Une fois qu'il eut terminé et répondu à diverses questions, l'assistante parlementaire d'une représentante newyorkaise vint le trouver tandis qu'il rangeait maladroitement sa boîte de diapositives.

– C'est fou, fit-elle remarquer. Comment se fait-il que nous n'entendions jamais parler de tout ça dans les nouvelles ou dans nos points de presse ? Vous devriez écrire un livre là-dessus.

– Je n'en ai pas le temps, répondit-il tandis que le général Anthony Zinni, ancien commandant du CentCom[6], entrait dans la pièce, flanqué d'une cohorte d'officiers.

– Vous devriez le prendre.

– Demandez à ma femme, si vous ne me croyez pas : je n'ai même pas le temps de dormir !

---

6. United States Central Command, l'un des dix commandements de l'armée américaine, dont la zone d'influence actuelle est le Moyen-Orient et l'Asie centrale.

Mortenson alla ensuite se promener sur le Mall et déambula du côté du Potomac en se demandant si son message était passé. Les touristes flânaient par petits groupes à travers les pelouses, entre le grand V noir commémorant les victimes de la guerre du Vietnam et le palais de marbre blanc où Lincoln se morfondait, en attendant que la nation ait fini de panser ses dernières plaies.

Quelques mois plus tard, Mortenson se rendit de l'autre côté du Potomac, au Pentagone, à l'invitation d'un général des *marines* qui avait versé un don de mille dollars au CAI.

Le général escorta Mortenson le long d'un couloir en marbre poli, jusqu'au bureau du secrétaire à la Défense. «Ce qui m'a le plus frappé, c'est que les gens évitaient de se regarder. Ils avaient l'air pressés, un ordinateur portable coincé sous le bras, et filaient comme des missiles sans prendre le temps de lever les yeux. Dire que moi aussi j'avais été dans l'armée! Mais ce que j'avais connu n'avait pas grand-chose en commun avec ce que je voyais là. Ici, c'était une armée d'ordinateurs portables.»

Dans le bureau du secrétaire d'État à la Défense, il se souvient d'avoir été surpris qu'on ne lui propose pas de s'asseoir. Au Pakistan, quand il était reçu par des officiers de haut rang, même brièvement, on lui offrait au minimum un siège et une tasse de thé. Debout, mal à l'aise dans son costume, il ne savait quelle attitude adopter, ni même quoi dire.

«Cela n'a duré qu'une minute, le temps d'être présenté, se rappelle-t-il. J'aimerais pouvoir me vanter d'avoir fait impression sur Donald Rumsfeld, d'avoir dit quelque chose qui lui aurait fait complètement douter de sa façon de combattre le terrorisme, mais en fait, j'ai surtout regardé ses chaussures.

«Même moi qui n'y connais pas grand-chose en matière de chaussures, je peux vous dire qu'elles étaient vraiment belles. Elles avaient dû coûter cher et étaient impeccablement cirées. Je me souviens aussi que Rumsfeld portait un costume gris, très chic, et qu'il sentait l'eau de Cologne. J'avais beau savoir qu'un des avions avait percuté le Pentagone, on était quand même bien loin des combats, de la chaleur et de la poussière de Kaboul. »

De retour dans le couloir toujours aussi peu accueillant, se hâtant de rejoindre son public de spécialistes en stratégie militaire, il se demanda à quel point le détachement qu'il ressentait en ces lieux affectait les décisions qui y étaient prises. Dans quelle mesure son opinion sur la guerre différerait-elle si tout ce qu'il avait vu, lui, des petits vendeurs de pommes de terre au tableau noir renversé par le souffle de l'hélicoptère, en passant par les innombrables victimes des bombes à fragmentation de Kaboul, se réduisait à une suite de chiffres sur un écran ?

Dans une petite salle de cours à demi remplie, devant un public d'officiers en uniformes auxquels se mêlaient quelques civils, Mortenson n'y alla pas de main morte. « De toute façon, j'avais l'impression que tout ce que j'avais à dire ne servirait à rien. Ce n'est pas moi qui allais changer quelque chose à la façon dont l'administration Bush décidait de faire la guerre. Alors j'ai décidé de me lâcher. »

– J'ai été favorable à la guerre en Afghanistan, dit-il en guise d'introduction. J'y ai cru, parce que je croyais que nous étions sérieux lorsque nous parlions de reconstruire l'Afghanistan. Si je suis là, c'est parce que je sais que la victoire militaire ne constitue qu'une première étape de la lutte contre le terrorisme et que je doute de notre volonté à passer aux étapes suivantes.

Il décrivit ensuite les traditions tribales attachées aux conflits dans cette région : les *djirga* qui réunissaient les adversaires avant la bataille pour se mettre d'accord sur le nombre de victimes que chacun jugeait acceptable, le vainqueur devant pourvoir aux besoins des veuves et des orphelins du vaincu.

– Les habitants de cette région du monde sont habitués à la mort et à la violence. Si vous leur dites : "Nous regrettons que votre père soit mort, mais il est mort en martyr pour libérer l'Afghanistan", si vous leur offrez une compensation et honorez leur sacrifice, je pense qu'ils nous soutiendront, même dans le contexte actuel. Mais la pire chose que vous puissiez leur faire, c'est ce que nous faisons actuellement : ignorer les victimes. Les ranger dans la catégorie "dommages collatéraux" sans même compter le nombre des morts. Parce qu'en les ignorant, vous niez leur existence, et il n'y a pas plus grande injure pour un musulman. Ça, ils ne nous le pardonneront jamais.

Au bout d'une heure, réitérant sa mise en garde face aux légions de djihadistes formés dans les madrasas, Mortenson conclut son discours par une idée qui l'avait effleuré à Kaboul, alors qu'il déambulait dans la Street of Guests, parmi les décombres d'une maison détruite par un missile de croisière.

– Je ne suis pas expert militaire, dit-il. Peut-être mes chiffres ne sont-ils pas tout à fait exacts, mais d'après ce que je sais, cent quatorze Tomahawk ont été tirés à ce jour sur l'Afghanistan. Si l'on prend un seul de ces missiles, en lui ajoutant le coût d'un système de guidage Raytheon, je crois qu'on arrive aux alentours de huit cent quarante mille dollars. Avec cette somme, on peut construire des dizaines d'écoles, des écoles qui dispenseront un enseignement non extrémiste à des dizaines de milliers d'enfants durant toute une génération. Entre les deux, qu'est-ce qui, d'après vous, contribuera le plus à notre sécurité ?

Une fois son discours terminé, un homme athlétique, en qui tout respirait le militaire bien qu'il fût en tenue civile, l'aborda :

– Pourriez-vous porter sur une carte toutes ces madrasas wahhabites ?

– Je tiens à ma peau !

– Serait-il possible de construire une école à côté de chaque madrasa ?

– Vous voulez leur piquer leur part de marché ?

– Je suis sérieux. On peut vous trouver l'argent.
Deux millions deux cent mille dollars, ça vous irait ? Combien d'écoles pourriez-vous construire avec cette somme ?

– Une centaine.

– Ce n'est pas ce que vous souhaitez ?

– Les gens s'apercevraient que l'argent vient de l'armée
et pour moi, ce serait la fin.

– Ce n'est pas un problème. On pourrait faire passer ça
pour une donation privée d'un riche homme d'affaires
hongkongais.

L'homme feuilleta un carnet sur lequel figuraient diverses dotations, des noms étrangers inconnus et des colonnes de chiffres : 15 millions, 4,7 millions, 27 millions.

– Réfléchissez-y et appelez-moi, dit-il en griffonnant quelques lignes dans son carnet, avant de lui tendre sa carte de
visite.

Mortenson, en effet, y réfléchit. Tout au long de l'année
2002, il songea à l'immense bénéfice qu'on pourrait tirer
d'une centaine d'écoles et joua avec l'idée d'accepter
l'argent, tout en sachant que c'était impossible. « Ma cré-
dibilité, dans cette région du monde, reposait sur le fait que
l'on me dissociait du gouvernement américain. Surtout de
l'armée. »

Les conférences qu'il donna cette année-là renflouèrent
nettement les caisses du CAI, même si les finances de l'organisation restaient fragiles. Le simple fait de maintenir les
écoles au Pakistan tout en lançant une nouvelle action en
Afghanistan risquait, si l'on n'y prenait garde, de vite assé-
cher leurs ressources.

Aussi Mortenson décida-t-il de remettre à plus tard la hausse de salaire votée en sa faveur (de vingt-huit mille à trente-cinq mille dollars de rémunération annuelle) et d'attendre que les bases financières du CAI soient consolidées. 2002 laissa place à 2003 et, alors qu'il était chaque jour davantage question d'armes de destruction massive et de guerre imminente en Irak, Mortenson se félicitait de ne pas avoir accepté l'argent de l'armée.

Dans la période tendue qui avait suivi le 11 septembre, Patsy Collins, peu avant de mourir, l'avait enjoint à parler et à se battre pour la paix, à occuper la scène en cette période de crise nationale. Il avait parcouru l'Amérique dans tous les sens et réussi à surmonter sa timidité pour prendre la parole. Mais alors qu'il bouclait son sac pour son vingt-septième voyage au Pakistan, se préparant une fois de plus à une douloureuse séparation d'avec sa famille, il se demandait si on l'avait écouté.

CHAPITRE 22

« L'ENNEMI, C'EST L'IGNORANCE »

*Pendant que les États-Unis défient le régime de Saddam
Hussein en Irak, Greg Mortenson, quarante-cinq ans,
livre tranquillement bataille, à sa façon, contre
les fondamentalistes musulmans qui recrutent souvent
dans des écoles coraniques appelées madrasas.
L'approche de Mortenson s'articule autour d'une idée simple :
en construisant des écoles laïques et en contribuant
à l'instruction (en particulier des filles) dans la zone de conflit
la plus explosive du monde, le soutien aux talibans et autres
courants extrémistes finira par se tarir.*
Kevin Fedarko, extrait de l'article qui fit la une
du magazine *Parade*, 6 avril 2003

Hussain freina au bout de la piste. Les passagers enjambèrent la caisse de dynamite enveloppée dans son emballage de plastique, et descendirent de voiture. La nuit était tombée. Cela faisait dix heures qu'ils cahotaient sur cette piste de terre qui se terminait par une sente pierreuse. De là, on partait vers le haut Karakoram. Mortenson, Hussain, Apo et Baig étaient tout heureux de retrouver ces repères familiers. Ken Fedarko, en revanche, avait plutôt l'impression d'être arrivé au bout du monde. Et de faire le grand saut.

Fedarko, ex-journaliste au magazine *Outside*[1], avait délaissé son bureau pour le reportage sur le terrain. Par cette froide nuit de septembre, Ken Fedarko et le photographe Teru Kuwayama pouvaient difficilement trouver mieux en matière de grand air. « Les étoiles dans le ciel du Karakoram étaient incroyables, on aurait dit un bloc de lumière à l'état pur. » Et puis, trois de ces étoiles s'étaient détachées du reste pour venir les accueillir.

« Le chef de Korphe et deux villageois sont descendus du haut de la falaise par les lacets, se souvient Fedarko. Ils s'éclairaient à la lampe tempête et nous ont escortés sur un pont suspendu, puis jusqu'au village. C'est le genre d'expérience qu'on n'oublie pas : j'avais l'impression d'avoir pénétré dans un hameau du Moyen Âge dont je parcourais les ruelles pierreuses et boueuses à la lueur d'une lanterne. »

Son reportage paraîtrait dans les pages de *Outside,* sous le titre : « La guerre la plus froide ». En dix-neuf années de conflit, pas un journaliste n'avait eu accès aux positions occupées par l'Inde et le Pakistan sur les sommets. Lacune comblée grâce à l'aide de Mortenson.

« Greg s'est mis en quatre pour m'aider, déclare Fedarko. Il m'a obtenu les autorisations auprès de l'armée pakistanaise, m'a présenté tout le monde et a organisé le transport en hélicoptère pour Teru et moi. Je n'avais aucun contact au Pakistan et je n'aurais jamais pu y arriver tout seul. Greg s'est montré d'une très grande générosité, bien au-delà de tout ce que j'ai pu rencontrer dans mon métier. »

Lorsque Fedarko se coucha ce soir-là, s'emmitouflant dans « de vieilles couvertures en laine qui empestaient le bouc mort », il était loin de se douter que, bientôt, il le lui rendrait au centuple.

---

1. *Outside* pourrait se traduire par « au grand air ».

« Le lendemain matin, quand j'ai ouvert les yeux, poursuit-il, j'ai eu l'impression de me réveiller en plein carnaval. »

« Avant de mourir, explique Mortenson, Haji Ali m'avait construit une petite maisonnette près de chez lui. Twaha l'avait décorée avec des bouts de tissus bariolés, il avait tapissé le sol de couvertures et de coussins et punaisé au mur des photos de mes divers séjours à Korphe. C'était à mi-chemin entre le club de gentlemen et l'annexe de mairie. »

Lorsque Fedarko s'assit pour saisir la tasse de thé qu'on lui tendait, une réunion du conseil municipal était sur le point de commencer. « Les gens étaient tellement excités de voir Greg, qu'ils s'étaient glissés à l'intérieur pendant que nous dormions, et à peine nous avaient-ils mis une tasse de thé entre les pattes que la réunion battait son plein. Tout le monde riait, criait et se disputait comme si on avait été debout depuis longtemps. »

« À chaque fois que je vais à Korphe, témoigne Mortenson, comme dans n'importe quel autre village où nous travaillons, je commence par passer plusieurs jours avec le conseil du village. Il y a toujours à faire. On me fait un compte rendu sur les écoles, je vois s'il y a besoin de réaliser des travaux, si les élèves manquent de fournitures et si les enseignants reçoivent leur paye régulièrement. On me présente des demandes : une nouvelle machine à coudre pour l'association des femmes, des tuyaux pour réparer le réseau d'eau, ce genre de choses. Bref, le train-train habituel. »

Pourtant, la scène qui se déroula dans le petit village de la Braldu ce matin-là n'avait rien d'habituel. Une jolie jeune fille, sûre d'elle, fit irruption dans la pièce, coupa le cercle formé par les trente hommes sirotant leur thé en tailleur, et s'approcha de Mortenson. Puis, elle s'assit avec aplomb devant lui, ce qui eut pour effet de réduire au silence la turbulente assemblée.

– Docteur Greg, commença-t-elle en balti d'une voix pleine d'assurance, un jour vous avez fait à notre village la promesse de construire une école, et vous l'avez tenue. Mais le jour où l'école a été terminée, vous m'avez fait une autre promesse. Vous en souvenez-vous ?

Mortenson sourit. Lorsqu'il visitait une école du CAI, il prenait le temps d'interroger tous les élèves sur leur vie et la façon dont ils envisageaient l'avenir, se montrant particulièrement attentif aux réponses des filles. Au début, les anciens avaient secoué la tête, étonnés qu'un adulte passe autant de temps à sonder les espoirs et les rêves des écolières. Ils avaient fini par mettre cette manie sur le compte de son excentricité et s'étaient résignés à patienter tandis qu'il serrait tour à tour la main de chaque élève en lui demandant ce qu'il ou elle voulait devenir plus tard. Jahan avait été l'une des meilleures élèves de l'école de Korphe et Mortenson l'avait souvent écoutée lui confier ses espoirs.

– Je vous ai dit, reprit-elle, que je voulais devenir docteur, et vous m'avez répondu que vous m'y aideriez. Eh bien ! Ce jour est arrivé. Vous devez tenir la promesse que vous m'avez faite. Je suis prête à commencer ma formation médicale et il me faut vingt mille roupies.

Jahan déplia une feuille de papier sur laquelle elle avait soigneusement consigné sa demande en anglais, avec la description de la formation en soins maternels qu'elle projetait de suivre à Skardu. Mortenson constata, non sans admiration, qu'elle avait dressé la liste détaillée de ses frais de scolarité et fournitures scolaires.

– C'est très bien, Jahan, acquiesça-t-il. Je lirai cela attentivement dès que j'aurai un moment et j'en discuterai avec ton père.

– Non ! répondit-elle avec véhémence. Vous ne comprenez pas. Le cours commence la semaine prochaine. Il me faut l'argent maintenant !

Mortenson sourit à nouveau devant l'aplomb de la jeune fille. De toute évidence, la première élève de la première classe de la première école de Korphe avait bien assimilé la leçon qu'il espérait inculquer à toutes les écolières : ne pas rester dans l'ombre des hommes. Il demanda à Apo les roupies du CAI, que le vieux cuistot gardait dans un petit sac à dos rose incongru, compta vingt mille roupies en billets – soit environ quatre cents dollars[2] – et les remit au père de Jahan.

« C'était l'un des trucs les plus dingues que j'aie jamais vus, commente Fedarko. Voir une gamine, dans un village musulman conservateur, se planter devant une assemblée masculine et chambouler toute une pile de traditions : elle avait terminé le lycée, c'était la première femme instruite sur les trois mille habitants de la vallée… Elle n'était passée par aucune autorité, elle s'était directement adressée à Greg et lui avait remis en main propre le fruit des compétences qu'elle avait acquises : une demande, rédigée en anglais, dans le but de progresser pour améliorer la vie de son village.

« À ce moment-là, dit Fedarko, pour la première fois en seize ans de journalisme, j'ai perdu toute objectivité. J'ai dit à Greg que son action avait beaucoup plus d'importance que l'enquête que j'envisageais de faire, et que je devais trouver un moyen de la diffuser. »

En rentrant chez lui, deux mois plus tard, pour prendre un repos bien mérité après son enquête en altitude parmi les militaires pakistanais et indiens, Fedarko fit escale à New York et déjeuna avec son ami Lamar Graham, directeur de la rédaction au magazine *Parade*. « Lamar m'a demandé comment s'était passé mon reportage de guerre, et en fait, je lui ai déballé tout ce que j'avais vu et fait avec Greg. »

---

2. Trois cent cinquante-cinq euros (au cours du dollar de 2003).

« C'était l'un des récits les plus palpitants que j'aie jamais entendus, se rappelle Graham. J'ai dit à Kevin que si la moitié seulement de ce qu'il me racontait était vraie, il fallait le publier dans *Parade*. »

Le lendemain, le téléphone sonnait dans le sous-sol de Bozeman.

– Dites, c'est vrai, tout ce que m'a raconté Kevin sur ce que vous faites au Pakistan ? Tout seul ? Parce que si c'est le cas, vous êtes mon héros !

– Faut croire, répondit Mortenson, gêné. Mais on m'a quand même pas mal aidé !

Le dimanche 6 avril 2003, alors que les forces terrestres américaines se massaient aux abords de Bagdad en vue de l'assaut final sur la capitale irakienne, le portrait de Mortenson s'étalait en couverture d'un magazine tiré à trente-quatre millions d'exemplaires, supplément de tous les journaux du pays, sous le titre : « Il combat le terrorisme avec des livres ».

Jamais il n'avait touché autant de gens à la fois, dans un moment aussi crucial. Ce message, qu'il avait cherché à faire passer depuis ce matin de septembre où Faisal Baig l'avait réveillé avec la nouvelle des attentats à New York, était enfin à la une. Fedarko démarrait son récit par le coup d'éclat de Jahan, puis avait mis en avant le lien entre l'action du CAI au Pakistan et le bien-être des Américains. « Si nous essayons de mettre un terme au terrorisme uniquement par la force militaire, affirmait Mortenson aux lecteurs de *Parade*, alors nous ne serons pas plus en sécurité qu'avant le 11 septembre. Si nous souhaitons vraiment léguer un monde de paix à nos enfants, nous devons comprendre que cette guerre ne se gagnera pas par les armes, mais par les livres. »

Le message de Mortenson, en proposant une autre voie à un pays profondément divisé sur la manière de combattre le terrorisme, provoqua une forte émotion. Dix-huit mille lettres et e-mails affluèrent des cinquante États américains et de vingt pays.

« Ce reportage a suscité l'une des plus fortes réactions du public que nous ayons connues en soixante-quatre ans d'existence, témoigne Lee Kravitz, rédacteur en chef à *Parade*. Je pense que les gens ont perçu Greg comme l'incarnation du héros américain. Son combat personnel contre la terreur nous concerne tous, il ne se bat ni avec des mitraillettes, ni avec des bombes, mais avec des écoles. Difficile de faire mieux qu'une histoire pareille ! »

Les lecteurs américains confirmèrent son analyse. Chaque jour, pendant les semaines suivant la parution de l'article, une marée d'e-mails, lettres et appels téléphoniques inonda le sous-sol de la petite organisation.

Mortenson chercha secours auprès d'une vieille amie de la famille, la pragmatique Anne Beyersdorfer, conseillère en communication démocrate libérale qui contribuerait plus tard au succès de la campagne du gouverneur Arnold Schwarzenegger en Californie. Débarquant de Washington, Anne Beyersdorfer installa son QG dans le sous-sol de Mortenson. Elle mit en place un secrétariat téléphonique à Omaha, dans le Nebraska, et augmenta leur débit Internet afin de faire face à l'afflux de visiteurs qui risquait de saturer le site du CAI.

Le mardi suivant la parution de l'article, Mortenson alla relever son courrier à la boîte postale 7209 du CAI et en rapporta quatre-vingts lettres. Le jeudi, un message scotché sur la porte de sa boîte l'invitait à se présenter au guichet.

– Alors comme ça, c'est vous, Greg Mortenson ! s'exclama le postier. J'espère que vous avez amené votre brouette !

Ce jour-là, Mortenson chargea cinq sacs en toile à l'arrière de sa Toyota et, le lendemain, quatre de plus. Les lettres des lecteurs de *Parade* continuèrent de doper l'activité du bureau de poste de Bozeman pendant trois mois.

L'image de la statue renversée de Saddam Hussein avait désormais fait le tour du monde, et à ce stade de l'histoire, Mortenson avait pris conscience que sa vie avait irrémédiablement changé. Avec le soutien qu'on ne cessait de lui manifester, il était bien obligé d'assumer sa place sur la scène nationale. « J'avais le sentiment que l'Amérique s'était exprimée. Ma propre tribu s'était exprimée, et le plus étonnant, c'est que sur l'ensemble de ces messages, je n'ai reçu qu'une seule lettre de critique. »

Voilà qui effaçait d'un coup le douloureux souvenir des menaces de mort reçues au lendemain du 11 septembre. « Ce qui me touchait réellement, c'était la diversité des gens qui écrivaient. Il y en avait de toutes les confessions : des musulmans, des hindous, des juifs. J'ai reçu des lettres de soutien d'un groupe de militantes lesbiennes de Marin County, d'une association de jeunes baptistes de l'Alabama, d'un général de l'US Air Force… de toutes les provenances possibles et imaginables. »

Jake Greenberg, adolescent de treize ans de la banlieue de Philadelphie, enthousiasmé par la lecture de l'article, versa plus de mille dollars de l'argent de sa bar-mitsva au CAI et offrit de se rendre au Pakistan pour donner lui-même un coup de main. « En lisant ce reportage, je me suis dit que, contrairement à moi, ces jeunes musulmans n'avaient sans doute pas le choix en matière d'éducation. Que je sois juif et qu'eux soient musulmans, ça ne change rien. Si on veut œuvrer pour la paix, il faut s'y mettre tous ensemble. »

Une femme laissa le message suivant, signé Sufiya, sur le site du CAI : « Je suis musulmane, née aux USA, j'ai été comblée par Dieu, contrairement à mes sœurs opprimées de par le monde. Les nations arabes devraient regarder le formidable travail que vous menez et devraient avoir honte de n'être jamais venues en aide à leurs propres enfants. Avec mon respect et mon admiration les plus profonds, je vous remercie. »

Des soldats américains, hommes et femmes, témoignaient par courrier, voyant en Mortenson un compagnon d'armes, engagé comme eux sur le front du terrorisme. « En tant que vétéran de la 82ᵉ division aéroportée ayant combattu en Afghanistan, j'ai connu de très près certaines zones rurales d'Asie centrale, écrivit Jason B. Nicholson de Fayetteville, en Caroline du Nord. La guerre en Afghanistan a été, et reste, meurtrière et destructrice, surtout pour ceux qui le méritent le moins : des civils innocents qui n'ont d'autre souhait que de vivre décemment, avec leur famille. Les projets du CAI offrent une alternative valable à l'éducation dispensée par les madrasas radicalisées dont sont issus les talibans et leur prétendu "islamisme fondamental". Que peut-on souhaiter de mieux qu'un monde rendu sûr pour tous, grâce à l'éducation ? Voilà pourquoi j'envoie mes dons au CAI. » Des milliers de gens partageaient cette opinion.

Les troupes américaines entamèrent leur longue occupation de l'Irak, Anne Beyersdorfer acheva son opération de choc et plia bagages. Le CAI, qui avait toujours flirté avec la ligne rouge de son compte en banque, se trouva à la tête d'un million de dollars.

« Cela faisait tellement longtemps que nous n'avions pas eu autant d'argent, que l'envie de retourner là-bas pour le dépenser me démangeait, avoue Mortenson, mais le conseil d'administration m'a supplié de commencer par prendre les mesures dont nous parlions depuis des lustres, et j'ai dû reconnaître que c'était le moment. »

Pour six cents dollars par mois, l'organisation loua donc un petit bureau à deux pas de la rue principale de Bozeman, et embaucha quatre salariés pour gérer le programme de conférences de Mortenson, réaliser le bulletin d'information, gérer le site Web et la base de données des donateurs du CAI, en constante augmentation. Sur l'insistance des administrateurs, après dix années de fins de mois difficiles, Mortenson accepta l'augmentation si souvent reportée, qui doubla presque son salaire.

Tara Bishop apprécia de voir la rémunération de son mari enfin refléter les difficultés qu'endurait sa famille depuis bientôt dix ans. En revanche, elle apprécia moins la fréquence de ces absences, les projets s'étant multipliés avec l'afflux des fonds.

« Depuis l'enlèvement de Greg et le 11 septembre, je ne cherchais même pas à le dissuader d'y retourner, parce que je savais que ça ne servirait à rien. Alors j'ai développé ce que j'appelle un état de "déni fonctionnel" quand il est là-bas. Je me dis simplement que tout se passera bien. Je fais confiance aux gens qui l'entourent, à son intuition, surtout après tout le temps qu'il y a passé. Bien sûr, je sais qu'il suffit d'un fondamentaliste cinglé pour le tuer. Mais je refuse de penser à des choses pareilles en son absence », conclut-elle avec un rire nerveux.

La femme de l'alpiniste Charlie Shimanski, Christine Letinger – qui prédit que Mortenson sera un jour couronné par le prix Nobel de la paix – remarque que l'endurance tranquille de Tara Bishop est tout aussi héroïque que les risques auxquels s'expose son mari. « Combien de femmes auraient la force et le discernement nécessaires pour accepter que le père de ses enfants passe plusieurs mois d'affilée chaque année dans un endroit aussi dangereux pour son travail ? demande Letinger. Non seulement Tara le permet, mais elle le soutient, parce qu'elle croit à la mission de Greg. Si ça, ce n'est pas héroïque, je ne sais pas ce qui l'est. »

Au Pakistan, Suleman fut le premier à apprendre la bonne nouvelle. Alors qu'ils passaient devant Zero Point, le monument dressé en l'honneur de la première « bombe musulmane », Mortenson lui relata l'explosion de soutien dont jouissait le CAI aux États-Unis. Il avait la ferme intention d'en partager les bienfaits avec son équipe sur le terrain, ces gens qui travaillaient sans compter, et n'avaient jamais reçu ce à quoi ils auraient pu prétendre en collaborant avec une institution étrangère.

Il annonça donc à Suleman que son salaire annuel allait immédiatement doubler, passant ainsi de huit cents à mille six cents dollars. C'était plus qu'il n'en fallait pour réaliser le vœu le plus cher de son homme de confiance : faire venir sa famille de Dhok Luna, son village, à Rawalpindi, et inscrire son fils Imran dans une école privée. Suleman quitta la route des yeux un court instant pour regarder Mortenson avec un léger balancement de tête, heureux.

Au cours de leur longue collaboration, les deux hommes avaient tous les deux pris pas mal de poids, et Suleman s'était mis à grisonner. Conforté par son nouveau salaire, ce dernier décida que le moment était venu de livrer une ultime bataille contre l'âge.

Il se rendit aussitôt au Jinnah Super Market, un centre commercial huppé, entra dans le premier salon de coiffure venu et commanda le soin complet. Lorsqu'il en ressortit, deux heures plus tard, et alla retrouver Mortenson dans sa librairie préférée, son épaisse barbe avait viré à l'orange vif.

À Skardu, Mortenson convoqua une *djirga* à l'étage de l'Indus pour annoncer la bonne nouvelle. Une fois l'équipe réunie au grand complet, il informa Apo, Hussain et Faisal qu'ils allaient toucher les augmentations méritées de longue date et que leurs rémunérations annuelles passeraient en conséquence de cinq cents à mille dollars. Parvi, qui remplissait la fonction de directeur du CAI au Pakistan pour la somme de deux mille dollars par an, en toucherait désormais quatre mille. Un salaire considérable, à la mesure de celui qui permettait la réalisation des projets du CAI.

Hussain se vit confier cinq cents dollars supplémentaires pour la révision du moteur de leur bon vieux Land

Cruiser, dont on ne comptait plus les kilomètres au compteur. Parvi proposa également de louer un hangar à Skardu pour le stockage du ciment et des matériaux de construction.

Mortenson n'avait pas ressenti pareil enthousiasme et envie de se mettre au travail depuis le jour où, six ans plus tôt, il avait réuni son équipe autour des tables du rez-de-chaussée. L'objectif était d'investir le plus vite possible l'argent des lecteurs de *Parade* dans la construction de nouvelles écoles. Mais avant de quitter la ville pour entreprendre une nouvelle série de projets, il restait encore un point à régler.

– Depuis longtemps, dit-il, je me demande ce que vont devenir nos élèves quand ils quitteront nos écoles de village. Monsieur Parvi, pourriez-vous étudier ce que nous coûterait la construction d'un foyer à Skardu, afin d'héberger nos élèves les plus prometteurs ?

– J'en serais ravi, Docteur Sahib, répondit-il en souriant à l'idée de pouvoir mettre en route un projet qu'il appelait de ses vœux depuis longtemps.

– Ah, oui ! J'allais oublier…

– Oui, Docteur Greg.

– Yasmine serait une candidate idéale pour une bourse. Pourriez-vous m'indiquer le montant de ses frais d'inscriptions au lycée privé ?

Yasmine était la fille de Parvi. À quinze ans, elle collectionnait les meilleures notes, ayant visiblement hérité de la vivacité d'esprit de son père, tout acquis à sa cause. Pendant un long moment, Ghulam Parvi, pourtant réputé pour son éloquence, resta sans voix, bouche bée.

– Je ne sais pas quoi dire, finit-il par bredouiller.

– *Allahou Akbar* ! s'écria Apo, en levant théâtralement les mains au ciel et provoquant une explosion de rire générale. Comme j'attendais cet instant depuis longtemps !

Tout au long de l'été 2003, Mortenson travailla d'arrache-pied, mettant à rude épreuve le moteur remis à neuf du Land Cruiser. Les neuf projets d'établissement disséminés dans le Nord du pays avançaient bien. En revanche, l'école de Halde, qui avait vu le jour à l'initiative du vieux Mouzafer, se trouvait dans une impasse. C'était un établissement dynamique, qui accueillait cinq classes, et dont la gestion avait été confiée à l'administration locale, d'une efficacité croissante.

Yakub, le porteur qui avait ramené Scott Darsney sain et sauf au pied du Baltoro en 1993, était à l'origine de la crise. Sa carrière de portage étant sur le déclin, tout comme celle de Mouzafer, Yakub aurait voulu être nommé au poste de *tchokidar*. Il avait donc envoyé sa candidature à l'administration. Celle-ci étant restée sans réponse, Yakub avait bloqué les portes de l'école à l'aide de chaînes en guise de réclamation.

Mortenson, qui se trouvait à Skardu lorsqu'il apprit la nouvelle, se mit en route dès le lendemain. Quand il arriva à Halde, poussiéreux et éreinté par huit heures de piste, pris d'une soudaine inspiration, il se pencha sous le siège de Hussain. Yakub se tenait devant la porte cadenassée de l'école, l'air indécis, alors qu'une foule de villageois se massait devant lui. Mortenson arriva, souriant, et lui tapota l'épaule d'une main tandis que de l'autre il brandissait deux bâtons de dynamite sous son nez.

Après avoir échangé quelques plaisanteries et nouvelles sur leurs familles et amis, Yakub posa d'une voix tremblante la question que tout le monde attendait :

– À quoi vont servir ces bâtons de dynamite, Docteur Greg Sahib ?

Mortenson les lui fourra dans la main sans se départir de son sourire.

– Prends-les, lui répondit-il en balti. Je dois me rendre à Khanday pour contrôler l'avancement d'un chantier. Je repasserai par Halde demain, et je t'apporterai une allumette. Si je vois que l'école est encore fermée et qu'aucun élève n'est en classe, nous irons à la mosquée pour convier publiquement le village à assister à l'explosion de l'école.

Sur ce, il tourna les talons et laissa le pauvre Yakub, tout tremblant avec ses deux bâtons de dynamite à la main. Avant de remonter dans la voiture, Mortenson se retourna une dernière fois :

– À toi de choisir. À demain ! *Khuda hafiz* !

Le lendemain après-midi, Mortenson revint avec des cahiers et des crayons neufs pour les écoliers de Halde, qu'il trouva assis à leurs places. Le vieux Mouzafer, lui racontat-on plus tard, avait fait montre d'autorité et avait lui aussi donné un ultimatum à Yakub : « Va chercher les clés pour ouvrir l'école, lui avait-il intimé, ou je t'attache moi-même à un arbre et te fais sauter avec la dynamite du Docteur Greg. » En guise de punition, le conseil du village condamna Yakub à venir balayer les classes gratuitement, tous les matins, avant l'arrivée des écoliers.

Les obstacles qui entravaient l'éducation dans le Nord du Pakistan, n'étaient malheureusement pas toujours aussi faciles à surmonter. S'il avait pu offrir deux bâtons de dynamite à Agha Mubarek, Mortenson l'aurait fait. Mais, se pliant à l'avis de Parvi, il observait de loin la progression de l'affaire du saccage de Hemasil au tribunal de la Charia.

Après Korphe, de tous les projets du CAI, l'école de Hemasil était celle qui lui tenait le plus à cœur. Des événements tragiques avaient marqué son histoire. En 1998, l'alpiniste Ned Gillette, ancien skieur de l'équipe olympique, avait été assassiné au cours d'un trek qu'il effectuait en compagnie de son épouse Susan, dans la vallée de Haramosh, entre Hemasil et la Hunza. Le déroulement des faits restait contesté par les autorités pakistanaises,

mais Mortenson, en discutant avec les villageois de Haramosh, avait reconstitué le récit suivant : des porteurs
avaient insisté pour proposer leurs services au couple. Or,
Gillette, adepte du style alpin, n'avaient que deux sacs à dos
légers. Il avait donc refusé, un peu trop catégoriquement
au goût des porteurs. Tard dans la nuit, les deux hommes
étaient revenus avec des fusils.

« À mon avis, suppose Mortenson, ils avaient simplement l'intention de les voler, de leur prendre quelque chose
pour venger leur honneur meurtri. Mais les choses ont mal
tourné. » Gillette était mort d'une balle dans le ventre. Susan
avait été gravement blessée à la cuisse, mais avait survécu.

« Autant que je sache, Ned Gillette est le seul Occidental à avoir été assassiné dans le Nord pakistanais. Quand
Debbie Law, sa sœur, m'a contacté pour financer la
construction d'une école en souvenir de son frère, je me
suis lancé à fond dans le projet. Je ne pouvais imaginer plus
bel hommage. »

Les anciens de la vallée de la Shigar choisirent un site
à proximité du col où le meurtre avait été commis. Malheureusement, ce site se trouvait également proche de Chu-
tran, village du mollah Agha Mubarek.

« Nous avions construit les murs et nous apprêtions à
poser le toit de l'école », se rappelle Mehdi Ali qui supervisait les travaux, et dont le propre père, Sheikh Mohammed, avait écrit aux autorités religieuses iraniennes
lorsqu'une première fatwa avait été prononcée contre
Mortenson.

« Mubarek disait que l'école du *kafir* était mauvaise, que
ce n'était pas une école musulmane, qu'elle recrutait pour
la chrétienté. Je lui ai répondu que je connaissais Monsieur
Greg Mortenson depuis longtemps et qu'il ne ferait jamais
une chose pareille. Mais Mubarek n'a rien voulu entendre.
Alors il a envoyé ses hommes au beau milieu de la nuit, avec
des marteaux, et ils ont détruit l'avenir de nos enfants. »

Tout au long du printemps et de l'été, Parvi et Mehdi Ali étaient allés déposer leurs témoignages au tribunal de première instance de la Charia. « J'ai rapporté au mollah chargé de l'affaire qu'Agha Mubarek demandait de l'argent aux villageois sans exécuter en retour le moindre *zakat* en faveur de nos enfants, relate Mehdi Ali. Je lui ai dit qu'Agha Mubarek n'avait aucune raison de prononcer une *fatwa* à l'encontre d'un saint homme comme Docteur Greg – c'était plutôt à lui de subir le jugement d'Allah tout puissant. »

En août 2003, le tribunal de la Charia émit une décision qui apportait clairement son soutien à Mehdi Ali et Mortenson. Il jugea la fatwa d'Agha Mubarek illégale et lui imposa de rembourser les huit cents briques détruites par ses hommes.

« Cette victoire inspirait l'humilité, dit Mortenson. Un tribunal islamique d'une région chiite conservatrice protégeait un Américain alors qu'au même moment, l'Amérique détenait depuis plusieurs années des musulmans sans chef d'accusation à Guantanamo, sous l'autorité de notre système prétendument judiciaire. »

Au bout de dix ans de lutte, Mortenson avait enfin l'impression que le vent tournait dans sa direction. Cet été-là, il gagna un nouvel allié puissant en la personne de Mohammed Fareed Khan, fraîchement nommé à la tête de l'administration des Territoires du Nord. Natif de Miram Shah au Waziristan, Fareed Khan avait pris ses fonctions avec la fougue caractéristique de sa tribu, bien déterminé à éradiquer la pauvreté dans sa région.

Il convia Mortenson à prendre le thé dans la villa coloniale de Gilgit où il avait ses quartiers. Là, tout en servant à son hôte des sandwichs aux concombres et de la truite, il lui demanda conseil sur la meilleure façon de dépenser l'argent que le gouvernement Musharraf leur accordait enfin. Se prononçant en faveur de l'éducation des filles, Fareed Khan lui offrit de l'accompagner et d'inaugurer lui-même l'école Ned Gillette, dont il proposait de placer la reconstruction sous contrôle policier.

L'autre personnalité à lui apporter son soutien fut le brigadier général Banghoo, ancien pilote d'hélicoptère attitré du président Musharraf, qui avait pris sa retraite et travaillait désormais pour la compagnie d'aviation civile du général Bashir. Banghoo lui proposait régulièrement de le transporter à bord de sa bonne vieille Alouette.

Il volait toujours en tenue militaire, mais avait troqué ses Rangers pour une paire de baskets bleu électrique, plus confortables, disait-il, pour sentir les pédales.

Un jour où il ramenait Mortenson de la vallée de Shigar à Skardu, l'Américain lui montra les ruines de l'école de Hemasil et lui relata la querelle qui l'avait opposé à Agha Mubarek.

– Pourriez-vous m'indiquer la résidence de ce gentleman? demanda Bashir en faisant rugir la turbine de son appareil.

Mortenson lui désigna la vaste villa de Mubarek, de toute évidence très au-dessus des moyens d'un petit mollah de campagne. Les lèvres fermement pincées sous son impeccable moustache, le pilote poussa le manche à fond et l'Alouette piqua droit sur la maison de Mubarek.

Les gens qui s'affairaient sur la terrasse se précipitèrent à l'intérieur. Banghoo revint à l'attaque une demi-douzaine de fois tel un frelon prêt à piquer, soulevant des nuages de poussière à chacun de ses passages. Son pouce frôla à plusieurs reprises le bouton rouge marqué «missile».

– Dommage que nous ne soyons pas armés, soupira-t-il en s'éloignant vers Skardu. Mais je crois que ça devrait quand même lui servir de leçon.

Six mois plus tard, à trois cent vingt kilomètres à l'ouest, quinze pilotes actionnèrent d'identiques boutons rouges qui, eux, eurent pour effet de larguer des bombes sur la vallée de Darlyle, repaire des talibans et d'al-Qaïda, en représailles à huit attentats perpétrés sur des écoles publiques de filles. Mortenson en était alors venu à admirer le gouvernement Musharraf, déterminé à se battre pour l'éducation de ses filles.

Un jour d'automne 2003, Mortenson se trouvait au guichet de la compagnie d'aviation de Rawalpindi. Le général Bashir lui cherchait une place à bord d'un vol pour l'Afghanistan, tout en discourant sur l'importance d'éduquer l'ensemble des enfants pakistanais et sur les progrès réalisés par les États-Unis dans leur guerre contre la terreur.

– Vous savez, Greg, déclara Bashir, l'œil rivé à l'écran plat high-tech de son ordinateur, je dois remercier votre président. Les événements, sur la frontière ouest, étaient en train de virer au cauchemar, et il a mis le paquet pour y mettre un terme. Je me demande bien pourquoi. Le seul à gagner quelque chose, dans cette affaire, c'est le Pakistan.

Bashir s'interrompit. Un reportage de CNN, en direct de Bagdad, s'afficha sur une petite fenêtre parmi les listes de vols qui défilaient sur son écran. On y voyait des mères de famille surgies des décombres d'un immeuble bombardé avec, dans leurs bras, les corps inertes de leurs enfants. Les robustes épaules de Bashir s'affaissèrent.

– Je compte parmi les plus grands alliés de l'Amérique dans cette région, dit-il en secouant la tête d'un air désolé. Je suis musulman, modéré, j'ai été scolarisé. Mais quand je vois ça, même moi, je serais prêt à devenir djihadiste. Comment les Américains peuvent-ils prétendre renforcer leur sécurité de cette manière ? Votre président Bush a réussi à unir un milliard de musulmans contre les États-Unis pour les deux siècles à venir.

– Oussama y est aussi un peu pour quelque chose, suggéra Mortenson.

– Oussama, bah! gronda Bashir. Oussama n'est pas plus le produit du Pakistan que de l'Afghanistan. C'est une création américaine. Grâce aux États-Unis, Oussama est entré dans tous les foyers. Moi qui suis militaire, je sais que l'on ne peut pas vaincre un adversaire qui vous tire dessus avant de s'évanouir dans la nature et vous oblige à rester sur vos gardes. Il faut frapper l'ennemi à la source. Dans le cas des États-Unis, ce n'est ni Oussama, ni Saddam, ni personne d'autre. L'ennemi, c'est l'ignorance. La seule manière de la vaincre, c'est de construire des relations avec ces gens, de les intégrer au monde moderne à travers l'éducation et le commerce. Sinon, le conflit se poursuivra indéfiniment.

Bashir respira à fond et posa de nouveau les yeux sur la petite lucarne ouverte sur Bagdad, où de jeunes Irakiens radicaux brandissaient le poing et tiraient des coups de feu en l'air, après avoir fait exploser une bombe sur le bas-côté de la route.

– Excusez-moi, reprit-il. Je suis d'une impolitesse inexcusable. Évidemment, vous savez ça tout autant que moi. Si nous déjeunions?

Sur ce, Bashir appuya sur le bouton de son Interphone et demanda qu'on leur apporte les boîtes de Kentucky Fried Chicken qu'il avait fait venir de la Blue Area en l'honneur de son hôte américain.

Quand le temps s'y met, Skardu peut être un endroit déprimant. Pourtant, malgré le plafond bas et le froid qui régnait en ce mois d'octobre 2003, le moral de Mortenson était au beau fixe. Il avait fait un crochet par les Territoires du Nord avant son départ pour l'Afghanistan.

Le brigadier général Bashir s'était engagé à verser quatre *lakh* de roupies, soit environ six mille dollars, somme considérable au Pakistan, pour la construction de l'école prévue dans son village natal, au sud-est de Peshawar, région où les madrasas wahhabites pullulaient. Il avait également promis de solliciter ses amis militaires, exprimant ainsi sa confiance en la manière dont au moins un Américain livrait la guerre à la terreur.

Mortenson avait également remporté une victoire qui ferait date au tribunal de la Charia, contré sa seconde fatwa et réduit au silence son plus véhément adversaire. Dix écoles supplémentaires ouvriraient leurs portes au printemps : les neuf écoles financées grâce aux lecteurs de *Parade*, et l'école Ned Gillette reconstruite à Hemasil. Au total, plus de quarante établissements scolaires fonctionnaient dans le cadre du CAI à travers les hautes vallées du Karakoram et de l'Hindou Kouch. Grâce à lui, dans ces villages, on veillait d'un œil attentif sur la précieuse culture qui s'épanouissait derrière les murs de pierre des nouvelles écoles.

Plus bas dans la vallée, à Skardu, Twaha, le *nurmadhar* de Korphe, louait une petite maison de terre de laquelle on pouvait voir les enfants du voisinage jouer au ballon parmi le bétail. Jahan y habitait en compagnie de sa camarade de classe Tahira et de deux cousins chargés de veiller à ce que les deux jeunes femmes les plus téméraires de la vallée puissent réaliser leur rêve en toute quiétude.

Elles étaient les premières filles sorties de l'école de Korphe et avaient bénéficié des bourses du CAI. Mortenson profita de sa dernière journée à Skardu pour leur rendre visite, accompagné de Twaha. Jahan leur servit fièrement le thé, chez elle, tout comme elle avait vu sa grand-mère Sakina le faire tant de fois.

En sirotant son thé, un sachet de Lipton infusé dans de l'eau du robinet qui n'avait pas grand-chose à voir avec la concoction au beurre rance de Sakina, Mortenson se demanda ce qu'en aurait pensé la vieille Balti. Il ne faisait aucun doute qu'elle aurait préféré son *paiyu tchaï* mais n'en aurait pas moins été très fière de sa petite-fille qui, après avoir terminé sa formation en soins maternels, avait décidé de rester à Skardu pour continuer ses études.

Grâce aux fonds du CAI, elle suivait avec Tahira des cours au lycée privé pour jeunes filles de Skardu, qui comprenaient grammaire anglaise, ourdou, arabe, sciences physiques, économie et histoire.

Tahira, portant un voile blanc immaculé et une paire de sandales qu'elle n'aurait pu porter en montagne, annonça à Mortenson qu'une fois passé ses examens, elle envisageait de rentrer à Korphe pour y enseigner au côté de son père Hussein.

« J'ai eu cette chance, dit-elle. Maintenant, quand nous retournons au village, tout le monde nous regarde, admire nos vêtements et nous trouve chics. Je crois que toutes les filles de la Braldu devraient avoir la possibilité de descendre au moins une fois. Ensuite, leur vie changera. Le plus grand service que je puisse leur rendre, c'est de retourner là-bas, et de tout faire pour que ça se passe comme ça. »

Jahan, qui avait eu l'intention de suivre une formation médicale puis de rentrer à Korphe, était en train de réviser ses ambitions à la hausse.

– Avant de vous avoir rencontré, Docteur Greg, je n'avais pas la moindre idée de ce qu'était l'éducation, déclara Jahan en lui reversant du thé. Mais maintenant, je la compare à de l'eau. Elle est nécessaire à tout ce qui vit.

– Et le mariage ? s'enquit Mortenson.

Il savait très bien qu'une fille de *nurmadhar* serait toujours très courtisée, surtout une jolie jeune fille de dix-sept ans comme Jahan. Or, un mari balti ne soutiendrait peut-être pas les ambitions d'une épouse aussi effrontée.

– Ne vous inquiétez pas, Docteur Greg, fit Twaha en partant de ce rire rauque qu'il avait hérité de son père. Cette jeune fille a trop bien appris votre leçon. Elle a très clairement dit qu'elle devait finir ses études avant d'aborder le sujet de son mariage. Et je suis d'accord avec elle. S'il le faut, je vendrai toutes mes terres pour qu'elle puisse terminer ses études. Je dois ça à la mémoire de mon père.

– Alors, que vas-tu faire ? demanda Mortenson.

– Vous n'allez pas vous moquer ?

– Peut-être…

– Quand j'étais petite, répondit-elle en prenant une profonde inspiration, et que je voyais un gentleman ou une dame avec de beaux habits propres, je partais en courant et je me cachais le visage. Mais depuis que je suis sortie de l'école de Korphe, ma vie a changé. J'ai l'impression que je suis capable de m'exprimer et de me montrer devant n'importe qui, que je peux aborder n'importe quel sujet. Et maintenant que je suis à Skardu, je me dis que tout est possible. Je ne veux pas me contenter d'être assistante médicale. Je veux pouvoir fonder un hôpital et le diriger, et m'occuper de tous les problèmes de santé auxquels sont confrontées les femmes de la Braldu. Je veux laisser ma marque dans cette région. Je veux…

Laissant sa phrase en suspens, Jahan laissa son regard glisser sur un petit footballeur qui sprintait vers les buts, dans le crachin. Entortillant un pan de voile autour d'un doigt, elle cherchait le mot exact qui lui permettrait de définir son avenir.

– Je veux être une… *Superlady* !, dit-elle finalement d'un air de défiance, prête à affronter quiconque, tout homme, qui oserait la contredire.

Tout compte fait, Mortenson ne se moqua pas. Il contempla en souriant la petite-fille de Haji Ali et s'imagina la satisfaction qu'il aurait lue sur le visage du vieux *nurmadhar* si celui-ci avait vécu assez longtemps pour admirer les magnifiques fruits qu'avaient produits leurs efforts.

Cinq cent quatre-vingts lettres, douze béliers et dix ans de travail. Finalement, songea Mortenson, ce n'était pas cher payer pour vivre un moment comme celui-là.

CHAPITRE 23

DE PIERRE EN ÉCOLE

Notre terre est blessée. Ses océans et ses lacs sont malades.
Ses fleuves ne sont plus que des plaies purulentes. L'air est
saturé de poisons insidieux. Et, d'innombrables feux
infernaux, s'élève une fumée huileuse qui ternit le soleil. […]
Chassés de leur pays, séparés de leurs familles et amis,
brûlés par un soleil toxique, hommes et femmes éparpillés
errent dans la désolation et l'incertitude. […] Dans ce désert
d'incertitude aveugle et apeurée, certains se réfugient dans
la quête du pouvoir, du savoir et de la technique. D'autres
deviennent manipulateurs d'illusions et de tromperie. […]
Si la sagesse et l'harmonie se trouvent encore en ce monde
autrement que comme un rêve perdu dans un livre que l'on
n'a pas ouvert, c'est dans les battements de notre cœur
qu'elles se cachent. Et c'est dans notre cœur que s'élève ce cri.
Nous poussons un cri d'alarme et notre voix est la voix même
de notre terre blessée.
Nos cris balaient la terre comme un grand vent […].
Extrait de *Gesar de Ling. L'épopée du guerrier de Shambhala*,
Penick Douglas J. (trad. Annie Le Cam).

Le roi occupait une place côté hublot. Mortenson reconnut son visage, qu'il se rappelait avoir vu sur des pièces anciennes vendues sur les étals de quelque bazar. À quatre-vingt-neuf ans, Zaher Chah[1], beaucoup plus âgé que sur

---

1. Décédé le 23 juillet 2007 à l'âge de 92 ans.

son portrait officiel, contemplait par le hublot du PIA 737 ce pays dont il avait été exilé pendant près de trente ans.

En dehors des agents de sécurité et de quelques hôtesses de l'air, Mortenson était seul à faire le court trajet Islamabad-Kaboul avec l'ancien souverain afghan. Lorsque Zaher Chah se retourna, il croisa le regard de Mortenson, assis de l'autre côté du couloir.

– *Salam Alaykoum*, monsieur, fit Mortenson.

– Je vous en souhaite tout autant, monsieur, répondit Zaher Chah.

Le roi, qui avait baigné dans un environnement multiculturel durant son exil à Rome, n'eut aucun mal à identifier la nationalité du grand passager blond en gilet reporter.

– Américain ? demanda-t-il.

– Oui, monsieur.

Zaher Chah laissa échapper un soupir, un soupir de vieil homme lourd de plusieurs décennies d'espoirs déçus.

– Journaliste ? reprit-il.

– Non, répondit Mortenson. Je construis des écoles de filles.

– Et qu'est-ce qui vous amène dans mon pays, si je puis me permettre ?

– La construction de cinq ou six écoles, prévues au printemps, *Inch Allah*. Je viens apporter l'argent nécessaire pour démarrer les chantiers.

– À Kaboul ?

– Non, dans le Nord : au Badakhchan et dans le corridor du Wakhan.

Zaher Chah plissa son front brun et dégarni. Il tapota le siège à côté du sien pour inviter Mortenson à s'y asseoir.

– Connaissez-vous quelqu'un dans cette région ?

– C'est une longue histoire… Il y a quelques années de cela, je travaillais dans la vallée de Charpursan, au Pakistan. Des Kirghiz sont arrivés par le col d'Irshad et sont venus me demander de venir construire des écoles dans leurs villages. Je leur ai promis que je viendrai… pour en discuter avec eux. Je n'ai pas pu le faire avant, mais me voilà.

– Un Américain dans le corridor du Wakhan ! Il paraît que j'y ai un pavillon de chasse, mais je n'y suis jamais allé. C'est le bout du monde ! On ne voit plus beaucoup d'Américains en Afghanistan… Il y a un an, cet avion en aurait été rempli : des journalistes, des travailleurs humanitaires. Mais ils sont tous partis en Irak. L'Amérique nous a oubliés. Une fois de plus…

Zaher Chah était rentré à Kaboul l'année précédente, dès que son exil avait pris fin. La foule qui était venue l'accueillir avait vu en ce retour le signe que la vie reprenait son cours normal, qu'elle en avait fini des décennies de violence et d'anarchie infligées par l'administration soviétique, les seigneurs de la guerre et les talibans. Avant d'être destitué par son cousin Mohammed Daud Khan, Zaher Chah avait régné durant la plus longue période de stabilité du pays – de 1933 à 1973. Il avait œuvré à l'élaboration de la Constitution de 1964, qui avait doté l'Afghanistan d'une démocratie s'appuyant sur le suffrage universel, attentive à l'émancipation des femmes. Il avait fondé la première université moderne afghane, et recruté des chercheurs et travailleurs humanitaires étrangers pour collaborer au programme de développement du pays. Aux yeux de nombreux Afghans, il avait incarné la vie qu'ils espéraient revivre un jour.

Mais au seuil de l'automne 2003, cet espoir s'estompait. Les troupes américaines restées en Afghanistan étaient en grande partie isolées, traquant Ben Laden et ses combattants ou assurant la sécurité du jeune gouvernement de Hamid Karzaï. La violence explosait dans le pays une fois de plus, et le bruit courait que les talibans étaient en train de se regrouper.

« Tout comme on avait lâché les moudjahidin après le départ des Soviétiques, j'avais peur qu'on abandonne l'Afghanistan encore une fois. Pour ce que j'en savais, seulement un tiers de l'argent promis était arrivé à bon port. Avec Mary Bono, j'avais rencontré au Congrès l'un des responsables des crédits alloués à l'Afghanistan. Je lui avais parlé de Uzra Faizad et de tous ces enseignants qui ne recevaient pas de paye, et lui avais demandé la cause de cette situation.

« "C'est difficile, m'avait-il répondu. Il n'y a pas de banque centrale en Afghanistan et on ne peut pas effectuer de transferts d'argent." J'ai trouvé l'excuse légère. Nous n'avions aucun mal à apporter des sacs bourrés de dollars aux seigneurs de la guerre pour qu'ils combattent les talibans. Je me demandais bien pourquoi on ne pouvait pas en faire autant pour construire des routes, des égouts et des écoles. Les promesses non tenues, l'argent qui n'arrivait pas, c'était une façon claire de dire que le gouvernement américain s'en fichait purement et simplement. »

Zaher Chah posa sa main, ornée d'une énorme bague en lapis-lazuli, sur celle de Mortenson.

– Je suis content de voir qu'au moins un Américain est ici, dit-il. La personne à voir, dans le Nord, s'appelle Sadhar Khan. C'est un moudjahidin, mais il se soucie des habitants de sa région.

– C'est ce que j'ai entendu dire.

Zaher Chah glissa une main dans son caftan à rayures, en tira une carte de visite, et demanda à l'un de ses gardes de lui apporter une mallette. Puis il appliqua son pouce sur un tampon encreur et apposa son empreinte au dos de la carte.

– Cela pourra vous être utile, lorsque vous rencontrerez le *Commandhan* Khan, dit-il. Qu'Allah soit avec vous. Mes vœux vous accompagnent.

Le 737 décrivit un virage serré et entama une descente en spirale sur Kaboul. La capitale n'étant plus aussi sûre que l'année passée, les pilotes prenaient cette précaution pour éviter d'offrir une cible facile aux nombreux lance-missiles portés disparus dans le pays.

Mais il y avait davantage de danger à affronter la circulation dans les rues de la ville. Grâce au calme et à l'adresse d'Abdullah, ils échappèrent de justesse à quatre accidents sur le court trajet allant de l'aéroport au Kabul Peace Guest House. « La capitale était censée être sous le contrôle d'un gouvernement soutenu par les États-Unis, mais en fait, son pouvoir s'exerçait uniquement à l'intérieur des limites de la ville, et encore, pas sur la circulation. Les automobilistes se fichaient totalement des panneaux et des agents de la circulation, et n'en faisaient qu'à leur tête. »

Mortenson voulait se rendre à Faizabad, la capitale de la province du Badakhchan dans le nord-est du pays, d'où il avait l'intention de prospecter des sites potentiels pour ses écoles. Il lui faudrait y aller par la route, s'exposant non seulement à une circulation anarchique, mais aussi à deux jours de trajet en zone dangereuse. Mais il n'avait pas d'autre choix. C'était son troisième séjour en Afghanistan, et il était bien décidé à tenir la promesse faite aux cavaliers kirghiz. Durant son absence, ceux-ci avaient sillonné tout le corridor du Wakhan pour dresser un état des lieux et avaient parcouru les six jours de piste nécessaires, à cheval, rien que pour le remettre à Faisal Baig. Selon leur étude, cinq mille deux cents enfants en âge d'aller à l'école élémentaire n'avaient accès à aucun établissement et attendaient, *Inch Allah*, que Mortenson se mette à la tâche.

Le général Bashir avait offert de transporter Mortenson à Faizabad, à bord du petit bimoteur Cessna Golden Eagle qui livrait régulièrement les crèmes glacées, eau minérale, barres de protéines et autres produits aux Américains stationnés dans la région. Mais le QG du CentCom, à Doha au Qatar, chargé de contrôler l'espace aérien afghan, lui avait refusé la permission d'effectuer un vol de mission humanitaire en Afghanistan.

Au Kabul Peace Guest House, Mortenson arpentait sa chambre, agacé, car il avait oublié de recharger son ordinateur portable et ses batteries d'appareils photos à Islamabad. Il aurait dû prévoir que l'électricité, à Kaboul, était imprévisible et qu'il risquait fort de ne pas trouver la moindre prise électrique en état de marche entre sa chambre et le Badakhchan.

Il avait l'intention de se mettre en route dès le lendemain matin, préférant se déplacer de jour par prudence, et avait chargé Abdullah de leur dénicher un véhicule capable de surmonter les épreuves, des trous d'obus aux bourbiers, qui ne manqueraient pas de jalonner l'unique route ralliant le Nord.

À l'heure du dîner, Abdullah n'était toujours pas rentré. L'espace d'un instant, Mortenson envisagea de sortir pour manger un morceau, mais il finit par s'étendre sur le lit trop petit, se couvrit la tête d'un oreiller qui sentait le démêlant, et s'endormit.

Peu avant minuit, il se réveilla en sursaut, désorienté par les coups qu'on frappait à la porte. Dans son rêve, c'étaient les murs du *guest house* qui tremblaient sous les grenades.

Abdullah avait de bonnes et de mauvaises nouvelles. Il avait déniché une jeep russe et un jeune Tadjik nommé Kais pour leur servir d'interprète. Son équipier habituel, Hash, aurait été malvenu dans les territoires où ils se rendaient, en raison de son passage chez les talibans. Le problème, c'était que le tunnel de Salang, unique voie de franchissement des montagnes, fermait à six heures du matin.

– Quand va-t-il rouvrir? demanda Mortenson, s'accrochant encore à l'espoir de finir sa nuit.

Abdullah haussa les épaules. Avec la brûlure qui pétrifiait une partie de son visage et avait gommé ses sourcils, il n'était pas facile de déchiffrer ses expressions. Mais l'affaissement de ses épaules était suffisamment éloquent. Il aurait dû se douter que sa question était inutile.

– Douze heures ? Deux jours ? Qui sait ? déclara Abdullah.

Sans perdre une minute, Mortenson entreprit de rassembler ses affaires.

La ville, privée d'électricité, donnait une impression de calme trompeuse. Des groupes d'hommes en robes blanches et fluides glissaient tels des esprits bienveillants entre les kiosques à thé éclairés à la lanterne, prêts à s'envoler dès la première heure pour l'Arabie saoudite. Tout musulman fortuné se doit d'accomplir le *hadjj*, le pèlerinage à La Mecque, au moins une fois dans sa vie. L'ambiance qui régnait dans les rues sombres de la ville était festive, car nombreux étaient les candidats à ce grand événement.

La dernière image de la capitale qu'emporta Mortenson, après qu'ils eurent tourné en rond en quête d'une station-service ouverte, fut celle de l'ancien ministère de la Défense. Il avait déjà vu de jour cette énorme coquille, tellement évidée par les bombes et les missiles de trois guerres successives qu'elle paraissait trop frêle pour tenir encore debout. La nuit, éclairée par les feux de camp des squatters, elle devenait sinistre, rappelant un peu une citrouille d'Halloween. Les trous d'obus et les fenêtres explosées découpaient des orbites vides au-dessus d'une bouche édentée, illuminées de l'intérieur par des lueurs vacillantes.

Somnolent, Mortenson laissa le sourire du ministère s'évanouir dans la nuit, puis bascula dans un rêve hanté par une armée d'ordinateurs portables foulant au pas de course les interminables couloirs en marbre du Pentagone, aussi brillants que les chaussures de Rumsfeld.

Le tunnel de Salang n'était qu'à cent kilomètres au nord de Kaboul, mais la vieille jeep soviétique se traînait tellement sur les flancs de l'Hindou Kouch que, malgré les menaces d'embuscades, Mortenson dormit plusieurs heures comme un bébé avant d'y arriver. L'épine rocheuse, qui se dresse à quatre mille cinq cents mètres entre le nord de l'Afghanistan et la plaine de Shomali, avait offert à Massoud une redoutable ligne de défense contre les talibans.

C'était Massoud qui avait donné l'ordre de dynamiter le tunnel. L'ouvrage, long de deux kilomètres, avait été construit dans les années soixante par les Soviétiques, désireux d'ouvrir une voie commerciale vers le sud via l'Ouzbékistan. En réduisant l'accès de son bastion, la vallée du Panjshir, à quelques pistes de terre tout juste carrossables serpentant à trois mille six cents mètres d'altitude, les moudjahidin de Massoud, pourtant inférieurs en nombre et en armes, avaient protégé le Nord afghan du déferlement des chars et des camionnettes japonaises des talibans. Le gouvernement de Hamid Karzaï avait récemment recruté des équipes de construction turques pour déblayer le tunnel de ses débris d'explosion et consolider la structure, instable.

Ce fut l'arrêt du mouvement qui réveilla Mortenson. Il se frotta les yeux, mais l'obscurité qui les enveloppait était impénétrable. Puis il entendit des voix qui semblaient provenir de l'avant du véhicule. À la lueur d'une allumette, il entrevit l'impassible visage d'Abdullah et celui, perplexe, de Kais.

«On se trouvait en plein milieu du tunnel quand le radiateur nous a lâchés. La route montait, on était dans un virage, et les autres véhicules ne pouvaient nous voir qu'à la dernière seconde. On n'aurait pas pu trouver pire endroit pour tomber en panne.»

Mortenson attrapa son sac à dos pour y prendre la torche et se rappela aussitôt que, dans la précipitation du départ, il l'avait laissée au *guest house* de Kaboul, avec l'ordinateur et les appareils photos. Il rejoignit donc Abdullah et se pencha sur le moteur. À la lueur des allumettes que le courant d'air glacé éteignait dès qu'on les allumait, il vit que c'était la durite.

Il était en train de se demander s'il avait le ruban adhésif nécessaire pour tenter une réparation quand, dans un hurlement paniqué de klaxon, un camion russe KamAZ III déboula en plein milieu de la chaussée, leur fonçant droit dessus. Il était trop tard pour l'éviter. Mortenson se figea dans l'attente du choc, le camion fit une embardée et se remit sur sa voie en rasant la jeep, dont il arracha le rétroviseur.

– Fichons le camp ! hurla Mortenson en poussant Abdullah et Kais vers le mur.

Le courant d'air froid devenait plus fort. Il tendit les bras comme un sourcier et se mit à longer la paroi pour en localiser l'origine. Un autre camion déchira l'obscurité et balaya de ses phares la surface irrégulière du tunnel, révélant la cicatrice noire qu'une porte découpait dans la paroi.

« On a poussé la porte et débouché au sommet d'un col enneigé. La lune était sortie, on y voyait assez clair. J'ai essayé de deviner de quel côté du col on se trouvait pour commencer à descendre. »

C'est alors qu'il remarqua la première pierre rouge. Elle était presque cachée sous la neige, mais une fois qu'il l'eut repérée, il vit toute une série de points rouges qui traçaient un pointillé sur la surface blanche.

L'Afghanistan est le pays le plus miné de toute la terre. Au cours des dernières décennies, des milliers d'explosifs y ont été enterrés par une demi-douzaine d'armées différentes, de sorte que personne ne sait plus où ils se trouvent. Et lorsqu'une chèvre, une vache, ou un enfant le découvre au prix de sa vie, des équipes de démineurs débarquent et peignent en rouge les pierres des environs, en attendant de trouver le temps nécessaire au nettoyage du secteur.

Kais aperçut les pierres rouges qui les entouraient et commença à paniquer. Mortenson lui saisit le bras de crainte que le garçon ne s'enfuie. Abdullah, qui avait une bonne dose d'expérience en matière de mines, énonça la seule issue possible.

– Doucement, doucement, dit-il en faisant demi-tour et en marchant dans ses empreintes de pas. Il faut retourner à l'intérieur.

« À mon avis, remarque Mortenson, dans le tunnel, on avait cinquante pour cent de chances de se faire tuer. Mais dehors, c'était garanti. »

Kais était paralysé, mais il se laissa néanmoins docilement guider à l'intérieur par Mortenson. « Je ne sais pas ce qui se serait passé sans l'arrivée de cette camionnette, qui montait doucement. Mais quoi qu'il en soit, Dieu soit loué, c'est elle qui est arrivée. Je me suis mis en travers de sa route en faisant des signes pour qu'elle s'arrête. »

Mortenson et Kais se serrèrent dans la cabine du Bedford avec les cinq passagers. Abdullah s'installa au volant de la jeep, et la camionnette se mit à la pousser. « C'étaient des durs, des contrebandiers, se rappelle l'Américain, mais ils avaient l'air corrects. L'arrière était bourré de réfrigérateurs, qu'ils amenaient à Mazer E Sharif, et on avançait tout doucement, mais ça ne me gênait pas. »

Kais jeta aux hommes un regard apeuré puis lui chuchota en anglais : « *These the bad men. Teef.* »[2]

« Je lui ai conseillé de se taire. J'essayais de me concentrer, de puiser dans mes dix années de Pakistan une solution pour nous sortir de là. Ces trafiquants étaient pachtouns, Kais était tadjik, donc il se méfiait d'eux de toute façon. J'ai décidé de leur faire confiance et j'ai engagé la conversation. Au bout de quelques minutes, l'atmosphère s'était nettement détendue, et même Kais a compris que ça allait bien se passer, surtout quand ils nous ont offert une grappe de raisins. »

---

2. « Eux méchants. Voleurs. »

Mortenson réalisa qu'il n'avait rien mangé depuis le petit déjeuner de la veille. Tout en savourant le jus des raisins, il regardait la peinture blanche de la jeep partir au contact de la calandre du Bedford.

Lorsque la route s'inclina sur l'autre versant, il remercia les trafiquants pour leur aide – et pour les raisins –, puis remonta dans la jeep avec Kais. Sans moteur, simplement en mettant le contact, Abdullah parvint à extraire un filet de lumière des phares. Épuisé, Mortenson s'effondra sur le plateau de la jeep, confiant en Abdullah qui descendait la pente sans bruit en roue libre.

Pour les soldats talibans et soviétiques, la vallée du Panjshir, plus à l'est, que l'on devinait dans la lumière naissante, avait été synonyme de souffrance et de mort. Postés sur les hauteurs avec leurs lance-roquettes, les hommes de Massoud n'avaient eu aucun mal à suivre les mouvements des soldats à travers l'étroit défilé. Mais pour Mortenson qui regardait les cimes acérées se colorer de mauve, cette vallée perdue avait des airs de Shangri-La.

« J'étais tellement heureux d'être sorti de ce tunnel et de revoir la lumière ! J'ai serré Abdullah si fort qu'on a failli aller dans le décor. » Le chauffeur parvint à s'arrêter en bordure de route, tout contre un bloc, pour tenter une réparation. Avec la lumière, le problème était facile à comprendre : il y avait quinze centimètres de durite à rafistoler. Abdullah n'avait pas seulement survécu à la guerre, mais aussi à d'innombrables dépannages en bord de route. Il découpa un morceau de chambre à air dans la roue de secours, l'enroula autour de la section de durite abîmée et ficela le tout à l'aide de ruban adhésif, dont Mortenson trouva un rouleau accroché à un paquet de pastilles pectorales tout au fond de son sac.

Ils vidèrent leur précieuse eau minérale dans le radiateur et repartirent vers le nord. C'était le mois du ramadan et Abdullah conduisait vite, dans l'espoir de dégotter un kiosque à thé où l'on pourrait leur servir à manger avant le début officiel du jeûne. Mais lorsqu'ils atteignirent l'ancienne ville de garnison soviétique de Pol-e-Kamri, ils trouvèrent les deux gargotes de la ville déjà fermées. Mortenson sortit le sac de cacahuètes qu'il avait mis de côté pour les coups durs et le partagea avec Kais et Abdullah, tandis que le soleil s'invitait dans la vallée.

Après le petit déjeuner, Abdullah se mit en quête de carburant. Il revint bientôt, conduisit la jeep dans la cour d'une maisonnette de terre crue, et la gara à côté d'un baril rouillé. Un vieil homme appuyé sur une canne s'approcha d'eux d'un pas traînant. Son buste était pratiquement plié en deux. Il lui fallut deux bonnes minutes rien que pour dévisser le bouchon du réservoir. Lorsqu'il se mit à actionner le bras de la pompe, Abdullah, voyant l'effort que le vieillard devait fournir, sauta de son siège pour prendre le relais.

Tandis qu'il pompait, Mortenson s'entretint avec l'ancien par l'intermédiaire de Kais qui traduisait du dari, langue parente du farsi parlée dans le nord de l'Afghanistan.

– Autrefois, j'habitais la plaine de Shomali, raconta le vieil homme, qui s'appelait Mohammed.

La vaste plaine qu'il évoquait, située au nord de Kaboul, avait jadis été le grenier à grains de l'Afghanistan.

– C'était un coin de paradis. Les Kaboulis venaient y passer le week-end dans leurs maisons de campagne. Même le roi Zaher Chah, loué soit son nom, avait fait construire un palais près de mon village. J'avais dans mon jardin toutes les essences d'arbre possibles, je faisais pousser du raisin et des melons.

À l'évocation de ces douceurs d'antan, sa bouche que n'ornaient plus que deux canines pointues, fut agitée d'un mouvement de succion.

– Lorsque les talibans sont arrivés, reprit-il, c'est devenu trop dangereux. Alors j'ai conduit mes proches au nord du Salang, pour les mettre à l'abri. Au printemps, l'année dernière, je suis retourné voir si ma maison avait survécu, mais au début, je n'arrivais pas à la retrouver. Je suis né là-bas, j'y ai vécu soixante-dix ans, mais j'étais incapable de reconnaître mon propre village. Toutes les maisons avaient été détruites. Toutes les cultures étaient dévastées. Non seulement les talibans avaient brûlé les maisons, mais aussi le moindre buisson et le moindre arbre. J'ai fini par reconnaître mon jardin grâce au tronc carbonisé d'un abri-cotier, dont les branches avaient une forme très particu-lière, comme une main d'homme, raconta Mohammed, la voix étranglée. Je peux comprendre que l'on tire sur des hommes et que l'on bombarde des bâtiments. En temps de guerre, ces choses arrivent, il en a toujours été ainsi. Mais pourquoi ? – Il s'interrompit, laissant sa plainte en suspens. – Pourquoi les talibans ont-ils tué notre terre ?

Tandis qu'ils progressaient vers le nord, l'empreinte de la mort était de plus en plus visible ; les souffrances infli-gées aux civils, mais aussi aux combattants, avaient dû être extrêmes. Ils passèrent devant un T-51 soviétique dont la tourelle pendouillait sur le côté, victime d'une déflagra-tion qu'on devinait phénoménale, et que les gamins du vil-lage prenaient d'assaut pour jouer à la guerre.

Ils longèrent un cimetière d'hélicoptères, parsemés de Hind soviétiques lourdement armés. Mortenson songea aux équipages qui avaient eu le malheur de survoler le fief de Massoud alors que la CIA venait de fournir des lance-missiles Stinger aux leaders des moudjahidin – dont Ous-sama Ben Laden – et de les former à leur usage.

Ils progressaient sous le regard de Shah Ahmed Mas-soud, dont le poster ornait la moindre carcasse rouillée, comme pour rappeler depuis l'au-delà que tous ces sacri-fices n'avaient pas été vains.

Au crépuscule, ils avaient traversé Khanabad et Konduz et se rapprochaient de Taloqan où ils envisageaient de prendre leur premier vrai repas depuis plusieurs jours, aussitôt passée la prière du soir marquant la fin du jeûne. Mortenson, qui avait d'importants engagements aux États-Unis la semaine suivante, était en train de se demander s'il valait mieux se dépêcher de reprendre la route après le dîner ou attendre prudemment le lendemain, lorsque des tirs de mitraillettes éclatèrent cinquante mètres plus loin.

Abdullah écrasa le frein, passa la marche arrière et recula sur les chapeaux de roue, le plus loin possible des balles traçantes qui zébraient la nuit. Mais des coups de feu fusèrent aussi derrière eux et Abdullah écrasa de nouveau le frein.

– Par ici ! cria-t-il en attirant Mortenson et Kais dans un fossé boueux, avant de les plaquer contre le sol spongieux de ses mains infirmes, qu'il leva ensuite vers le ciel pour invoquer la protection d'Allah.

« Nous avions débarqué en plein règlement de comptes entre trafiquants d'opium. C'était la saison où la contrebande battait son plein, et il y a toujours des frictions à cette époque de l'année pour le contrôle des caravanes de mules qui assurent le transport de la récolte. Ça canardait sec au-dessus de nos têtes. Rien qu'à la cadence, je devinais que c'étaient des kalachnikovs. À la lueur des balles traçantes, je pouvais voir que Kais était complètement paniqué. Mais Abdullah, lui, était en colère. C'était un vrai Pachtoun. Il se maudissait à voix basse de m'avoir mis dans ce pétrin, moi, son hôte. »

Immobile dans la boue froide, Mortenson essaya d'échafauder un plan de fuite mais il n'y avait rien à faire. Plusieurs tireurs s'étaient mêlés au combat, et l'intensité des échanges augmentait, réduisant l'air en charpie. « J'ai arrêté de réfléchir et j'ai pensé à mes enfants. Je me suis imaginé Tara leur expliquant comment j'étais mort. Je me demandais s'ils comprendraient ce que j'avais essayé de faire : que je n'avais pas voulu les quitter, que j'essayais juste d'aider d'autres enfants comme eux. Je me suis dit que Tara leur ferait comprendre. Cela suffisait à me rassurer. »

Un véhicule approcha et balaya de ses phares les bas-côtés de la route derrière lesquels étaient embusqués les trafiquants. Les tirs s'arrêtèrent peu à peu ; la camionnette apparut. Elle se dirigeait vers Taloqan. Abdullah bondit hors du fossé pour lui faire signe d'arrêter. C'était un vieux tacot poussif qui penchait du côté où la suspension était en train de lâcher. Il livrait des peaux de chèvre toutes fraîches à la tannerie et puait la charogne des mètres à la ronde.

Abdullah courut à l'avant de la camionnette pendant que des coups de feu sporadiques éclataient de part et d'autre de la route, puis cria quelque chose à Kais, pour qu'il traduise. D'une voix tremblante, le garçon demanda au chauffeur s'il pouvait prendre l'étranger à son bord. Abdullah appela Mortenson et lui fit frénétiquement signe de sauter dans la remorque. Comme on le lui avait appris vingt ans plus tôt, il se baissa et fonça sur l'arrière de la camionnette en zigzagant. Il grimpa, Abdullah le recouvrit d'une peau de chèvre, et il se retrouva le nez dans les peaux humides.

– Et toi ? Et le gamin ?

– Allah nous protégera, fit Abdullah. Ces *shaïtane* se tirent dessus, on ne les intéresse pas. On va attendre que ça passe et puis on ramènera la jeep à Kaboul.

Mortenson espérait qu'il dise vrai. Abdullah frappa du plat de la main contre l'arrière de la camionnette et le véhicule s'ébranla.

Couché sous sa pile de peaux, Mortenson se couvrit le nez de la main et regarda filer la route pendant que la guimbarde prenait de la vitesse. Au bout de cinq cents mètres, la fusillade reprit. Les balles traçantes décrivaient des ellipses espacées dans la nuit. Pour Mortenson, qui ignorerait jusqu'à la semaine suivante que ses amis avaient survécu, elles dessinaient plutôt des points d'interrogation.

La camionnette traversa Taloqan sans s'arrêter et poursuivit en direction de Faizabad, le privant une fois de plus de repas. La puanteur qui régnait dans le Bedford ne mettait guère en appétit, mais alors qu'ils s'enfonçaient lentement dans la nuit, Mortenson songea aux cacahuètes et réalisa qu'il avait oublié son sac dans la jeep. Inquiet, il se rassit et tapota les poches de son gilet jusqu'à sentir sous ses doigts son passeport et une liasse de dollars. Puis, il se souvint à regret que la carte de visite du roi se trouvait dans le sac. Mais qu'y pouvait-il? Il lui faudrait approcher *Commandhan* Khan sans lettre d'introduction, tout simplement. Se recouvrant le nez et la bouche de son écharpe à carreaux, il se mit à contempler le ciel étoilé.

«J'étais seul. J'étais couvert de boue et de sang de chèvre. J'avais perdu mon sac. Je ne parlais pas la langue locale. Je n'avais pas mangé depuis plusieurs jours, mais je me sentais étonnamment bien. J'avais l'impression de me retrouver plusieurs années en arrière, quand j'avais parcouru les gorges de l'Indus juché sur la pile de matériaux que je livrais à Korphe, sans la moindre idée de ce qui m'attendait. Je n'avais qu'une vague notion de ce que j'allais faire au cours des jours à venir. Et je ne savais absolument pas si j'allais y arriver. Eh bien, croyez-moi si vous voulez, ça n'était pas du tout désagréable comme sensation.»

Les marchands de peaux le déposèrent à l'hôtel Uliah de Faizabad. Le trafic d'opium battant son plein, toutes les chambres étaient prises, de sorte que le *tchokidar* ensommeillé lui indiqua une couverture et une couchette dans le hall d'entrée, où dormaient déjà une trentaine d'hommes. L'hôtel n'avait pas d'eau courante, mais Mortenson voulait à tout prix se débarrasser de la puanteur qui imprégnait ses habits. Trouvant un camion-citerne à côté de l'hôtel, il en ouvrit le robinet, et s'aspergea d'eau glacée.

«Je n'ai même pas pris la peine de me sécher, se souvient-il. Je me suis enveloppé dans ma couverture et je me

suis couché dans le hall de l'hôtel. C'était vraiment dégoû-
tant, avec tous ces trafiquants et ces moudjahidin qui
rotaient tout ce qu'ils pouvaient. Mais après ce que je venais
d'endurer, j'ai dormi aussi bien que dans un cinq étoiles. »

Peu avant quatre heures du matin, le *tchokidar* réveilla
les hommes en apportant de quoi manger. Le ramadan
proscrivait toute consommation de nourriture après la
prière du matin, et Mortenson, qui en était arrivé à ne plus
avoir faim, se joignit néanmoins aux hommes et engloutit
une généreuse portion de curry aux lentilles accompagnée
de quatre chapatis caoutchouteux.

Dans les petites heures glaciales qui précédaient l'aube,
les environs de Faizabad lui rappelèrent le Baltistan. Le
jour s'infiltrait par la chaîne du Pamir, au nord. Il se retrouvait chez lui, parmi les montagnes, et, en faisant abstraction des détails, il se serait presque cru dans sa région
d'adoption. Mais les différences étaient difficiles à ignorer. Les femmes étaient beaucoup plus présentes ; elles se
déplaçaient librement dans les rues, quoique, pour beaucoup, dissimulées sous une burqa blanche. La proximité de
l'ancienne république soviétique se faisait sentir, avec ces
groupes de Tchétchènes bardés d'armes qui convergeaient
vers la mosquée pour la prière du matin, dans un flot de
paroles aux inflexions slaves, si peu familières aux oreilles de Mortenson.

Disposant de maigres ressources, l'économie de Faizabad tournait autour du commerce de l'opium. La résine
brute était récoltée dans les champs de pavots du Badakhchan, puis elle était raffinée et transformée en héroïne dans
les usines proches de Faizabad, avant de traverser l'Asie
centrale jusqu'en Tchétchénie pour ensuite arriver à Mos-
cou. En dépit de leurs nombreux défauts, les talibans
avaient durement réprimé la production d'opium. Mais
depuis leur départ, surtout dans le nord de l'Afghanistan,
la culture avait repris de plus belle.

Selon une étude de l'organisation *Human Rights Watch*, la production d'opium en Afghanistan, quasiment nulle sous les talibans, avait bondi à quatre mille tonnes fin 2003. Ce qui représentait alors les deux tiers de l'approvisionnement brut mondial destiné à la production d'héroïne. Les bénéfices de l'opium, redistribués aux seigneurs de la guerre – désignés par le terme *Commandhan* en Afghanistan – leur permettaient de constituer et d'armer de redoutables milices privées, face auxquelles la fragile administration centrale de Hamid Karzaï faisait de moins en moins le poids plus on s'éloignait de Kaboul.

Au Badakhchan, la région la plus distante de la capitale, le pouvoir était entièrement concentré entre les mains du *Commandhan* Sadhar Khan. Au fil des ans, Mortenson avait entendu bien des histoires à son sujet. Ses fidèles l'encensaient, ayant toujours à l'esprit les récits de Shah Ahmed Massoud, son compagnon de lutte antisoviétique et antitalibans – et martyr. Khan, comme tous les *commandhan*, soumettait les caravanes de mules des trafiquants à un droit de passage sur ses terres. Mais contrairement à bien d'autres, il réinjectait ces bénéfices dans la protection sociale de ses sujets. Il avait ainsi établi un bazar florissant pour ses anciens combattants, grâce à l'octroi de petits prêts qui leur permettaient de démarrer une activité, facilitant ainsi la transition de la vie de moudjahidin à celle de commerçant. Khan était tout autant vénéré des siens qu'il était craint de ses ennemis, en raison des jugements cruels qu'il avait l'habitude de rendre.

Au cours de ses pérégrinations liées à la contrebande, Sarfraz (l'ex-membre des commandos pakistanais que Mortenson avait rencontré le 11 septembre à Zuudkhan) avait croisé la route de Khan dans le corridor du Wakhan. « S'il est bon ? Oui, il l'est, avait déclaré Sarfraz. Mais il est aussi dangereux. Si un de ses ennemis refuse de se rendre et de s'allier à lui, il l'attache entre deux jeeps et l'écartèle. C'est ainsi qu'il est devenu, en quelque sorte, président du Badakhchan. »

Dans l'après-midi, Mortenson changea de l'argent et loua une jeep à un père et son fils, tous deux très pratiquants, qui acceptèrent de le conduire au QG de Khan à Baharak, situé à deux heures de route, à la condition qu'ils partent sur-le-champ pour être rentrés avant la prière du soir.

– Je peux partir tout de suite, les rassura Mortenson.

– Et vos bagages ? demanda le garçon qui possédait des rudiments d'anglais.

Mortenson haussa les épaules et monta à bord.

« Le trajet jusqu'à Baharak ne devait pas faire plus de cent kilomètres, mais il nous a fallu trois heures. J'avais l'impression de me retrouver dans les gorges de l'Indus, avec ses vires en surplomb de la rivière encaissée. J'étais content d'être dans une vraie jeep. Tous ces prétendus 4x4, aux États-Unis, sont bons pour aller faire les courses et conduire les enfants à l'école. Pour ce type de relief, rien ne vaut une bonne vieille jeep russe. »

À vingt minutes de route de Baharak, la gorge s'ouvrait sur des champs en terrasses qu'encadraient de douces collines. Des groupes de fermiers étaient occupés à planter la moindre surface cultivable. « Mis à part les pavots, on se serait cru à l'entrée de la vallée de la Shigar, quand on va sur Korphe. J'ai réalisé à quel point nous étions proches du Pakistan, et bien que je ne sois jamais venu dans cet endroit avant, j'avais l'impression de rentrer chez moi, comme si je me retrouvais parmi les miens. »

Baharak renforça encore cette impression. La ville, nichée au pied des sommets de l'Hindou Kouch, permettait d'accéder au corridor du Wakhan, dont la vallée se trouvait à quelques kilomètres plus à l'est seulement. De savoir Zuudkhan, et tant de ses amis, si près de lui, il se sentit rasséréné.

Ils se rendirent au bazar pour demander leur chemin jusque chez Sadhar Khan. Mortenson trouvait que les gens avaient davantage l'allure de cultivateurs que de trafiquants. Comme les Baltis, ils pratiquaient une agriculture de subsistance. Les étals étaient simples et pauvres, et les ânes surchargés paraissaient faibles et faméliques.

Mortenson avait lu ici et là combien le Badakhchan s'était retrouvé isolé du reste du monde sous le régime taliban. Mais il ne s'était pas douté à quel point la région était pauvre.

Au milieu du marché, où le transport se faisait essentiellement à dos d'animal, ils croisèrent une jeep blanche qui arrivait en sens inverse. Mortenson lui fit signe de s'arrêter en se disant que tout habitant de Baharak capable de s'offrir un tel véhicule saurait forcément où résidait Sadhar Khan.

La jeep était remplie de moudjahidin à la mine patibulaire, mais le chauffeur, un homme d'âge moyen au regard incisif et à la barbe soignée, descendit pour lui parler.

– Je cherche Sadahr Khan, demanda Mortenson avec les rudiments de dari que Kais avait eu le temps de lui enseigner.

– Il est ici, répondit l'homme en anglais.

– Où ?

– Je suis lui. Je suis le *Commandhan* Khan.

Sur le toit de la maison fortifiée de Sadhar Khan, au pied des collines brunes de Baharak, Mortenson tournicotait nerveusement autour de la chaise qu'on lui avait apportée, en attendant que le *commandhan* rentre de la *djouma*. Khan vivait simplement, mais les signes de sa puissance étaient visibles partout. Une antenne d'émetteur radio dépassait de derrière le toit, tel un mât de drapeau signalant l'adhésion au monde moderne du propriétaire des lieux. De petites paraboles étaient orientées au sud, et, sur les toits des bâtisses alentour, Mortenson apercevait les gardes armés de Khan qui le tenaient en ligne de mire.

Il devinait les sommets enneigés de son Pakistan au sud-est, et conjura l'image de Faisal Baig montant la garde dans leur ombre, bien décidé à ne pas s'en laisser conter. Mortenson traça une ligne imaginaire qui partait de Faisal, puis reliait chaque école, chaque localité, passait par la vallée de la Hunza, continuait par Gilgit et traversait ensuite les gorges de l'Indus jusqu'à Skardu. Une ligne qui reliait les gens et les endroits qu'il chérissait à ce toit perdu, une ligne grâce à laquelle il ne se sentait plus isolé.

Juste avant le coucher du soleil, des hommes jaillirent par centaines de la mosquée de Baharak, sobre bâtisse aux allures de bunker qui évoquait davantage une caserne qu'un lieu de culte. Khan fut le dernier à sortir. Il était en grande conversation avec le mollah du village, vers lequel il se pencha pour le serrer dans une étreinte, avant de tourner les talons et de rejoindre l'étranger qui attendait sur son toit.

« Il est arrivé sans garde, si ce n'est un de ses jeunes lieutenants chargé d'interpréter. Je savais que ses sbires m'auraient descendu au moindre regard de travers, mais j'ai tout de même apprécié le geste. Tout comme il l'avait fait au bazar, il était prêt à prendre les choses lui-même en main. »

– Je suis désolé de ne pas pouvoir vous offrir de thé, déclara-t-il par l'intermédiaire de son interprète, qui s'exprimait dans un anglais impeccable. Il indiqua le soleil qui déclinait à l'ouest, derrière un champ parsemé de rocs. Mais bientôt, vous pourrez avoir tout ce que vous désirez.

– C'est parfait, répondit Mortenson. J'ai parcouru un long trajet pour venir vous voir. Je suis déjà très honoré de me trouver là.

– Et pour quelle raison un Américain vient-il de Kaboul pour me rencontrer ? demanda-t-il en lissant de la main son caftan marron à liséré brodé de rouge, insigne de sa fonction.

Mortenson se lança dans le récit de son histoire, en commençant par les cavaliers kirghiz surgis du col d'Irshad dans un nuage de poussière pour finir par la fusillade de la veille et sa fuite, dissimulé sous des peaux de chèvres. Lorsqu'il eut terminé, le terrifiant chef des moudjahidin du Badakhchan poussa un cri de joie et enveloppa Mortenson, ahuri, dans ses bras.

– Oui, oui! Vous êtes le Docteur Greg. Mon *commandhan* Abdul Rashid m'a parlé de vous. C'est incroyable! Et dire que je n'ai même pas préparé de repas, ni convié les anciens du village à vous accueillir. Pardonnez-moi.

Mortenson sourit. Toute la tension accumulée au fil de son périlleux voyage se volatilisa. Khan tira un téléphone satellite ultramoderne du gilet reporter qu'il portait sous son caftan et donna l'ordre qu'on préparât un festin. Puis il se mit à parler des sites susceptibles d'accueillir les écoles en décrivant, à l'instar de Mortenson, de grands cercles sur le toit.

Khan connaissait le corridor du Wakhan sur le bout des doigts. Il lui cita les cinq localités qui tireraient vite parti d'une école primaire. Puis, il lui dressa le long inventaire des lieux privés d'école de filles, qui dépassait de loin tout ce qu'il avait imaginé. Rien qu'à Faizabad, cinq mille adolescentes faisaient classe contre vents et marées dans un champ attenant au lycée de garçons. La même histoire se répétait à travers tout le Badakhchan, et avec la litanie des besoins qu'il commençait à égrener, il y avait de quoi occuper Mortenson à plein-temps pour quelques décennies.

Quand le soleil plongea derrière les arêtes montagneuses, à l'ouest, Khan posa une main dans le dos de Mortenson et désigna l'horizon: «Nous avons combattu les Russes aux côtés des Américains, ici, dans ces montagnes. Et malgré les nombreuses promesses que l'on nous a faites, personne n'est jamais revenu nous aider une fois les morts tombés. Tenez, regardez ces collines. – Khan indiquait maintenant les champs de rocaille qui montaient des rues en terre de Baharak, dont les pierres éparses rappelaient des tombes, comme une armée de morts lancée à l'assaut du couchant. – Ces collines ont vu beaucoup trop de morts, dit-il gravement. Chaque pierre, chaque roc qui se dresse devant vous est l'un de mes moudjahidin, des *shahid*, des martyrs, qui ont sacrifié leur vie en se battant contre les Russes et les talibans. Nous devons faire en sorte que leur sacrifice ait servi à quelque chose. Nous devons transformer ces pierres en écoles. »

Mortenson n'avait jamais cru que l'on puisse revoir toute sa vie dans un éclair, juste avant de mourir. Cela lui paraissait matériellement impossible. Pourtant, alors qu'il considérait l'engagement qu'on lui demandait de prendre, dans la seconde où il croisa le regard pénétrant de Khan et s'y engouffra, il vit le reste de sa vie défiler devant lui.

Sur ce toit en terrasse, au milieu de ces âpres collines rocheuses, il se trouvait à un embranchement et il lui fallait choisir sa voie. S'il se tournait dans la direction de cet homme, de ces pierres, il voyait un chemin aux couleurs plus éclatantes que celles du long détour entamé dix ans plus tôt à Korphe.

Il y aurait de nouvelles langues à apprendre, de nouveaux faux pas à commettre avant de maîtriser les coutumes. Il y aurait ces longs mois d'absence loin des siens, pointillés blancs sur la toile colorée qui s'offrait à lui, lumineuse comme un champ de neige vierge jalonné de dangers insoupçonnés, massés en lourds nuages au-dessus de sa route. Il vit sa vie se dresser devant lui aussi clairement que ce jour où le sommet du Kilimandjaro avait déboulé dans son enfance, aussi éclatante que la puissante pyramide du K2 qui hantait toujours ses rêves.

Mortenson posa les mains sur les épaules de Sadhar Khan, comme il l'avait fait dix ans plus tôt en d'autres montagnes avec cet autre chef, Haji Ali, sans penser aux viseurs toujours braqués sur lui, ni aux pierres des *shahid* chauffées par les derniers rayons du soleil, mais en pensant à la montagne qu'il avait en lui et qu'il s'engageait, en cet instant, à gravir.

REMERCIEMENTS

Quand ton cœur parle, surtout, prends des notes.
Judith Campbell

Pour moi, la prochaine décennie sera marquée par notre effort à tous en faveur de l'alphabétisation et de l'instruction des enfants du monde entier, en particulier des filles. Plus de cent quarante-cinq millions d'enfants dans le monde sont privés d'éducation pour cause de pauvreté, exploitation, esclavage, discrimination sexuelle, extrémisme religieux et corruption politique. Je souhaite que *Trois tasses de thé* joue un rôle catalyseur qui permette à tous ces enfants en âge d'aller à l'école d'apprendre à lire et à écrire.

Je pourrais couvrir chacune des pages de ce livre de remerciements à l'attention de toutes les personnes merveilleuses qui ont participé à la conception de cette enquête et de ce livre. Je suis désolé de ne pouvoir les citer toutes, faute de place – ce qui va me coûter bien des nuits de sommeil. Merci d'avoir été présents ; sachez que chaque enfant éduqué est un hommage à chacun d'entre vous.

Le coauteur de ce livre, David Oliver Relin, a persévéré deux années pour mettre au monde *Trois tasses de thé*. Sans toi, jamais cette histoire n'aurait été racontée. *Shukuria* Relin sahib.

Merci tout spécialement à Paul Slovak, éditeur chez Viking Penguin, qui a accompagné avec diligence la création de l'édition poche et patiemment tenu compte de nos multiples requêtes pour changer le sous-titre de l'édition originale «*One Man's Mission to Fight Terrorism and Build Nations… One School at a Time*» – La mission d'un homme qui combat le terrorisme et construit des nations… Une école à la fois –, et l'avoir remplacé par «*One Man's Mission to Promote Peace… One School at a Time*» – La mission d'un homme en faveur de la paix… Une école à la fois.

Sans l'extraordinaire contribution de Louise Braverman, responsable de la publicité chez Viking Penguin, *Trois tasses de thé* ne serait pas devenu le best-seller qu'il est aujourd'hui. Merci pour ton éternel optimisme. Merci aussi à Susan Kennedy (présidente de Penguin Group – USA), Carolyn Coleburn (directrice de la publicité chez Viking), Nancy Sheppard (directrice du marketing chez Viking) et à Ray Roberts (premier éditeur de ce livre chez Viking).

Notre agent littéraire, Elizabeth Kaplan, a déployé durant deux ans une énergie exemplaire pour conduire *Trois tasses de thé* de simple projet à publication. Nous te serons à jamais reconnaissants de ton soutien.

Merci à nos fidèles «femmes du Montana» au bureau du Central Asia Institute (CAI) : Jennifer Sipes et Laura Anderson qui contribuent assidûment à notre mission originelle, et permettent à vingt-quatre mille enfants de recevoir une éducation. Un merci particulier à Christiane Leitinger, directrice de l'opération «Pennies for Peace», qui jette des passerelles entre des enfants que la moitié du globe sépare.

Les membres du conseil d'administration du CAI : le Dr Abdul Jabbar, Julia Bergman et Karen McCown constituent un rouage essentiel de notre entreprise. Merci à vous et à vos familles pour votre indéfectible soutien, vos encouragements et votre engagement durant toutes ces années.

À Jean Hoerni, Haji Ali et Christa : je rends humblement hommage à ce que vous nous avez légué !

Notre incroyable, infatigable, équipe pakistanaise déplace des montagnes sans faillir pour que l'aventure continue. Bohot Shukuria à Apo Cha Cha Abdul Razak, Ghulam Parvi sahib, Suleman Minhas, Saidullah Baig, Faisal Baig, Mohammed Nazir ; et, en Afghanistan : à Sarfraz Khan, Abdul Waqil, Parvin Bibi et au mollah Mohammed. Qu'Allah vous bénisse, vous et vos proches, pour le noble travail que vous accomplissez pour l'humanité !

À mes bien-aimés amis, mentors, anciens, maîtres, guides, frères et sœurs au Pakistan et en Afghanistan : je ne connais pas de mot suffisant pour exprimer ma gratitude, si ce n'est de dire que chacun d'entre vous est une étoile qui brille dans la nuit et que grâce à votre loyauté, votre ardeur, votre persévérance, vos enfants ont accès à l'éducation. *Shukuria, Rahmat, Manana, Shakkeram, Baf, Bakshish*, Merci !

Merci à mes grands-parents Regina Mortenson et Al et Lyria Doerring, pour leur sagesse. Merci à mes sœurs Sonja et Kari, leurs époux Dan et Dean et leurs familles pour leur amour et leur loyauté à notre tribu, qui donnent un vrai sens aux mots « valeurs familiales ».

Quand j'étais petit, en Tanzanie, mes parents nous lisaient des histoires, patiemment, le soir à la bougie et, plus tard, à la lumière électrique. Ces histoires ont éveillé notre soif de connaître le monde et ses cultures. Elles ont inspiré l'aventure humanitaire qui a donné corps à ma vie. Le dévouement permanent de ma mère à l'éducation a été une immense source d'inspiration. Bien que mon père soit mort à quarante-huit ans, en 1980, il nous a légué cet esprit de compassion qui nous habite à jamais.

Qu'est-ce qui m'a motivé à faire tout ça ? La réponse est simple : quand je croise les regards d'enfants au Pakistan et en Afghanistan, je vois les yeux de mes propres enfants, pleins d'émerveillement – j'espère que nous accomplissons chacun notre part pour leur léguer un monde de paix au lieu du cycle infernal de violence, guerre, terrorisme, racisme, exploitation et sectarisme qu'il nous reste à enrayer.

À mes merveilleux enfants, Amira Eliana et Khyber, qui m'apportent le courage, l'amour inconditionnel et l'espoir qui me poussent à essayer de changer les choses, un enfant à la fois.

Par-dessus tout, je suis infiniment reconnaissant à mon incroyable femme, Tara. Je suis heureux d'avoir franchi avec toi ce seuil de confiance. Tu es une merveilleuse compagne, confidente, mère et amie. Durant mes fréquentes absences, au cours de ces onze années de mariage, à courir les reliefs accidentés du Pakistan et les terres reculées d'Afghanistan, ton amour m'a permis d'écouter mon cœur. Je t'aime.

Greg Mortenson,
Vallée de Neelam, Azad Cachemire, Pakistan
Novembre 2006

J'aimerais remercier Greg Mortenson, d'abord parce qu'il m'a raconté l'une des plus extraordinaires histoires qu'il m'ait été donné d'entendre, et ensuite parce qu'il m'a invité à la raconter à mon tour. J'aimerais aussi remercier Tara, Amira, Khyber et le clan élargi des Mortenson/Bishop, qui m'ont fréquemment accueilli chez eux au même titre qu'un membre de la famille.

Le brigadier général Bashir Baz et le colonel Ilyas Mirza, à Askari Aviation, m'ont non seulement permis de me rendre dans les vallées les plus reculées des Territoires du Nord, mais m'ont également permis de me donner une première idée des défis auxquels l'armée pakistanaise fait face aujourd'hui. Le brigadier général Banghoo m'a transporté dans les hautes vallées du Karakoram et de l'Hindou Kouch à bord de sa fidèle Alouette et m'a confié, parfois jusque tard dans la nuit, ses réflexions, pleines de pertinence, sur l'avenir de son pays.

Suleman Minhas m'a conduit, malgré les barrages policiers, dans les quartiers les plus intéressants d'Islamabad et de Rawalpindi, où son humour de bon aloi m'a aidé à porter un regard de l'extérieur plus éclairé. Ghulam Parvi m'a épaulé sans relâche, comme maître et interprète, pour me révéler toute la richesse de la culture balti. Apo, Faisal, Nazir et Sarfraz ont devancé et répondu aux moindres de mes besoins lors de mes déplacements dans les Territoires du Nord. Twaha, Jahan et Tahira, à l'instar des habitants de Korphe, m'ont aidé à comprendre que l'isolement et la pauvreté ne peuvent empêcher toute communauté, si elle est déterminée, d'atteindre les buts qu'elle s'est fixés pour ses enfants. Et constamment, sans relâche, les Pakistanais m'ont démontré qu'il n'existe pas de pays plus accueillant sur terre.

Ahmed Rashid a eu la gentillesse de me consacrer quelques instants lors d'un sommet mondial sur le terrorisme à Madrid auquel il participait, pour me dispenser une formation accélérée sur les subtilités du système politique pakistanais et sur les liens existant entre le développement des madrasas et l'extrémisme. Conrad Anker, Doug Chabot, Scott Darsney, Jon Krakauer, Jenny Lowe, Dan Mazur et Charlie Shimanski m'ont apporté de précieux témoignages sur ce monde d'équilibristes qu'est l'alpinisme. Je décerne un prix spécial à Jim «Géo-man» McMahon pour les cartes, très pro, qu'il a conçues pour ce livre, et pour avoir défié en combat de catch (dans la boue) toute personne n'ayant pas apprécié le message délivré par *Trois tasses de thé* chez Fox News.

Je dois une fière chandelle à mon vieux copain Lee Kravitz, à *Parade*, pour le jour où il m'a dit : «Je pense que tu devrais rencontrer ce type», et pour les sages conseils qu'il m'a distillés durant la conception de ce livre. J'aimerais également le remercier parce qu'il a eu la bonne idée d'épouser Elizabeth Kaplan, qui a veillé sur le développement de ce livre au fil des étapes de publication et affranchi le parfait ignare que j'étais sur le monde de l'édition, et ce, sans cesser de manger, marcher, téléphoner et s'occuper de ses enfants. Je suis redevable à Ray Roberts, de Viking, pour son érudition et pour la courtoisie avec laquelle il a accueilli toutes les petites catastrophes qui ont émaillé la publication de ce livre.

Je dois aussi remercier Murphy-Goode Winery, qui m'a vraiment facilité la tâche pour les interviews. Merci aussi à Victor Ichioka de Mountain Hardwear, qui a équipé nos excursions dans les Territoires du Nord. Enfin, je voudrais remercier tous les cafés de Portland, dans l'Oregon, parmi les meilleurs de la terre, qui ont laissé l'auteur surcaféiné que je suis marmonner dans sa barbe durant ses longs après-midi de relecture.

Et pour finir, je tiens à dire merci à Dawn pour tout un tas de choses que je n'ai pas le temps de lister ici, mais surtout pour l'expression qui a traversé son ravissant visage, à la lueur d'un feu, au parc de Salmon-Huckleberry Wilderness, quand je lui ai lu les premiers chapitres finis de ce livre.

David Oliver Relin

Si *Trois tasses de thé* vous donne envie d'agir, vous trouverez plus d'infos sur le site www.threecupsoftea.com, ainsi que sur le site www.penniesforpeace.org, qui s'adresse aux enfants des écoles. Si vous souhaitez apporter votre soutien à la promotion de l'éducation et à l'alphabétisation, en particulier des filles, vous pouvez adresser une contribution, déductible fiscalement, à l'adresse ci-dessous.

L'éducation d'un enfant, au Pakistan ou en Afghanistan, nous revient à un dollar par mois, un penny nous permet d'acheter un crayon, le salaire journalier moyen d'un enseignant correspond à un dollar.

CENTRAL ASIA INSTITUTE
P.O. Box 7209
BOZEMAN, MT 59771
États-Unis
+1 406 585 7841
www.ikat.org